全国高等职业教育“十三五”现代学徒制规划教材

高星级酒店

职业形象塑造教程

COURSE OF BUILDING PROFESSIONAL IMAGE FOR HIGH STANDARD HOTELS

主编◎夏远利　孙瑜
副主编◎张恒　张远　王文骏　吕丹丹

中国旅游出版社

序 言

2014年8月，教育部印发《关于开展现代学徒制试点工作的意见》明确提出现代学徒制是一项旨在深化产教融合、校企合作，进一步完善校企合作育人机制，创新技术技能人才培养的现代人才培养模式。

江苏建筑职业技术学院（以下简称江苏建院）作为教育部遴选的第二批现代学徒制试点牵头单位，学校酒店管理专业早在2015年8月就参与到无锡江阴海澜集团有限公司牵头的现代学徒制试点项目中。同时，该专业教研室还主持了2016年教育部高教所重点课题《现代学徒制教学管理体系》研究。

一方面，在现代学徒制研究与实践的过程中，校企双方都积极地参与人才培养全过程中，基本上实现了专业设置与产业需求对接，课程内容与职业标准对接，教学过程与生产过程对接，提高了人才培养质量和针对性。经过近五年的大胆探索实践，按照教育部现代学徒制试点实施方案及教育部课题研究的重点内容要求，江苏建院酒店管理教研室课题组基本完成了现代学徒制试点项目的教学管理体系的构建工作，获得了很多经验，也认识到了高职院校在现代学徒制试点实践中，除了有很多教学管理问题亟待解决外，最为重要的是没有适合现代学徒制教学管理体制下的专业教材。因此，江苏建院酒店管理专业教学研究团队与教育部现代学徒制试点合作单位协商，决定重点针对高职院校酒店管理专业现代学徒制建设中的核心课程撰写一套实用、适用并贴合高职特色的教材，用于现代学徒制体制下的专业教学实践。

另一方面，随着酒店业的迅猛发展，酒店业的竞争越来越激烈。提高企业竞争力的核心是提高酒店人才的竞争力，而酒店人才的培养需要一套紧跟行业发展趋势、紧跟酒店岗位专业需求、贴合现代酒店业管理实际的教学及培训系列教科书。

江苏建院2016年成立了酒店管理专业现代学徒制教材丛书编写委员会，在刘胜勇教授的带领下，筹备酒店管理专业现代学徒制教材丛书的规划编写。经过近三年的构思编撰，目前该套教材中的8门核心课程书稿基本完成。每本书的编者将酒店岗位的工作任务作为学习的目标，将真实的工作场景编入教材，在读者的学习过程里融入了工作职责、工作流程等知识，还加入了现代学徒制的核心内容——资深工作者（师傅）的引领、指导和评价，让教材的使用者既能作为主体参与学习，又可以得到更高的视角对自我的表现进行评估，以此作为有效的激励机制促进学生的学习。由此构成了本套教材的现代学徒制特色，依据工作岗位工作流程设定学习内容的特色，学做结合、讲练互融的特色。本编撰组成员力争将丛书编撰成高职院校相关专业的学生实用、企业员工培训需用，行业企业选用的参考资料。

本套教材由中国旅游出版社出版，由酒店管理专业培养方案中的“酒店心理学理论基础与实践”“酒店管理学理论基础与实践”“高星级酒店职业形象塑造”“酒店实境英语教程”“酒店前厅管理实务教程”“酒店餐饮管理实务教程”“酒店客房管理实务教程”等 8 门核心课程组成。通过介绍酒店管理涉及的基本理论，结合酒店行业、企业各岗位实际工作中的实践体验，每本书基本设置了 6~8 个模块；每个模块含有 3~5 个学习情境；包含 20~26 个项目单元学习内容，涵盖了酒店管理的有关服务与管理方面的基本理论及酒店管理岗位的实际操作。学习情境之间是平行关系，各项目单元之间是递进关系；在学习情境内容的设计过程中，重视对学徒生社会能力和方法能力的培养，每个学习情境都分师傅讲授、师傅提示、徒弟记忆、徒弟操作、徒弟拓展等师徒互动环节，贯穿了资讯、决策、计划、实施、检查、评价 6 个工作步骤；学徒生在完全真实（或模拟）学习任务工作情境中，通过师傅与学徒生间的团队合作，制订计划、工作分配、角色扮演来进行，强调工作的效率和标准化要求的执行；本套书的学习情境采用结构化设计，以目标、内容要求为基础构建学习情境框架，提供多个项目、案例作为载体，教师教学及读者自学时可直接使用这些载体，也允许教师从企业和实际工作中引入新的载体；学生的创新项目也可作为学习情境的载体，并可形成创新成果；培养学生灵活应用专业知识分析和解决工作中遇到的实际问题的能力。

现代学徒制培养模式在中国还是一个新鲜事物，还有很多值得探究的问题。本套教材也是为了满足学徒制试点项目应急编撰的，还没有经过大面积的使用与完善。因为编写时间仓促，试点范围狭窄，编者水平有限等诸多因素导致本套教材疏漏之处、文字不妥之处、结构的争议之处在所难免，敬请同行专家们批评指正。

孙进

2018 年 12 月

前 言

21世纪是一个各方面竞争都很激烈的世界，其中国家方面的竞争体现在综合国力的竞争上，而综合国力的竞争实际上就是以人才为核心的竞争。而在企业竞争中，员工的职业形象往往是影响成败的因素，对于酒店行业竞争的影响更是明显。现代酒店行业中，谁的服务更加规范到位，谁能给宾客留下更好的印象，谁就会是最后的赢家。

员工的职业形象是指从业者在职业活动中树立的个人形象，它包含外在形象（仪容、仪表、仪态）、内在形象（职业修养、专业知识和能力）两大部分。职业形象在职业活动中占有极其重要的地位，它不仅与个人的职业发展有着密切的关系，更与职业成功成正比例。职业形象好的员工在与客户打交道的过程中会获得对方的尊重和认可，赢得对方的信赖和敬意，同时，职业形象也影响个人的工作业绩，好的职业形象还容易获得公司领导的好感，有更大晋升的概率。可以这样讲，职业形象是职业成功的通行证，是职业发展的敲门砖，是职业晋升的硬通货。

为了满足酒店对员工形象提升的要求，酒店企业的员工培训项目中都将职员的形象塑造作为一个重要组成部分。针对这种需求，社会上存在各种礼仪培训机构，可以为企业进行短期培训。但是，职业形象的塑造并非一朝一夕可成的，需要学习者结合自己的本职工作，在仪态仪容、仪貌仪表、言谈举止等职业形象上下功夫，熟练掌握酒店各个服务环节的工作要点和工作技巧，在为宾客提供服务中塑造良好的职业形象。因此，有必要依托一本教材进行系统而长期的学习，结合实践操作不断练习，让学习者得到切实的锻炼和培养，使其具有外在和内在相统一的优秀职业形象，具备良好的沟通能力、人际交往能力，成为企业需要的高素质人才。

《高星级酒店职业形象塑造教程》为酒店企业员工、旅游酒店管理专业的学生以及有意提高自身形象的社会各行就业人员提供一个系统而长期的学习职业形象塑造知识和技能的学习平台。“习惯成自然”，职业形象的树立是一个长期的过程，也是一个习惯养成的过程，是一个从不自觉到自觉的过程，是一个日积月累的过程，是一个积少成多的过程，它需要一定的信念、意志和毅力来支撑，一旦养成习惯，必将终身受益。

与其他职业形象塑造书籍相比，本教材具有以下三个特点：

第一，立体化教材。本教材为立体化教材，作者选择教材中的重难点制作了微课视频，学习者可通过扫描教材上的二维码观看微课进行学习。这种方式可以刺激学生的视觉、听觉等器官，帮助提高学生的学习兴趣，更好地理解知识点内容；同时便于学生模仿微课内容中的技能点进行反复的训练，使学习效果事半功倍。

另外，在编撰本书的同时，编写团队进行了职业形象塑造课程相关的在线课程建设。在泛雅超星学习通平台上建设在线课程“高星级酒店职业形象塑造”，应用于本校酒店管理专业的专业基础课“职业形象塑造”的教学中。在中国大学 MOOC 爱课程平台上建设在线课程“职业形象塑造 36 计”，应用于本校学生、全国多所高校学生及社会学习者的教学中，目前已顺利开展了四期网络教学，取得了良好的社会效益。结合教材中的知识点、技能点制作的微课视频，已经上传到在线课程平台，经过几轮的教学实践，得到社会的广泛认可。今后还会进一步完善本教材、丰富教学视频，将有更多的微课视频上传至网络平台供学习者观看学习。参加在线课程学习的方式如下：

1. 可参加泛雅超星学习通平台上建设的在线课程“高星级酒店职业形象塑造”的学习，课程网址为：https：//wvpn.jsjzi.edu.cn/https/77726476706e69737468656265737421fdf84e9f767e6b587f0791a596526d36044e/course/200971103.html.

加课步骤：在手机应用市场中下载 App“学习通”，安装后在手机上的学习通平台搜索“高星级酒店职业形象塑造”，搜到后加入在线授课班级即可参加课程学习。

2. 可参加中国大学 MOOC 爱课程平台上在线课程“职业形象塑造 36 计”的学习，课程网址为：http：//www.icourse163.org/learn/preview/JSJZY–1205723818？ tid=1450368500.

加课步骤：在手机应用市场中下载 App“中国大学 MOOC”，安装完成后打开此 App，搜索“职业形象塑造 36 计”，点击“立即参加”，选择登录方式用“手机账号登录”，输入自己的手机号码来获取验证码，输入验证码，点“登录”，再点“立即参加”进入当前轮次的在线课程学习。

第二，学徒制教材。教材内容完备，将酒店工作人员的内在与外在两方面进行结合，共同提升职业形象。教材包括五个模块，端庄仪表的塑造、优雅仪态的塑造、规范语言的塑造、酒店岗位服务形象塑造、为不同文化背景的宾客提供专业礼仪服务。每个模块设相应的项目，每个项目中包括“企业标准”“师傅要求”“师徒互动”三部分。本教材学习内容贴近酒店工作需要，教学中采用师傅带徒弟式的学习方式，易于激发学习者的兴趣。

第三，针对酒店行业从业人员的职业形象塑造教材。教材重点突出培养学生酒店行业广博的知识面，强调对客服务中行为举止及说话的艺术性、独具匠心的个性服务。通过专门化的情景模拟实训，使学习者熟练掌握酒店服务的基本礼貌礼节、沟通方法与服务流程，掌握酒店服务的职业技巧，在为宾客服务中塑造良好的职业形象。

教材编写过程中，参考了大量的文献资料，在此向所有原作者一并致谢。同时感谢江苏无锡桃园山庄大酒店人资部吕丹丹为本书提供一手的教学资料与视频资料，为本书插图提供拍摄场地；感谢徐州云泉山庄大酒店、徐州宝信君澜度假酒店等为本书提供一手教学资料与图片；感谢江苏建筑职业技术学院酒店管理专业的董美晨、彭昆、王同霖、韦亚男、孟雪、任玲玲、陈金豹、周聪、霍星宇、赵小倩等同学积极参与教学照片与视频拍摄；真诚感谢江苏建筑职业技术学院酒店管理专业臧凤娇、李艾汝、刘晶、王培兴、刘运杰、张婷婷、樊雅文、白志芹、郭梦迪、王子梅、沈叶苹、张美坤等同学及其他为本书编印付出过努力与心血的所有人！

由于编者的水平和经验仍有较大的上升空间，本教材难免有疏漏和不妥之处，恳请各位专家、同行、同学和对本专业领域感兴趣的学习者提出宝贵意见。本教材得到江苏省高职院校教师专业带头人高端研修项目资助（编号 2019GRGDYX067）。

编 者

2020年6月

目　录

端庄仪表的塑造

项目一　美观的妆容

【企业标准】

表1-1-1　酒店女员工淡妆评价表

序号	内容	标准及分值	总分值	得分
1	底妆	（1）粉底颜色与肤色相符（5分） （2）粉底厚薄均匀，突出皮肤细腻质感（10分） （3）面部与头发边缘粉底过渡自然（2分） （4）定妆服帖（3分）	20分	
2	眉毛	（1）眉形与脸型搭配正确（15分） （2）眉形自然，眉头不低于眉尾（5分） （3）颜色搭配和谐统一，过渡均匀清晰（10分）	30分	
3	眼妆	（1）眼影颜色晕染过渡均匀（10分） （2）眼线流畅清晰（10分） （3）真假睫毛黏合充分（8分） （4）下眼睑保持干净，无落粉（2分）	30分	
4	腮红	（1）腮红位置正确（5分） （2）颜色选择正确（3分） （3）晕染过渡均匀（2分）	10分	
5	唇妆	（1）颜色正确（5分） （2）唇线清晰（3分） （3）唇色不外溢、不沾齿（2分）	10分	
	合计		100分	

【师傅要求】

1. 面部轮廓清晰，比例匀称，眉形、眼形、唇、腮红等符合脸型特点。

2. 粉底厚薄均匀，突出皮肤细腻质感。

3. 妆面设计风格淡雅，与工作场景协调一致。

4. 妆面干净，对称牢固，自然、柔和、服贴。

5. 妆面色彩搭配合理，层次过渡、衔接自然。

（见图 1–1–1）

图1–1–1 职业妆容

【师徒互动】

一、师傅讲授

高星级酒店要求女性工作人员化淡妆上岗，这是酒店对员工形象的要求，也是在酒店工作的需要，此外，员工的职业妆容也是对宾客表示礼貌与尊重。

1. 化妆的原则

（1）美化的原则。

化妆的首要原则就是美化原则，这也是化妆的主要目的。美化的原则从效果来说，要使化妆能起到美化自己的作用，因此，必须了解自己的面部特征，以及自己面部各个部位的特点，哪些部位需要着重修饰，哪些部位可以稍微简化化妆步骤等；还要清楚怎样化妆和矫正才能扬长避短，变拙陋为俏丽，使容貌更迷人。这些都是在正确认识到自己面部的优缺点，以及树立正确的审美观之后才起作用的。

（2）自然的原则。

自然是化妆的生命，它能使妆后的脸看起来真实而生动，不是一张呆板生硬的面具。化妆失去了自然效果，那就是假，假的东西就没有生命力和美感了。自然的化妆要依赖正确的化妆技巧、合适的化妆品；要一丝不苟、井井有条；要讲究过渡、体现层次；要点面到位、浓淡相宜。总之，要使化妆的效果达到说其有，看似无，就像化妆的人确实长了一张美丽的面容，像真的一样。化妆时不讲艺术手法手段，胡来一气，敷衍了事，片面追求速度，都有可能使妆面失真。

（3）协调的原则。

①妆面协调。化妆部位色彩搭配、浓淡协调，针对脸部个性特点，整体设计协调。②全身协调。脸部化妆还必须与发型、服装、饰物等协调，力求取得完美的整体效果。③场合协调。妆容要与所在的场合气氛要求一致。不同的场合搭配不同的妆容，相得益彰，不仅使化妆者内心保持平衡，也会使周围的人心情舒畅。

2. 化妆的基本程序

（1）准备阶段。

化妆之前：为了清洁和保护皮肤，不弄脏头发和衣服，使脸的轮廓更清晰明净，以更好地进行化妆。准备阶段有一系列工作要做。

①洁肤。

用品：清洁霜或洁面乳、化妆棉。

用清洁霜或洁面乳涂于脸的各部分，稍做按摩，用水洗净，再用化妆棉或毛巾擦干。

②束发。

用品：宽发带或化妆帽。

把头发束起或包起，最好再在肩上披块围巾，防止化妆时弄脏头发和衣服，以免散发妨碍化妆，并把脸部轮廓全显现出来，以更有针对地化妆。

③修眉。

用品：眉钳或修眉刀。

拔除多余的眉毛，修整眉形。

④涂化妆水。

用品：营养性化妆水、化妆棉。

结合按摩，使用化妆棉将化妆水均匀地渗入皮肤，调整皮肤表面的酸碱度，增强皮肤弹性。

⑤护肤。

用品（供选择）：乳液、面霜、化妆棉。

均匀涂一层护肤品，防止化妆品与皮肤的直接接触，起到保护皮肤的作用。涂乳液和面霜可以直接用手涂抹，也可以用化妆棉涂抹。用化妆棉涂抹可以避免手不够洁净而产生肌肤二次污染，而且以化妆棉拍打的手法，有助于乳液和面霜内的滋养成分渗透进皮肤，被肌肤所吸收（见图 1–1–2）。

（2）化妆阶段。

①抹粉底。

用品：粉饼、粉底霜或粉底液，海绵扑或粉底刷。

粉饼适合油性皮肤和需要快速上妆者，膏型遮盖力强，可掩瑕疵、改肤色，液体型适合中性与干性皮肤。注意选择适合自己的粉底颜色，进行试色的时候要在脖子和脸的交界处试，选择与脸色较近的粉底颜色。

图1-1-2　涂抹护肤品

将粉底分别点在额、鼻、下巴、脸的各处，可以用手指也可以用海绵扑或粉底刷涂抹均匀，眼睛围、鼻翼、嘴角不要疏漏。要注意面部的颜色应与脖子的颜色相衔接，在脖颈部位也要打粉底，不要出现面部和颈部颜色相差很大而形成“两张皮”的状况。粉底在妆面上只需要薄薄的一层，因此，对于皮肤有瑕疵的人，不宜上多层粉底来掩盖，应当使用遮瑕产品来掩盖瑕疵（见图 1–1–3）。

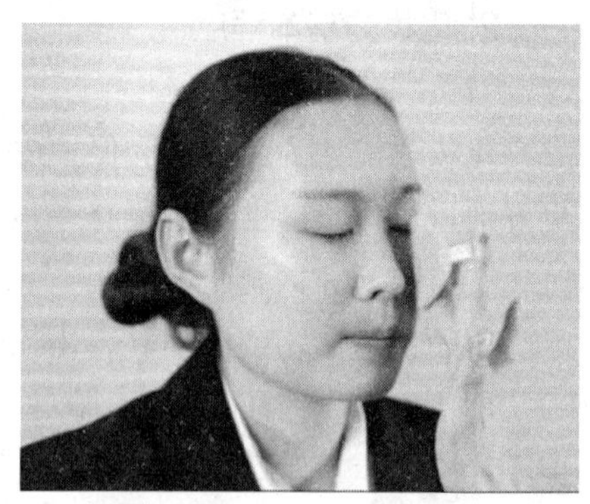
图1-1-3　抹粉底

②画阴影。

用品：阴影膏或阴影粉、粉刷、眼影棒。

深咖啡色、浅咖啡色、本白色阴影粉为基本用色。

修饰面部时，用粉刷将阴影膏或阴影粉扫在不想突出的部位，如宽腮、高额、鼻梁两侧等；将本白色扫在想突出的位置，如鼻梁。

修饰眼部时，一般以浅咖啡色为宜，用沾眼影的眼影棒沿着睫毛边缘，于眼尾方向重复涂抹晕染，注意眼头与眼尾浓淡晕染均匀。已使用的眼影棒直接涂抹在下眼睑近眼尾的四分之一处（见图 1–1–4）。

图1-1-4　画眼影

③画眉毛。

用品：灰黑色或咖啡色眉笔、眉粉、眉刷。

眉笔颜色的选择要与自身的发色协调，黑色头发适合选用灰褐色眉笔，而咖啡发色者适合选择咖啡色眉笔。

描画眉毛要从眉头开始，顺眉毛生长的方向一道道向眉尾描画，不能来回乱涂或一笔画成一条黑线。下笔要轻，遵循眉头淡、上方浅、下边深的原则。眉毛从眉头开始至三分之二处为眉峰，当画到眉峰处时眉毛要有一个弧度，先上后下，弧度要柔和、自然，至眉尾处渐淡。眉尾要略高于眉头，这样的眉毛给人积极向上、扬眉吐气的感觉。画好眉毛后，要用眉刷顺眉毛生长方向刷几遍，使眉毛变得服贴、自然（见图 1–1–5）。

图1–1–5　画眉毛

④画眼线。

用品：眼线笔或眼线液。

眼线要画在睫毛根上。化淡妆时的眼线要画得细一些。画上眼线时，内眼角应淡而细，往外角方向眼线加重，至外眼角时笔线向上挑一些，把眼角向上拉长，显得眼角上翘。画下眼线时，从外眼角向内眼角方向画，切记不能画到内眼角，否则给人黑眼眶“熊猫眼”的感觉，要在距内眼角约三分之一处收笔，而且注意线条要柔和。避免将眼线画得锐利、呆板、粗浓或弯曲。画完后上下眼线不能在外眼角处交合，上眼线要稍微长一点而且向上略翘（见图 1–1–6）。

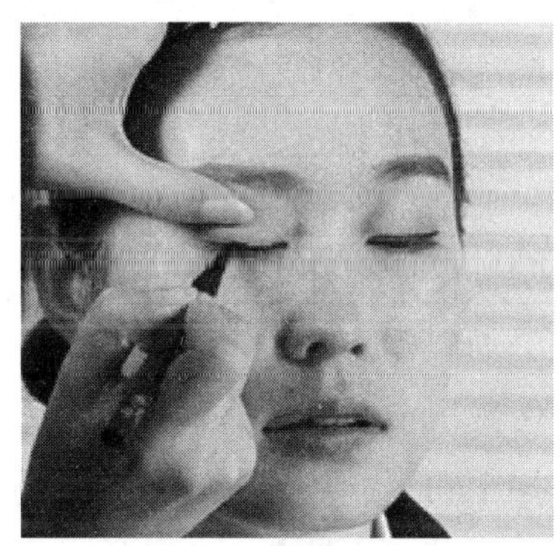

图1–1–6　画眼线

⑤染卷睫毛。

用品：睫毛夹、睫毛液。

夹卷睫毛时，从睫毛根夹至睫毛尖可以分三步，首先夹睫毛根部，夹紧后松开，再夹紧再松开，不要改变睫毛夹的位置，连续做几次，然后轻轻移到睫毛中部夹几次，最后是睫毛尖部，这样夹好的睫毛会向上、向外自然翻卷（见图 1–1–7）。

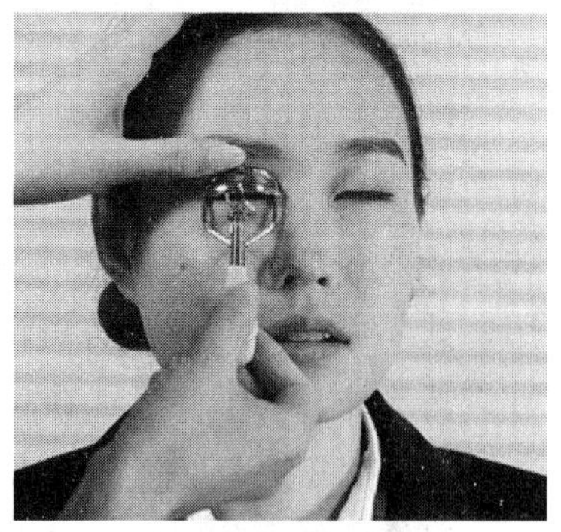

图1–1–7　夹卷睫毛

夹好睫毛，将睫毛液瓶内配的刷子抽出，可采用“Z”字形从睫毛根刷至睫毛尖，外眼角部分的睫毛上可多刷一些睫毛液。为了使眉毛显得长些、浓些，可以在睫毛干后再刷第二遍或第三遍。刷好睫毛液的睫毛不能结块粘在一起，要一根一根分开，要用睫毛液刷子的刷尖把它们刷开，也可以用眉刷上的小梳子梳开它们（见图 1–1–8）。

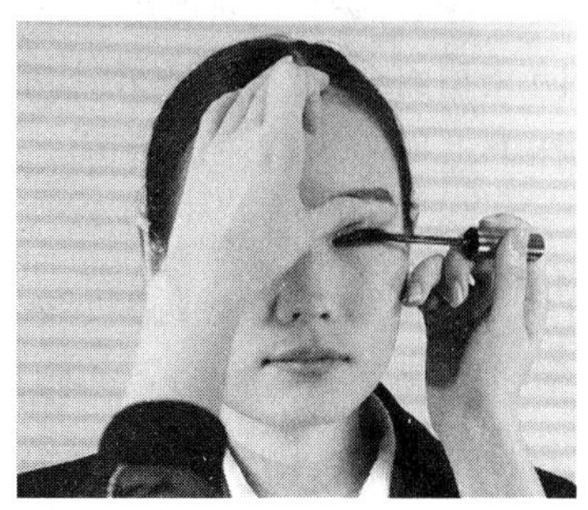

图1–1–8　涂睫毛液

⑥抹腮红。

用品：腮红、腮红刷。

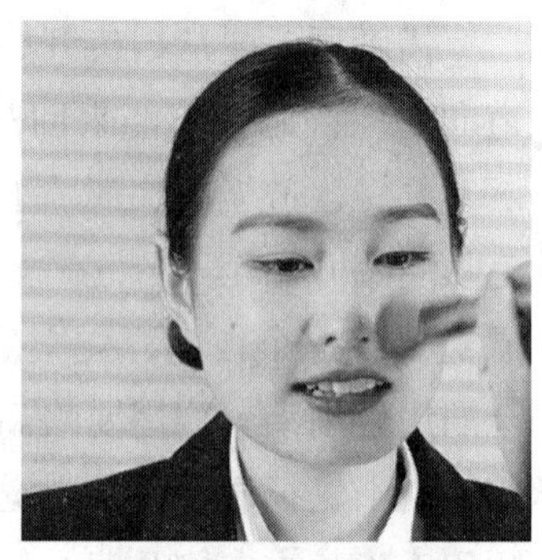
图1-1-9　抹腮红

抹腮红的起点是微笑时面部形成的最高点，然后往耳朵上缘方向轻轻刷去，长形脸采用横向扫的方式，视觉上可以将脸形变宽；圆形脸或方形脸采用竖向扫，视觉上可以将脸形变长。注意腮红不能太生硬，边缘方向要晕开（见图 1-1-9）。

要根据自己的肤色挑选腮红的颜色，冷色皮肤用冷色调，暖色皮肤用暖色调。白皙肌肤适合浅色系列的腮红，如粉色、浅桃色等。黄色肌肤适合亮粉色、玫瑰色或金棕色。肤色偏黑适合橘红色、橄榄色和深桃红色。总之，肤色越白，腮红颜色就越浅；肤色越深，腮红颜色就越深。

⑦扑干粉。

用品：干粉、大粉刷。

图1-1-10　扑干粉

粉扑蘸好干粉后，除眉毛外的妆面外，各处需扑匀。干粉只需薄薄的一层，太厚容易显皱纹，使皮肤发干或像戴了个面具。扑好后，用大粉刷将妆面上的浮粉扫掉。扑干粉可起到定妆的作用，还可吸收粉底过多的光泽使妆面柔和（见图 1-1-10）。

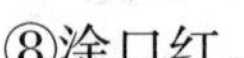
⑧涂口红。

用品：唇线笔、口红。

用唇线笔可以改变不理想的唇形。画唇线时沿着左右两侧唇部轮廓向中间画，上唇嘴角要描细，下唇角要略去。注意两边唇线要对称，线条要圆滑柔和，准确清晰。唇线笔的颜色要略深于口红的颜色。口红涂在唇线内，可用棒式口红直接涂抹，也可用口红刷蘸棒形口红上的口红进行涂抹。为了使口红看起来上下均匀，涂好口红后，上下唇可抿几抿（见图 1-1-11）。

图1-1-11　涂口红

口红的颜色比较引人注目，因此口红的选择应注意与服装、腮红等颜色协调。为了使口红沾在唇上更牢固，防止口红油滋蔓到唇外，可以用纸巾沾一下口红，然后扑上点透明粉饼，之后再涂一层口红，再用纸巾沾一下。

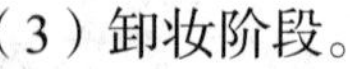
（3）卸妆阶段。

用品：卸妆水或卸妆油、化妆棉、洁面乳。

①局部重点卸妆：将眼唇专用卸妆液倒在化妆棉上，在眼部、唇部各敷 30 秒，给彩妆一个溶解的过程，然后分别擦干净。

②妆面整体卸妆：借助化妆棉将卸妆液均匀地覆盖整个面部，按照从内向外、从下

往上的方式，借助手指不断地打圈按摩，直到彩妆完全分解，再将其擦拭干净。

③净面护肤：使用适量洁面乳，双手搓揉至有丰富的泡沫后再洗脸，用温水对面部进行清洁。

二、师傅强调

1. 画眉练习——纸上画眉

练习画眉时，可以在纸上练习，熟能生巧后就能在脸上画好眉毛了。

准备好一张白纸、一条尺子和一支 2B 铅笔。先在纸上画一条右边的眉毛。

第一步：确定眉毛的长度。在纸上模仿自己的眉毛长度，画一条直线。以右侧为眉尾，将这条直线进行三等分，左侧三分之二表示眉坡，右侧三分之一表示眉尾。

第二步：确定眉峰。模仿自己眉峰的高度，在这条线右侧三分之二处的正上方打一个点，作为眉峰点。

第三步：确定眉腰最高点。在眉峰点垂直于这条直线的二分之一处打一个点，表示眉腰最高点。

第四步：描画眉尾。将眉峰点与右侧直线末端端点用自然的弧线连起来，再将眉腰最高点也与这个端点用自然的弧线连起来。

第五步：描画眉底线。从眉腰最高点斜向下画，与左侧表示眉头部分的三分之一的直线中部用自然的弧线连起来。

第六步：描画眉坡。从眉峰点向左边眉头部分描画一条约小于 18° 的略带弧形的直线。

第七步：晕色。现在标准眉形的边框就已经勾画出来了，为了让眉形看上去自然美观，用笔顺着眉形画细线填充眉毛，要做到眉尾颜色最深，向眉头方向颜色渐浅，眉底颜色最深，向上颜色渐浅。

第八步：画眉头。在眉头部分按照眉毛的生长方向画几根眉毛就成了。

按照同样的方法，以左侧为眉尾，就可以描画出对称的左边的眉毛了。

实践练习：先按照以上方法在纸上画 10 对眉毛，再在脸上按照自己在纸上画眉时掌握的技巧进行画眉练习。

2. 不同脸型的化妆要点

不同脸型具有不同特征，化妆中运用技巧扬长避短，才能达到更为美观的化妆效果。

（1）标准脸型。

根据亚洲人的面部及五官美的标准比例，人们认为标准的脸型应该符合“三庭五眼”的比例，即人的脸长与脸宽的一般标准比例。“三庭”指脸的长度比例，把脸的长度分为三等份，从前额发际线至眉骨为上庭，从眉骨至鼻底为中庭，从鼻底至下颏为下庭，各占脸长的 1/3。“五眼”指脸的宽度比例，以眼形长度为单位，把脸的宽度分成五等份，从左侧发际至右侧发际，为五只眼形。两只眼睛之间有一只眼睛的间距，两眼外侧至侧发际各为一只眼睛的间距，各占比例的 1/5（见图 1–1–12）。

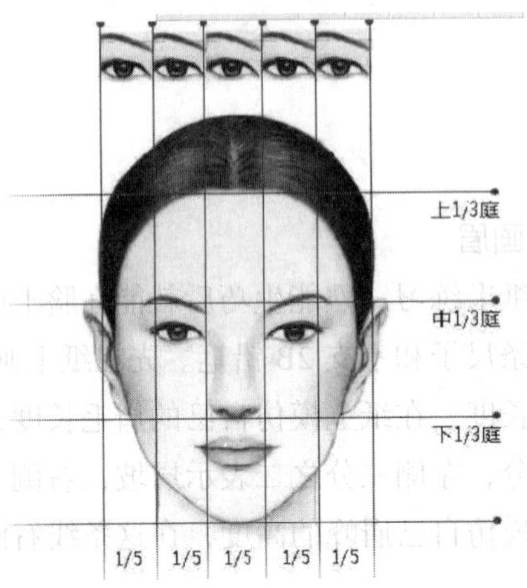

图1–1–12 标准脸型的“三庭五眼”

（2）七类常见脸型。

现实生活中，人们的脸型多不是标准脸型，最接近标准脸型的是人们常说的椭圆形脸。化妆练习中通常将人们的脸型分为七类：方形脸、菱形脸、椭圆形脸、圆形脸、长形脸、倒三角形脸、正三角形脸。面部化妆的原则就是使各种脸型接近标准的椭圆形脸。

首先要掌握判断被化妆者脸型的方法。首先将头发撩起，特别是额前的头发，露出发际线。然后寻找三个宽度：额头宽度、颧骨宽度、下颌宽度。额头宽度是左右发际转折点之间的距离；颧骨宽度是左右颧骨最高点之间的距离，它是两颊的最宽点；下颌宽度其实就是两腮的最宽处。还有两个概念：脸宽和脸长。脸宽就是脸的最大宽度，可以通过比较额头、颧骨、下颌的宽度来确定最宽值。脸长是从额顶到下巴底的垂直长度。掌握了这几个数值之后，可对照以下脸型特征来判断脸型。

图1–1–13 方形脸

①方形脸。方形脸的上、中、下三个区域大致相同，额头、颧骨、下颌的宽度基本相同，下巴有角度、有轮廓感，感觉四四方方的（见图 1–1–13）。

方形脸型的化妆方法：化妆时要注意增加柔和感，以掩饰脸上的方角。

脸型修饰：用高光色提亮额中部、颧骨上方、鼻骨及下颏使面部中间部分突出，忽略脸型特征。暗影色用于额角、下颌角两侧，使面部看起来圆润柔和。也可借助刘海和发带遮盖额头棱角。

眉的修饰：修掉眉峰棱角，使眉毛线条柔和圆润，眉尾要略高于眉头，眉心的弧度稍大一些，呈拱形，眉尾不宜拉长。

眼部修饰：强调眼线圆滑流畅，拉长眼尾并微微上挑，增强眼部柔美感。

腮红：颧弓下陷处用暗色腮红，颧骨上用淡色，斜向上晕染，过渡处要衔接自然，可使面部有收缩感。

唇部修饰：强调唇形圆润感，可用粉底盖住唇峰，重新勾画出理想唇形。

②菱形脸。也称为杏仁脸，颧骨较高，有立体感（见图 1–1–14）。

菱形脸型的化妆方法：化妆时要注意增加柔和感，以掩饰脸上的棱角。

脸型修饰：用阴影色修饰高颧骨和尖下巴，削弱颧骨的高度和下巴的凌厉感，在两额角和下颌两侧提亮，可以使脸型显得圆润一些。

眉的修饰：适合圆润的拱形眉，没有角度、不带眉峰的眉形可以很好地修饰菱形脸太有棱角的缺点。

眼部修饰：眼影应向外晕染，眼线也要适当拉长、上挑。

鼻部修饰：加鼻梁处高光色，使鼻梁挺阔。

腮红：腮红应自然清淡，不宜突出。

唇部修饰：强调唇形圆润感，可用粉底盖住唇峰，重新勾画。

图1–1–14 菱形脸

③椭圆形脸。椭圆形脸是最均匀理想的脸型，特点是额头与颧骨等宽，同时又比下颌稍宽一点，脸宽约为脸长的三分之二，这种脸型唯美、清秀、端正、典雅，是传统审美眼光中的最佳脸型（见图 1–1–15）。

椭圆形脸型的化妆方法：椭圆形脸型本来就是比较标准的脸型，这一脸型的化妆要着重自然，不要过多掩饰。

脸形修饰：这种脸型是传统审美中最理想的脸型，所以要尽量保持其完整。

眉的修饰：眉毛要顺着眼睛修成正弧形，位置适中，不要过长，眉头与内眼角齐。

眼部修饰：眼影应向外晕染，眼线也要适当拉长、上挑。

鼻部修饰：加鼻梁处高光色，使鼻梁挺阔。

腮红：腮红要抹在颧骨最高处，向后、向上化开。

唇部修饰：唇形宜圆润饱满。

图1–1–15 椭圆形脸

④圆形脸。圆形脸和方形脸一样，都是额头、颧骨、下颌的宽度基本相同，两者最大的区别就是圆形脸比较圆润丰满，面部形状是逐渐弯曲的线条而不是硬角（见图 1–1–16）。

圆形脸型的化妆方法：将这种脸型修成理想的椭圆形。

脸型修饰：用暗影色在两颊及下颌角等部位晕染，削弱脸的宽度，用高光色在额骨、眉骨、鼻骨、颧骨上缘和下颏等部位提亮，加长脸的长度和增强脸部立体感。

图 1-1-16　圆形脸

眉的修饰：眉头压低，眉尾略扬，画出眉峰。使眉毛挑起上扬而有棱角，破掉脸的圆润感。圆脸如果想显得立体修长一些，画眉尾高于眉头，眉峰明显，带一些角度的弓形眉在视觉上可拉长脸型。适合上扬的眉形，使脸部相应地拉长。眉峰如果在眉中的话，会使眉形显得太圆，所以眉峰的位置可以是靠外侧 1/3 外。眉间距可以近一些，眉形不宜太长。

眼部修饰：在外眼角处加宽、加长眼线，使眼形拉长。

鼻部修饰：拉长鼻形，高光色从额骨延长至鼻尖，必要时可加鼻影，由眉头延长至鼻尖两侧，增强鼻部立体感。

腮红：由颧骨向内斜下方晕染，强调颧弓下陷，增强面部立体感。

唇部修饰：强调唇峰，画出棱角，下唇底部平直，削弱面部圆润感。

⑤长形脸。脸形比较瘦长，额头、颧骨、下颌的宽度基本相同，但脸宽小于脸长的三分之二（见图 1-1-17）。

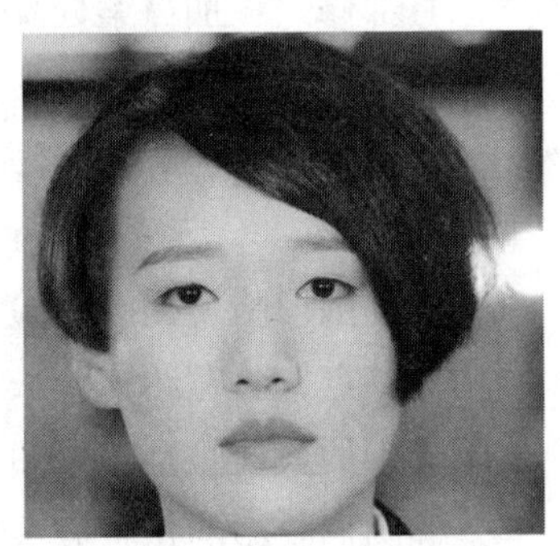
图1-1-17　长形脸

长形脸型的化妆方法：这种脸型应利用化妆来增加面部宽阔感。

脸形修饰：用高光色提亮眉骨、颧骨上方，鼻上高光色加宽但不延长，增强面部立体感。暗影色用于额头发际线下和下颏处，注意衔接自然，这样在视觉上可使脸形缩短一些。两颊下陷或窄小者，宜在该部位敷淡色粉底做成光影，使其显得较为丰满。

眉的修饰：修掉挑高的眉峰，使眉毛平直，不应高翘，不宜过细，拉长眉尾，这样可拉宽缩短脸形，让脸显得丰满，比例和谐。

眼部修饰：加深眼窝，眼影向外眼角晕染，拉长、加宽眼线，使眼部妆面立体，眼睛大而有神，忽略脸部长度。

鼻部修饰：用高光色把鼻梁加宽，面积宽而短，收敛鼻子长度，不宜加鼻影。

腮红：应横向晕染，由鬓角向内横扫在颧骨最高点，用横向面积破掉脸形的长度感。

唇部修饰：唇形宜圆润饱满。

⑥倒三角形脸。额头较宽、下巴较尖，看起来就像是倒立着的三角形，也叫锥子脸、甲字脸（见图 1-1-18）。

倒三角形脸型的化妆方法如下：

脸形修饰：如果下巴显得特别尖小，脸的下部便要用淡两级的粉底提亮脸颊两侧，使两颊看起来丰满一些。而过宽的前额宜用较深的粉底晕染额角及颧骨两侧，使脸的上半部收缩一些，注意粉底自然过渡。

图1-1-18　倒三角形脸

眉的修饰：眉形应圆润微挑，应顺着眼睛的位置，不可向上倾斜，不宜有棱角，眉峰在眉毛 3/2 向外一点。

眼部修饰：眼影晕染重点在内眼角上，眼线不宜拉长。

腮红：宜用淡色腮红横向晕染，增强脸部丰润感。

唇部修饰：唇圆润饱满。

⑦正三角形脸，也叫梨形脸。额头比较窄，脸的最宽处是下颌，上小下大的正三角形，在视觉上是最具稳定性的一种脸型（见图 1–1–19）。

正三角形脸型的化妆方法：

脸形修饰：可于化妆前开发际，除去一些发际边缘的毛发，使额头变宽，用高光色提亮额头眉骨、颧骨上方、太阳穴、鼻梁等处，使脸的上半部明亮、突出、有立体感。用暗影色修饰两腮和下颌骨处，收缩脸下半部的体积感。

图1-1-19　正三角形脸

眉的修饰：使眉距稍宽，眉不宜挑，注意不要有眉峰，眉形平缓拉长。

眼部修饰：眼影向外眼角晕染，眼线拉长，略上挑，使眼部妆面突出。

鼻部修饰：鼻根不宜过窄。

腮红：由鬓角向鼻翼方向斜扫，即由眼尾外方向下涂抹。

唇部修饰：口红颜色宜淡雅自然，在视觉上忽略脸的下半部。唇角应稍向上翘。

实践练习：

判断自己的脸型类型及面部特征，选择适合自己的修饰方法。

我的情况	修饰方法
脸型：	
眉形：	
眼部：	
鼻部：	
腮红：	
唇部：	

三、徒弟操作

1. 分组练习，根据师傅所教内容，给自己化一个职业妆。

2. 根据表 1–1–1“酒店员工淡妆评价表”为自己的妆容打分，其他组员给出意见建议。

小组成员化妆练习得分	意见与建议
1.	
2.	
3.	
4.	
5.	
6.	

附：参考化妆物品清单准备化妆用品（见表 1–1–2）。

表1–1–2　化妆物品清单

序号	材料名称	材料规格	备注
1	化妆棉	盒	
2	眉夹	个	
3	粉蜜（定妆粉）	盒	
4	腮红	盒	根据肤色选择
5	眼线膏	管	
6	睫毛膏	管	
7	棉签	盒	
8	眉剪	把	
9	睫毛夹	个	
10	眉笔	支	根据发色选择
11	眉粉	盒	根据发色选择
12	假睫毛	盒	
13	胶水	瓶	
14	粉扑	个	
15	眼影	盒	建议大地色系
16	粉底液（BB霜）	瓶	
17	小套刷（化妆刷）	套	
18	唇膏	支	根据肤色选择
19	卸妆油	瓶	根据皮肤特点选择
20	化妆包	个	

四、师傅提示

1. 化妆要强调自然

如果面部五官长得好，就不用大加修饰。眼线不要太明显，画好眼线后，用手指或棉花棒稍微抹开，使眼部看起来更自然。脸色暗淡的可打粉底，扑粉时不要太用力，粉扑越大越好，最后将多余的粉扫去。眉毛清晰整齐，用眉笔修饰后，记得用眉刷顺着眉毛生长的方向扫一下，这样看起来更自然。适当打暖色调眼影、黑色睫毛膏等。口红颜色浅不过粉红色，深不过朱红色，不可以单独使用无色润唇膏及亮彩唇膏，最好先用唇线笔勾画好轮廓，用唇笔将口红涂在轮廓内。切记不可化浓妆、奇异妆容（除非部门有特别着妆规定）。

2. 化妆的基本要求

酒店工作人员进行化妆修饰是建立在干净卫生的基础上的。干净指的是面部要清爽，无灰尘、无汗渍、无分泌物、无其他不洁之物。卫生是指个人卫生情况及健康状况，如果工作人员有感冒流鼻涕或面部明显过敏红肿等状况时，应前往医院就医，暂时避免与顾客的正面接触。

3. 化妆避人

不应在公共场合特别是工作岗位上化妆，这样会给人轻佻、没有修养的感觉。

4. 适时补妆

不以残妆示人。在出汗、用餐后妆容会出现残缺，这种形象给人懒散、邋遢的感觉。工作中要注意及时检查，进行适时补妆。

5. 不要借用别人的化妆品

化妆品属于直接用于面部的私人用品，借用别人的化妆品给人一种不卫生感，总会让人感到不愉快。最好随身携带一套化妆品，特别是补妆常用的口红、粉饼等，以备随时使用。

6. 不要过量使用芳香型化妆品

通常身上的香味在 1 米以内被对方闻到即可，如果在 3 米以外仍能被对方闻到则属于过重。在皮肤上使用香水时，可以将香水用在离脉搏跳动较近的地方，如手腕、耳根、颈侧、膝部、踝部等。在衣服上使用香水时，可以用在容易扩散香味同时不会污损衣物的地方，如内衣、衣领、口袋、裙摆的内侧以及西装上所用的插袋巾的下端等。

7. 仔细卸妆

卸妆不彻底对皮肤的危害非常大，无论一天工作多累，晚上休息前一定要卸妆。

五、徒弟记忆

根据所学内容，整理职业妆容化妆的主要步骤与相应的注意事项。

化妆步骤	注意事项

【徒弟拓展】

技能拓展

1. 卸妆练习

卸妆不彻底对皮肤的危害非常大，残妆会堵塞皮肤毛孔，肌肤会出现痘痘、皱纹等。卸妆产品种类很多，质地各异，最常见的有卸妆摩丝（泡沫）、卸妆水、卸妆油、卸妆啫喱、卸妆乳（霜）、卸妆膏。要选择适合自己肤质的卸妆产品进行卸妆。

（1）卸眉妆。用眼唇卸妆液沾满整片化妆棉，清洁眉毛先由内向外轻擦后，再用化妆棉的另一面逆着眉毛的方向从外向里擦一遍。

（2）卸眼妆。①准备好化妆棉、眼唇卸妆液、棉花棒。②用眼唇卸妆液沾满整片化妆棉，然后敷在眼睛上 30 秒，让它有充分的时间溶解睫毛、眼线上的防水成分。然后闭上双眼，由眼头向眼尾方向慢慢抹去，抹下眼线位置时双眼向上望。③尽量避免过度拉伸眼部肌肤，以免产生细纹。④睫毛与眼影卸完后，眼线或眼影的残妆还遗留在细小的睫毛间或眼皮皱褶中。用棉花棒蘸取卸妆产品，以与眼睛垂直的方向小心擦拭，以免化妆品停留在脆弱细致的眼周肌肤上，伤害肌肤。

（3）卸唇部。将眼唇卸妆液沾满整片化妆棉，敷在嘴唇上 30 秒，然后轻轻擦拭干净，再用清水洗净。

（4）卸脸部。①保证手部和脸部的干燥，将卸妆油涂抹于脸部，按摩一分钟，让卸妆油完全溶解脸部彩妆，确认脸部每一个毛孔都被清洁到。②在手上蘸取少量的水在脸上按摩，乳化卸妆油，卸妆油会变成白色的乳状。③用温水冲洗干净脸部的泡沫。需要注意的是，一些不易察觉的部位一定要清洗干净，如鼻翼、额头边缘、嘴角、下巴等容易堆积角质废物的死角。细细涂抹并确认毛孔脏污确已溶解。④最后再用洁面乳或是洁面皂清洗一下。

2. 修眉技能

修眉是一门技巧性很高的技术，既要掌握操作技术，又必须认真仔细，才能修出理想的眉形。

（1）准备用具。修眉前先准备好眉钳、小镊子、眉笔、眉刷、镜子、小剪子、润肤霜和小棉球等用具。

（2）清洁眉毛。对着镜子用小眉刷轻刷双眉，以除去粉剂及皮屑。用棉球蘸酒精或收敛性皮肤水，擦眉毛及周围，使之清洁。

（3）用温水浸湿的棉球或热毛巾盖住双眉，使眉毛部位的组织松软，使用柔软剂亦可使眉毛及其周围的皮肤松软。

（4）确定眉形。可先用眉笔画出适合自己的眉形，凡留在轮廓线以外的眉毛都是多余的。先拿一支铅笔垂直靠在鼻翼上，尖端的地方就是眉头，铅笔稍微倾斜移到虹膜（瞳孔外有色的圆形部位），这个就是眉峰（眉毛挑起来的最高点），再让铅笔和鼻梁呈45° 角，找出眉尾，用眉笔或眉影画出正确的眉形，用修眉刀去掉眉形范围外的杂毛。

（5）调整眉形的长度。把过长的垂直向下生长的眉毛修剪到合适的长度，眉梢留得稍短，越靠近眉头越要留得长一些。从眉毛正中到眉尖，除形状不好外，不宜剪得太短。

（6）修整形状。用眉钳把多余的眉毛一根根地拔掉，以至获得理想的眉形。为了减轻拔眉毛时的疼痛，拔前可涂些润肤霜。拔时略拉紧眉部皮肤，一根一根沿着眉毛的生长方向，向外或向上拔。

（7）用剃刀将眉毛周围的毫毛和多余的毛刮掉。散眉拔除后，用收敛性化妆水拍打双眉及其周围的皮肤，以收缩皮肤毛孔。

（8）修整完，用小刷子轻刷双眉，使眉毛保持自然位置。可涂抹些乳液或者冷霜加以保护。

实践练习：课后进行卸妆以及修眉练习。

阅读拓展

1. 仪容美

仪容美的基本要素是貌美、发美、肌肤美，基本要求是干净、卫生。

（1）仪容自然美。它是指仪容的先天条件好，天生丽质。尽管以相貌取人不合情理，但先天美好的仪容相貌，无疑会令人赏心悦目。

（2）仪容修饰美。它是指依照规范与个人条件，对仪容进行必要的修饰，扬长避短，设计、塑造出美好的个人形象，在人际交往中尽量令自己显得有备而来，自尊自爱。

（3）仪容内在美。它是指通过努力学习，不断提高个人的文化、艺术素养和思想、道德水准，培养出自己高雅的气质与美好的心灵，使自己秀外慧中，表里如一。

真正意义上的仪容美，应当是上述三个方面的高度统一。忽略其中任何一个方面，都会使仪容美失之于偏颇。在这三者之间，仪容的内在美是最高的境界，仪容的自然美是人们的心愿，而仪容的修饰美则是仪容礼仪关注的重点。

2. 细节修饰

（1）耳部卫生。

要保持耳部清洁。日常做面部清洁时，耳部特别是耳朵内往往会被忽视，但是每个人的耳孔里除会有分泌物外，还会积存一些灰尘。在耳朵内形成一定的异物，当别人站立在自己身体的一侧时，容易映入对方眼中。因此，一定要坚持进行耳部清洁。但要注意，清理工作需注意避人，一定不能当众掏耳。

（2）鼻部卫生。

鼻部周围的毛孔往往比较粗大，内分泌旺盛的人容易在毛孔内堆积油脂或污垢而形成"黑头"。"黑头"有损个人形象，在清理时切忌乱挤乱抠以免造成局部感染。应该在平时对鼻部进行认真清洁，还可以用专门的"鼻贴"进行清理。另外，还要检查一下鼻毛是否长出鼻孔之外。如果出现这种情况，一定要及时修剪，但注意避人，不可当众用手去拔。

对鼻部分泌物的处理，要尽量选择在无人的场合，不要在人前挖鼻孔、擤鼻涕。感冒后常常有流鼻涕的症状，让人恨不得一次把鼻涕擤干净，但这是一种不文明也不卫生的行为。清理时用手帕或纸巾辅助进行，切忌响声大作而令人反感。擤鼻涕会让含有病菌的鼻膜黏液再度进入鼻窦中，这样不但会使感冒病情恶化，还会导致鼻窦感染。所以，一般情况下尽量不要擤鼻涕，鼻涕流出时轻轻擦掉即可。如果要擤鼻涕，最好到洗手间处理。擤鼻涕的动作要轻而慢，用纸巾掩住鼻孔，按住一个鼻孔，另一个鼻孔出气，轻轻擤出。同时擤两个鼻孔容易造成头颅内压不平衡，影响听力，甚至造成耳膜穿孔。而且，擤鼻涕的声音在他人听起来并不好受。擤鼻涕用的卫生纸，最好用马桶冲走，而不要丢弃在垃圾桶里，以免病菌散布在空气中，增加其他人传染感冒的风险。

（3）口部卫生。

酒店工作人员常常会与宾客进行语言交流，要注意口部卫生。要做到口气清新，牙齿干净，唇部丰润。男士还要注意胡须整洁。酒店工作人员刷牙要做到"三个三"：每天刷三次，每次刷牙在餐后三分钟内进行，每次刷牙的时间不少于三分钟。注意坚持用横刷和竖刷结合的方式刷牙。

保养牙齿，要做到牙齿无异物、无异味，还要保持牙齿洁白，及时去除牙石。去除牙石最好的方法是到口腔医院洗牙。最好是每隔半年去牙医处做一次专业洗牙，保持牙齿的健康美观。洗牙前先找医生检查一下，看自己的牙齿与口腔是否足够健康，是否经得起漂白剂的侵蚀。其实，除去吸烟、喝咖啡等生活习惯的影响，牙齿会随着年龄的增长而自然发暗，勤刷牙来保持口腔卫生，是维持牙齿健康的长久之计。

在日常生活中，还要注意保持嘴唇的滋润不干裂。另外，还要避免嘴边或嘴角有残留的食物。

在工作中，为了保持口气清新，防止因为饮食而产生口腔异味，应避免食用有刺激性气味的食物，如葱、姜、大蒜、韭菜、腐乳等。若是感觉口气不太好，可以通过刷牙、嚼口香糖、使用漱口水、在嘴里含 3~5 片茶叶等应急方法去除异味。口气不清新发展到极致就是口臭，这会极大地影响一个人的社交生活，损害其职业形象。如果出现了口臭的症状，一般是因为有生理上的疾病。此时要尽快找医生帮助找到病因，对症下药。简单地咀嚼口香糖、茶叶是不能根治口臭的。

当无法控制当众咳嗽或打喷嚏时，应当用纸巾或双手遮住口鼻部位，然后尽量降低声音和气势。这既是为了尊重他人，也是为了防止病菌的扩散。如果来不及，可以用袖口遮挡，用衣服袖管内侧挡住口鼻部，以防唾沫飞舞。在狭小的密闭空间中，尤其要注意。咳嗽或打过喷嚏后，应该立即去洗手以免手部通过触摸其他物品转移病菌。

感冒后要外出时，应自觉佩戴口罩，以防病菌借咳嗽或打喷嚏传播。

3. 男士修面

在正式场合，男士修面如同女士化妆一样，也是对他人表示尊重的表现。男士修面包括清洁面部，使用护肤品、无色唇膏等。

（1）清洁面部。

男士由于生理因素，一般皮肤粗糙、质地硬、毛孔大，汗液和油脂分泌量大。清洁面部就是要清除面部污垢以保持面部干净、清爽。每天上班前要养成剃胡须的习惯，保持口腔的清洁卫生，清除口中异味与异物。仔细检查鼻孔、眼角与耳朵是否有异物。

（2）使用护肤品、无色唇膏等。

根据自身情况使用护肤品，保持皮肤细腻、滋润。在冬季或干燥季节，使用无色唇膏滋润嘴唇，防止其爆皮、开裂等。

（3）美发。

美发是男士修饰容貌的重要组成部分，是与人交往中人们注视的另一个焦点。一定要注意头发的干净整洁与发型的大方得体。这部分内容将在下面“大方的发型”中详细介绍。

案例链接——职场中的加分项

小玲和小兰为大学同班同学，毕业后同时通过应聘进入某高星级酒店。最初的工作为酒店餐厅服务人员，酒店要求注重个人卫生，淡妆上岗。虽然基层工作比较辛苦，但小玲每天上班前都安排时间为自己化个得体的妆容。而小兰觉得工作太累，休息时间都不够，没必要认真化妆，常常敷衍了事，仅仅涂口红就去上班，最后就连个人卫生也不太讲究，三天不洗头也是常事。过了半年，小玲被提拔为领班，而小兰还在从事原来的工作。

有人问起原因，该酒店人资部经理这样说道：“小玲和小兰最初的工作能力相当，但是小玲每天都能精神焕发地积极工作，而小兰给人的印象却是顶着油亮黯淡的脸疲惫地工作。这样一对比，我们选拔领班时当然优先考虑小玲。”

案例点评：

职场女性化妆，不仅仅是为了提升自身形象，也是对工作和他人表示尊重。如果精神面貌不佳，如皮肤粗糙、面色青白、唇无血色、双目无神、眉毛杂乱，这种形象，会让他人产生疑惑："自己形象都管理不好的人，靠谱吗？"自我管理不过关，即使拥有很强的能力，也会在一定程度上妨碍个人的职业发展。如果一直保持妆容精致、衣着得体的状态，反映的姿态是"有朝气，态度积极"，也更容易博得他人的信任与机会。

英国著名的形象公司 CMB 的一项研究显示，在公司中身居高位的女性，形象和气质对于成功的作用仍很关键。试问一位具有精致妆容，同时拥有"高能力"的女士，她在职场获得的加分，是不是要比一个与她能力、职位相当，却素面朝天、邋里邋遢的人要高呢？毋庸置疑，这个答案是肯定的。因此，职场人士需要管理好自身形象。

职业妆容塑造

化妆课堂

项目二　大方的发型

【企业标准】

表1-2-1　发型评价标准

序号	考核内容	考核要求及分值	分值	得分
1	女员工空乘盘发	（1）头发前盘起时无碎发（20分） （2）头发整齐、光亮、无头屑（40分） （3）头花端正，网罩完全罩住发髻（40分）	100分	
2	男员工发型	（1）头发前不过眉，后不盖领，侧不遮耳，鬓角不过中耳线（40分） （2）头发整齐、光亮、无头屑（30分） （3）不留怪异发型，不染发（30分）	100分	

【师傅要求】

1. 女员工发型：头发前盘起时无碎发，必须打发乳或摩丝保持整齐、清洁、光亮无头屑、不得染发。短发后不过肩，长发盘起，头花按酒店各部门的规定来佩戴，如发卡颜色为黑色，则不得将头发染成黑色以外的其他发色（见图 1-2-1）。

2. 男员工发型：头发前不过眉，后不盖领，侧不遮耳，鬓角不过中耳线，保持整齐，黑色清洁光亮（打发乳或摩丝），无头屑。不允许留怪异的发型，不得将头发染成黑色以外的其他发色（见图 1-2-1）。

图1-2-1 无锡桃园山庄大酒店员工发型

【师徒互动】

一、师傅讲授

人们观察一个人往往是“从头开始”的，发型经常会给他人留下十分深刻的印象。工作人员的头发要干净整洁，无头屑、无异味、无油垢；发型要求美观大方，职场女性工作中应避免披头散发，也不要在头发上佩戴复杂夸张的饰物。酒店工作中，女性的发型一般为短发或束发，男士为短发。

1. 女性常见发型

（1）短发。

短发前不遮眼、后不过肩，给人精明干练的感觉，发色宜自然。以三七或四六分层向两边分开。

（2）束发。

头发前盘起时无碎发，必须打发乳或摩丝保持整齐、清洁、光亮无头屑、不得染发；长发盘起时，头花、发卡等按酒店各部门的规定佩戴。 常见的束发方式有佩戴统一头花的空乘盘发和使用海绵盘发器进行盘发（见图 1-2-2）。

图1-2-2 束发造型

①空乘盘发（见图 1-2-3）。

第一步，将头发用皮筋扎成马尾。

第二步，用手握住马尾扭动头发做顺时针旋转。

第三步，将头发梢塞进盘好的发髻中。

第四步，用头花网罩住发髻。

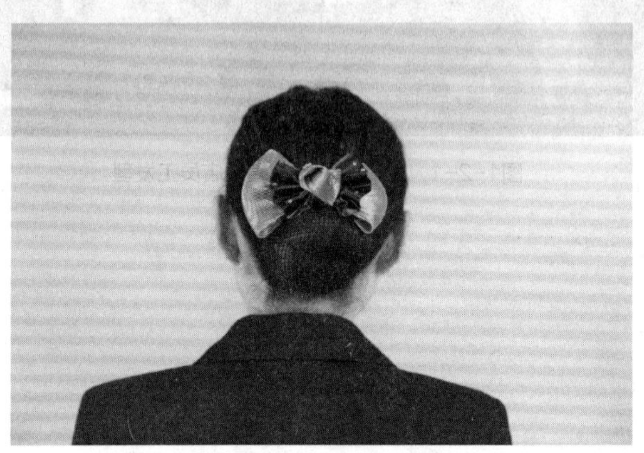

图1-2-3　空乘盘发造型

②使用海绵盘发器进行盘发（见图 1-2-4）。

第一步，将头发用皮筋扎成马尾。

第二步，把头发放进海绵棒的中间缝隙中，再将海绵棒拉至头发的中后段（距发尾三分之一处）。

第三步，将发尾的头发收顺绕进海绵棒里，再把头发一层一层往上卷。

第四步，卷到发根时将海绵左右两端扣好，拉扯整理成圆形。

第五步，用卷好的头发将海绵棒盖住，用 U 形夹固定住，最后将整体的头发打理均匀。

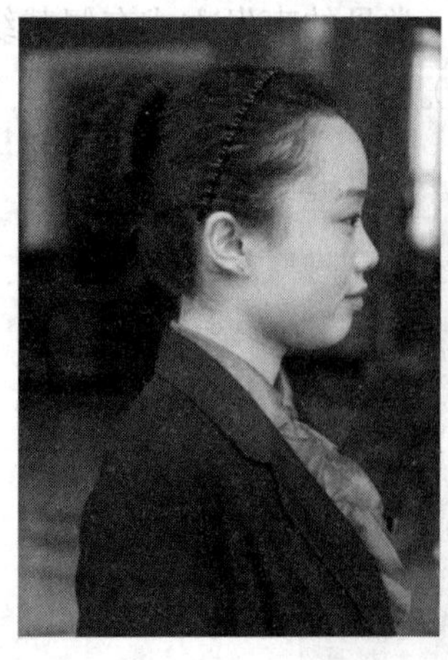
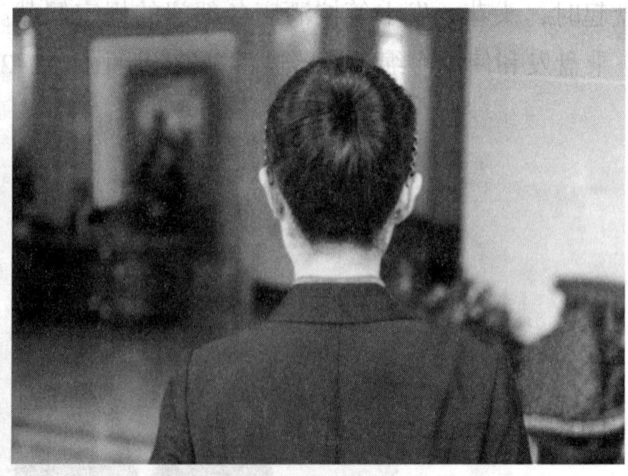

图1-2-4　海绵盘发器盘发造型

2. 男士常见发型

酒店工作中男士发型以整洁、长短适中为宜，长度要求是前不及眉，后不及领，侧不遮耳；发型大方，头发干净整洁，无汗味。避免怪异、过于新潮的发型；不宜使用任何发饰（见图 1–2–5）。

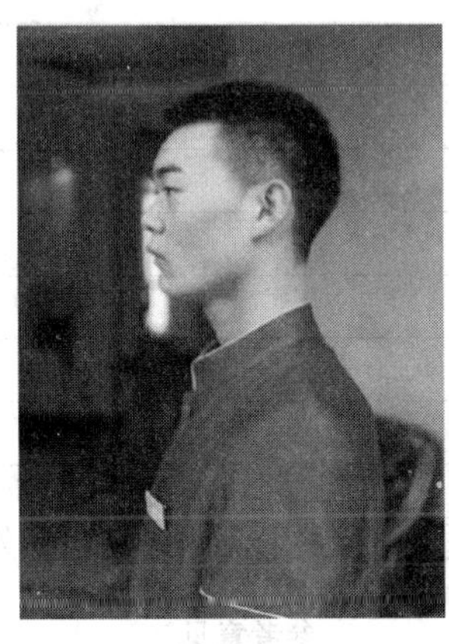
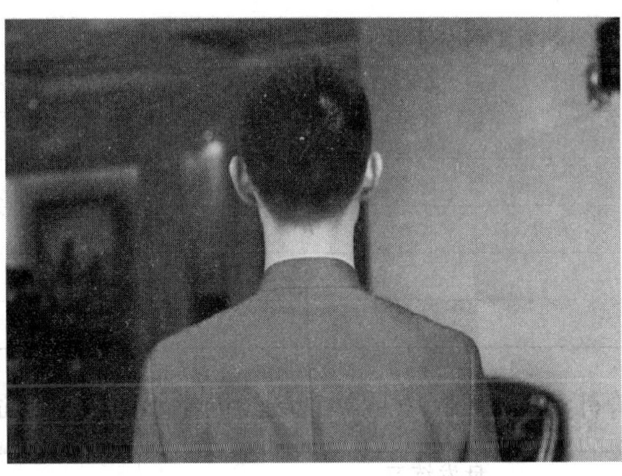

图1–2–5 男士短发造型

二、师傅强调

1. 发型修饰基本原则

在与宾客接触的第一时间内，外貌美会产生晕轮效应。发型是个人外貌形象的重要组成部分，修饰发型时应遵循自然、大方的原则。

（1）自然。饭店服务人员在进行发型修饰时应注意自然美观，做到庄重大方。不要刻意追求发型的变化和突兀，以免给宾客做作的感觉。

（2）大方。饭店服务人员的发型不应过分追求时髦，要做到朴实大方。男员工不允许留长发或梳辫子。要做到前不附额，侧不掩耳，后不及领，女员工头发一般应前不过眉，后不过肩，如果长于肩部，上班时也应将头发盘起来，或置于工作帽之内。

2. 发型修饰细节

（1）勤洗发。酒店工作人员要保持头发干净，无头皮屑、无油垢，一般每周洗两三次头发。一般干性发质者应两天洗一次头发，油性发质者一天洗一次头发。

（2）修剪次数。为了防止发型混乱，服务人员应及时修剪头发，正常情况下，通常应当半个月左右修剪一次头发，至少也要确保每月修剪一次头发。

（3）健康发色。一头秀发不但使人增色，还是身体健康的标志。饭店服务人员应在出门前、上岗前、下班时及时梳理头发。为了体现庄重，饭店员工应保持自身原始发色，不要将头发染成黑色以外的其他颜色，因为黑色可以突出一个人的轮廓，体现立体感。如果发色不理想，或是头发变白，也可用染发剂帮助头发保持健康自然的发色。但不适合染成夸张的色彩，或是多色彩发色。

三、徒弟操作

1. 学生分成小组，各小组选一位组长带领组员，并根据表 1–2–1 的发型评价标准，为每位组员评价打分。

发型得分（女士）	发型得分（男士）

2. 请有盘发技巧的女同学现场为同学示范，设计适合前台接待岗位的女士发型。

盘发练习	参考意见

四、师傅提示

头发位于人体的“制高点”，打量一个人，首先看到的是这个人的头发。修饰头发最重要的就是整洁，要勤于洗头，保持干爽，同时发型的选择还要考虑自己的职业、年龄及性格，力求实用、美观，并体现自己的个性。对于头发的日常保养应该养成周期性洗发的习惯，一般每周洗 3 次即可。为保持整洁，还要注意梳理头发，但要注意梳理头发不可当众进行。

（1）男员工发型：前不过眉，侧不遮耳，后不盖领，鬓角不过中耳线，头发整齐、清洁、不染色、不留怪异发型。

（2）女员工发型：短发前不过眉、后不过肩；长发盘起、额前不得留、刘海头饰颜色与发色反差小、整齐、清洁、不染色、不留怪异发型。

五、徒弟记忆

根据以上所学内容，整理出酒店工作中服务人员的发型注意事项。

员工发型	注意事项
女员工发型	
男员工发型	

【徒弟拓展】

技能拓展

1. 正确洗发

（1）洗头前，我们先要用梳子把自己的头发打理得较为平顺，并且把头发打结的地方全部松开，否则在洗头的时候，打结的地方不易清理干净。

（2）梳完后用温水洗头，不要只是把头发的表面弄湿，而是需要把头发底层及头皮部位都弄湿。把洗发水倒在手心，加一点水，稀释起泡后再涂到头发上。不要直接涂到头发上，否则过于刺激头皮，易产生头屑。

（3）洗发液涂在头发上后，一定要用手指的指腹去按摩头部，按摩到头皮上，轻轻地按摩，类似于搓头皮。

（4）搓到洗发水起大量的泡泡，持续搓洗三分钟，然后再用清水把头发彻底地冲洗干净。再次倒洗发液在手里，加水起泡，清洁头皮及发根，然后冲洗干净。

（5）把护发液抹到头发上，然后用手搓头发大约三分钟的时间，再用清水把护发液清洗干净。

（6）干发。用毛巾包住洗干净的头发轻轻地揉，不要用毛巾大力擦。让毛巾自然吸干头发后，用宽齿的梳子梳头发。等梳顺后，再用吹风机吹。先吹发根，再至发梢。注意不要吹得太干。

注意洗头的频率，隔天一次最好。

2. 瑜伽乌发

瑜伽中一些倒立的体式能使血液倒流，滋养头皮和发根，使头发保持健康顺滑，延缓头发变白并能防止脱发，如“倒立三角式”，具体方法如下。

（1）双脚并拢跪立在垫子上，臀部坐在双脚脚跟上，双手放在大腿上。

（2）调整呼吸，上身向前弯曲，前额着垫，双手伸至头部两侧，双掌撑住垫子。

（3）吸气，伸直双膝，绷紧双腿，用双手和头部支撑全身重量。呼气，双脚用力蹬住垫子，腰部向前倾，保持这个姿势，做3~6次呼吸。

（4）弯曲双膝，臀部坐在脚跟上，双肘撑住垫子，双手握空心掌，重叠在一起，将前额靠在拳眼上，放松休息。

（5）放松身体，慢慢回复到初始姿势。

阅读拓展

1. 头发打理

职业女性头发打理的总体要求是整洁、干练、端庄。除某些工作需要外，不要做另类的发型和染夸张的发色。留短发的女性显得比较精干，留长发的女性要将长发盘起或束在脑后。

与女士相比，男士的头发打理相对简单。主要是保持清洁、定期修剪。也可以找一位好的发型师帮忙设计一款最适合自己的发型。许多成功男士很注重打理自己的头发，有的还请了私人理发师和造型顾问。注意不要往头发上抹过多的定型产品，尤其是带有香味的那种。因为定型产品使用不当会适得其反，显得“油头粉面”。

2. 正确护发

（1）经常用梳子梳头发。为避免产生静电，不要使用塑料或尼龙材质的梳子，选用木梳或牛角梳等。

（2）选择适合自己发质的洗发水。

（3）不要过度使用化学物品，一年烫发不要超过 2 次。

（4）多食用能为头发提供营养的食品，如黑芝麻、黑豆、胡萝卜、鸡蛋、猪肝等。

（5）多做头部按摩或适当运动，增加头部血液循环以滋养头皮和发根。

3. 脸型与发型

（1）方形脸。发型以 4 : 6 偏分或中分都可。

（2）菱形脸。菱形脸因为太阳穴比较凹陷，颧骨偏高，又有个比较尖的下巴，所以在发型上可让太阳穴在视觉上饱满起来，太阳穴旁边的头发要有弧度，把太阳穴修饰得饱满一些。

（3）椭圆形脸。可以尝试多种发型。发式采用中分头路，左右均衡的发型最为理想。

（4）圆形脸。发式以 4 : 6 比例来偏分，这样可使脸显得不那么圆，两侧要平伏一点。若有刘海时，则必须厚些，要有波浪纹。

（5）长形脸。发式可采用 7 : 3 或更偏分的头路，这样可使脸看起来较宽。发型以在下覆着及两边有柔软发卷的为合适。

（6）倒三角形脸。头发应以 4 : 6 偏分法来使额部显得小一点。发型要造成大量的发卷而蓬松，并遮掩部分前额。

（7）正三角形脸。头发以 7 : 3 的比例来偏分，使额部看来宽阔。发型以波浪或发卷增加上方的力量为宜。

4. 发型与身材

日常生活中，选择发型还需要与自己的体型相协调。

（1）短小身材的发型。

身材短小，给人以小巧玲珑的印象，所以应强调丰满与魅力。矮身材以留短发为宜，或利用盘发增加高度。不宜把头发做得粗犷、蓬乱，应该使发型显得秀气、精致。

（2）高瘦身材的发型。

这种身材的女性不宜盘高发髻，也不宜将头发削剪得太短。头发轮廓以圆形为宜。

（3）矮胖身材的发型。

身材矮胖的人要尽可能弥补自身的缺点，在发型的设计上要强调整体发势向上，可选用有层次的短发、前额翻翘式等发型。

（4）高大身材的发型。

这种身材的发型应努力追求大方、健康、洒脱的美，减少大而粗的印象。以留简单的短发为好，束发、盘发也可酌情运用。切忌发型花样繁复、造作。

5. 发饰佩戴

不管为自己选定了何种发型，在工作岗位中都不允许在头发上滥加装饰之物。一般情况下不宜使用发胶、发膏。男士不宜使用任何发饰。女士在必须使用发卡、发箍、发绳或发带时，应使之朴实无华，色彩低调。不要在工作岗位上佩戴艳色，或带卡通、动物图案的发饰。

若非与制服配套，在工作岗位也不允许戴帽子。各种装饰的帽子，如贝雷帽、公主帽、棒球帽、发卡帽，或装饰用的裹头巾等，都不适合在上班时使用。

案例链接——发型改变形象

德国总理安格拉·多罗特娅·默克尔（Angela Dorothea Merkel），在德国政坛素有“铁娘子”之称。早年的默克尔留着毫无设计感的平刘海和短发“蘑菇头”。德国《星期日画报》曾这样嘲讽默克尔：“她的蘑菇头真可怕，脖子周围居然没有头发，刘海儿简直就像被剃光了！”她的政敌指责她“发型古板，举止不够优雅，像足不出户的农妇，跟不上时代”。

但是当时的默克尔并不太在意自己的外形。她曾说：“政治归政治，我不会为了政治而改变容貌。”2002 年，默克尔在总理候选人争夺战中输给了党内对手，她的发型师说，选举失败与她的发型过于古板不无关系。

2005 年，默克尔被正式提名为总理候选人后，她所在的基督教民主联盟明确要求她改变形象。为了政治前途，默克尔接受了来自党内的指令，特别是改变了发型。竞选中，一些媒体评价默克尔“变漂亮了”，她给人留下了果敢又不乏女性温柔与亲和力的女强人印象。其支持率不断升高，最终成为德国历史上第一位女总理。

案例点评：

从网络图片中可以看出，德国总理默克尔以前的刘海很厚，笨拙地“趴”在她的额头上，显得古板；而后来的发型更有层次感、更加时尚，给人留下了干练、果敢，同时又具有亲和力的女强人形象。发型对于整个人的气质改变非常大，适合自己的发型不仅可以修饰脸型与头型，还可以有修饰身材的视觉作用。在这个案例中，发型还起到了影响职业发展的作用。因此，找到适合自己的发型十分重要。

职场发型塑造

项目三　真诚的表情

【企业标准】

表1-3-1　表情塑造考核标准

<table>
<tr><td rowspan="6">友好表情评价标准</td><td>内容</td><td>评价标准</td><td>分值</td><td>得分</td></tr>
<tr><td>眼神</td><td>注视对方的时间、角度、方式、区域</td><td>40分</td><td></td></tr>
<tr><td>微笑</td><td>眼神微笑、精神饱满</td><td>20分</td><td></td></tr>
<tr><td>面部自然</td><td>面部肌肉伸展自然，嘴角两边平齐不歪斜</td><td>10分</td><td></td></tr>
<tr><td>整体效果</td><td>眉、眼、鼻、口、齿、面部肌肉和声音协调一致</td><td>30分</td><td></td></tr>
<tr><td colspan="2">合计</td><td>100分</td><td></td></tr>
</table>

【师傅要求】

1. 掌握眼神交流的礼仪知识，学会微笑。
2. 注视对方的时间、角度、方式、区域要恰当。
3. 眼神微笑、精神饱满。
4. 面部肌肉伸展自然，嘴角两边平齐。
5. 眉、眼、鼻、口、齿、面部肌肉和声音协调一致。

（见图 1-3-1）

图1-3-1　真诚的表情

【师徒互动】

一、师傅讲授

在工作交往中，服饰等外在条件比较重要，但礼貌温和的面部表情比服饰更为重要。

清代戏剧家李渔在《闲情偶寄·声容部》中写道“面为一身之主，目又为一面之主”。眼睛是心灵的窗户，目光是最富表现力的一种“体态语”，最能有效地传达信息和表情达意。因此，职场人士在工作中的眼神运用要符合一定的礼仪规范，给他人留下好的印象。另外，微笑是社交场合中最富有吸引力的面部表情。微笑服务是企业的一种纪律，员工要自觉学习微笑，体会运用、落实微笑。

1. 眼神交流

工作中适当的目光交流是对客户的尊重。

（1）注视的时间。

一般与对方目光接触的时间是与对方相处的总时间的1/3。心理学实验表明，人们视线接触的时间，通常占交往时间的30%~60%。如果超过60%，则表示彼此对对方的兴趣可能大于谈话的内容；低于30%，则表明对对方本人或交谈的话题没有兴趣。

①表示友好。向对方表示友好时，应不时地注视对方。注视对方的时间约占全部相处时间的1/3。

②表示重视。向对方表示关注，应常常把目光投向对方那里。注视对方的时间约占相处时间的2/3。

③表示轻视。目光常游离对方，注视对方的时间不到全部相处时间的1/3，就意味着轻视。

④表示敌意。目光始终盯在对方身上，注意对方的时间占全部相处时间的2/3以上，被视为有敌意，或有寻衅滋事的嫌疑。

⑤表示感兴趣。目光始终盯在对方身上，偶尔离开一下，注视对方的时间占全部相处时间的2/3以上，同样也可以表示对对方较感兴趣。

（2）注视的角度。

注视别人时，目光的角度，即目光从眼睛里发出的方向，表示与交往对象的亲疏远近。

图1-3-2 平视

①平视。也叫正视，即视线呈水平状态。常用在与身份、地位平等的人进行交往时，表示重视对方，也表现出不卑不亢的精神面貌（见图1–3–2）。

②侧视。是一种平视的特殊情况，即位于交往对象的一侧，面向并平视对方。侧视的关键在于面向对方；若为斜视对方，则为失礼之举（见图1–3–3）。

图1-3-3 侧视

③仰视。即从低处抬眼向上注视他人，表示尊重、重视、敬畏对方（见图 1–3–4）。

图1–3–4 仰视

④环视。在工作中为多位宾客服务时，需要按照先来后到的顺序对每一位宾客多加关注，同时以略带歉意、安慰的眼神环视一下等候在身旁的客人。恰当地使用环视眼神，兼顾多方，表现出善解人意的优秀服务水准。

（3）目光注视的区域。

①公务凝视区域。以两眼为底线、额中为顶角形成的三角区。一般用于洽谈、磋商等公务场合。注视对方的双眼，表示自己重视对方。注视对方额头，表示严肃、认真、公事公办。

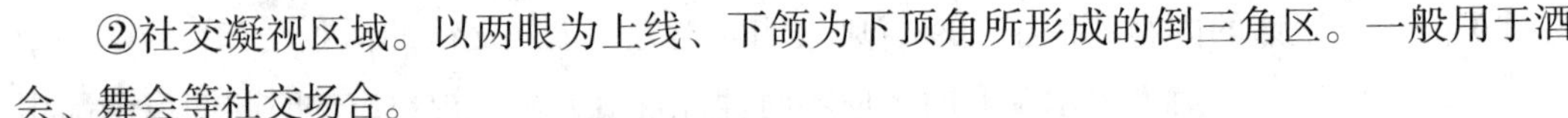

②社交凝视区域。以两眼为上线、下颌为下顶角所形成的倒三角区。一般用于酒会、舞会等社交场合。

③亲密凝视区域。两眼与胸部之间的区域，一般在亲人、恋人等亲近人员间使用。

（4）目光的运用。

①如果对对方的讲话感兴趣，就要用柔和友善的目光正视对方的眼睛。

②如果想要中断他人的话，可以有意识地将目光稍微转向他处。

③当对方说了幼稚或错误的话显得拘谨害羞时，不要马上转移自己的视线。相反，要继续用柔和、理解的目光注视对方，否则别人会误解为嘲笑他。

④当双方缄默不语时，不要再看着对方，以免加剧尴尬局面。

⑤谈得很投入时，不要东张西望，否则别人认为你已听得厌烦了。

⑥对待不同关系的人的目光运用。在长辈面前，目光应该略微向下，显得恭敬、虔诚；对待孩子，目光应该和善、慈爱；在朋友面前，目光应该热情、坦荡；对待来客，眼神要有热情，并带有少许激动；对待异性，双目对视不宜持续超过 10 秒。

⑦不同文化中的目光运用。各个民族有自己独特的文化背景，在某些相同的场合，不同民族的人会有完全不同的反应。比如，在会议桌上，日本人会把美国人四目对望的表情动作看作不礼貌和感觉迟钝的表示，而美国人却把日本人不正视别人当作一种狡诈的象征。因此，在与不同种族的人们进行交往时，要熟悉、了解对方的文化和习惯，充分地予以尊重和理解，减少误会从而顺利地进行交流。

2. 微笑服务

微笑服务是服务业的一个最基本的要求，也是每个服务人员最应该做到的一点。微笑服务是指服务员以真诚的笑容向客人提供服务；同时也反映出一个服务员的美好心灵和高尚情操。微笑会让宾客感觉亲切，很多人会不好意思直接拒绝微笑的服务，不过微笑需要把握个度，否则会让宾客觉得非常假，适得其反。

（1）微笑的作用。

对服务行业来说，至关重要的是微笑服务。说起微笑服务的成功案例，饭店业人都会想到美国的希尔顿饭店。希尔顿对下属常说的一句话是："今天你微笑了吗？"他确信微笑有助于希尔顿旅馆业的发展，所以在世界经济危机时，希尔顿的微笑挽救了经济大萧条、大危机时代的希尔顿饭店，造就了今天遍及世界五大洲近百家五星级饭店的希尔顿集团。

（2）微笑的内涵。

微笑是社交场合最富有吸引力、最有价值的面部表情，也是促使人际关系友善、诚信、谦恭、和蔼、融洽最为美好的感情因素。微笑服务，最重要的是在感情上把宾客当亲人、当朋友，与他们同欢喜、共忧伤，成为宾客的知心人。饭店服务人员应保持永恒的微笑，用微笑感染他人，激发热情，增强创造力。

图1-3-5　一度微笑

（3）微笑的运用。

①一度微笑。一度微笑像春天里的太阳，让人感觉身心舒畅。轻微的笑，略带笑容，是不显著、不出声的一种笑。一度微笑常用于与一般顾客交往中（见图 1-3-5）。

图1-3-6　二度微笑

②二度微笑。二度微笑指轻轻扬起自己的嘴角，双唇轻启，牙齿半露，眉梢上推、脸部肌肉平缓向上、向后舒展而带来的一种效果。笑意荡漾在眼底，像冬日里的暖阳，给人无限的温暖。常用于面对熟悉的宾客，或与宾客的交流活动中（见图 1-3-6）。

图1-3-7　三度微笑

③三度微笑。三度微笑就是传说中的"八颗牙微笑"，笑起来像夏天似火的骄阳，分外的热情灿烂。常用于迎宾时表示欢迎，或交谈中表示欢快（见图 1-3-7）。与客人相距较近、无须说话时，或与客人相距 5 米以外时，微笑可以不露牙齿，一度微笑。与客人相距 3 米左右时，二度微笑；上前两步迎接问候，相距约 1 米时，三度微笑。注意练习微笑与目光、声音的结合。眼中含笑，声音融入笑容，会使人感到欢快愉悦。

二、师傅强调

1. 对客服务中的眼神标准

（1）面对宾客应目光友善，眼神柔和，亲切坦然，眼睛和蔼有神，自然流露真诚。

（2）眼睛礼貌正视宾客，不左顾右盼、心不在焉。

（3）眼神要实现"三个度"。

①眼神的集中度：不要将目光聚集在宾客脸上的某个部位，而要用眼睛注视于宾客脸部的三角部位，即以双眼为上线，嘴为下顶角，也就是双眼和嘴之间。

②眼神的光泽度：精神饱满，在亲和力理念下保持慈祥的、神采奕奕的眼光，再辅之以微笑和蔼的面部表情。

③眼神的交流度：迎着宾客的眼神进行目光交流，传递你对宾客的敬意与你的善良之心。眼睛是心灵的窗户，心灵在有了亲和力的理念后，会自然发出神采奕奕的眼光，从而很容易形成具有磁性的亲和力的眼神，这样可以拉近与宾客间的距离。

2. 微笑服务的要求

（1）面部表情和蔼可亲，真诚、甜美、亲切、善意、充满爱心。口眼结合，嘴唇、眼神含笑。微笑注重“微”字，笑的幅度不宜过大。微笑要能为对方感知，要有对面3米左右的“能见度”。

（2）微笑要发自内心。

服务人员在为宾客服务的过程中，应做到发自内心的微笑，笑容真挚。微笑时面部肌肉放松，嘴角微微向上翘起，嘴唇略呈弧形，目光柔和，眉头自然舒展，眉毛微微向上扬起。只有发自内心的微笑才富有魅力，让人愉悦欢心。

（3）微笑要适时尽兴。

微笑不仅要求精神饱满，而且讲究合适的机会。当宾客非常伤心的时候，服务员就不应该微笑，而是配合宾客的表情做相应的表情，更不应该在没听懂对方的意图下就贸然微笑。

（4）微笑要始终如一。

饭店服务人员在工作场合，微笑必须始终如一。禁忌面对宾客的时候微笑，转身后微笑马上消失，这样的微笑显得很不真诚。同时，服务人员的微笑也应注意一视同仁。

三、徒弟操作

请学生进行角色分工，扮演迎宾人员和客人，客人抵达时，迎宾人员主动上前两步并问候。热情地运用“您好”“欢迎光临”“请”“谢谢”“再见”等礼貌用语。三位同学一组，表演时请一位同学作为旁观人员，为两位表演者进行点评，然后交换角色。

角色分工（交换角色）	旁观人员意见与建议
迎宾人员1：	
客人1：	
迎宾人员2：	
客人2：	
迎宾人员3：	
客人3：	

注意：问候的效果取决于声音、面部表情和眼神。向客人问候时若无面部表情只有生硬的问候语，则可能会令宾客感到自己不受欢迎。一个真诚的微笑、一句真挚的问候，可以让宾客感觉到温馨和周到。尽量记住客人的姓，特别是贵宾和常住客，带有称呼的问候，会给客人宾至如归的感觉。

四、师傅提示

1. 目光的禁忌

（1）不用斜视、瞟、瞥与睥睨等动作，流露出鄙夷、轻蔑、傲慢、贪婪、猥琐、阴险、狡黠等无礼眼神。

（2）不要对人眯眼。眯眼是最意味深长的目光，在西方，对异性眯起一只眼睛，并夹两下眼皮，是一种调情动作。另外，眯起两只眼睛含含糊糊地笑，也极易引起别人关于性与色的联想。

（3）不要注视唇部。嘴唇是人体的一个比较性感的器官，除非很熟悉的客户、同性的客户、年龄相差很大的客户，否则轻易不要在与人交流的时候注视对方的嘴唇。

2. 笑的禁忌

在礼貌微笑中，应该避免以下几种表情。

（1）假笑。即笑的虚假，皮笑肉不笑。

（2）冷笑。即含有怒意、讽刺、不满、无可奈何、不屑一顾、不以为然等容易使人产生敌意的笑。

（3）怪笑。即笑得怪里怪气，令人心里发麻，多含有恐吓、嘲讥之意。

（4）媚笑。即有意讨好别人，非发自内心，具有一定的功利性目的的笑。

（5）怯笑。即害羞、怯场，不敢与他人交流视线，甚至会面红耳赤地笑。

（6）窃笑。即偷偷地扬扬自得或幸灾乐祸地笑。

（7）狞笑。即面容凶恶，多表示愤怒、惊恐、吓唬。

注意某些特殊场合中不能面带笑容，如气氛庄严时、别人出洋相、尴尬时、他人身体有残疾时。

3. 表情礼仪的具体要求

（1）表情自然，不做鬼脸，不哈哈大笑。鬼脸会让宾客产生怪异的感觉，不知用意何在；哈哈大笑则使宾客惶恐，不知道自己哪里做错让对方觉得如此好笑。

（2）面无表情看起来麻木和冷漠，会让宾客感觉自己没有受到欢迎和重视。

（3）当宾客表达异议、意见、挑剔时，不反驳，不表现出不耐烦和不屑的表情，而要认真倾听，倾心为宾客服务。

五、徒弟记忆

根据自身情况，整理出对客服务中微笑与眼神交流的注意事项。

我的情况	注意事项

【徒弟拓展】

技能拓展：

1. 练习适合的眼神

（1）不要一直盯着对方看。每次看别人的眼睛 3 秒左右，会让对方感觉比较自然。关于盯视，有两条规则。第一，不盯视人；第二，只盯视非人。人们可以长久地盯着一棵树、一张照片、一只猫看，但若把这种目光长时间放到一个人身上，对方马上就会感到不安、难受。在过去的美国，一些白人种族主义者就是利用这种方式来表达他们对黑人的蔑视与轻侮。

（2）采用“散点柔视”法。将目光柔和地投射到对方脸上，不应在某一点凝聚进行盯视，而是好像在用自己的目光笼罩住对面的整个的人。

（3）目光变化自然。不能从脚底看到头顶地反复打量对方，应该面带微笑，目光柔和，目光转移时要自然、不着痕迹。

2. 眼神练习技巧

（1）眼球转动练习。平视、斜视、仰视、俯视、白眼等。

（2）眼皮瞳孔开合练习。大开眼皮、大开瞳孔表示开心、欢畅或惊愕；大开眼皮、小开瞳孔表示愤怒、仇恨；小开眼皮、大开瞳孔表示欣赏、快乐；小开眼皮、小开瞳孔表示算计、狡诈。

（3）眼睛眨动速度快慢练习。快眨眼睛表示不解、调皮、幼稚、活力、新奇；慢眨眼睛表示深沉、老练、稳当、可信。

（4）目光集中程度练习。目光集中表示认真，动脑思考；目光分散表示漠然、木讷；目光游移不定表示心不在焉。

（5）目光持续长短练习。目光持续长表示深情、喜欢、欣赏、重视、疑惑；目光持续短表示轻视、讨厌、害怕、撒娇。

（6）眼神综合定位练习。将以上要素灵活运用，用不同的眼神表示愤怒、表示怀疑、惊奇、不满、害怕、高兴、感慨、遗憾、爱不释手等。

（7）模仿动物的眼神进行练习。男性眼神要像鹰一样刚强、坚毅、稳重、深沉、锐利、成熟、沧桑、亲切、自然；女性眼神要像猫、风一样柔和、善良、温顺、敏捷、灵气、秀气、大气、亲切、自然。

实践练习：

（1）购物时，观察服务员的眼神和态度之间的关系。

（2）与亲朋好友进行目光交流，考察眼神是否与自己的思想感情相符。

（3）与不同年龄、不同性别、不同职业、不同性格、不同情境的人交流，大胆尝试使用不同的眼神，并考察社交效果如何。

3. 微笑的自我训练

（1）镜子训练法。

每天早晨，对着镜子微笑。首先找出自己最满意的笑容，然后不断坚持训练此笑容，从不习惯到习惯微笑，并以此笑容去为宾客服务。

具体的做法是：面部肌肉放松，不出声，不露齿或微露齿，嘴角微微上翘。通过自我观察，找到自己认为最阳光、最灿烂、最美的感觉，并把这种感觉记录下来。

（2）情绪记忆法。

将生活中自己最好的情绪储存在记忆中，当工作需要微笑时，即调动起最好的情绪，这时脸上就会露出笑容。注意观察并训练眼神的微笑，即用一本书遮住眼睛下面的部位，回忆开心的事情，此时心情就会通过眼睛表达出来。

（3）口型训练法。

微笑的口型为闭唇或微启后，两唇角微微向上翘。可借助一些字词发音时的口型进行训练。如普通话中的“一”“钱”“茄子”“田七”等，当默念这些字词时所形成的口型正好是微笑的最佳口型。

（4）用手指提拉练习微笑。

①拇指法。双手四指轻握，两拇指伸出，呈倒八字形，以食指关节轻贴颧骨附近；两拇指肚向上，放于嘴角两端一厘米处，轻轻向斜上方拉动嘴唇两角；反复多次，观察寻求你满意的微笑感觉状态后，封存记忆。或双手上指轻握，两拳手背向外放于唇下方；两拇指伸出，两拇指肚放在唇角处，做斜上方向内轻拉动。反复动作，寻找满意位置。

②食指法。轻握双拳，两食指伸出呈倒八字形，放于嘴唇两角处，向斜上方轻轻拉动嘴角，并寻找最佳位置。或双手轻握，伸出食指；两拳相靠放于下巴下方，两食指放在嘴角两端，向斜上方轻轻推动。反复推动多次，一直找到满意的位置为止。

③中指法。两中指伸出，其余四指自然收拢、半握；两中指肚放在嘴角两端，轻轻向斜上方拉动。反复多次，寻找你美丽的微笑感觉。

④小指法。两小指伸出，其余四指自然收拢，半握；两小指肚放在嘴角两端，轻轻拉动嘴角；反复动作，直到找到满意的微笑状态为止。

⑤双指法。双手拇指、食指伸出，其余三指轻轻握拢；用两拇指顶在下巴下面；两食指内侧面放在嘴角处，向斜上方轻轻推动；反复多次，直到满意为止。或者双手拇指、食指伸出，其余三指握拢；将两食指按放在两眉上外端；两拇指放在嘴角处，向斜上方轻缓拉动。反复多次，直到满意后，定格欣赏，再留存记忆中。

（5）用筷子训练。

选用一根洁净、光滑的圆柱形筷子（不宜用一次性的简易木筷，以防拉破嘴唇），把筷子横着咬在双齿间，使两嘴角上拉尽量高过筷子。保持笑容 5 秒后放松一下，再训练。训练时间为每天 10 分钟。

（6）训练眼睛的“笑容”。取厚纸一张，遮住眼睛下边部位，对着镜子，回忆过去的美好情景，嘴巴两端做出微笑的口型，随后放松面部肌肉，眼睛随之恢复原形。

（7）微笑的辅助训练法。

辅助训练法的主要目的是训练面部及相关部位肌肉的活动灵活，是使微笑起来更自然、美丽、动人的一种间接训练方法。

①面部按摩。在面部轻涂一层护肤霜及面霜，从面庞的中央部分开始，向两边轻轻地按摩。一般 10~15 分钟即可。主要目的是训练面部肌肉的活动、舒展，并有面部皮肤保养作用，以期有助于微笑的美丽。

②头颈部运动。一是左右向位。站直或坐直，使颈部轻轻地左转—复位—右转—复位，再左转。如此反复多次。二是前后向位。即低头—复位—仰头，反复多次。三是轻缓地使颈部做旋转运动，反复多次。主要是使颈部肌肉活动灵活，不仅对眼神训练和转体微笑有所助益，对健康亦有好处。

③唱歌。美容专家认为唱歌可以美容，可以使面部的肌肉群发生有节奏的运动，可促进面部血液循环和营养的供应，增强面部组织细胞的活力，从而会使面容增色且富有弹性。心理学家认为唱歌可以调整人的情绪，可以治病。经常唱歌对面部肌肉的活动和调节情绪都有好处，对微笑训练也会有好处。

④ 咀嚼、鼓腮、漱口。经常有意无意地重复这些动作，于皮肤健康和微笑训练都是有益的。

4. 修正微笑

（1）修正嘴角不能一齐上升的微笑。

微笑时两侧的嘴角不能一齐上升的人很多。这时利用木质筷子进行训练很有效。刚开始会比较难，但若反复练习，就会不知不觉中两边一齐上升，形成干练而老练的微笑。

（2）修正笑时露出牙龈多的微笑。

笑的时候特别容易露很多牙龈的人，往往笑的时候没有自信，不是遮嘴，就是腼腆地笑。自然的笑容可以弥补露出牙龈的缺点，但由于本人太在意，所以很难笑出自然亮丽的笑。露出牙龈时，可以通过嘴唇肌肉的训练弥补。拉上嘴唇。如果希望在大微笑时，不露出很多牙龈，就要给上嘴唇稍微加力，拉上嘴唇，保持这一状态 10 秒。

以各种形状尽情地试着笑。在其中挑选最满意的笑容。然后确认能看见多少牙龈。大概能看见 2 毫米以内的牙龈就可以了。照着镜子，在稍微露出牙龈的程度上，反复练习美丽的微笑。

阅读拓展

1. 眼神礼习俗

（1）注视礼：阿拉伯人在倾听尊长或宾朋谈话时，两眼总要直直地注视着对方，以示敬重。日本人相谈时，往往恭恭敬敬地注视着对方的颈部，以示礼貌。

（2）远视礼：南美洲的一些印第安人。当同亲友或贵客谈话时，目光总要向着远方，似东张西望状。如果对三位以上的亲朋讲话，则要背向听众，看着远方，以示尊敬之礼。

（3）眯眼礼：在波兰的亚斯沃等地区，当已婚女子同兄长相谈时，女方要始终眯着双眼，以示谦恭之礼。

（4）眨眼礼：安哥拉的少数民族人，当贵宾光临时，总要不断眨着左眼，以示欢迎之意。来宾则要眨着右眼，以表答礼。

（5）挤眼礼：澳大利亚人路遇熟人时，除说“哈喽”或“嗨”以示礼遇之礼，有时要行挤眼礼，即挤一下左眼，以示礼节性招呼。

2. 首轮效应

也称为第一印象或心理定式，大多是在看到或听到对方之后的一刹那形成的，通常只需 3~30 秒的时间。一个友好的微笑、一句轻声的问候，会给客人留下美好的第一印象。

案例链接——微笑的作用

在一家饭店，一位住店客人外出时，有一位朋友来找他，要求进他房间去等候，由于客人事先没有留下话，总台服务员没有答应其要求。客人回来后十分不悦，跑到总台与服务员争执起来。公关部年轻的王小姐闻讯赶来，刚要开口解释，怒气正盛的客人就指着她鼻子尖，言辞激烈地指责起来。当时王小姐心里很清楚，在这种情况下，勉强做任何解释都是毫无意义的，反而会招致客人情绪更加冲动。于是她默默无言地看着他，让他尽情地发泄，脸上则始终保持一种友好的微笑。一直等到客人平静下来，王小姐才心平气和地告诉他饭店的有关规定，并表示歉意。客人接受了王小姐的劝说。没想到后来这位客人离店前还专门找到王小姐辞行，激动地说：“你的微笑征服了我，希望我有幸再来饭店时能再次见到你的微笑。”

案例点评：

微笑是人类最美好的表情，表现出积极乐观的心态。微笑是善良、友好、赞美的象征，是对他人的理解、关心和爱的表达。恰到好处的微笑可以缓和紧张的气氛，可以消除、降低客户的不满，可以适当地弥补工作中带来的失误。微笑可以从内心深处打动他人，给他人留下热情友好的良好印象，有助于人们获得良好的人缘与顺畅的职业生涯。

友好微笑

目光交流

项目四　整洁的服饰

【企业标准】

表1-4-1　西装的穿着考核表（男士）

	内容	评价标准	分值	得分
服饰穿着评价标准	衬衣	选择合适的衬衫领型、质地、款式、长度、色彩	20分	
	领带	选择合适的领带长度、宽度、图案、颜色、质地	30分	
	衣扣	符合西装衣扣的系扣原则	10分	
	袜子	男袜的颜色与面料	10分	
	鞋	鞋子的颜色应与服饰相配	10分	
	整体效果	发型、衬衫、饰品、鞋、袜等与西服的合理搭配	20分	
	合计		100分	

表1-4-2　职业套装的穿着考核表（女士）

	内容	评价标准	分值	得分
服饰穿着评价标准	衬衣	衬衫面料、色彩、款式	20分	
	饰品	饰品颜色、款式、材质、寓意	30分	
	包	颜色、款式	10分	
	袜子	颜色、长度	10分	
	鞋	颜色、款式	10分	
	整体效果	发型、衬衫、饰品、鞋、袜等与套装的合理搭配	20分	
	合计		100分	

【师傅要求】

1. 制服着装合体，整齐美观、佩戴工号牌（见图 1-4-1）。

2. 男士西装穿着得体，发型、衬衫、饰品、鞋、袜等与西服搭配合理。

3. 女士职业套装穿着得体，发型、衬衫、饰品、鞋、袜、包等与套装搭配合理。

图1-4-1　桃园山庄酒店大堂GRO制服

【师徒互动】

一、师傅讲授

1. 制服着装

制服传达出所代表职业及所在企业的信息，体现着所在企业的形象。制服属于上班着装，其穿着和搭配须遵守有关的礼仪规范和工作单位的具体规定（见图 1-4-2）。

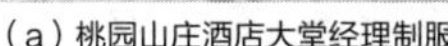

（a）桃园山庄酒店大堂经理制服

（b）桃园山庄酒店餐饮员工制服

图1-4-2　穿着制服

（1）在工作岗位上需穿制服。

酒店员工服饰包括制服、工鞋、工袜和头花等。在穿着制服时，要注意服饰的整体搭配。需穿着统一的制服外衣、衬衫、鞋袜，不得佩戴过于夸张或华丽的项链、戒指及头饰。女性不允许佩戴耳环，可佩戴耳钉、项链。

（2）穿制服要佩戴工号牌。

工号牌应端正地佩戴在左胸上方。佩戴于制服上衣左上方口袋盖上，别在西服口袋上边沿处。其他未经企业允许的配饰、证章等一律不得佩戴。

（3）制服穿着要求整齐美观。

制服必须合身，不能过分肥大或短小。穿着制服时，内衣不能外露；不漏扣，不掉扣；领带、领结与衬衣领口的吻合要紧凑、不系歪。制服要保持洁净平整，特别注意领口和袖口的洁净，衣裤无油渍、污垢、异味；不挽袖卷裤、衣裤不起皱。

（4）试穿制服的方法。

将全部的扣子都扣上，看看肩膀等处的线条是否流畅，领围大小是否合适；将手臂抬起、放下，弯弯臂肘，看会不会出现紧绷的感觉；做一个伸展动作，感觉是否有某处太紧、太松；坐下来，感觉一下裤装的臀部是否舒适，看看裙子的长短是否得体；慢慢蹲下身，看看是否有过于紧绷的地方；来回走走，请同事看看袖长、裤长是否太长或太短。

2. 男士穿着西装

职场男士穿一套整洁的西装，会给人留下正式庄重的印象。饭店工作中，部门主管级以上岗位或办公室工作人员的职业服装常常为西装（见图 1–4–3）。

图1–4–3　男士西装

（1）穿着西装的注意事项。

①拆除商标：穿西装前，要把上衣左袖口的商标或质地的标志拆掉。

②扣好纽扣：不管穿什么衣服都要注意把扣子扣好。而穿西装时上衣纽扣的系法讲究最多。通常，系西装上衣纽扣时，单排两粒纽扣的只系上边那粒。单排三粒纽扣的可以只系中间的或上面两粒扣子。但双排扣西装要求把所有能系的纽扣全部系上。西装马甲只能和单排扣西装上衣配套。

③避免卷挽：不可以当众随心所欲地脱下西装上衣，也不能把衣袖挽上去或卷起西裤的裤筒；否则，就显得粗俗、失礼。

④少装东西：为使西装在外观上不走样，西装口袋就要少装甚至不装东西。上衣、马甲和裤子也要这样。西装上衣的外胸袋除了放用来装饰的真丝手帕以外，不要再放其

他东西。内侧的胸袋，可以放钢笔、钱夹或名片夹，但不要放过大、过厚的东西。外侧下方的两大口袋，原则上不放东西。西装背心的口袋多起装饰作用，一般只放怀表。西装裤子侧面的口袋只可以放纸巾、钥匙包或小钱包。后侧的口袋，最好什么也不放。

衣袖不要过长，最好是在手臂向前伸直时，衬衫袖子要露出 2~4 厘米；衣领不要过高，一般在伸直脖子时，衬衫领口以外露 2 厘米左右为宜；雨天可以不穿西装，特别是西装上衣淋湿后，很容易变形；西装最好准备两套以上轮流穿着，保持西装样式不变，并减少衣服的磨损，自己也会有新鲜感。

⑤巧配内衣：西装的标准穿法是内穿衬衫，衬衫内不穿棉纺或毛织的背心、内衣。如果确实需要在衬衫内穿其他衣物时，以一件为限，否则会显得臃肿。色彩上要和衬衫的色彩相仿，至少也不要比衬衫的色彩深，免得“反差”鲜明。内衣的领口和袖口要比衬衫领口低，以免外露。冬天也最好穿上“V”领的单色羊绒衫或羊毛衫，这样既不显得花哨，也可以打领带。现在很多人会去选择各类保暖衬衫、内衣，因此不用担心穿得太厚。西装的韵味是和其他衣饰一道精心组合搭配出来的。

⑥质量为先：选着西装，最重要的不是价格和品牌，而是包括面料、剪裁、加工工艺等在内的许多细节。虽然机器的加工已经很不错，但西服的一些部分还是手工制作的好。首先，度身剪裁的西服合体程度是成衣不能相比的，在缝衣领，做衬里、袖里方面，好裁缝的手艺是无可代替的。要注意看西服的线缝和口袋是否对齐，尤其是细条纹西服，关键部位是否匀称是观察西服质量的要点。

⑦面料选择：在面料上，应该首先考虑天然面料，千万别选不透气的人造纤维，否则会有在蒸笼中生活的感觉。毛料当然是首选，除非是夏装，况且轻薄的毛料也比全棉、亚麻或真丝面料更有面子，也更挺括、耐穿。

⑧穿西装的整体美：衬衫要保持整洁、无皱折，衬衫的下摆必须塞在裤子里。还要顾及装饰物、鞋、袜等与西服的合理搭配。一般来说，穿西服不宜穿花袜子，以便保持端庄的风格。不能穿便鞋、塑料凉鞋或拖鞋，最好穿皮鞋，方可展示“西装革履”的风度美。西裤的穿着也讲究。西裤作为套装整体的一部分，要求与上装相协调。西裤腰的尺寸必须合适，以裤腰间插进一手掌为宜。裤长以裤脚接触脚背为妥，忌裤长过鞋跟接触地面。

⑨西服穿着的场合制约：根据国外的礼节，西服穿着的场合可分为正式、半正式和非正式三种。正式场合，如宴会、招待会、重大会议、婚丧事及特定的晚间社交活动等，应穿西服套装，颜色以深色为宜，以示严肃、庄重、礼貌。半正式场合，如访问、较高级会议和白天举行的较隆重的活动，通常也应穿西服套装，取浅色或明度较高的深色为好。在非正式场合，如外出旅游、上街购物、访亲问友等活动，可以穿上下不配套的西服，宜选择款式活泼、明朗、轻便、华美的色调。

（2）西装的搭配。

①领带：领带作为男士服饰的一部分，充分体现了服装饰品的丰富内涵，它是西服

最抢眼的部分，别出心裁的搭配会起到画龙点睛的效果。首先，领带长度要合适，打好的领带尖端应恰好触及皮带扣，领带的宽度应该与西装翻领的宽度和谐。其次，领带的图案、颜色要与西服相配。如印有几何图案的领带应该与选择西装同色系或对比色系搭配，领带上的圆点、网纹或斜条的颜色应选择与衬衫相同的颜色。最后，领带质地要好。丝是领带质地的首选，虽然颜色挺鲜亮，但不耀眼，使用这种领带几乎可以适合任何地点、场合。

②衬衫：衬衫的领型、质地、款式都要与西装协调，色彩应与个人的气质相符合。一般而言，衬衫以淡色为多，最佳选择是白色，可以配所有颜色的西装。穿衬衫时应注意领口和袖口要干净，纯白色和天蓝色衬衫一般是必备的。普通衬衫的袖口一般要露出西装 1/4 厘米，如果穿带袖扣的衬衫，则应露出 1/2 厘米。软领衬衫不适宜配西装，西装穿好后，衬衫领应高出西装领口 1~2 厘米，领口露出部分与袖口露出部分应呼应，有一种匀称感，同时可以避免弄脏西装。

③皮带：一般来说，穿单排扣西服套装时，应该扎窄一些的皮带；穿双排扣西服套装时，则扎稍宽的皮带较好，深色西装应配深色腰带，浅色西装配腰带在色彩上没什么特别限制，但要避免佩戴休闲款式皮带。

④袜子：男士穿袜子最重要的原则是讲求整体搭配，在举手投足间，袜子是时装的配角，却是个人品位高低的重要依据。男袜的颜色应该是基本的中性色，并且比长裤的颜色深。如果西装是灰色的，可以选择灰色的袜子，海军蓝色的西装就应该配海军色的袜子；米色西装配较深的茶色或棕色袜子。在西装革履的打扮中，袜子要薄型不透明的，颜色既可以搭配皮鞋——黑皮鞋配深色袜，白皮鞋一定要配白色袜，又可以配合西裤色彩——西裤浅色，袜色也应浅。

⑤鞋：皮鞋在男士的整体着装中占有重要地位，它不仅能反映出服饰的整体美，更重要的是还能增加人体本身的挺拔俊美。一般来说，鞋子的颜色应与服饰相配。在正式场合，男士多穿没有花纹的黑色平跟皮鞋。黑皮鞋可配任何色调的服饰；浅褐色与褐色皮鞋可以配米色、咖啡色调的西服，但与黑色西服不般配。同时，要注意皮鞋要时刻保持光亮、干净。

⑥手表：男士出现在公共场合时，一般情况下身体不着装的部位只有头和手，其余部位都被服装、鞋袜遮盖着。手部会有较多的动作，如握手、递接名片、拿东西、挥手作别等，所以手表对于男士来说是非常重要的，发挥着特殊的装饰作用。选戴手表要与身份和场合相协调，男士参加各式正式活动，特别是参加公务活动、商务活动和涉外活动时，除了穿着一套得体的西装之外，还可以戴上一只手表，给人留下务实、有时间观念、训练有素的印象。

3. 女士职业套装

酒店行政人员在办公室或对外交往中，多选择西装套裙为标准职业装，给他人留下干练而端庄的印象（见图 1-4-4）。

图1-4-4　女士西服套裙

（1）挑选套装。

套装以其严整的形式、多变却不杂乱的颜色、新颖却不怪异的款式，成为现代职业女性最规范的工作装。套装分两种：一种是配套的，上衣和裙子同色同质地；另一种是不配套的，上衣与裙子色彩、质地不同，但搭配协调。一般在正式或半正式场合，为表明自己对工作的严谨和认真，应穿配套套装。

职业女性在选择套装时要注意色彩和款式。在色彩的搭配上一定要避免过于鲜艳。套裙颜色的选择主要依据自己的肤色特点。如肤色稍黑的，可选择比肤色较为明亮的服装，或浅蓝、白紫相间的花色，或黑白相间的条格服装；肤色稍黄的可选择浅灰、红粉系列；肤色较黄的以选择淡蓝、淡粉的浅色系列为佳。在重大社交场合，最庄重得体的套裙是藏蓝色，它不仅春、夏、秋、冬四季皆宜，而且对不同肤色的人都适用。穿一身灰色套裙，会使自己显得成熟稳重。套裙的款式非常多，选择时，既要根据自己的体形特点来确定裙装的整体造型，也要注意局部造型的修饰作用，这是突出自己个性特点的关键所在。如套装上衣的袋盖、衣领、袖口、衣襟、衣摆，下装的开衩、收边等，都可以在细微之处见风格。总之，在这两方面的选择上，要注意颜色简单和款式新颖。

套装是适用性非常广泛的女装，不同年龄层次人的穿着会显出不同的风度气质。因此，作为职业女性，一定要精心选择适合自己的套装，以便在工作和社交活动中尽显自己的魅力，树立良好的个人形象。

（2）套装的搭配。

①衬衫：衬衫的选择非常重要，它既可以单独配裙穿，直接展现女性的美丽，也可以和套裙搭配，且能很好地烘托套裙的风采，增添魅力。因此，应根据自己的身材和季

节特点的需要选择衬衫，对面料、色彩和款式要精心挑选。职业女性日常必备的正式场合穿的衬衫首先要讲究面料，因为在正式社交场合，女士套装或外套的质地都比较考究，以纯丝、纯毛为主。如果衬衫的质地太差，就会让人感到服装缺乏整体的协调感。同时，色彩宜淡雅，尤其要注意与套装和外套在色彩方面和谐一致，以达到最佳的搭配效果。

②鞋：与套装搭配的鞋应选择牛皮质地为佳，皮鞋的颜色以黑色最为正式。此外，也可以选择与套装色系一致的颜色。与套装搭配最常选的是高跟鞋，但是要注意不要选择鞋跟太高、太细的高跟鞋，走起路来会不稳。穿高跟鞋配窄裙时，女士的优雅身段容易展示，但不适宜在公共场合穿着。在正式社交场所或隆重的场合，赤脚穿凉鞋（特别是露脚趾的凉鞋）和拖鞋都是不可取的，其他鞋子基本可以穿。女士在办公室，只能穿正式的制式皮鞋，并且避免选择颜色鲜艳或浅色的皮鞋。

③袜子：鞋袜恰当的选择不仅可以体现女士的形体美，还能显示女士的魅力与内涵，提升女士的气质。在任何场合穿裙子都应配长筒丝袜或连裤袜，颜色以肤色、黑色或与服装颜色协调为宜，带有大花纹的袜子不能登大雅之堂，在任何场合都不能穿着挑丝、有洞或用线补过的袜子，这是个人的内涵展现而且是尊重别人的体现。女士应当在办公室或工作场所经常预备一两双袜子，以备袜子被钩破时换用。一般情况下，皮鞋和裙子的颜色要略深于或略同于袜子的颜色。鞋和袜子的图案、装饰不宜过多，应以简单为好，避免“喧宾夺主”。同时，还要注意五个问题：一是鞋袜的大小要合适；二是鞋袜应完好无损；三是鞋袜不可当众脱下；四是不可当众整理丝袜；五是袜口不得露出裙子的下摆，避免“三截腿”。

④皮包：职业女性应选择一款适合自己的皮包，除有使用功能外，皮包也具有装饰的作用。皮包款式的设计以及做工能充分展现出职业女性的品位，不但使用时是一种享受，大方新颖的款式也有助于提升职业女性的专业形象。咖啡色、黑色、深咖啡色、驼色、米色等中性色皮包适合与大多数色系的套装搭配。在选择皮包时，除考虑时尚潮流外，更应该考虑到主要用途。

二、师傅强调

1. 制服着装的注意事项

（1）服装整洁、合体、不打皱，系上所有纽扣，挂上挂钩，拉紧拉链，口袋不要因放置过多物品鼓起来而影响整体美观，衣服、袖口整洁洁白，无污迹、无破损，袖口和裤脚不可挽起，不能出现破损、开线、掉扣等情况。避免内衣、内裤外露或外透，并时常检查领带或领巾的位置是否正确。

（2）鞋袜须合适。①女鞋。皮鞋需保持整洁光亮、无装饰物，后鞋跟不得高于 6 厘米，不可穿磨砂皮或漆皮的皮鞋，也不得穿露趾鞋和休闲鞋。②女袜。统一穿着指定颜色的丝袜，需保持无脱丝、破洞现象，不可以穿黑色厚袜子（特厚的），忌光脚穿鞋。③男鞋。皮鞋需保持干净整洁、合脚、无破损。④男袜。需穿黑色或蓝色的深色系袜子，无破损，不得穿白色等浅色袜子。

2. 男士西装穿着注意事项

（1）购买回来的西装一定要记得拆除左衣袖上的商标、纯羊毛标志以及其他标志。

（2）上衣左侧外胸袋：除可以插入一块用以装饰的真丝手帕外，不应再放其他任何东西，尤其不应当别钢笔、挂眼镜。

（3）西装里面直接穿着衬衫，而衬衫之内不穿棉纺或毛织的背心、内衣。不穿衬衫，让T恤衫直接与西装配套的做法，是西装穿着的大忌。西装上衣之内原则上不允许穿毛衫，如果寒冷难忍，也只宜穿上一件薄型“V”领的单色羊毛衫或羊绒衫。

（4）正确系好西装纽扣并就座之后，可以解开上衣纽扣，以防其走样，但起身站立时，应当系上纽扣。

3. 女士职业套装注意事项

（1）西装套裙忌短、忌露、忌透：在穿薄型面料或者浅色面料的西装套裙时，一定要内穿一套衬裙。

（2）衣扣要到位：穿着西装套裙一定要按照穿着礼仪把上衣的扣子全部扣好，不要随意敞开衣衫。不要在众人面前脱下西装外套。

（3）不可自由搭配：标准的西装套裙主要是西装上衣和半截裙的“完美”搭配，不可自由搭配。一定不能穿黑色皮裙。

（4）鞋袜干净：正确穿袜子，不能光腿；袜子不能出现残破；袜子要与鞋子配套；袜口不能从裙下露出；不能出现“三截腿”。鞋的款式简单大方，以黑色为宜，鞋跟高度适中。

三、徒弟操作

男士据表1–4–1西装的穿着考核表（男士）为自己的西服着装打分。女士根据表1–4–2职业套装的穿着考核表（女士）为自己的西装套裙打分。

职业套装的穿着得分（女士）	西装的穿着得分（男士）

四、师傅提示

图1–4–5　桃园山庄大酒店大堂经理制服

1. 饰品的搭配

作为饭店的工作人员，应尽量少戴饰品，可以选择的配饰仅为以下几种：

（1）眼镜。眼镜的款式要简洁、素雅，不要佩戴有色眼镜，镜框不宜过大。

（2）手表。手表款式要简洁大方，不要过于夸张。选择金属或皮质表带的机械表或石英表（见图 1–4–5）。

（3）首饰。男员工不宜戴耳钉或耳环，可以佩戴订婚或结婚戒指，但款式要简洁大方。女员工不宜佩戴过多的首饰。耳钉、项链或戒指要选择简洁大方、精致小巧的款式。注意饰物间色彩、风格、质地的协调一致。比较特殊或昂贵的首饰，如结婚戒指、亲人遗留下的饰物等具有特殊纪念意义的首饰，须经上级领导同意后方可在岗位上佩戴。

2. 佩戴饰品的注意事项

（1）佩戴饰品不能过于昂贵。酒店工作人员不应佩戴比普通宾客高级的饰品，以免挫伤宾客的自尊心。

（2）岗位禁止佩戴饰品。酒店餐饮服务岗位要求手部不戴饰品，不能戴戒指，也不宜涂指甲油。

五、徒弟记忆

根据所学内容，整理不同服装（如制服、男士西装、女士职业套装等）的穿着要点。

服装	穿着要点

【徒弟拓展】

技能拓展

1. 三种常见领带的打法

（1）The Windsor Knot 温莎结。

因温莎公爵而得名的领带结，是最正统的领系法，打出的结呈正三角形，饱满有力，适合搭配宽领衬衫，用于出席正式场合。切勿使用面料过厚的领带来打温莎结。

步骤：

首先将衬衣领立起来，把衬衣扣全部扣好。

将领带放到脖子上，领带小头那边放左边，大头那边放右边。一般左边的长度和右边的长度比例约为 1∶3，当然要根据每个人的具体身高进行调整，保证领带打好后，领带的底部在皮带扣的位置。

右边领带压左边交叉，把右边领带从后面空里穿出来，拉紧。然后往左边绕到后面，再继续绕到右边来，从前方穿过这个空，拉紧。从右边出来，在前方朝左边绕一下，转一个圈，包住，可以将两个手指头包在里面，形成一个空圈。然后把大头由后朝前出来，再从这个空圈穿出去。穿出来时要注意整理领带的形状，修整得平整一些。

用右手的食指和拇指夹住打的这个圈，用左手把宽边领带往下拽，拽紧。

右手的食指和拇指夹住打的领结往上拉，左手拉住后面的这个小头领带往下拉，到了衣领的位置再做一些适当的调整。把外面的宽边领带往下扽一扽。检查一下，宽边要遮盖住窄边，领带的底部在皮带扣的位置。

这样，稳重大方的温莎结就打好了（见图 1–4–6）。

图1–4–6　领带温莎结

（2）The Half Windsor Knot 半温莎结。

顾名思义，它是温莎结的改良版，较温莎结更为便捷，适合较细的领带以及搭配小尖领与标准领的衬衫，但同样不适用于质地厚的领带。

步骤：

右边领带压左边交叉，把右边领带从后面空里穿出来，拉紧。然后往左边绕到后面，转一个圈，包住，可以将两个手指头包在里面，形成一个空圈。然后把大头由后朝前出来，再从这个空圈穿出去。穿出来时要注意整理领带的形状，修整得平整一些。

用右手的食指和拇指夹住打的这个圈，用左手把宽边领带往下拽，拽紧。

右手的食指和拇指夹住打的领结往上拉，左手拉住后面的这个小头领带往下拉，到了衣领的位置再做一些适当的调整。把外面的宽边领带往下抻一抻。检查一下，宽边要遮盖住窄边，领带的底部在皮带扣的位置。

这样，儒雅的半温莎结就打好了（见图 1–4–7）。

图1–4–7　领带半温莎结

（3）The Plain Knot 平结。

与四手结的系法相似，非常方便，领结呈斜三角形，适合窄领衬衫。

步骤：

右边领带压左边交叉，把右边领带从后面转一个圈，包住，可以将两个手指头包在里面，形成一个空圈。然后把大头由后朝前出来，再从这个空圈穿出去。穿出来时要注意整理领带的形状，修整得平整一些。

用右手的食指和拇指夹住打的这个圈，用左手把宽边领带往下拽，拽紧。

右手的食指和拇指夹住打的领结往上拉，左手拉住后面的这个小头领带往下拉，到了衣领的位置再做一些适当的调整。把外面的宽边领带往下抻一抻。检查一下，宽边要遮盖住窄边，领带的底部在皮带扣的位置。

这样，简洁的平结就打好了（见图 1–4–8）。

图1–4–8　领带平结

2. 打丝巾

（1）斯文小平结。

花色图案简单的丝巾，搭配清爽利落的服装，既有职场的斯文，又有女生的可爱。

步骤：

将丝巾对角往中心点对折。对折成 3~5 厘米宽。丝巾一长一短拉住，将长的一端从短的一端的下面向上穿过来系活结。将从下面穿过来的一端绕过较短的一端再系一个结。整理好形状，将结移到喜欢的位置（见图 1-4-9）。

图1-4-9　斯文小平结

（2）帅气领带结。

此种系法给人严谨踏实的感觉。与式样传统的衬衫搭配，给人一种整齐、利落的感觉。丝巾领带打破了白衬衫的沉闷单调，再加上合身长裤或者黑色窄裙，给人专业干练的形象。

步骤：

将大方巾对角往中心点对折，再对折。 最后折成长条状围在脖子上，长的一端压住短的一端。用短的一端从左至右，从下面绕过来包住长的一端，形成一个结眼。再将长的一端从下面绕过脖颈正面的环，穿出来，调整长度即可（见图 1-4-10）。

图1-4-10　帅气领带结

（3）闪亮宝石结。

如项链般的宝石结点缀在脖颈，一颗颗“宝石”色泽饱满又立体，顿时让整个人靓丽起来。此系法适合小圆领和V领，不宜配方领和衬衫领。

步骤：

将方巾往中心点对折，再对折。折成长条形状后，把丝巾绕在手指上，把长的一端从下往上穿出来打一个死结，使结刚好在长巾的中间位置，整理成宝石状。在两边再各打一个同样的结，形成三个宝石结。将丝巾两端拉到颈后，以平结固定即可（见图1-4-11）。

图1-4-11 闪亮宝石结

（4）玫瑰花系法。

步骤：

先把丝巾平铺后对折，拿起丝巾左右两角，打个死结。打开没有打结的两个角，穿过小死结下方的洞。没有打结的两个角左右相互交叉 。把一个角穿过小死结下方的洞，向外拉没有打结的两个角。把丝巾翻过来，进行调整，就可以看到漂亮的玫瑰花了（见图1-4-12）。

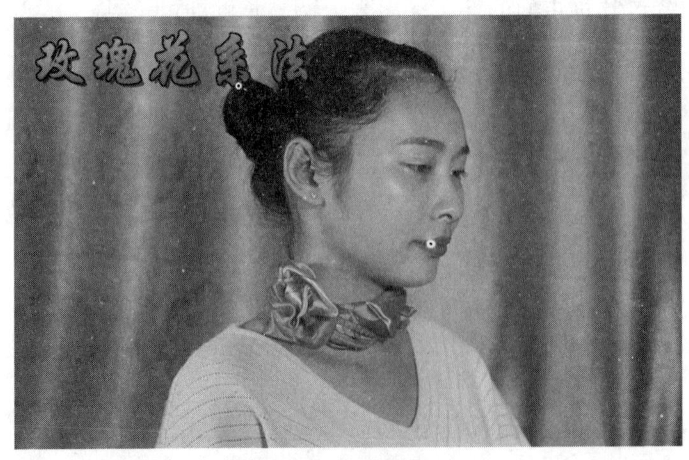

图1-4-12 玫瑰花系法

（5）三角巾结。

首先将丝巾平铺放好，然后对折折成三角巾，折叠的部分再次对折。然后用两角在脖子后面打上一个结（见图 1–4–13）。

图1–4–13 三角巾结

（6）短项链结。

丝巾折成长条形状后，把丝巾绕在手指上，在领巾的中间位置打一个死结，整理成宝石状，将两端在后面打结（见图 1–4–14）。

图1–4–14 短项链结

阅读拓展

1. 服饰礼仪 TPO 原则

“TPO”原则指服饰应符合 Time（时间）、Place（地点）、Object（目的）的要求。

（1）时间原则：白天穿的衣服需要面对他人，应当合身、严谨；晚上穿的衣服不为外人所见，可以宽大、随意。服装的选择要适合季节气候特点，还要保持与潮流大势的同步。服饰应该符合年龄，不能强行扮嫩，也不能过分老气。

（2）地点原则：在自己家里接待客人，可以穿着舒适但整洁的休闲服；如果是去公司或单位进行拜访，穿职业套装会显得专业；外出时要顾及当地的传统和风俗习惯，如去教堂或寺庙等场所，不能穿过露或过短的服装。在国内，只要一位少女愿意，随时可以穿小背心、超短裙，但她若是以这身行头出现在着装保守的阿拉伯国家，就显得有些不尊重当地人了。

（3）目的原则：一个人身着款式庄重的服装前去应聘新职、洽谈生意，说明他郑重其事、渴望成功。而在这类场合，若选择款式暴露、性感的服装，则表示自视甚高，对求职、生意的重视，远远不及对其本人的重视。因此，衣着要与目的协调。与顾客会谈、参加正式会议等，衣着应庄重考究；听音乐会或看芭蕾舞，则应按惯例着正装；出席正式宴会时，则应穿中国的传统旗袍或西方的长裙晚礼服；而在朋友聚会、郊游等场合，着装应轻便舒适。

2. 高星级酒店常见部门的工作服特点

（1）大堂部也称前厅部，属于酒店的门面形象，包括大堂经理、总台、门童、行李员和保洁员。

大堂经理统管大堂部的事务，给客人提供咨询、投诉等报务。要求形象庄重、气派和可信。服装上一般以正规西服或礼服为主。

总台为客人提供登记、咨询等服务。要求形象端庄大方，服装一般相对较正规，类似行政风格。

门童类似迎宾服务，形象上要求气派堂皇，服装多为礼仪风格，常用缨穗、徽章和镶饰等华丽装饰手法。

行李员为客人送行李、引门等服务。形象上要求端正整洁，服装类似门童但要简洁一些。

保洁员经常保持大堂的清洁卫生。服装上要求用色隐蔽低调，造型简洁，方便工作。

（2）餐饮部是提供用餐、喝茶和咖啡的服务部门。有中餐厅、西餐厅和咖啡吧等不同类别。在整个酒店中，这个职业装是比较能显示特色的，主要分为餐饮部经理、迎宾、服务员、传菜员和厨师等。

餐厅经理统管餐饮部事务，处理客人意见、要求等。要求形象识别度高、可信。服装多为较正统的套装形式。

迎宾礼仪性的接待服务，形象上要求华贵靓丽，体现酒店的高档感，属于招牌形象。服装分中西服，多为华丽的礼服、旗袍等。

服务员负责点菜、上菜等服务，要求形象亲切宜人、悦目大方。服装设计空间大，最能体现特色，风格各异。

（3）客户部是提供住宿、清洁客房的管理部门。主要包括客房部经理与服务员。

客房部经理负责客房部事务、人员管理。形象要求职业化、精干利落。服装为行政风格，多为正式套装。

客房服务员负责客房部的清洁、打扫工作。形象要求朴素大方、干净。服装相对要求简单、方便和端庄，便于活动。

3. 礼服穿着

在庄重的场合或举行仪式时需要穿着礼服。礼服有多种分类，西方传统的礼服包括晨礼服、小礼服（晚餐礼服或便礼服）和大礼服（燕尾服）。晚礼服并不包含在西方传统礼服之列。在国外，对礼服的穿着有许多要求，但是随着礼仪从简趋势的发展，许多国家对礼服的要求也有简化的趋势。对于我国而言，隆重场合穿的礼服包括传统的中山装和旗袍。

（1）中山装的穿着。

中山装是在广泛吸收欧美服饰的基础上，近现代中国革命先驱者孙中山先生综合了日式学生服装（诘襟服）与中式服装的特点，设计出的一种直翻领有袋盖的四贴袋服装。中山装因为孙中山先生率先穿用而得名，已经逐渐成为国家正式礼服。

最好选择黑色和深蓝色的中山装。穿着时，要把上衣的扣子一律扣严。中山装里面尽量穿白色的衬衣，衣领不能高过中山装衣领。搭配颜色最好为黑色的皮鞋。袜子要与中山装的颜色相近。口袋里不要装过多的物品，以保持衣物平整。

（2）旗袍的穿着。

旗袍是源自满族妇女的传统服饰。它的腰身从宽大平直发展到紧身贴体，展现出女性的曲线美。其开襟形式花样多变，袖子可长可短，袖口可宽可窄，既能最大限度地展现东方女性特有的体态和风韵，又能使女性显得端庄典雅。

穿旗袍时一定要保持光洁挺括，不允许出现污点和褶皱。旗袍一定要合身。脖子粗短者，应选择无领旗袍。而脖子细长者，应选立领旗袍。脸型圆胖者，选择领型开得略深一点、微微袒胸的旗袍。身材较矮者，宜选中间一道竖线条的旗袍。穿旗袍要搭配高跟皮鞋，鞋子的颜色宜为黑色。袜子一般选择肉色丝袜。由于很多旗袍在下摆都有或长或短的开衩，因此要注意袜口不能外露，最好选择连裤丝袜。

4. 肤色与服装的搭配

（1）白皙肤色：穿淡蓝色、淡黄色、粉红、淡绿色等粉色系列的服装，会显得格外青春活力、甜美和柔和。 穿上大红、深蓝、深灰等深色系列，会使皮肤显得更白皙、楚楚动人。如果肤色太白，或者偏青色，则不宜穿冷色调衣服，否则会越加突出脸色的苍白。

（2）黝黑肤色：宜穿暖色调的衣服，亦可穿纯黑色的衣着，以绿、红和紫罗兰色作为补充色。可选择白、灰和黑色三种颜色作为调和色。主要可以选择浅棕色。略带浅蓝、深灰的两种颜色，配上鲜红、白、灰色，也是相宜的。此外，穿上黄棕色或黄灰色的衣着，脸色会显得明亮一点，若穿上绿灰色衣着，脸色会显得红润一点。不要穿大面积的深蓝色、深红色等灰暗的颜色，这样会让人看起来灰头土脸的。

（3）小麦色肤色：深蓝、灰色等沉色的色彩，以及深红、翠绿这些色彩也能很好地突出开朗的个性。不适合穿茶绿、墨绿色的衣着，因为与肤色的反差太大了。

（4）红润肤色：可采用非常淡的丁香色和黄色，不必考虑何者为主色。可穿淡咖啡色配蓝色、黄棕色配蓝紫色、红棕色配蓝绿色等。面色红润的黑发女子，最宜采用微饱和的暖色作为衣着，也可采用淡棕黄色、黑色加彩色装饰，或珍珠色用以陪衬健美的肤色。尽量少穿绿色或灰色调的衣服，因为这样会显得皮肤有疾病态。

（5）偏黄肤色：适合穿蓝色或浅蓝色的上装，它能衬托出皮肤的洁白娇嫩，适合穿粉色、橘色等暖色调服装。尽量少穿绿色或灰色调的衣服，这样会使皮肤显得更黄甚至会显出“病容”。

5. 日常生活中服装穿着的注意事项

（1）长脸。不宜穿与脸型相同的领口的衣服，更不宜用V形领口和开得低的领子，不宜戴长的下垂的耳环。适宜穿圆领口的衣服，也可穿高领口、马球衫或带有帽子的上衣；可戴宽大的耳环。

（2）方脸。不宜穿方形领口的衣服，不宜戴宽大的耳环。适合穿V形或勺形领的衣服，可戴耳坠或者小耳环。

（3）圆脸。不宜穿圆领口的衣服，也不宜穿高领口的马球衫或带有帽子的衣服，不适合戴大而圆的耳环。最好穿V形领或者翻领衣服，戴耳坠或者小耳环。

（4）粗颈。不宜穿关门领式或窄小的领口和领型的衣服，不宜用短而粗的紧围在脖子上的项链或围巾。适合用宽敞的开门式领型，当然也不要太宽或太窄；适合戴长珠子项链。

（5）短颈。不宜穿高领的衣服，不宜戴紧围在脖子上的项链。适宜穿敞领、翻领或者低领口的衣服。

（6）长颈。不宜穿低领口的衣服，不宜戴长串珠子的项链。适宜穿高领口的衣服，系紧围在脖子上的围巾，宜戴宽大的耳环。

（7）窄肩。不宜穿无肩缝的毛衣或大衣，不宜用窄而深的V形领。适合穿开长缝的或方形领口的衣服，可穿宽松的泡泡袖衣服，适宜加垫肩类的饰物。

（8）宽肩。不宜穿长缝的或宽方领口的衣服，不宜用太大的垫肩类的饰物，不宜穿泡泡袖衣服。适宜穿无肩缝的毛衣或大衣，适宜用深的或者窄的V形领。

（9）粗臂。不宜穿无袖衣服，穿短袖衣服也以在手臂一半处为宜；适宜穿长袖衣服。

（10）短臂。不宜用太宽的袖口边，袖长为通常袖长的3/4为好。

（11）长臂。衣袖不宜又瘦又长，袖口边也不宜太短。适合穿短而宽的盒子式袖子的衣服，或者宽袖口的长袖子衣服。

（12）胸围较小。不宜穿大领口的衣服。适合穿开细长缝领口的衣服，或者穿水平条纹的衣服。

（13）胸围较大。不宜穿高领口或者在胸围打碎褶的衣服，不宜穿水平条纹图案的衣服或短夹克。适合穿敞领和低领口的衣服。

（14）长腰。不宜系窄腰带，不宜穿腰部下垂的服装。以系与下半身服装同颜色的腰带为好，适合穿高腰的、上有褶饰的罩衫或者带有裙腰的裙子。

（15）短腰。不宜穿高腰式的服装和系宽腰带。适合穿使腰、臀有下垂趋势的服装，系与上衣颜色相同的窄腰带。

（16）臀围较大。不宜在臀部补缀口袋，不宜穿打大褶或碎褶的鼓胀的裙子，不宜穿袋状宽松的裤子。适合穿柔软合身、线条苗条的裙子或裤子，裙子最好有长排纽扣或中央接缝。

（17）臀围较小。不宜穿太瘦长的裙子或过紧的裤子。适合穿宽松袋状的裤子或宽松打褶的裙子。

6. 社会交往中的饰品搭配

在社交活动中，人们除要注意服饰的选择外，还要根据不同场合的要求佩戴戒指、耳环、项链、胸针等饰品。

（1）戒指。

戒指一般只戴在左手，而且最好只戴一枚，至多戴两枚。戴两枚戒指时，可戴在左手两个相邻的手指上，也可戴在两只手对应的手指上。戒指的佩戴可以说是一种沉默的语言，往往暗示佩戴者的婚姻和择偶状况。戒指戴在中指上，表示已有了意中人，正处在恋爱中；戴在无名指上，表示已订婚或结婚；戴在小手指上，则暗示自己是一位独身者；如果把戒指戴在食指上，表示无偶或求婚。有的人手上戴了好几个戒指，炫耀财富，这是不可取的。戴薄纱手套时戴戒指，应将戒指戴在手套内（新娘不受限制）。

（2）耳环。

耳环是女性的主要首饰，其使用率仅次于戒指。佩戴时应根据脸型特点来选配耳环。原则就是：首饰的形状避免重复你的脸型，也不可与脸型极端相反。圆形脸不宜佩戴圆形耳环，因为耳环的小圆形与脸的大圆形组合在一起，会加强“圆”的信号。方形脸也不宜佩戴圆形和方形耳环，因为圆形和方形并置，在对比之下，方形更方，圆形更圆。长脸可佩戴形如圆形、方形扇横向设计的珠宝首饰，它们圆润、方正、弧线优美的特色，能够巧妙地增加脸的宽度、减少脸的长度。正三角形脸应选择“下缘小于上缘”的耳环、坠子，才能达到平衡下颌宽度、创造柔美脸部线条的功效。若是佩戴有坠子的耳环，请特别注意坠子的长度，最好避免不长不短地结束在下颌，因为坠子长度结束的地方，刚好就是人们眼光停留的焦点。此外，角度十分明显的首饰，如三角形、六角形应避免佩戴。倒三角形脸的下巴比较尖，适合佩戴“下缘大于上缘”的耳环与坠子，如水滴形、葫芦形以及角度不是非常锐利的三角形等耳环。菱形脸最速配的耳环与坠子，莫过于“下缘大于上缘”的形状了，如水滴形、栗子形等；应避免佩戴菱形、心形、倒三角形等坠饰。椭圆形脸的人，任何适合自己脸部皮肤色调、脸形大小、个人风格的耳环与坠子都可尽情佩戴。

（3）项链。

项链也是受到女性青睐的主要首饰之一。它的种类很多，大致可分为金属项链和珠宝项链两大系列。佩戴项链应和自己的年龄及体形协调。如脖子细长的女士佩戴仿丝链，更显玲珑娇美；马鞭链粗实成熟，适合年龄较大的妇女选用。佩戴项链也应和服装相呼应。例如，身着柔软、飘逸的丝绸衣衫裙时，宜佩戴精致、细巧的项链，显得妩媚动人；穿单色或素色服装时，宜佩戴色泽鲜明的项链。这样，在首饰的点缀下，服装色彩可显得丰富、活跃。此外，佩戴项链时也要考虑脸型特点。如方形脸佩戴有坠子的项链或长于锁骨的项链，会在胸前形成V字形或优美的弧形，可以平衡较宽的下颌骨线条，比较适合佩戴具有“圆效果”的项链，像传统的珍珠、宝石短颈链。

7. 饰品佩戴的原则

（1）季节原则：饰品佩戴应考虑一年四季有别的原则。夏季以佩戴色彩鲜明的工艺仿制品为好，可以体现夏季的浪漫；冬季则佩戴一些金、银、珍珠等饰品为好，可以显现庄重典雅。

（2）场合原则：女士赴宴或参加舞会等，可佩戴一些较大胸针，以期望达到富丽堂皇之效；而平日上班或在家休闲时，可佩戴一些小巧精致、淡雅的胸针、项链、耳环等。

（3）服饰协调原则：饰品佩戴应与服饰相配。一般领口较低的袒肩服饰必须配项链，而立领上装可以不佩戴项链。项链色彩与衣服颜色相协调。穿运动服或工作服可以不佩戴项链和耳环。带坠子的耳环忌与工作服相搭配。

（4）体型相配原则：脖子粗短者，不宜戴多串式项链，而应戴长项链；相反，脖子较瘦细者，可以戴多串式项链，以缩短脖子长度。宽脸、圆脸型和戴眼镜的女士，少戴或不戴大耳环和圆形耳环。

（5）年龄吻合原则：年轻女士可以佩戴一些夸张的无多大价值的工艺饰品；相反，年纪较大的妇女应戴一些较贵重的、比较精致的饰品，这样显得庄重、高雅。

（6）同质同色原则：戴饰品时，应力求质地、色彩相同。若同时佩戴两件或两件以上饰品，应使色彩一致或与主色调一致，千万不要打扮得色彩斑斓，像棵“圣诞树”。

（7）简单原则：戴饰品的一个最简单的原则就是少而精，一般佩戴首饰的数量上限不过三。一只手只佩戴一枚戒指，佩戴两枚或以上都是不适宜的。同样，一只手不能戴两只或两只以上的手镯、手链等。

（8）符合习俗原则：佩戴饰品要注意其寓意和习俗，戒指通常戴在左手上，戴在不同手指有不同的寓意；佩戴手镯时，已婚者应将手镯戴在左腕上或双腕上，未婚者戴在右手手腕上。

8. 色彩的象征意义

金：稳重、华贵。

红：活跃、热情、勇敢、爱情、健康、野蛮。

橙：富饶、充实、未来、友爱、豪爽、积极。

黄：智慧、明朗、休闲、希望、喜悦、光明。

绿：公平、自然、和平、幸福、理智、幼稚。

蓝：自信、永恒、真理、真实、沉默、冷静。

紫：权威、尊敬、高贵、优雅、信仰、神秘。

黑：神秘、寂寞、黑暗、压力、严肃、气势。

白：神圣、纯洁、无私、朴素、平安、诚实。

粉：可爱、单纯、活泼、梦幻、甜美、浪漫。

9. 四季色彩理论及不同季型选择服饰

“四季色彩理论”是当今国际时尚界十分热门的话题，它由“色彩第一夫人”美国的卡洛尔·杰克逊女士发明，并迅速风靡欧美，后由佐藤泰子女士引入日本，并研制成适合亚洲人的颜色体系。1998 年，该体系由华裔日本色彩顾问于西蔓女士引入中国，并针对中国人的色彩特征进行了相应的改造。“四季色彩理论”给世界各国人的着装生活带来了巨大的影响，同时也引发了各行各业在色彩引用技术方面的巨大进步。

“四季色彩理论”把生活中的常用色按基调的不同进行冷暖划分，形成四组自成和谐关系的色彩群。每一色群刚好与大自然四季色彩特征吻合，因此，分别被命名为“春”“秋”（为暖色系）和“夏”“冬”（为冷色系）。这个理论体系对人的肤色、瞳孔色、发色的“色彩属性”同样进行了科学分析，并按色相、明度、彩度把皮肤颜色划分为“春”“夏”“秋”“冬”四个季型，每个季型拥有一组适合自己的色彩群，这些色彩像生命的密码一样有序而规律地排列，形成每个人终身享用的色谱。

“四季色彩理论”的最大成功之处在于，它解决了人们在装扮用色方面的一切难题。一个人如果知道并学会运用自己的色彩群，不仅能把自己独有的品位和魅力最完美、最自然地显现出来，还能因为通晓服饰间的色彩关系而节省装扮时间、回避浪费。

（1）春季型。

①肤色特征：浅象牙色或者暖米色，细腻而有透明感。

②眼睛特征：像玻璃球一样熠熠发光，眼珠为亮茶色、黄玉色，眼白感觉有湖兰色。

③发色特征：明亮如绢的茶色，柔和的棕黄色、栗色。发质柔软。

④ 春季型人的色彩搭配原则：颜色不能太旧、太暗。春季型人的服饰基调属于暖色系中的明亮色调，在色彩搭配上应遵循鲜明、对比地突出自己的俏丽。春季型人使用范围最广的颜色是黄色，选择红色时，以橙红、橘红为主。

⑤注意事项：对春季型人来说，黑色是最不适合的颜色，过深过重的颜色会与春季型人白色的肌肤、飘逸的黄发不和谐，会使春季型人看上去显得暗淡。春季型人的特点是明亮、鲜艳。属于春季型的人用明亮、鲜艳的颜色打扮自己会更适合。

（2）夏季型。

①肤色特征：粉白或者乳白色；带蓝色调的褐色；小麦色。

②眼睛特征：目光柔和，整体感觉温柔，眼珠呈焦茶色、深棕色。

③ 发色特征：轻柔的黑色、灰黑色，柔和的棕色或深棕色。

④ 夏季型人的色彩搭配原则：夏季型人拥有健康的肤色、水粉色的红晕、浅玫瑰色的嘴唇、柔软的黑发，给人以非常柔和优雅的整体印象。夏季型人适合以蓝色为底调的柔和淡雅的颜色，这样才能衬托出他们温柔、恬静的个性。夏季型人适合穿深浅不同的各种粉色、蓝色和紫色，以及有朦胧感的色调，在色彩搭配上，最好避免反差大的色调，适合在同一色相里进行浓淡搭配。

⑤注意事项：夏季型人选择颜色一定要柔和、淡雅。夏季型人不适合穿黑色，过深的颜色会破坏夏季型人的柔美，可用一些浅淡的灰蓝色、蓝灰色、紫色来代替黑色。夏季型人穿灰色会非常高雅，但注意选择浅至中度的灰，但注意夏季型人不太适合藏蓝色。

（3）秋季型。

①肤色特征：瓷器般的象牙色；深橘色；暗驼色。

②眼睛特征：深棕色、焦茶色，眼白为象牙色或略带绿的白色。

③发色特征：褐色、棕色或者铜色、巧克力色。

④秋季型人的色彩搭配原则：秋季型人是四季色中最成熟而华贵的代表，最适合的颜色是金色、苔绿色、橙色等深而华丽的颜色。选择红色时，一定要选择砖红色和与暗橘红相近的颜色。秋季型人的服饰基调是暖色系中的沉稳色调。浓郁而华丽的颜色可衬托出秋季型人成熟高贵的气质，越浑厚的颜色也越能衬托秋季型人陶瓷般的皮肤。

⑤注意事项：秋季型人选择颜色要温暖、浓郁。秋季型人穿黑色会显得皮肤发黄，可用深棕色来代替。

（4）冬季型。

①肤色特征：青白或略带橄榄色；带青色的黄褐色；冷调的看不到红晕的肤色。

②眼睛特征：眼睛黑白分明、目光锐利，眼珠为深黑色、焦茶色。

③发色特征：乌黑发亮，黑褐色、银灰、深酒红。

④ 冬季型人的色彩搭配原则：冬季型人最适合纯色，在各国国旗上使用的颜色都是冬季型人最适合的色彩。选择红色时，可选正红、酒红和纯正的玫瑰红。在四季颜色中，只有冬季型人最适合使用黑、纯白、灰这三种颜色，藏蓝色也是冬季型人的专利色。但在选择深重颜色的时候一定要有对比色出现。

⑤注意事项：冬季型人选择颜色要鲜明、光泽度高。冬季型人着装一定要注意色彩的对比，只有对比搭配才能显得惊艳、脱俗。

10. 服装色彩搭配的基本原则

服装色彩搭配得当，可使人显得端庄优雅、风姿卓著；搭配不当，则使人显得不伦不类、俗不可耐。要巧妙地利用服装色彩神奇的魔力，得体地打扮自己，就要掌握服装色彩搭配技巧。

（1）同种色相配。

这是一种简而易行的配色方法。即把同一色相，明度接近的色彩搭配起来，如深红与浅红、深绿与浅绿、深灰与浅灰等。这样搭配的上下衣，可以产生一种和谐、自然的色彩美。

（2）邻近色相配。

把色谱上相近的色彩搭配起来，易收到调和的效果。如红与黄、橙与黄、蓝与绿等色的配合。这样搭配时，两个颜色的明度与纯度最好错开。例如，用深一点的蓝和浅一点的绿相配或中橙和淡黄相配，都能显出调和中的变化，起到一定的对比作用。

（3）主色调相配。

以一种主色调为基础色，再配上一两种或几种次要色，使整个服饰的色彩主次分明、相得益彰。这是常用的配色方法。采用这种配色方法需要注意：用色不要太繁杂、零乱，尽量少用、巧用。一般来说，男性服装不宜有过多的颜色变化，以不超过 3 种颜色为好。女子常用的各种花形面料，色彩也不要过于堆砌，色彩过多会显得太浮艳、俗气。

（4）对比法。

不同色彩相配，常采用对比手法。在不同色相中，红与绿、黄与紫、蓝与橙、白与黑都是对比色。对比的色彩，既有互相对抗的一面，又有互相依存的一面，在吸引人或刺激人的视觉感官的同时，产生出强烈的审美效果。因此，鲜艳的色彩对比，也能给人和谐的感觉。如红色与绿色是强烈的对比色，配搭不当，就会显得过于醒目、艳丽。若在红与绿衣裙间适当添一点白色、黑色或含灰色的饰物，使对比逐渐过渡，就能取得协调。或者红、绿双方都加以白色，使之成为浅红与浅绿，看起来就不会显得很突兀。

11. 服装色彩搭配的技巧

浅色调和艳丽的色彩有前进感和扩张感，适宜身材瘦小者穿戴；深色调和灰暗的色彩有后退感和收缩感，适宜身材肥胖者穿戴。恰到好处地运用色彩的两种观感，不但可以修正、掩饰身材的不足，而且能突出个人的优点。

有些人认为色彩堆砌越多，越“丰富多彩”。集五色于一身，遍体罗绮，镶金挂银，其实效果并不好。服饰的美不美，并非在于价格高低，关键在于配饰得体，适合年龄、身份、季节及所处环境的风俗习惯，更主要的是全身色调的一致性，取得和谐的整体效果。“色不在多，和谐则美”，正确的配色方法，应该是选择一两个系列的颜色，以此为主色调来占据服饰的大面积，其他少量的颜色为辅，作为对比、衬托或用来点缀装饰重点部位，如衣领、腰带、丝巾等，以取得多样统一的和谐效果。

总的来说，服装的色彩搭配分为两大类，一类是协调色搭配，另一类则是对比色搭配。

（1）强烈色配合。

指两个相隔较远的颜色相配，如黄色与紫色、红色与青绿色，这种配色比较强烈。

日常生活中常见的是黑、白、灰与其他颜色的搭配。黑、白、灰为无色系，无论与哪种颜色搭配，都不会出现大的问题。一般来说，如果同一个色与白色搭配时，会显得明亮；与黑色搭配时就显得昏暗。因此，在进行服饰色彩搭配时应先衡量一下，是为了突出哪个部分的衣饰。不要把沉着色彩如深褐色、深紫色与黑色搭配，这样会和黑色呈现“抢色”的后果，令整套服装没有重点，而且服装的整体表现也会显得很沉重、昏暗无色。黑色与黄色是最亮眼的搭配。红色和黑色的搭配，非常之隆重，且不失韵味。

（2）补色配合。

指两个相对的颜色的配合，如红与绿、青与橙、黑与白等，补色相配能形成鲜明的对比，有时会收到较好的效果。

（3）白色搭配原则。

白色可与任何颜色搭配，但要搭配得巧妙，也需费一番心思。白色下装配带条纹的淡黄色上衣，是柔和色的最佳组合；下身着象牙白长裤，上身穿淡紫色西装，配以纯白色衬衣，不失为一种成功的配色，可充分显示自我个性；象牙白长裤与淡色休闲衫配穿，也是一种成功的组合；白色褶折裙配淡粉红色毛衣，给人以温柔飘逸的感觉。红白搭配是大胆的结合。上身着白色休闲衫，下身穿红色窄裙，显得热情潇洒。在强烈的对比下，白色的分量越重，看起来越柔和。

（4）蓝色搭配原则。

在所有颜色中，蓝色服装最容易与其他颜色搭配。不管是近似于黑色的蓝色，还是深蓝色，都比较容易搭配，而且蓝色具有紧缩身材的效果，极富魅力。生动的蓝色搭配红色，使人显得妩媚、俏丽，但应注意蓝红比例适当。近似黑色的蓝色合体外套，配白衬衣，再系上领结，出席一些正式场合，会使人显得神秘且不失浪漫。曲线鲜明的蓝色外套和及膝的蓝色裙子搭配，再用白衬衣、白袜子、白鞋点缀，会透出一种轻盈的妩媚气息。

上身穿蓝色外套和蓝色背心，下身配细条纹灰色长裤，呈现出一派素雅的风格。因为流行的细条纹与蓝灰之间的强烈对比，可增添优雅的气质。

蓝色外套配灰色褶裙，是一种略带保守的组合，但这种组合再配以葡萄酒色衬衫和花格袜，显露出一种自我个性，从而变得明快起来。

蓝色与淡紫色搭配，给人一种微妙的感觉。蓝色长裙配白衬衫是一种非常普通的打扮。如能穿上一件高雅的淡紫色的小外套，便会平添几分成熟都市味儿。上身穿淡紫色毛衣，下身配深蓝色窄裙，即使没有花哨的图案，也可在自然之中流露出成熟的韵味儿。

（5）褐色搭配原则。

与白色搭配，给人一种清纯的感觉。金褐色及膝圆裙与大领衬衫搭配，可体现短裙的魅力，增添优雅气息。选用保守素雅的栗子色面料做外套，配以红色毛衣、红色围巾，鲜明生动，俏丽无比。褐色毛衣配褐色格子长裤，可体现雅致和成熟。褐色厚毛衣配褐色棉布裙，通过二者的质感差异，可表现出穿着者的特有个性。

（6）米色搭配原则。

一件浅米色的高领短袖毛衫，配上一条黑色的精致西裤，穿上闪着光泽的黑色的尖头中跟鞋子，将一位职业女性的专业感觉烘托得恰到好处。如果想要一种干练、强势的感觉，那就选择一套黑色条纹的精致西装套裙，配上一款米色的高档手袋，既有主管风范，又不失女性优雅。

案例链接——酒店工作服的作用

小周通过应聘进入一家酒店企业，工作积极性高，力求把工作做到最好。工作中发现酒店发的工作制服不太合身，她想，高星级酒店注重形象，穿得合体不是更美观吗？于是换成自己的一套类似的服装。但酒店领导发现后请她马上换回来。

案例点评：

案例中小周关注的是个人服饰的美观，而忽略了统一着装的要求，这样的做法是不可行的。为什么酒店工作要求统一着装？这是因为，制式化的酒店工作服有助于锻造企业纪律，培养协调与和谐的团队精神，强化企业文化凝聚力，增强员工的企业归属感，其凝聚着企业的标准与规范，对外传递着企业尊严与企业信心。酒店工作服代表着企业自身独一无二的特征，是企业文化的“时装”，也是企业形象的一个重要元素。能让宾客更好地吸收、记忆自己的企业文化，扩大影响力。这一方式不仅提升了酒店的整体形象，同时也提升了消费者的整体入住体验。

酒店仪容仪表礼仪要求

男士西装的穿搭

女士西装套裙的穿搭

打领带

打丝巾

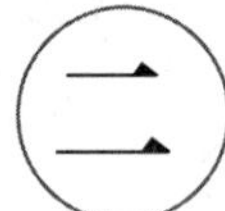

优雅仪态的塑造

项目一　如松的站姿

【企业标准】

表2-1-1　站姿考核标准

	内容	评价标准	分值	得分
站姿评价标准	平	头平正、双肩平、两眼平视	20分	
	直	腰直、腿直，从侧面看，耳朵、肩膀、臀部、膝盖和脚踝在一条直线上	20分	
	高	重心上提，看起来显高	10分	
	收	下颌微收、收腹、收臀	10分	
	挺	挺胸、腰背挺直	10分	
	脚位	脚尖向前或是V字形，女生丁字步	10分	
	手位	腹前握指式，右手握住左手，轻贴于腹部。女士握于手指部位，男士握于手背部位	10分	
	手臂	两手臂自然下垂贴于裤缝的双臂侧放式，或两手臂自然弯曲的腹前握指式	5分	
	表情	面带微笑	5分	
	合计		100分	

【师傅要求】

1. 头平正、双肩平、两眼平视、下颌微收。
2. 收腹、挺胸、收臀。
3. 腰背挺直、腿直。
4. 脚位正确。
5. 手位正确。
6. 面带微笑。

（见图 2–1–1）

（a）女士正面站姿

（b）女士侧面站姿

（c）男士正面站姿

（d）男士侧面站姿

图2–1–1　桃园山庄酒店工作人员站姿

【师徒互动】

一、师傅讲授

标准的站姿，从正面看，全身笔直，精神饱满，两眼正视，两肩平齐，两臂自然下垂，两脚跟并拢，两脚尖张开 60°，身体重心落于两腿正中；从侧面看，两眼平视，下颌微收，挺胸收腹，腰背挺直，手中指贴裤缝，整个身体庄重挺拔。好的站姿，不只是为了美观而已，对于健康也是非常重要的。站姿是人的一种本能，是一个人站立的姿势，它是人们平时所采用的一种静态的身体造型，同时又是其他动态的身体造型的基础和起点，最易表现人的姿势特征。在交际中，站立姿势是每个人全部仪态的核心。如果站姿不够标准，其他姿势便根本谈不上什么优美。

1. 标准站姿的要求

（1）抬头，头顶平，双目向前平视，嘴唇微闭，下颌微收，面带微笑，动作平和自然。

（2）双肩放松，稍向下沉，身体有向上的感觉，呼吸自然。

（3）躯干挺直，收腹，挺胸，立腰。

（4）双臂放松，自然下垂于体侧，手指自然弯曲。

（5）双腿并拢立直，两脚跟靠紧，脚尖分开成 60°，男子站立时，双脚可分开，但不能超过肩宽。

（6）身体立直，双手置于身体两侧，双腿自然并拢，脚跟靠紧，脚掌分开呈“V”字形。

（7）身体立直，右手搭在左手上，贴在腹部，两腿并拢，脚跟靠紧，脚掌分开呈“V”字形。

（8）身体立直，右手搭在左手上，贴在腹部，两腿分开，两脚平行比肩宽略窄一点。

（9）身体重心应在两腿中间，防止重心偏左偏右。

（10）穿礼服或是旗袍，双脚并列，但应该前后稍稍分开，以一只脚为中心站立。

2. 女士的两种站姿

（1）双臂侧放式。双手自然垂直于身体两侧，虎口向前，手指自然弯曲。双膝并拢，两腿绷直，两脚跟靠紧，脚尖分开约成 45° 角，呈“V”字形（见图 2–1–2）。

图2–1–2　女士双臂侧放式站姿

（2）丁字步腹前握指式。两脚尖略分开，右脚在前，将右脚跟靠在左脚脚弓处，两脚尖呈“V”字形。双手自然并拢，右手在上，左手在下，两手自然交叉，握于手指部位，轻贴于腹前。身体重心可放在两脚上，也可放在一脚上，并通过重心的移动减轻疲劳。这种站姿端正中略有自由，郑重中略有放松，这是一种常用的接待站姿（见图 2–1–3）。

图2-1-3 女士丁字步腹前握指式站姿

3. 男士的三种站姿

（1）双臂侧放式。双手自然垂直于身体两侧，双膝并拢，两腿绷直，脚跟靠紧，脚尖分开约成 45°~60° 角，呈“V”字形（见图 2-1-4）。

图2-1-4 男士双臂侧放式站姿

（2）两脚平行腹前握指式。双脚平行分开，两脚间距离不超过肩宽，一般以 20 厘米为宜，双手手指自然并拢，右手在上，左手在下，两手自然交叉，握于手背部位，轻贴于腹部。这是一种常用的接待站姿（见图 2-1-5）。

图2-1-5　男士两脚平行腹前握指式站姿

（3）两脚平行背后握指式。双脚平行分开，两脚之间距离不超过肩宽，一般以 20 厘米为宜，双手在身后交叉，右手握住左手，握于手背部位，放于尾骨处。这种站姿优美中略带威严，易产生距离感（见图 2-1-6）。

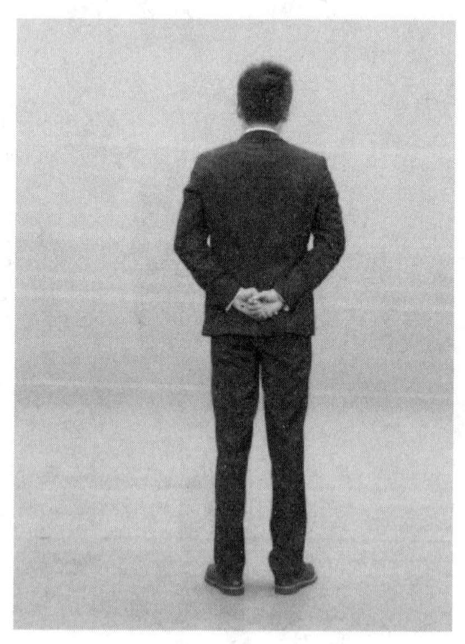

图2-1-6　男士两脚平行背后握指式站姿

二、师傅强调

1. 男女站姿的不同风格

（1）男子两脚分开，注意脚尖平行，两脚掌不要呈外八字。女士任何时候都不能双腿分开站立，双腿应并拢站直，脚呈“V”字形或丁字步。

（2）腹前握指式中，女子用手握的是手指部位，男士用手握的是手背或手腕部位。

（3）男子应显得风度洒脱，挺拔向上，舒展俊美，精力充沛；女子应显得庄重大方，亲切有礼，秀雅优美，亭亭玉立。

2. 保持挺拔的站姿

现实中许多人不同程度上存在含胸驼背、骨盆前倾的问题。人们习惯驼背站立，因为这样比较舒服，也是因为缺乏自信心不想引人注目。另外，站立时容易腹部外凸。许多人经常会不由自主地把胸部与腹部凸出来，误以为这样就是抬头挺胸。

（1）两肩向后自然舒展。胸部自然挺直，双肩向后靠，应注意要把肩打开。

（2）收紧腹部。在双肩向后靠的同时也把腹部收起来。

（3）站立时腰直、腿直。从侧面看，耳朵、肩膀、臀部、膝盖和脚踝在一条直线上。

（4）站立时，抬头、挺胸、收腹、立腰，让人显得自信与优雅。

三、徒弟操作

学习者分小组，参考表 2-1-1 站姿考核标准进行相互点评并给出提升建议，注意男、女站姿要求有所不同，不要混淆。

站姿得分	点评与建议

四、师傅提示

1. 酒店服务岗位常用站姿

（1）男性服务人员常用站姿。

① 两脚平行腹前握指式。男性服务员在工作中，在基本站姿的基础上，常将双手相握，轻贴于腹部。这种站姿更好地体现了工作人员的谦恭和随时准备服务的精神状态。服务中手位可为左手搭在右手上或右手搭在左手上，如果多位服务人员站成一排时，为了更整齐统一，最好采用相同的手位。

②两脚平行背后握指式。双臂后背的站姿体现出男士刚健、强壮、英武的阳刚之美，多用在保安的工作岗位。在等候服务的工作中，也可采用单臂后背的方式，左手放在边侧后腰上，右手垂直侧放体侧。

（2）女性服务人员常用站姿。

①丁字步腹前握指式。丁字步站姿能更好地体现女性的挺拔和精神面貌，一般在迎宾、等候服务时采用。

②双臂侧放式。两脚跟靠紧，脚尖分开约成35°角，呈“V”字形，这种站姿给人稳重大方的感觉，常用于服务过程或与宾客交流的过程中。

2. 站姿注意事项

（1）站立时，切忌东倒西歪，无精打采，懒散地倚靠在墙上、桌子上。

（2）不要低着头、歪着脖子、含胸、端肩、驼背、挺肚后仰。

（3）不要将身体的重心明显地移到一侧，只用一条腿支撑着身体。

（4）身体不要下意识地做小动作。

（5）不要将手叉在裤袋里面，切忌双手交叉抱在胸前，或是双手叉腰。

（6）男子双脚左右开立时，注意两脚之间的距离不可过大。

（7）不要两腿交叉站立。

（8）在服务过程中，切不可将自己的背部对着宾客，一定要面对服务对象。

五、徒弟记忆

根据所学内容，写出标准站姿中身体各部分（如头、肩、背、手、腿、足等）的注意要点。

身体部位	站姿中注意要点

【徒弟拓展】

技能拓展

1. 背靠墙直立（亦称为“九点靠墙法”）。站直，全身背部紧贴墙壁，后脑勺、肩、腰、臀部及脚后跟与墙壁间的距离尽可能地缩小，让你的头、肩、臀、腿之间纵向成直线。

2. 两人背靠背。两人的后脑勺、肩、臀部、小腿及脚后跟与对方靠在一起。

3. 头顶书本。也就是把书放在头顶上行走，不要让它掉下来。挺直脖子，收紧下巴，挺胸挺腰。

4. 夹纸训练。挺胸收腹、双肩下沉，一张白纸放在两腿之间，脚趾抓地，用两膝夹住白纸不能让其飘落。

阅读拓展

1. 在不同的场合，站姿应有所区别

（1）当站着与人交谈时，如果空着手，可双手在体前交叉，右手放在左手上。若手上拎着皮包，可利用皮包摆出优美的姿势。同时还要注意，不要双臂交叉，更不能两手叉腰，或将手插在裤袋里以及下意识地做小动作，如摆弄打火机、香烟盒等。

（2）当与外宾交谈时，要面向对方站立，且保持一定的距离，太远或过近都是不礼貌的。站立的姿势要正，切忌身体歪斜、女子两腿分开站立、男子两腿分开的距离过大或倚墙靠柱、手扶椅背等不雅与失礼的姿态。

（3）当向长辈、朋友、同事问候或做介绍时，不论握手或鞠躬，男子双足应当并立，相距约 10 厘米，且膝盖要挺直；女子双腿并拢，膝盖挺直。

（4）当女子在穿礼服或旗袍时，最好不要双脚并列，要让两脚之间前后距离 5 厘米，以其中一只脚为重心。

（5）当在等车或等人时，两脚的位置可一前一后，保持 45° 角，这时的肌肉要放松且自然，但仍要保持身体的挺直。

（6）在升国旗、奏国歌、接受奖品、接受接见、致悼词等庄严的仪式场合，应采取严格的标准站姿，而且神情要严肃。

（7）在发表演说、新闻发言、做报告宣传时，为了减少身体对腿的压力，减轻因较长时间站立双腿的疲倦，可以用双手支撑在讲台上，两腿轮流放松。

（8）主持文艺活动、联欢会时，可以将双腿并得很拢站立，女士可站成“丁”字步，让站立姿势更加优美。站“丁”字步时，上体前倾，腰背挺直，臀微翘，双腿叠合，玉立于众人间，富于女性魅力。

（9）门迎、侍应人员往往站的时间很长，双腿可以平分站立，双腿分开不宜超过肩；双手可以交叉或前握垂放于腹前，也可以背后交叉，右手放到左手的掌心上，但要注意收腹。

（10）礼仪小姐的站立，要比门迎、侍应更趋于艺术化，一般可采取立正的姿势或“丁”字步。如双手端执物品时，上手臂应靠近身体两侧，但不必夹紧，下颌微收，面含微笑，给人以优美亲切的感觉。

2. 从站姿看性格

（1）背脊挺直、胸部挺起来、双目平视的站立：说明有充分的自信，给人以“气宇轩昂”“心情乐观愉快”的印象，属开放型。

（2）弯腰曲背、略现佝偻状的站立：属封闭型，表现出自我防卫、闭锁、消沉的倾向，同时，也表明精神上处于劣势，有惶惑不安或自我抑制的心情。

（3）两手叉腰而立：是具有自信心和精神上优势的表现，属于开放型动作。对面临的事物没有充分心理准备时绝不会采用这个动作的。

（4）别腿交叉而立：表示一种保留态度或轻微拒绝的意思，也是感到拘束和缺乏自信心的表现。

（5）将双手插入口袋而立：具有不坦露心思、暗中策划、盘算的倾向；若同时配合有弯腰曲背的姿势，则是心情沮丧或苦恼的反映。

（6）靠墙壁而站立：有这种习惯者多是失意者，通常比较坦白，容易接纳别人。

（7）背手站立者：多半是自信心很强的人，喜欢把握局势，控制一切。一个人若采用这种姿势处于人面前，说明他怀有居高临下的心理。

案例链接——奥运礼仪小姐的站姿训练

奥运礼仪小姐的仪态培训十分严格。为了让礼仪小姐在颁奖时身姿更挺拔、步速更到位、转身更整齐、笑容更自然，每个动作都要分解练习成百上千次。比如，练习站姿，要求每名礼仪小姐必须穿5厘米高的高跟鞋，头上顶一本书，两腿膝盖间夹着一张普通的白纸。一站就是一个小时，不论是书还是纸都不可以掉下来，否则就得重做。等到休息时，两条腿连打弯都特别疼。有时不仅腿酸，脚上还被磨出了水疱。就是经过这样严格枯燥的训练，观众才看到了在台上亭亭玉立的奥运礼仪小姐。

案例点评：

现在很多人因为长期看手机或伏案工作，常常会出现脖颈前倾的问题，脖子向前拉长，不仅影响美感，还会对身体健康造成危害。提醒自己不要久坐，每天坚持半小时站姿训练，长期坚持，可以起到改善体型、增进健康的作用。

标准站姿训练

项目二　如风的走姿

【企业标准】

表2-2-1　走姿考核标准

	内容	评价标准	分值	得分
走姿评价标准	平	头平正、双肩平、两眼平视	20分	
	手臂摆幅适度	双臂前后自然摆动，摆幅为10°~35°	10分	
	躯挺	收腹，立腰，重心略前倾，腿部伸直	10分	

续表

	内容	评价标准	分值	得分
走姿评价标准	步位直	女士走一字，男士走平行线	20分	
	步幅适度	行走中两脚落地的距离为1~1.5个脚长	10分	
	步速平稳	跨步要均匀，脚步轻并富有弹性	10分	
	表情	面带微笑	10分	
	整体效果	步态自如、协调，富有节奏感	10分	
	合计		100分	

【师傅要求】

1. 头正。
2. 肩平。
3. 手臂摆幅适度。
4. 躯挺。
5. 步位直。
6. 步幅适度。
7. 步速平稳。

（见图 2-2-1）

图2-2-1 桃园山庄酒店工作人员走姿

【师徒互动】

一、师傅讲授

走姿是站姿的延续性动作，可展现员工的动态美。走姿表现出一个人的修养和风度。正确的走姿可反映出积极向上的精神状态，是企业良好形象的体现。走姿文雅、端庄，不仅给人以沉着、稳重、冷静的感觉，也是展示自己气质与修养的重要形式。注意走姿也可以防止身体的变形走样，甚至可以预防颈椎疾病。

1. 正确的走姿

正确的走姿应当身体直立、收腹直腰、两眼平视前方，双臂放松在身体两侧自然摆动，脚尖微向外或向正前方伸出，跨步均匀，两脚之间相距一只脚到一只半脚，步伐稳健，步履自然，要有节奏感。起步时，身体微向前倾，身体重心落于前脚掌，行走中身体的重心要随着移动的脚步不断向前过渡，而不要让重心停留在后脚，并注意在前脚着地和后脚离地时伸直膝部。

步幅的大小应根据身高、着装与场合的不同而有所调整。女性在穿裙装、旗袍或高跟鞋时，步幅应小一些；相反，穿休闲长裤时步伐就可以大些，凸显穿着者的靓丽与活泼。

练习时可注意以下几点：

（1）头正：头抬起，双目平视前方，微收下颌，表情自然平和。

（2）肩平：双肩放平，双臂自然下垂，手掌心向内，两手自然弯曲。

（3）摆幅适度：行走中双臂前后自然摆动，摆幅以 10°~35° 为宜，摆幅大小与步速相协调，走得快摆幅大，走得慢摆幅小。

（4）躯挺：上身挺拔，腿部伸直。挺胸，收腹，立腰，重心略前倾。

（5）步位直：步位就是脚落地时应放的位置。行走时脚跟先着地，两只脚的内侧落地，两脚尖略开。女士走一字，男士走平行线。

（6）步幅适度：步幅为跨步时前脚的脚跟与后脚的脚尖的距离。行走中两脚落地的距离为 1~1.5 个脚长，不过不同的性别、不同的身高、不同的着装，都会有些差异。

（7）步速平稳：跨步要均匀，脚步要轻并富有弹性和节奏感。不要忽快忽慢，步速应自然舒缓，显得成熟、自信。一般步速标准为女士每分钟 118~120 步，男士每分钟 108~110 步。

2. 女士的走姿要求

女士行走中要步态自如、协调、轻盈，体现端庄、优雅、自信的阴柔之美（见图 2–2–2）。

（1）走路要走成一条直线。首先，行走时注意上半身保持正直，微收下颌，肩外展，伸直背肌，收腰提臀。形体纵向拉长，横向收紧，这样看起来人比较修长。走的时候，以腰部为中心，以腰带动脚，重心移动。脚跟先着地，后面的腿经过前面那条腿的时候，膝关节内侧互相摩擦，两脚脚跟落在一条直线上，腿与腿之间没有缝隙，这种步态会让人显得修长、娇巧。

（2）步履轻捷。步伐略小，当脚落地的时候，腿部的肌肉收紧，膝关节要有力，这样显得整个人轻盈、精神抖擞。

（3）注意步韵。走路时，上体的稳定与下肢的频繁规律运动形成和谐对比。膝盖和脚腕都要富于弹性，行进速度平稳、均匀，形成节奏感，使自己走在一定的韵律中，才会显得自然优美。

图2–2–2　女士走姿

3. 男士的走姿要求

男士行走中要步态稳健有力，体现稳重、坚定、自信的阳刚之美（见图 2–2–3）。

（1）走路要走成两条平行直线：走路时要将双腿并拢，身体挺直，下巴微向内收，眼睛平视，双手自然垂于身体两侧，随脚步微微前后摆动。双脚各踏出一条直线，使之平行，脚尖应对正前方。

（2）步态从容：走路时，腰部应稍用力，收小腹，臀部收紧，脊背要挺直，抬头挺胸，面部表情平和，脚步从容，尽量避免短而急促的步伐，鞋跟不要发出很大的声响。

（3）步态矫健有节奏感：速度不快不慢，步幅均匀，步履雄健有力，富有稳定的节奏感。

图2–2–3 男士走姿

4. 穿不同服装的走姿要求

（1）穿西装时的走姿要求：西装以直线为主，给人挺拔、优雅的印象。着西装行走时，要注意保持挺拔之感，后背平正，两腿立直，走路的步幅可略大一些。手臂自然摆动。男士行走时不要晃动双肩，女士不要扭腰或左右摆髋。

（2）穿西服套裙的走姿要求：西服套裙给人以干练、洒脱的印象。行走时步速略快，但步幅不要过大；步履要轻盈、敏捷。

（3）穿旗袍的走姿要求：旗袍曲线优美，能表现出东方女性温柔、含蓄的柔美风韵。女士穿旗袍时身体挺拔，胸微含，下颌微收，走路时步幅适中。两脚走交叉步直线，脚尖略外开。手臂自然摆动，髋部随身体重心的转移稍有摆动，但上身不可跟着晃动。

（4）穿高跟鞋的走姿要求：穿高跟鞋给人以亭亭玉立的印象。行走时要挺直踝关节、膝关节、髋关节以保持向上的形体。尤其要注意膝关节的挺直，否则会给人“登山步”的感觉，有失美观。穿高跟鞋时切忌步子跌跌撞撞走不稳，要保持身体平衡，每一步走实、走稳。

二、师傅强调

1. 男女走姿的不同风格

（1）女士行走中走一字步，两脚要走成一条直线，不迈大步，不要摇晃臀部，步态要自如、协调、轻盈，体现端庄、优雅、自信的阴柔之美。

（2）男士行走中双脚跟走两条线，但两线尽可能靠近，地上的横向距离 3 厘米左右，步履可稍大，不要扭腰，不可摇头晃脑，步态要稳健有力，体现稳重、坚定、自信的阳刚之美。

2. 变向走姿

变向走姿是指在行走中，需转身改变方向继续行走时，采用合理的方法，体现出规范和优美的步态。

（1）后退步：与人告别时，应当先后退两三步，再转身离去。退步时脚轻擦地面，步幅要小，不可高抬小腿。转体时要先转身体，头稍后再转。

（2）引导步：引导步是用于走在前边给宾客带路的步态。引导时要尽可能走在宾客左侧前方，整个身体半转向宾客方向，髋部朝向前行的方向，保持两三步的距离，遇到上下楼梯、拐弯、进门时，要伸出左手示意，并提示请客人上楼、进门等。当走在较窄的路面或楼道中与人相遇时，也要采用侧身步，两肩一前一后，并将胸部转向他人，不可将后背转向他人。

（3）前行转身步：在前行中要拐弯时，要在距所转方向远侧的一脚落地后，立即以该脚掌为轴，转过全身，然后迈出另一脚。即向左拐，要右脚在前时转身；向右拐，要左脚在前时转身。

三、徒弟操作

学习者分小组，参考表 2–2–1 站姿考核标准进行相互点评并给出提升建议，注意男、女走姿要求有所不同，不要混淆。

小组成员走姿得分	点评与建议

四、师傅提示

（1）忌头不正、肩不平：行走中不要摇头、晃肩，不要左顾右盼、瞻前顾后，不能低着头或是耷拉着眼皮走路。头部不能往前伸。肩部要往外平展不要含胸。

（2）忌手臂摆动不当：走路时两只手臂要自然摆动，不能把手插在口袋里、抱在胸前或是倒背着双手走路。不能夹着手臂行走，只摆动小臂。两手臂摆动要匀称，幅度不可太大，也不可一只手臂摆动另一只手臂不摆动，或两手臂摆动幅度明显不同。摆动方向为前后摆动，切忌做左右式的摆动。

（3）忌躯不挺：走路时不能弯腰驼背，不能大半个身子前倾，也不能突出地往前送胯。

（4）忌步位不直：走路尽量走直线，不要扭来扭去地走“外八字”步和“内八字”步。女性一定不要岔开双腿走路。

（5）忌步幅不适度：两脚步幅不可太大或太小，也不可两脚步幅不匀称。穿不同服装要相应调整步幅，如穿礼服、裙子或旗袍时步度要轻盈优美，不可跨大步。若穿长裤步度可稍大些，但最大步也不可超过脚长的 1.5 倍。

（6）忌步速不平稳：行走中不要奔跑蹦跳，或膝盖和脚踝不用力拖脚走。遇到紧急事情，不能慌乱奔跑把地板踩得“咚咚”作响，可以用加快步伐频率的方法平稳提速。

（7）忌行走时不端庄大方的行为：行走时不要吹口哨、吃零食；不要左顾右盼，手插口袋或打响指。与多人走路时，不要勾肩搭背，或大声喊叫、奔跑、跳跃。不要边走路边指指点点对别人评头论足。行走时不要与其他人相距过近、与他人发生身体碰撞或尾随他人。

五、徒弟记忆

根据所学内容，写出标准走姿中身体各部分（如头、肩、手臂、腿、足等）的注意要点。

身体部位	走姿注意要点

【徒弟拓展】

技能拓展

1. 正确走姿辅助训练

（1）摆臂训练：人直立，保持基本站姿。在距离小腹两拳处确定一个点，两手呈半握拳状，斜前方均向此点摆动，由大臂带动小臂。

（2）腰部训练：双手固定于腰部，脚背绷直，踮脚正步行走。

（3）展膝训练：保持基本站姿，左脚跟起踵，脚尖不离地面，左脚跟落下时，右脚跟同时起踵，两脚交替进行，脚跟提起的腿屈膝，另一条腿膝部内侧用力绷直。做此动作时，两膝靠拢，内侧摩擦运动。

（4）脚步训练：在地上画一条线，或利用地板的缝隙，在直线上反复走，行走时使双脚的内侧踩在直线上。注意挺胸立腰，腰部不能松懈，脚跟着地后脚掌紧接着落地，脚后跟离地时要用脚尖蹬地推送，膝部不能弯曲。保持好行走的轨迹和稳定性，步伐要矫健、轻盈，富有稳定的节奏感。

（5）平衡训练：行走时，在头上放个小垫子或书本，用左右手轮流扶住，在能够掌握平衡之后，再放下手进行练习，注意保持物品不掉下来。通过训练，使上半身不随便摇晃，保持脊背伸展和头正、颈直、目平。起步行走时，身体略前倾，身体的重心始终落于行进在前边的脚掌上，前边的脚落地、后边的脚离地的瞬间，膝盖要伸直，脚落下时再放松。

2. 迈步分解动作练习

（1）保持基本站姿，双手叉腰，左腿擦地前点地，与右脚相距一个脚长，右腿直腿蹬地，髋关节迅速前移重心，成右后点地，然后换方向练习。

（2）保持基本站姿，两臂体侧自然下垂。左腿前点地时，右臂移至小腹前的指定位置，左臂向后斜摆，右腿蹬地，重心前移成右后点地时，手臂位置不变，然后换方向练习。

3. 行走连续动作训练

（1）左腿屈膝，向上抬起，提腿向正前方迈出，脚跟先落地，经脚心、前脚掌至全脚落地，同时右脚后跟向上慢慢垫起，身体重心移向左腿。

（2）换右腿屈膝，经过与左腿膝盖内侧摩擦向上抬起，勾脚迈出，脚跟先着地，落在左脚前方，两脚间相隔一脚距离。

（3）迈左腿时，右臂在前；迈右腿时，左臂在前。

（4）将以上动作连贯运用，要进行全身的协调性训练，使行走中身体的每一个部分都能呈现出律动之美。

阅读拓展

1. 行走礼仪

（1）如果是两个人一起行走，行走的规则是以右为尊，以前为尊。比方说和客户或上司一同行走的时候，就应该站在他们的左侧，以示尊重。如果是一位男士和一位女士同行，那么就应该遵照男左女右的原则。

（2）如果是三人同行，都是男性或都是女性，那么以中间的位置为尊，右边次之，然后是左边。如果是一位女士和两位男士同行，则女士在中间。

（3）很多人一起行走时，以前为尊，按照此原则向后排序。

（4）如果在室外行走，应该请受尊重的人走在马路的里侧。如果道路比较拥挤狭窄，应该注意观察周围情形，照顾好同行的人。同时要保持良好的仪态，不能因为在户外就左顾右盼、四处张望或是推推搡搡、拉拉扯扯，不论多么熟悉的同事和客户，在大庭广众之下也应该保持职业人士的端庄仪态。如果人群拥挤不小心碰到他人、踩到他人或绊倒其他人的时候，要及时道歉，并给予必要的帮助。如果别人无意识地碰到自己或妨碍到自己，应小心提醒并予以体谅。

（5）在道路上行走，不能三人以上并排，这样会妨碍其他的行人和车辆通行，同时也是不安全的做法。

（6）到达电梯口、车门口或房门口时，男性也应该快走两步为女士服务；在不太平坦的道路或是山下比较高的台阶时，男性也应该适当帮助女士。“女士优先”是国际通行的礼仪规则，同时也是绅士行为的体现。

（7）当一个人行走时，要靠右侧行走，将左侧留给急行的人，乘坐滚梯时也是这样。

2. 从走姿看性格

心理学家史诺嘉丝曾经对 193 个人做过三项不同的研究，发现不但能看出某种性格或某种心情的人曾用不同的步姿走路，而且观察者还通常能从人的步姿探测出他的性格。走路大步，步子有弹力及摆动手臂，可显示出一个人的自信、快乐、友善及雄心；走路时拖着步子，步子小或速度时快时慢则相反。性格冲动的人，则像鸭子一样低头急走。女性走路时手臂摆得越高，越显示她精力充沛和快乐；精神沮丧、苦闷、愤怒及思绪混乱时，女性走路时很少摆动手臂。

（1）走路快且双臂自然摆动的人：往往有坚定的目标，且准备积极地加以追求。习惯双手半插在口袋中，即使天气暖和也不例外，这样的人喜欢挑战而颇具神秘感。一个自以为是甚至傲慢的人走路时，他的下巴通常会抬起，手臂夸张地摆动，腿是僵直的，步伐沉重而迟缓，像是故意引起他人的注意。

（2）大摇大摆地走：采取这种步伐的人，虽有自信的气势，但又充满自夸和自满。

（3）大步向前走：这是一种冷酷而具有权势的步伐，它的特征通常是跨出很大的步伐，典型的例子可以见于那些地位较高的男性。

（4）偷偷摸摸地走：源于卑屈或恐惧心理，会出现这样的步伐，其目的在于不引起别人的注意。

（5）匆匆忙忙地走：这是焦虑女性的步伐，不仅显得慌张，且经常改变方向。如果一个男人的步态如此，那么这个男人可能比较阴柔。

（6）疾行：这是一种脚步沉重而快速的行走方式，几近于行军，但不那么正式。留给人的印象是不骄不躁，能控制心里的焦急。

（7）步伐缓慢的走姿：这类人走路时总是一副典型的慢性子，此类人做事从不急躁，凡事“三思而后行”，绝不好高骛远。如果他们在事业上受到提拔的话，并不是他们有什么后台，而是因他们务实的精神。这种人眼见为实，不轻易相信别人。

（8）走路时身体前倾的人：有的人走路时习惯于身体向前倾斜，甚至看上去像猫腰。这类男人的性格大多较温柔且内向，不善言辞，可能一个人生闷气。

3. 不良走姿的危害与纠正方式

“大部分走路的人都不知道他们的走路是低效率的，这等于变相折磨自己。”英国剑桥专门研究走路的健身专家肯·马特逊表示，“例如，许多人走路摇摇晃晃，颠颠簸簸。还有人喜欢大幅度甩手，这些虽然看似都是小事，但日积月累，可能让你患上走路暗伤。”

在国际上，步态训练是脑病患者康复的重要课题，许多脑病患者通过有效的走姿训练，使大脑恢复了正常的功能，可见正确的走姿是多么重要。低头、弯腰、外八字……这些走路的姿势不仅难看，还会影响大脑的健康。

走路抬头挺胸才利于周身与大脑的气血回流，也就是说，抬头挺胸走路时，是让大脑得到休息的机会，这个姿势使低头工作的状态变为“阳气升发”的抬头状态，正好补偿了人们因低头工作而给大脑造成的紧张以及气血流通不畅。低头走路造成的后果就是阳气不升，从而影响大脑正常的气血供应。

（1）头位不正。

竞走教练波尼·斯坦指出：“很多走路的人受伤的理由很简单，就是他们走的不够直。”而人们走路最容易犯的姿势错误包括两种：低头，或者头抬得过高导致身体后仰。这两种姿势都可能导致身体失去平衡，让背部下方肌肉受到过大压力，从而可能拉伤和疼痛。

纠正方式：不要向上或者向下看，目视前方，脖子和身体保持成一条直线。走路时多留意自己的身体姿势，及时纠正错误动作。

（2）侧颈、斜肩。

这样走路的姿势会影响督脉的气血运行，造成气血不周、阳气不升。

纠正方式是：纠正不良的走路姿势，先从纠正站姿做起。可以在家里对着大镜子自我检查。人在照镜子时会情不自禁地挺胸抬头。然后在走路时保持端正的姿势，做到不偏不斜，不前倾。走路时的正确姿势应该是：双目平视前方，头微昂，颈正直，胸部自然上挺，腰部挺直，收小腹，臀部略向后突，步行后蹬着力点侧重在跖趾关节内侧。

（3）两臂夹肩摆动。

这是因为走路时肩部紧张，大臂摆动幅度小、肩部摆动较大，步幅较小。

纠正的方法是：①走路时肩部要放松，双臂自然下垂，大臂随步行相应摆动。②大步快走肩部放松练习。步幅不能小于一个半脚长，摆臂时要让大臂带动小臂，大臂摆动幅度应大，小臂摆动幅度应小。

（4）含胸弓背。

人在走路时，全身七经八脉都跟着一起活动，而含胸、弯腰的走路姿势正好让这些经脉得不到很好的舒张，身体得不到应有的供氧。此外，这种走姿所造成的脊柱问题，会反射到大脑，使人无论在伏案工作还是走路时，大脑都处于紧张状态。白天的这种不得缓解的紧张，造成大脑过劳，会影响夜间的睡眠。

纠正的方法是：①上身挺直步行练习。步行时头要端正、两眼平视前方、挺胸收腹，走路的步幅约为一个脚长，步频每分钟 50~60 步。②经常做上身抬起练习，或做上身和下身同时抬起的练习，以增强背部肌肉力量。每回做 10~20 次。

（5）上身左右摇摆。

这是因为走路时双脚离中线距离较远，身体重心左右移动较大，步幅较小，大臂摆动幅度小且与步行方向不一致。

纠正的方法是：①经常沿直线走，注意使向前迈步的脚落到直线上。②走路时注意大臂的摆动，要使大臂的摆动方向与步行的方向一致，摆动幅度大小和步幅成正比。

（6）膝盖伸不直。

走的时候膝盖是弯曲的，腿只有一部分肌肉起作用，这样易觉疲劳。

纠正的方法是：伸直膝盖走时，上体稍向前倾，好像要倒下来似的。后腿蹬，这样前腿膝盖自然伸直，步子也迈得大了。此外，前脚向前迈出时，同一侧腰也好像向前运动，腰与腿要有效配合。走的时候要大腿带动小腿，膝伸直，步幅也就大了。脚跟先着地，再将身体重心移到脚尖前脚着地时，脚跟先着地，身体重心落在脚跟上。然后，身体重心由脚跟通过脚掌向脚尖方向“滚转”，最后到达脚尖。脚跟不承受全部体重，身体重心移动是流畅地在整个脚底下进行。前脚着地瞬间，后脚尖同时蹬出。支撑体重的点不是脚跟，而是后脚大拇趾趾根附近区域。

（7）内、外八字。

八字步：包括外八字步和内八字步。走八字步时，人的大腿和脚掌不在同一平面上，步幅较小、身体摇摆、步频较慢。外八字走路有碍阳经，使肝、脾、肾脏气血紧张，血流不畅，影响大脑血液的供应，造成大脑血液回流不畅。内八字则影响胆、胃和膀胱的经络，而这些经络均在脊柱的周围，脊柱周围气血不畅，一样会影响大脑血液的循环。

纠正八字步的方法：①平常走路时，随时注意让自己的膝和脚尖始终对着正前方。②经常在沙土地或湿地上走，以便留下清晰脚印，查看脚尖的朝向是否正确，可边走边改。③经常沿运动场的跑道线或其他直线练习，尽量让自己的每一步都踩在线上。④外八字步的人，应经常用两脚内侧交换着向上踢毽子；内八字步的人，应经常用两脚外侧交替着拐踢毽子。⑤反复做从台阶上边往下跳的练习，下落时迫使两脚并拢。

（8）身体太松垮。

甩手幅度过大，脚步太大，落地跺脚，这些都是常见的走路中身体松垮的现象。违背常规走路的人，不但会影响速度，而且可能引发胫部发炎和酸痛。

纠正方式：保持手臂紧贴身体，摆臂幅度太大会浪费太多能量。最理想的甩臂模式是保持手臂弯曲 90°，手肘贴紧身体，向前及向后摆动。与此同时，双脚迈出的步幅应该统一，并保持正常距离，步幅太大或者太小都会影响速度。测量正常步幅的方法很简单，伸直你的一条腿，脚跟接近地面但不着地，然后身体前倾，这时前脚脚跟落地的位置，就是你正常情况下的合理步幅。落地时应该稍微轻一点，重重踏步只会浪费了原本应该向前的能量。

总之，正确的走路姿势应该是：双目平视前方，头微昂，颈正直，胸部自然上挺，腰部挺直，收小腹，臀部略向后突，步行着力点侧重在跖趾关节内侧。现在社会上比较流行的瑜伽，对姿势和总体健康都有很大帮助，它可以帮助人提升平衡感，可以教人们如何在坐、站、走动时保持一个挺拔笔直的姿势。

案例链接——奥运礼仪小姐的走姿训练

奥运会礼仪小姐的训练十分艰苦。从早上 8 点半到晚上 8 点半，除了休息时间之外，一共 7 个半小时的训练，有时一天要穿 4 个多小时的高跟鞋进行走姿训练。她们头顶书本练习行走，书掉了捡起来继续，就这样来来回回走几个小时。每个人的脚都磨出大大小小的水泡，然后水泡被磨破，之后又被磨出新的水泡，如此周而复始。经过近乎军事化的枯燥而艰苦的训练，才让人们看到了在台上优雅行走的奥运会礼仪小姐。

案例点评：

许多人在走姿中都存在一些问题，如有人习惯小腿用力，而不是大腿带动小腿走路，显得不够挺拔。要改正自身多年来的走路习惯，按照正确方法养成新的行走方式，许多人认为太难。但是，行为心理学研究表明，21 天以上的重复会形成习惯，90 天的重复会形成稳定的习惯。同一个动作，重复 21 天就会变成习惯性的动作。改变习惯其实是简单的，像奥运礼仪小姐那样反复练习，坚持下去，走姿中的小习惯一定可以改掉。

标准走姿训练

项目三　如钟的坐姿

【企业标准】

表2-3-1　坐姿考核标准

	内容	评价标准	分值	得分
坐姿评价标准	落座	入座轻稳	10分	
	平	头平正、双肩平、两眼平视	10分	
	手位	双臂自然弯曲，双手自然放在双腿上	10分	
	躯挺	收腹，立腰，重心略前倾	20分	
	座位	坐满椅子的2/3	10分	
	双膝、双脚	女士双膝并拢，双脚并拢，男士双膝微微分开，脚尖向前，小腿与地面垂直	20分	
	离座	离座动作自然	10分	
	整体效果	落座、离座动作自然、协调，坐姿规范	10分	
	合计		100分	

【师傅要求】

1. 头正肩平，表情自然。
2. 腰背挺直，臀部占座椅面的2/3。
3. 小腿与地面垂直。
4. 两手自然放于大腿上。
5. 女士双膝并拢，双脚并拢；男士双膝微微分开，脚尖向前。

（见图2-3-1）

图2-3-1　桃园山庄酒店工作人员坐姿

【师徒互动】

一、师傅讲授

工作中，员工可能会坐在办公桌前、坐在会议桌前、坐在谈判桌前。正确的坐姿可以给人以端庄、稳重的印象，使人产生信任感。良好的坐姿不仅是自己及所在企业形象的体现，也是对他人的尊重。

正确的坐姿，应时刻保持上半身挺直的姿势，也就是颈、胸、腰都要保持平直。眼睛平视前方，左、右大腿大致平行，膝弯曲大致成直角，足平放在地面上，手轻放在大腿上。

1. 规范坐姿的要求

（1）入座时要轻稳。从椅子后面入座时，如果椅子左右两侧都空着，应从左侧走到椅前，在离椅子半步远的位置立定，向右移动一小步，背对椅子站立；面向椅子入座时，轻缓地走到座位前，在离椅子半步远的位置立定，转身，背对椅子站立。右脚往后退半步，用小腿靠椅，以确定位置。上身略前倾，向下落座，臀部接触椅面要轻，避免发出声响。坐下后将右脚收回与左脚平齐，小腿与地面垂直。

（2）入座后上体自然挺直，挺胸，双肩平整放松，双臂自然弯曲，双手自然放在双腿上或椅子、沙发扶手上，掌心向下。

（3）头正、嘴角微闭，下颌微收，双目平视，面容平和自然。

（4）坐满椅子的 2/3。

（5）离座时，要自然稳当。右脚往后退半步，右脚趾用力蹬地，上身略前倾，向上起座。起身后将右脚收回与左脚平齐。

2. 女士的常见坐姿

（1）标准式。

轻缓地走到座位前，转身后两脚成小丁字步，左前右后，两膝并拢，上身略前倾，向下落座，坐在椅子的 2/3 处，然后将左脚收回与右脚平齐。小腿并拢，小腿与地面垂直。如果穿的是裙装，在落座时要用双手在后边从上往下把裙子拢一下，以防坐出皱折。上臂自然下垂，右手手指握在左手手指上，两手叠放在双腿中间，靠近小腹，距膝盖约整个大腿的三分之二处。坐下后，上身挺直，头正肩平，下颌微收，双目平视，面带微笑（见图 2–3–2）。

图2–3–2　女士标准式坐姿

（2）前交叉式。

在标准坐姿的基础上，左小腿向前伸出一脚的距离，脚尖不要翘起。右脚后缩，与左脚交叉，两踝关节重叠，两脚尖着地。双臂自然下垂，双手掌心向下，双手相握，右手握住左手手指部分，叠放在双腿中间（见图 2–3–3）。

（3）后点式。

在标准坐姿的基础上，两小腿向后缩进一脚的距离，小腿并拢，两脚并拢，脚尖着地。双臂自然下垂，双手掌心向下，双手相握，右手握住左手手指部分，叠放在双腿中间（见图 2–3–4）。

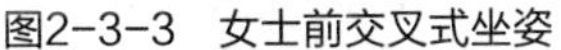

图2–3–3　女士前交叉式坐姿

图2–3–4　女士后点式坐姿

（4）曲直式。

右脚前伸，左小腿屈回，大腿靠紧，两脚前脚掌着地，并在一条直线上。双臂自然下垂，双手掌心向下，双手相握，右手握住左手手指部分，叠放在双腿中间（见图 2–3–5）。

（5）侧点式。

在标准坐姿的基础上，两小腿向左斜出，两膝并拢，右脚跟靠拢左脚内侧，右脚掌着地，左脚尖着地，头和身躯向左斜。注意大腿小腿要成 90°，小腿要充分伸直，尽量显示小腿长度。双臂自然下垂，双手掌心向下，双手相握，右手握住左手手指部分，叠放在双腿中间（见图 2–3–6）。

图2–3–5　女士曲直式坐姿

图2–3–6　女士侧点式坐姿

（6）侧挂式。

在侧点式基础上，左小腿后屈，脚绷直，脚掌内侧着地，右脚提起，用脚面贴住左踝，膝和小腿并拢，上身右转。双臂自然下垂，双手掌心向下，双手相握，右手握住左手手指部分，放在翘起的大腿上。这种坐姿较为放松，显得女士腿长比较美观，但给人感觉不够正式，略显随意，多用于与朋友相聚等不太正式的场合（见图 2–3–7）。

（7）重叠式。

重叠式也叫“二郎腿”或“标准式架腿”等。

在标准式坐姿的基础上，两腿向前，一条腿提起，腿窝落在另一腿的膝关节上边。要注意上边的腿向里收，贴住另一条腿，脚尖向下。双臂自然下垂，双手掌心向下，双手相握，右手握住左手手指部分，放在翘起的大腿上。这种坐姿较为放松，显得女士腿长且比较美观，但给人感觉不够正式，略显随意，多用于与朋友相聚等不太正式的场合（见图 2–3–8）。

图2–3–7　女士侧挂式坐姿

图2–3–8　女士重叠式坐姿

3. 男士的坐姿

（1）标准式。

上身正直上挺，双肩平正，两手放在两腿上，双膝微微分开，小腿垂直地落在地面，两脚平行，脚尖向前。双臂自然下垂。双手掌心向下，分别放在双腿前部（见图 2–3–9）。

（2）前伸式。

在标准式的基础上，两小腿前伸一脚的长度，左脚向前半脚，脚尖不要翘起。双臂自然下垂。双手掌心向下，分别放在大腿前部（见图 2–3–10）。

图2–3–9　男士标准式坐姿

图2–3–10　男士前伸式坐姿

（3）前交叉式。

在标准式的基础上，小腿前伸，两脚踝部交叉。双臂自然下垂。双手掌心向下，分别放在大腿前部（见图 2-3-11）。

（4）交叉后点式。

在标准式的基础上，小腿后缩，两脚踝部交叉。双臂自然下垂，双手掌心向下，分别放在大腿前部（见图 2-3-12）。

图2-3-11　男士前交叉式坐姿

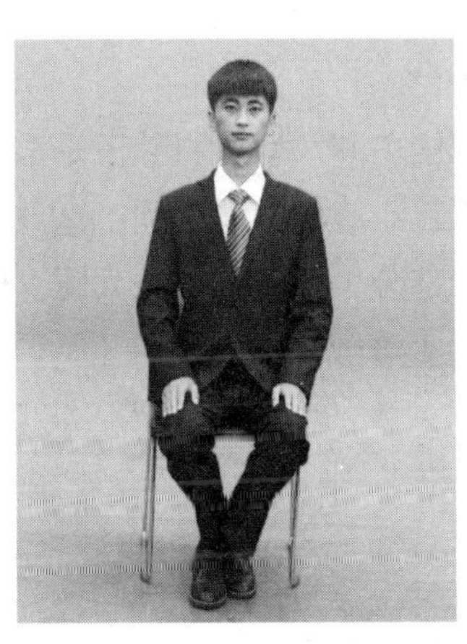

图2-3-12　男士交叉后点式坐姿

（5）曲直式。

在标准式的基础上，左小腿回屈，前脚掌着地，右脚前伸，双膝并拢。双臂自然下垂，双手掌心向下，分别放在大腿前部（见图 2-3-13）。

（6）重叠式。

右腿叠在左膝上部，右小腿内收贴向左腿，脚尖下点。双手相握，右手握住左手手掌部分，双手叠放在翘起的大腿上（见图 2-3-14）。

图2-3-13　男士曲直式坐姿

图2-3-14　男士重叠式坐姿

4. 坐姿中的手位

（1）男士手位。

①放在双腿上。双臂自然下垂，双手掌心向下，分别放在大腿前部，或放在两膝上。②放在一条大腿上。双手相握，右手握住左手手掌部分，双手叠放在一条大腿上。侧身与人交谈时，宜将双手放在自己所侧一方的那条大腿上。③放在身前桌子上。双手平扶在桌子边沿上、双手相握置于桌上或双手叠放在桌上。④放在身旁的扶手上。正身而坐时，宜将双手扶在两侧扶手上。

（2）女士手位。

①叠放在双腿中间。双臂自然下垂，双手掌心向下，双手相握，右手握住左手手指部分，叠放在靠近小腹的双腿中间。②放在一条大腿上。双手掌心向下，双手相握，右手握住左手手指部分，叠放在一条大腿上。侧身与人交谈时，宜将双手放在自己所侧一方的那条大腿上。③放在皮包文件上。当穿短裙时，为避免“走光”，可将随时携带的皮包或文件放在并拢的大腿上。然后将双手扶、叠或握后置于其上。④放在身旁的扶手上。侧身而坐时，则应将双手叠放或相握后，置身一侧的扶手上。

二、师傅强调

1. 男女坐姿的区别

（1）双膝位置不同。女士双膝双脚并拢；男士双膝可以略分开，但不要超过肩宽，两脚分开平行向前。

（2）手部姿势不同。女士双手掌心向下，右手握住左手手指部分，叠放在双腿中间；男士双手掌心向下，分别放在大腿前部，或放在两膝上。

2. 坐姿的注意事项

（1）入座时要轻而稳，走到座位前，转身后，轻稳地坐下。女子入座时，若是裙装，应用手将裙摆稍稍拢一下，不要坐下后再站起来整理衣服。

（2）面带笑容，双目平视，嘴唇微闭，微收下颌。

（3）双肩平正放松，两臂自然弯曲放在膝上，也可放在椅子或沙发扶手上。

（4）立腰、挺胸、上体自然挺直。

（5）双膝自然并拢，双腿正放或侧放。

（6）至少坐满椅子的 2/3，脊背轻靠椅背。

（7）起立时，右脚向后收半步而后起立。

（8）谈话时，可以侧坐，此时上身与腿同时转向一侧。

三、徒弟操作

学习者分小组，参考表 2–3–1 坐姿考核标准进行相互点评并给出提升建议，注意男、女坐姿要求有所不同，不要混淆。

小组成员坐姿得分	点评与建议

四、师傅提示

（1）上身不论何时都要保持端正，不要前后左右摇摆，不可前倾后仰或歪歪扭扭，不要靠椅背。

（2）坐沙发时不应太靠里面，不能呈后仰状态。

（3）坐下后不可随意挪动椅子。非必要情况不要随意改变坐姿，频频改变坐姿，会给人“坐立不安”的印象。

（4）不要猛坐猛起。

（5）与人谈话时不要用手支着下巴。手的动作要自然，不要拿手指指点点，不要不安地抓着裙子或裤子，不要摆弄头发和胡子，不要做出摸脸、掩口等动作。

（6）不要双手撑椅，双手不要夹在两腿中间，或放于臀部下面。

（7）女士不可将大腿并拢、小腿分开。

（8）双腿不可过于叉开，或长长地伸出。

（9）不可高架“二郎腿”或“4”字形腿，尤其是与东南亚佛教国人交往时，切勿跷二郎腿，更不能将脚尖或脚底对着宾客，这是带有侮辱性的坐姿。

（10）不可让腿、脚不停抖动。

（11）不要把脚架在椅子或沙发扶手上，或架在茶几上。

五、徒弟记忆

根据所学内容，写出几种主要坐姿中身体各部分（如头、肩、手臂、腿、足等）的注意要点。

身体部位	坐姿注意要点

【徒弟拓展】

技能拓展

1. 电脑前的正确坐姿

（1）操作电脑的最佳距离应保持在 50~60 厘米。

（2）显示器不要放置太低，必须与眼睛保持在同一水平面。屏幕第一行字在视线下约 3 厘米。

（3）手臂自然下垂时，肘部不要低于桌面。扶手可承托手肘成 80°~100°（勿向外伸展）。

（4）键盘不要放在离手太远的地方，肘与两肩保持水平很重要。

（5）座椅不要太低，不要压迫到膝盖以下部位。

（6）不要屈膝，把脚放在座椅下。最好将整个脚平放在地面上。

2. 看手机的正确坐姿

手机的位置应当低于视角，眼睛俯视 15°~20°，也就是水平线稍微下来一点的地方，这样可以维持颈椎正常的生理曲度。

注意：

长期低头会导致颈椎椎间盘的压力增高，以及颈后部肌肉和韧带的松弛，失去弹性，致使颈椎正常的生理前凸消失，甚至造成“反屈”，进一步加速颈椎的退变。如果长时间处于低头的姿势，人体就会募集肩部、背部其他肌肉收缩协助颈部肌肉。再继续维持的话，肩背部甚至腰背部都会出现牵掣、板滞、酸痛的感觉。

仰颈运动与“低头”这类慢性损伤的姿势相反，可放松颈椎后方肌群，拉伸颈椎前方肌群并恢复其弹性。每个动作重复 3 次，可以利用运动的惯性增加运动幅度，同时又不会增加肌肉拉伤风险，使康复锻炼变得高效而且安全。

阅读拓展

1. 入座规则

（1）“左进左出”的规则。

为体现遵守以右为尊的惯例，要记住从椅子的左侧入座，离开也是从椅子的左侧进行。入座和离座在挪动椅子时，要用双手搬起，动作要轻巧，不要拖拉椅子发出很大的响动，如果不小心使椅子在搬动时发出很大声响，要对其他人表示抱歉、失礼。坐下时要顺便整理衣服，不能坐下以后反复拽拉裙子以使它保持平整，不断地欠身整理衣服是很不雅观的。如果有裙角压在身下，也要不动声色地略微欠身整理一下，上半身仍要保持相对稳定。

（2）尊者先入座的规则。

要注意入座的礼节，一定要请受尊重的人先入座，如领导、长者、客户，要先请他们入座，然后自己再坐下。即使自己工作中一直采用坐姿，当遇到领导或其他长者前来，也应当起身表示尊重。

2. 不良坐姿的危害与纠正方式

（1）椅子只坐一半。

有的人坐着时习惯臀部只与椅子搭个边，背部斜靠椅背，腰部悬空，更有甚者两腿前伸张开，其实这种看上去似乎很自在惬意的坐姿对腰部伤害很大。主要是因为这样会令脊椎拱起，腰部失去椅背的支撑，压力会很大，容易引起腰背痛。

建议：坐着时，要保证臀部都在椅子上，整个背部要紧贴椅背。

（2）身体前倾。

有的人本身就有近视，可没有佩戴眼镜，这时看电脑时就会不自觉地身体往前倾，这样也会伤害腰部。这种情况在司机中很常见，因为绑着安全带，这样就会使腰部所受的拉力很大。

建议：正确的坐姿是腰部紧靠椅背，挺直背部。

（3）驼背。

驼背会导致肩、背脂肪堆积。驼背会压迫胸部组织，时间长了，就会影响到胸部的健康。所以，应该保持昂首挺胸的姿势。

因为驼背的人的重心位于下肢前方，因此重心不稳，易摔倒而引起各种损伤，尤其是强直性脊柱炎患者脊柱已融合为一条长骨，很容易发生外伤性脊柱骨折，严重者可引发截瘫。更为严重的是驼背畸形引起的椎管狭窄，常可发生很难治疗的晚发截瘫。

建议：要保持正确的坐姿，也可以进行练太极、打拳等活动，有利于保持身形。

3. 优美的姿势

（1）上班族坐姿。

身体微微向后倾，颈部有扶托，保证颈部释放自身压力于扶托之上，可避免颈部疲劳。

手臂自然下垂，放松肩部肌肉；手臂有扶托，减少手臂因用力维持自身位置而疲劳。

调整办公桌的高低，保证手能与键盘平行。

放置腿部健康踏板，使膝盖略高于大腿，保证腿部通畅的血液循环。

视线与向地心垂线的夹角为 115° 左右，也就是电脑屏幕略低于平行视线。

（2）驾驶姿势。

上身微微后倾，颈部有汽车驾乘人员颈椎保护头枕释压。

身体正对方向盘，头正肩平，视线平视前方。

手应达到左手握在方向盘时钟的 9~10 点，右手在 3~4 点，但左手必须高于右手。

后背有双背靠垫做扶托，胸部略挺，小腹略收。

两膝自然分开。

（3）听课及做作业时的正确姿势。

腰背自然挺直，胸部张开，双肩放平，胸离课桌一拳左右；双臂放在桌上略张开，左手大拇指和其余四指分开成八字形，按住纸左边。

写字时，眼睛与纸面保持一尺远距离。

4. 古代的坐姿

坐姿主要有两类，跽与踞。根据场合环境不同，坐姿也不一样。但最普及、最正式的姿势就是跽，跪坐。跪坐又分三种变化，一种是两膝并紧着席，臀部落在脚跟处。这是一种放松姿态，大部分时间古人会保持这个姿势。朱熹称这个姿势为“坐”。平日在席上跪坐，身体要稍微向后一些，以示谦恭。吃饭时，食几在席前一尺，身体要尽量前坐，避免饭菜撒落在席上。入席就座，要掀起下裳前摆。下跪时，左足向右一小步，先跪左腿，右足向后，再跪右腿。然后放下衣摆。起立时，先起右腿，再起左腿。次序分别是左足先跪后起，右足后跪先起。这种下跪顺序还有一个原因，士人皆佩剑，且佩在左侧。秦汉以前是青铜剑，剑身短，可以随身佩带而不必解下。秦汉时剑身加长，入席后要解下置于左侧。左足先跪、右足先起，身体左侧始终留有空间，便于紧急时刻拔剑自卫。至今，日本剑道还保留着这种习惯与礼仪。

席坐时，有一种礼仪叫“辟席”，又叫避席、离席。离开席子，站立答话，以示恭敬。《礼记·曲礼》中说：“君子问更端，则起而对。”这里的起，就是避席。答话完毕，长辈会令此人“复坐”。

古代坐姿中，除了跽与踞，还有一些坐姿变化的姿势。如两膝保持不变，臀部离开脚跟，上身挺直，这个姿势又叫跽、长跪。另外还有半跪半蹲的姿势，右膝跪地，左足蹲。或拱手，或左手置膝，右手下垂，这是古代的一种军礼。这种半蹲半跪的姿势也见于秦代兵马俑。屈左膝，跪右膝，左手持弩臂，右手握扳机，这种姿势便于发弩，是兵阵中弩兵的形象。

还有一种叫箕踞，古人席地而坐时臀部应紧挨脚后跟，如果随意伸开两腿，像个簸箕，就叫箕踞，是一种不拘礼节、傲慢不敬的坐法。《礼记·曲礼上第一》说：“坐毋箕。”据

《韩诗外传》记载，孟子回家，进屋看到他的妻子正箕踞而坐，立刻出来对他的母亲说，这个妇人应该休掉。他母亲说，你进门也没有出声示意，她怎么知道有人进来而坐端庄呢？孟子这才没有再说什么。由此可见，这种坐姿是很不礼貌的，古代妇女严禁采用这种坐姿。

案例链接——陈鲁豫坐姿遭批评

著名主持人陈鲁豫，在2002年主持凤凰卫视谈话类节目《鲁豫有约·说出你的故事》后成为家喻户晓的主持人，受到许多观众朋友的喜爱与赞美。但是，鲁豫在节目中的坐姿常常采用跷二郎腿，因此遭到了很多人的批评。如清华大学有一位教授谈及文明礼仪时，点名批评鲁豫在节目中，采访嘉宾时跷二郎腿，指出这种坐姿不能表现出对德高望重的嘉宾应有的尊重。

案例点评：

重叠式坐姿俗称“二郎腿”，常常会用于朋友相聚或其他不太正式的场合。许多人认为跷二郎腿是一个既放松又耍酷的姿势。但在政务、商务等正式场合，不要跷二郎腿，否则会给人傲慢自大、不尊重他人的印象。即使在非正式场合，身份低的人也不要跷二郎腿，否则会显得不够谦恭。因此，在职场尽量少采用这种坐姿。

标准坐姿训练

项目四　得体的蹲姿

【企业标准】

表2-4-1　标准蹲姿考核标准

	内容	评价标准	分值	得分
蹲姿评价标准	方位	在他人身边下蹲时，和他人侧身相向	20分	
	上身	保持脊背挺直下蹲，上身挺拔，表情自然	10分	
	手位	双手自然放在腿上	10分	
	腿	左腿高右腿低，两腿合力支撑身体	20分	
	臀部	臀部向下	10分	
	起身	小腿和脚用力平稳起身，腿部借力时从容、隐蔽地撑腿用力	20分	
	整体效果	下蹲的速度、方向和姿势恰当	10分	
	合计		100分	

【师傅要求】

1. 下蹲时，和他人侧身相向。

2. 保持脊背挺直下蹲，上身挺拔，表情自然。

3. 臀部向下，两腿合力支撑身体。

4. 小腿和脚用力平稳起身。

（见图 2-4-1）

图2-4-1 桃园山庄酒店工作人员蹲姿

【师徒互动】

一、师傅讲授

工作中，服务人员有时候需要蹲下身体为顾客服务，捡拾地上的物品等。不正确的蹲姿容易给人留下不雅的印象。良好的蹲姿不仅是自己及所在企业形象的体现，也是对他人的尊重。

蹲姿是人在处于静态时的一种特殊体位。蹲姿要领：下蹲时一脚在前，一脚在后，两腿向下蹲，前脚全着地，小腿基本垂直于地面，后脚脚跟提起，脚尖着地。女性应靠紧双腿，男性则可适度地将其分开。臀部向下，基本上以后腿支撑身体。

1. 女士的常见蹲姿

（1）高低式蹲姿。

下蹲时，和他人侧身相向。以下蹲时左脚在前为例，右脚稍后。左脚完全着地，小腿基本上垂直于地面；右脚则脚掌着地，脚跟提起。此刻右膝低于左膝，右膝内侧靠于左小腿的内侧，形成左膝高右膝低的姿态。臀部向下，基本上用右腿支撑身体（见图 2-4-2）。

图2-4-2 桃园山庄酒店女性工作人员蹲姿

（2）交叉式蹲姿。

以下蹲时右脚在前为例。下蹲时，右脚在前，左脚在后，右小腿垂直于地面，全脚着地。右腿在上，左腿在下，二者交叉重叠；左膝由后下方伸向右侧，左脚跟抬起，并且脚掌着地；两脚前后靠近，合力支撑身体；上身略向前倾，臀部向下（见图 2-4-3）。

（3）半跪式蹲姿。

又叫作单跪式蹲姿，是一种非正式蹲姿，多用在下蹲时间较长，为了省力时采用。双腿一蹲一跪。在下蹲后，改为一腿单膝点地，臀部坐在脚跟上，以脚尖着地。双腿应尽力靠拢。

（4）半蹲式蹲姿。

一种非正式蹲姿，一般是在行走时临时采用。身体半立半蹲。在下蹲时，上身稍许弯下，臀部向下，双膝略为弯曲，身体的重心放在一条腿上，另一条腿往内靠拢（见图 2-4-4）。

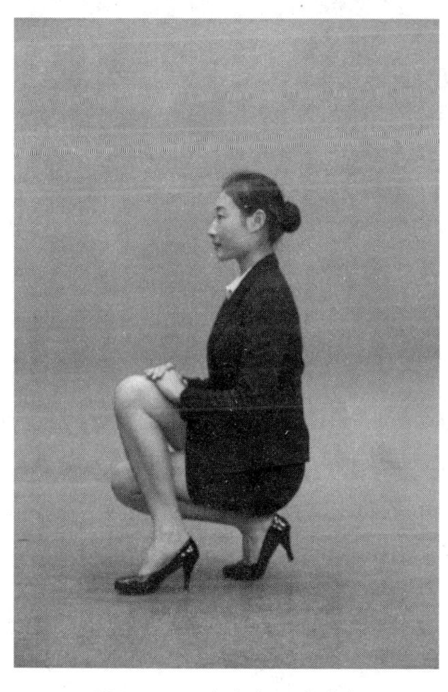

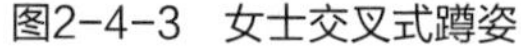

图2-4-3　女士交叉式蹲姿

图2-4-4　女士半蹲式蹲姿

2. 男士的蹲姿

（1）高低式蹲姿。

以右脚在前为例。下蹲时，右脚在前，左脚稍后。右脚完全着地，小腿基本上垂直于地面；左脚则脚掌着地，脚跟提起。此刻左膝低于右膝，形成右膝高左膝低的姿态，双腿可以适度分开。臀部向下，基本上用左腿支撑身体（见图 2-4-5）。

（2）半蹲式蹲姿。

一种非正式蹲姿，一般是在行走时临时采用。身体半立半蹲。在下蹲时，上身稍许弯下，臀部向下，双膝略为弯曲，身体的重心放在一条腿上（见图 2-4-6）。

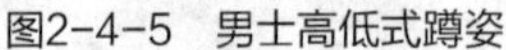
图2-4-5　男士高低式蹲姿

图2-4-6　男士半蹲式蹲姿

二、师傅强调

蹲姿要做到迅速、美观、大方。

（1）女士脊背保持挺直，臀部一定要蹲下来，两腿要尽力并紧，穿着旗袍或职业短裙时需要格外注意双腿之间不留空间。起身时大腿用力，上身保持挺拔，优雅起身。

（2）男士两腿间可留有适当的缝隙，但一定要保持脊背挺直，臀部蹲下来。起身时大腿用力，上身挺拔，动作大方。

三、徒弟操作

学习者分小组，参考表 2-4-1 标准蹲姿考核标准进行相互点评并给出提升建议，注意男、女蹲姿要求有所不同，不要混淆。

小组成员蹲姿得分	点评与建议

四、师傅提示

（1）弯腰捡拾物品时，不要两腿叉开、臀部向后撅起，这是最不雅观的姿态。

（2）下蹲时注意内衣“不可以露，不可以透”。拣拿物品的时候不要低头弓背，下蹲的时候要保持腰部的控制力，不要弓下腰，这样上衣会自然上提，如果露出腰部的皮肤或是内衣则非常难堪。

（3）不要突然下蹲，不要离人太近。和他人同时下蹲时，更不能忽略双方的距离，以防彼此“迎头相撞”或发生其他误会。

（4）不要方位失当。在他人身边下蹲时，最好是和他人侧身相向。不要正面他人，或者背对他人下蹲，这都是不礼貌的。若用右手捡东西，可以先走到东西的左边，右脚向后退半步后再蹲下来。物品在哪一侧就将哪一侧的腿放低，用这边的手去拾拿物品，另一侧的手放在同侧的膝盖上。

（5）不要蹲在凳子或椅子上。有些人有蹲在凳子或椅子上的生活习惯，但是在公共场合这么做的话，是不能被接受的。

（6）在由蹲姿变为站姿的时候，不要用手撑着大腿站起，给人以疲惫拖沓的印象，而是轻松自然起身。如果因为拾取物品等情况下蹲，待完成后应尽快起身，长时间蹲在地上是不雅观的，尤其是蹲在地上休息更是不可取的。

五、徒弟记忆

根据所学内容，写出主要几种坐蹲中身体各部分（如头、肩、手臂、腿、足等）的注意要点。

蹲姿名称	蹲姿要点

【徒弟拓展】

技能拓展

女士屈膝礼

屈膝礼是一种传统的问候礼节，女性行礼时需屈膝并颔首。在西方文化中，女性的屈膝礼与男性的鞠躬礼节相对应，多用于女孩子，以及演员（特别是芭蕾舞）谢幕。双手拉起裙子往两侧张开，膝微屈，含笑低头，速度很快，大概一秒。

这种礼节在西方宫廷中较为常见，至今在英国王室成员中还是必须遵守的。

有时两脚也可以向后交叉。更加正式的一种屈膝礼中，女性屈膝时双膝需略微向外打开。具体步骤如下：

（1）低头。头略向前倾，就好像在有礼貌地点头。在行屈膝礼的过程中，保持这个头部姿势。

（2）提起裙子。用每只手的大拇指和食指、中指提起裙边，小指伸展。轻轻把裙子展开到两边。如果裙摆太窄，不能展开的话，就让双手自然下垂，放在身体两侧，或者双手相握放在腹前。

（3）把右脚放在左脚后面。右脚放在左脚后几英寸的位置，倚靠在脚掌上，大部分重量转移到左脚上。

（4）屈膝。俯身，膝盖向外弯曲，而不是向前。与此同时，保持背部直立——不要向前倾，也不要突出臀部。

（5）优雅地回到一开始的位置。慢慢地回到直立的位置，把手放低，放回到身体两侧，同时抬头。

阅读拓展

1. 屈膝礼

在欧洲传统中，女性会向皇室成员行屈膝礼。传统上，女性会向社会地位高于自己的人行屈膝礼。在维多利亚时代的舞蹈礼仪中，女性需要在开始舞蹈前向舞伴行屈膝礼。还有许多女性家庭服务人员、女仆、保姆等，也会被要求向她们的雇主行屈膝礼表现礼貌和尊重。

英国凯特王妃将来可能成为皇后，但根据英国皇家最近更新的礼仪，凯特未在威廉王子陪同时需要向嫡系公主们行屈膝礼。有时候外国皇室成员也会向英国女王行屈膝礼，因为女王在位多年，比世界上其他皇室成员在位的时间都要久。所以出于礼貌和尊敬，他们也会向女王行屈膝礼，如西班牙女王见到英国女王时就行过屈膝礼。

女性舞蹈演员通常在演出结束时，行屈膝礼对观众的鼓掌致谢。在芭蕾舞课程结束时，学生也会向老师和钢琴师行礼表示感激。

如今随着社会的发展，屈膝礼也发生了一些转变，但是屈膝礼所代表的优雅文化却没有变。

2. 跪射俑

跪射俑，身穿战袍，外披铠甲，头顶左侧绾一发髻，左腿曲蹲，右膝着地，双手置于身体右侧作握弓弩待发状。跪射武士俑的塑造比起一般的陶俑要更加精细，对表情神态和发髻、甲片、履底等的刻画生动传神，并且文物原本的彩绘保存状况极好，真实表现了秦军作战的情景。

跪射俑造型的特征：上体笔直挺立，下部是右膝、右足尖及左足抵地，三个支点呈等腰三角形支撑着上体，重心在下，增强了稳定感。甲片随着身体的扭转而流动，衣纹伴着体态的变化而曲转。种种富有韵律感的线条，烘托着人物的动态，使人物形象更有真实感。这些跪射俑的面容和神态各不相同，具有明显的个性特征，跪射俑是兵马俑中的精华，是中国古代雕塑艺术的杰作。

案例链接——跪出了最美的中华骄傲

2017 年 9 月，在央视公益节目《开学第一课》中，主持人董卿采访了著名翻译家许渊冲老先生。采访过程中，董卿采用的是半跪式蹲姿，3 分钟跪地 3 次，被网友称赞为“跪出了最美的中华骄傲”。有网友评论：“董卿单腿跪着采访翻译大师，这一举动本身就是对尊敬师长这一中华传统美德最生动鲜活的言传身教！”还有网友评论：“这一跪不仅是对大师的尊敬，还是对文化的尊重，更是自我修养的体现啊！”

案例点评：

人际交往中，通过一个人的姿势，可以看到他的内心。有人站得挺立笔直，不顾及身边人的感受，让人难堪，这样的人灵魂是丑陋的。有人虽然跪得谦卑，但懂得将心比心，体贴尊重，这样的人即使跪着，精神也是高大的。人有多谦卑，就有多高贵。因此，人们应该保持一颗尊重他人的心，灵活选择相应的姿势表达对他人的关心与尊重。

优雅的蹲姿

项目五　规范的鞠躬

【企业标准】

表2-5-1　标准鞠躬姿势考核标准

鞠躬姿势评价标准	内容	评价标准	分值	得分
	方位	面对客人，距离客人两米左右	10分	
	上身	保持腰、背、颈挺直，表情自然	10分	

续表

<table>
<tr><td rowspan="7">鞠躬姿势评价标准</td><td>内容</td><td>评价标准</td><td>分值</td><td>得分</td></tr>
<tr><td>手位</td><td>男性双手放在身体两侧，贴于裤缝；女性双手合起放在小腹前</td><td>10分</td><td></td></tr>
<tr><td>腿</td><td>并拢双脚，脚跟靠拢、双脚尖处微微分开</td><td>10分</td><td></td></tr>
<tr><td>向下鞠躬</td><td>礼貌注视对方（15°礼）。视线向下移动，由对方脸上落至自己的脚前1.5米处（30°礼），或脚前1米处（45°礼）， 或脚前0.4米处（90°礼）</td><td>30分</td><td></td></tr>
<tr><td>起身</td><td>稍微停顿一下，再慢慢起身，站立，再次注视对方的眼睛</td><td>20分</td><td></td></tr>
<tr><td>整体效果</td><td>速度、方向、角度、表情和姿势恰当</td><td>10分</td><td></td></tr>
<tr><td colspan="2">合计</td><td>100分</td><td></td></tr>
</table>

【师傅要求】

1. 面对客人，距离客人两米左右。
2. 保持腰、背、颈挺直，表情自然。
3. 男性双手放在身体两侧，贴于裤缝；女性双手合起放在小腹前。
4. 并拢双脚，脚跟靠拢、双脚尖处微微分开。
5. 视线向下移动。
6. 稍微停顿一下，再慢慢起身，站立，再次注视对方眼睛。

（见图 2–5–1）

图2–5–1　桃园山庄大酒店员工鞠躬姿势

【师徒互动】

一、师傅讲授

鞠躬，即弯腰行礼，是表示对他人敬重的一种郑重礼节。鞠躬常用于下级对上级、学生对老师、晚辈对长辈表达由衷的敬意，也常用于服务人员对宾客致意，或表演者、演讲者、领奖者对听众、观众表示尊敬和感谢，有时还用于向他人表达深深的感激之情或诚恳的道歉之意。

酒店服务中，鞠躬礼常用于门童、迎宾以及日常对客服务中。行鞠躬礼时，应取立正姿势，双目注视受礼者，目光也随鞠躬自然下垂，表示一种谦恭的态度。行礼时，可以同时问候“您好”“欢迎光临”等，也可致谢或致歉。鞠躬礼毕，直起身时，双目还应有礼貌地注视对方，使对方感到自己的诚意。正确使用鞠躬礼不仅可以传达对顾客的尊重，也表达出敬业的工作态度。

1. 鞠躬要领

（1）面对客人，距离客人两米左右。保持基本站姿。

（2）男性双脚平行，两腿并拢或者展开幅度小于肩宽，双手放在身体两侧，贴于裤缝（酒店服务中也可以右手握着左手放于小腹前）。女性并拢双脚，脚跟靠拢、双脚尖处微微分开，双手合起放在小腹前。

（3）鞠躬时，腰、背、颈挺直成一条直线，以腰为轴，上身向前俯身。双手位置根据附身动作自然向下移动。

（4）注意鞠躬时视线的移动。鞠躬前要先注视对方的眼睛。

15° 鞠躬时，眼睛要保持有礼貌地看着对方。

30° 鞠躬时，先看着对方，然后视线向下移动，由对方脸上落至自己的脚前约 1.5 米处。

45° 鞠躬时，视线由对方脸上落至自己的脚前约 1 米处。

（5）弯腰速度适中，稍微停顿一下，再慢慢起身。

（6）上身抬起，站立，再次礼貌地注视对方的眼睛。

2. 鞠躬礼的应用

（1）15° 鞠躬。表示致意，主要用于遇到宾客时打招呼，或与上司交往中进行问候（见图 2–5–2）。

图2–5–2　15°鞠躬

（2）30° 鞠躬。表示欢迎，最为常用，在商务场景中向客人行礼，或迎宾员在欢迎宾客时都是 30° 鞠躬（见图 2–5–3）。

（3）45° 鞠躬。表示向对方敬礼或欢送。较为郑重，表示道歉，或者表示欢迎宾客再次光临（见图 2–5–4）。

图2–5–3　30°鞠躬

图2–5–4　45°鞠躬

（4）90° 鞠躬。用得较少，表示最深的敬意（如对天皇行礼）、忏悔、改过和谢罪等。

行鞠躬礼时，同时致以问候语或告别语，如“您好”“早上好”“欢迎光临”等，也可致谢或致歉。

二、师傅强调

1. 鞠躬时的脚位与手位

（1）脚位不同。女士脚跟并拢，脚尖微微打开 15° 角。男士可以两脚平行分开，略小于肩宽，也可以两腿并拢，脚跟并拢，脚尖微微打开约一拳的距离。

（2）手位不同，女士双手保持基本重叠的姿态随身体前倾并向膝盖处下滑。注意手的滑动不可先于倾身，这样容易造成脊背不直。男士两臂伸直放在身体两侧，中指贴于裤缝，鞠躬过程中手势相应下滑。酒店工作中为了统一整齐，鞠躬时男士也可双手交叠置于腹前。

2. 鞠躬礼仪中的注意事项

（1）不同鞠躬礼仪的视线变化。15° 鞠躬时，眼睛要保持有礼貌地看着对方。30° 鞠躬时，先看着对方，然后视线向下移动，由对方脸上落至自己的脚前约 1.5 米处。45° 鞠躬，视线由对方脸上落至自己的脚前约 1 米处。视线移动自然，最后都要礼貌地注视对方的眼睛。应该避免鞠躬时翻起眼睛看对方的情况。

（2）鞠躬时，腰、背、颈挺直成一条直线，以腰为轴，上身向前附身。身体不要扭动，要保持稳定。脖子不能向下弯曲，要挺直。双手位置根据附身动作自然向下移动，不要僵直地保持在原来的位置。

三、徒弟操作

学习者分小组，参考表 2-5-1 标准鞠躬姿势考核标准进行相互点评并给出提升建议，注意男、女鞠躬要求有所不同，不要混淆。

小组成员鞠躬得分	点评与建议

四、师傅提示

（1）欲施鞠躬礼时，首先应该立正站好，保持身体的端庄，同时双手在体前搭好，右手搭在左手上，面带微笑。

（2）鞠躬时目光应该向下看，表示一种谦恭的态度，不可以一面鞠躬一面翻起眼睛看着对方。鞠躬礼毕时，双眼应礼貌地看着对方，如果视线移向别处，即使行了鞠躬礼，也不会让人感觉到是诚心诚意的。

（3）鞠躬时可以同时问候“您好”“早上好”“欢迎您光临”等。

（4）鞠躬时注意脖子不可伸得太长，不可挺出下颏。避免只弯头的鞠躬、不看对方的鞠躬、头部左右摇晃的鞠躬、双脚没有并齐的鞠躬和驼背式的鞠躬。

（5）鞠躬时，切不可撇开两腿，随随便便弯一下腰或只往前探一下脑袋当作行礼。这是一种毫不在乎的表现，是对受礼者的不尊重。

（6）鞠躬时，嘴里不吃东西或叼着香烟。

（7）鞠躬礼施用一次就可以，不要反复鞠躬。礼数的周全不是靠数量来体现，而是靠恰当的礼节和得体的表达来体现。

（8）受礼者应以鞠躬礼相还，但如果受礼者是长辈、上级、老师、宾客等，还礼可不用鞠躬，而用欠身、点头、微笑致意等以示还礼。

五、徒弟记忆

根据所学内容，写出几种主要鞠躬中身体各部分（如头、颈、背、手、腿、足等）的注意要点。

鞠躬幅度	鞠躬动作要点
15°鞠躬	
30°鞠躬	
45°鞠躬	
90°鞠躬	

【徒弟拓展】

阅读拓展

1. 鞠躬礼

“鞠躬”起源于中国，商代有一种祭天仪式“鞠祭”：祭品牛、羊等不切成块，而将整体弯卷成圆的鞠形，再摆到祭处奉祭，以此来表达祭祀者的恭敬与虔诚。这种习俗在一些地方一直保持到现在。人们在现实生活中，逐步沿用这种形式来表达自己对地位崇高者或长辈的崇敬。

做鞠躬这种低身弯腰的动作时会将自己的颈部伸出给对方，即将自己身体中最薄弱的地方、最重要的位置坦露出去，如果有敌人来攻击，就会失去生命。由此可见鞠躬是一个非常隆重的礼节，当一个人把最薄弱的位置暴露出去时，所传达的信赖感是不容置疑的。

鞠躬即弯身行礼，它既适合于庄严肃穆或喜庆欢乐的仪式，又适用于普通的社交和商务活动场合。常见的鞠躬礼有以下三种：

（1）三鞠躬。

三鞠躬的基本动作规范如下：①行礼之前应当先脱帽，摘下围巾，身体肃立，目视受礼者；②男士的双手自然下垂，贴放于身体两侧裤线处；女士的双手下垂搭放在腹前；③身体上部向前下弯约 90°，然后恢复原样，如此三次。

（2）深鞠躬。

其基本动作同于三鞠躬，区别就在于深鞠躬一般只要鞠躬一次即可，但要求弯腰幅度一定要达到 90°，以示敬意。

（3）社交、商务鞠躬礼。

①行礼时，立正站好，保持身体端正；②面向受礼者，距离为两三步远；③以腰部为轴，整个肩部向前倾 15° 以上，同时问候“您好”“早上好”等；④朋友初次见面、同志之间、宾主之间、下级对上级及晚辈对长辈等，都可以鞠躬行礼表达对对方的尊敬。

2. 鞠躬礼的应用

鞠躬礼在一些比较庄重正式的场合中经常被采用，同时一般的社交场合也适用。

（1）在公司内遇见贵宾，行 30° 鞠躬礼。

（2）当客人和领导经过你的工作岗位时，问候“您好！”行欠身礼。

（3）在电梯门口和电梯内遇见客人，问候“您好！”行欠身礼。

（4）社交场合中晚辈见到长辈、学生见到老师，或者演讲、演出者对观众的掌声和支持表示感谢时都行鞠躬礼。

（5）在一些颁奖典礼上，获奖者上台后也要向授奖者鞠躬行礼。

（6）在比赛中，选手也会向主持人、评委行鞠躬礼。

案例链接——日本酒店行李员的鞠躬礼

日本人很讲礼貌，行鞠躬礼是司空见惯的。但是我国某留学生在日本学习期间，在酒店目睹一次行李员行鞠躬礼，给他留下了深深的印象。

这位留学生在某大饭店的前厅，看到一位手提皮箱的宾客刚走进人厅，行李员立即微笑着迎上前去，鞠躬问候，并跟在宾客身后问宾客是否需要帮助提皮箱。这位宾客也许有急事，嘴里说了声：“不用，谢谢。”头也没回地径直朝电梯走去，那位行李员还朝着那匆匆离去的背影深深地鞠了一躬，嘴里还不断地说：“欢迎，欢迎！”

这位留学生困惑不解，便问身旁的日本经理：“当面给宾客鞠躬是为了礼貌服务，可那位行李员朝宾客的后背深鞠躬又是为什么呢？”“既为了这位宾客，也为了其他宾客。”经理说：“如果此时那位宾客突然回头，他会对我们热情欢迎留下印象。同时也是给大堂里的其他宾客看的，他们会想，当我转过身去，饭店的员工肯定对我也一样礼貌。”

案例点评：

当面鞠躬，热情问候是为了礼貌服务，背后鞠躬真诚备至，是为了树立良好的形象。鞠躬也是公关，它对树立饭店良好的形象，赢得宾客对饭店的好感，对争取更多的客源能起到良好的作用。日本饭店极少收到宾客投诉，这并不是饭店的工作天衣无缝、无懈可击，而是由于饭店细致周到的礼貌服务使宾客的享受需求和自尊心理得到最大限度的满足。那么即使服务有一点小小的瑕疵，也不会大动肝火了。进酒店的宾客通常把尊重看得比金钱更重要，这就要求服务人员认真讲究礼节礼貌，使宾客感到他在酒店里是受到尊重的。

鞠躬礼仪

项目六　标准的手势

【企业标准】

表2-6-1　引领姿势考核标准

	内容	评价标准	分值	最后得分
引领姿势评价标准	方位	引领时应保持在客人前方两至三步的距离	10分	
	上身	身体略侧向客人，用眼睛的余光关注客人	10分	
	手位	手臂自身体一侧伸出，指向前进方向。手臂、手腕与手掌成一条直线，手心向上，手掌与地面成45°	20分	
	腿部	良好的走姿	10分	
	指引动作	指示方向后手臂即自然下垂。引领距离较长时，每隔几步回头关注一下客人的跟进情况。遇到转弯时，再次伸出手臂指向前进方向	30分	
	整体效果	配合眼神、语言等	20分	
	合计		100分	

表2-6-2　握手姿势考核标准

	内容	评价标准	分值	最后得分
握手姿势评价标准	方位	面对客人，距受礼者约一步	10分	
	上身	保持腰、背、颈挺直，左臂自然下垂，面带微笑，上体稍前倾	10分	
	手位	伸出右手，四指并拢，拇指张开，手掌应与地面垂直，拇指稍用力握对方的手掌	20分	
	脚位	两脚立正或脚尖打开成“八”字步	10分	
	握手动作	右臂自然向前伸出，肘关节微曲抬至腰部（手掌应与地面垂直），上下摇动两三下，注视对方	30分	
	整体效果	配合眼神、微笑和问候语等	20分	
	合计		100分	

表2-6-3　递送物品姿势考核标准

	内容	评价标准	分值	最后得分
递送物品姿势评价标准	方位	面对客人，距离客人一米左右	10分	
	上身	保持腰、背、颈挺直，面带微笑	10分	
	手位	双手为宜（至少用右手）	20分	
	腿部	标准站姿	10分	

续表

	内容	评价标准	分值	最后得分
递送物品姿势评价标准	动作	主动上前（主动走近接物者，坐着时应站立），递于对方手中。递文件、名片等，应将正面朝向对方。递笔、刀、剪之类尖利的物品时，需将尖端朝向自己握在手中	30分	
	整体效果	配合眼神、语言等	20分	
	合计		100分	

表2-6-4　介绍他人姿势考核标准

	内容	评价标准	分值	最后得分
介绍他人姿势评价标准	方位	面对客人，距离客人一米左右	10分	
	上身	保持腰、背、颈挺直，面带微笑	10分	
	手位	手心朝上，手背朝下，四指并拢，拇指张开	20分	
	腿部	标准站姿	10分	
	动作	手掌伸开向着被介绍的一方。手掌基本上抬至肩的高度，指向被介绍的一方	30分	
	整体效果	配合眼神、语言等	20分	
	合计		100分	

【师傅要求】

1. 指引手势考核标准

（1）面对客人，距离客人两米左右。

（2）保持腰、背、颈挺直，面带微笑。

（3）手尖至手腕保持伸直与小臂成一条直线，手指并拢，拇指自然合拢，掌心向上。

（4）标准站姿或走姿。

（5）用指尖指向所指示方向，肘关节自然弯曲，身体向所指方向微微前倾。

（6）配合眼神、语言等。

（见图 2-6-1）

图2-6-1　指引手势

2. 握手姿势考核标准

（1）面对客人，距离约一步。

（2）保持腰、背、颈挺直，左臂自然下垂，面带微笑，上体稍前倾。

（3）伸出右手，四指并拢，拇指张开，手掌应与地面垂直，拇指稍用力握对方的手掌。

（4）两脚立正或脚尖打开成“八”字步。

（5）右臂自然向前伸出，肘关节微曲抬至腰部（手掌应与地面垂直），上下摇动两三下，注视对方。

（6）配合眼神、微笑和问候语等。

3. 递送物品姿势考核标准

（1）面对客人，距离客人一米左右。

（2）保持腰、背、颈挺直，面带微笑。

（3）双手为宜（至少用右手）。

（4）标准站姿。

（5）主动上前，递于对方手中。递文件、名片等，应将正面朝向对方；递笔、刀、剪之类尖利的物品时，需将尖端朝向自己握在手中。

（6）配合眼神、语言等。

（见图 2-6-2）

图2-6-2 递送物品姿势

4. 介绍他人姿势考核标准

（1）面对客人，距离客人一米左右。

（2）保持腰、背、颈挺直，面带微笑。

（3）手心朝上，手背朝下，四指并拢，拇指张开。

（4）标准站姿。

（5）手掌伸开向着被介绍的一方。手掌基本上抬至肩的高度，指向被介绍的一方。

（6）配合眼神、语言等。

【师徒互动】

一、师傅讲授

手势是工作中常用的肢体语言，具有很强的表情达意的功能，有助于顺利完成与他人的交流沟通。

1. 指引手势

（1）“请进”手势（以右手为例）。

五指并拢，手掌伸直，手心向上，手臂由身体一侧抬起，以肘关节为轴，手从腹前抬起向右摆动至身体右前方。手心与地面成 45°，肘关节自然弯曲，以 140° 为宜。上身略向前倾，另一手下垂或背在背后，目视来宾，面带微笑（见图 2–6–3）。

（2）反向指示方向手势。

右手小臂由身体内侧抬起，抬到与胸部同高，小臂与胸部保持一拳的距离。小臂与大臂成 45° 角。手心向上，五指并拢，指向所指方向。另一手下垂或背在背后。上身微前倾，要先与对方对视交流后再转向所指示的方向（见图 2–6–4）。

图2–6–3 “请进”手势

图2–6–4 反向指示方向手势

（3）“请坐”手势。

手臂由身体一侧向前抬起，以肘关节为轴，前臂由上向下摆动，使手臂向下成一条斜线，指尖指向地面或具体位置，手指伸直并拢，手、手腕与小臂成一条直线，手心与地面成 45°。另一手下垂或背在背后。上身微前倾，要先与对方对视交流后再转向所指示的方向（见图 2–6–5）。

（4）指示较远方向手势。

需要给他人指较远方向时，手指并拢，掌伸直，手心向上，将右臂从身体一侧抬起，向指示的方向摆去，手臂自然伸直，高度低于肩部。另一只手自然下垂。肘关节略微弯曲，这样会比较美观。上身微前倾，要先与对方对视交流后再转向所指示的方向（见图 2-6-6）。

图2-6-5 “请坐”手势

图2-6-6 指示较远方向手势

（5）“诸位请”手势。

当来宾较多时，表示“请”可以动作大一些，采用双臂横摆式。第一种，两臂从身体两侧向前上方抬起，两肘微曲，向两侧摆出。第二种，两臂指向同一侧，指向前方向一侧的臂应抬高一些、伸直一些，另一手稍低一些、曲一些（见图 2-6-7）。

（a）双臂横摆式

（b）两臂指向同一侧

图2-6-7 “诸位请”手势

（6）引领手势。

手臂自身体一侧伸出，指向前进方向。手臂、手腕与手掌成一条直线，手心向上，手掌与地面成 45°。指示方向后手臂即自然下垂。引领时应保持在客人侧前方两至三步的距离，身体略侧向客人，用眼睛的余光关注客人。引领距离较长时，每隔几步回头关注一下客人的跟进情况。遇到转弯时，再次伸出手臂指向前进方向（见图 2–6–8）。

图2–6–8 引领手势

（7）引领中的注意事项。

引领客人时，与客人保持大约成 130° 的角度。步伐速度与客人尽量一致。

如果是在走廊引导客人，引导者应走在客人左前方，让客人走在右侧，自己则走在走廊左侧，与客人保持一致，要时时注意后面，走到拐角处时一定要先停下来，转过身说“请向这边来”，然后继续行走。尽量让客人走在比较安全的位置，如果左边的道路更为安全顺畅，引导者应走在客人右前方。

引导客人乘电梯时，让客人先入，不得自己先行。电梯进门左侧为上位，到达时请客人先步出电梯。

当引导客人上楼时，如果距离很近，应该让客人走在前面，引导人员走在后面，特别是穿裙装的女性引领者，不可走在宾客的前面。如果需引导距离较长或是下楼时，应该由引导人员走在前面，客人走在后面。上下楼梯时，一定要先停下来说“这是楼梯口”，提醒客人注意安全（如有特殊情况，特殊处理）。然后让客人走在靠近栏杆的一侧，自己则走在靠近墙壁的一侧。但无须生硬遵循谁在内侧谁在外侧，要避免为了让客人在内侧，引导者在客人身边转来转去。在引导过程中要让客人感受到尊重，可以根据引导的位置、距离和实际道路情况灵活决定引导者的位置。

2. 握手

（1）标准的握手姿势（交际礼节意义的握手）。距受礼者约一步，两脚立正或脚尖打开成八字步，上体稍前倾，左臂自然下垂，面带微笑。双目注视对方，右臂自然向前伸出，肘关节微曲抬至腰部，伸出右手，四指并拢，拇指张开，手掌应与地面垂直，拇指稍用力握对方的手掌（手掌应与地面垂直），上下摇动两三下，注视对方，并配以微笑和问候（见图 2–6–9）。

图2-6-9　握手姿势

（2）握手礼仪。在比较正式的场合，行握手礼时最为重要的礼仪问题是握手的双方应当由谁先伸出手来“发起”握手。倘若对此一无所知，在与他人握手时，轻率地抢先伸出手去而得不到对方的回应，那种场景一定是非常令人尴尬的。在社交场合，握手的顺序主要根据双方所处的社会地位、身份、性别和各种条件来确定。但需注意的是，在公务场合，握手时伸手的先后顺序主要取决于职位、身份；而在社交场合和休闲场合，则主要取决于年龄、性别和婚否。握手应遵守“尊者决定”的原则，其含义是，在两人握手时，各自首先应确定握手双方彼此的身份，然后以此而决定伸手的先后，切不可贸然抢先伸手。具体而言，握手时双方伸手的先后次序大体包括如下几种情况。

①上级与下级握手，应由上级首先伸手；②年长者与年幼者握手，应由年长者首先伸手；③长辈与晚辈握手，应由长辈首先伸手；④女士与男士握手，应由女士首先伸手；⑤已婚者与未婚者握手，应由已婚者首先伸手；⑥社交场合的先至者与后来者握手，应由先至者首先伸手。

因此，遵循“尊者决定”的原则，在酒店工作中，酒店员工不要先伸手与客人握手。另外还要注意，在社交活动中接待来访客人时握手表示的含义。见面时应由主人先伸手与客人握手表示“欢迎”；告辞时则应由客人先伸手与主人握手表示“再见”。

3. 递接物品时的手势

（1）递接物品手势。递接物品时，双手为宜（至少用右手）、递于手中、主动上前（主动走近接物者，坐着时应站立）、方便接拿。递文件、名片等，应将正面朝向对方。递笔、刀、剪之类尖利的物品时，需将尖端朝向自己握在手中，而不要指向对方（见图2-6-10）。

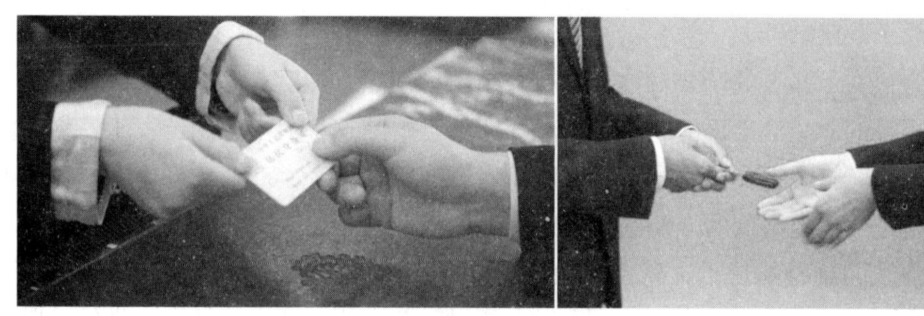

（a）递送名片　　（b）递尖利的物品

图2-6-10　递接物品

（2）递送名片。

在社交场合，希望与对方结识并建立联系，可以将自己的名片递给对方，一般情况需要双方都有结识对方的意愿。向对方递送名片时，需起身站立，走上前去，面带微笑，注视对方，问候之后，将名片正对着对方，用双手的拇指和食指分别持握名片上端的两角送给对方，并伴随简单的自我介绍。发送名片要掌握适宜时机，一般在选择刚认识或分别的时候，不要在用餐、跳舞之时发送名片。

交换名片时，一般是地位低的人先向地位高的人递名片，男性先向女性递名片。当对方不止一个人时，应先将名片递给职位较高或年龄较大的人。如果分不清职位高低和年龄大小时，一般由近而远、按顺时针或逆时针方向依次发送。名片代表的是一个人的身份，在未确定对方的来历之前，不要轻易递出名片；否则，不仅有失庄重，而且可能日后被冒用。同样，为了尊重对方的意愿，尽量不要向他人索要名片。

4. 介绍他人时的手势

（1）介绍手势。手掌伸开向着被介绍的一方。手心朝上，手背朝下，四指并拢，手掌基本上抬至对方腰部以上、肩部以下的高度。指向被介绍的一方，面带微笑。在正式场合，切记不可用手指点或拍打被介绍一方的肩、背或胳膊等部位（见图 2-6-11）。

图2-6-11　介绍他人（把男士介绍给女士）

（2）介绍顺序。

在较为正式、郑重的场合对他人进行介绍要特别注意先后有序。介绍的原则是社会交往中将年轻的介绍给年长的，将未婚的介绍给已婚的，将男士介绍给女士，将本国人介绍给外国人；将客人介绍给主人；将晚到者介绍给早到者。商业活动中，介绍则不分男女，总是把身份地位低的介绍给身份地位高的人。

介绍他人的总原则是"位高者有优先知情权"，这里的位高者指在该场合中的受尊重程度最高，而不一定指社会地位。在做介绍时，首先要判断在该场合中谁的受尊重程度高，那么受尊重程度高的人，就有优先知道对方情况的权利。例如，当一位年轻女性来拜访一位年长的男性，就应该将年轻的来访女性介绍给年长的男性，而不是相反。

5. 鼓掌

鼓掌时，用右手掌轻击左手掌，表示喝彩或欢迎。双手鼓掌的位置在胸部高度为宜。掌心向上的手势表示更有诚意、尊重他人，掌心向下的手势意味着不够坦诚、缺乏诚意等。在鼓掌的时候尽量不要用语言配合，不要戴手套（见图 2–6–12）。

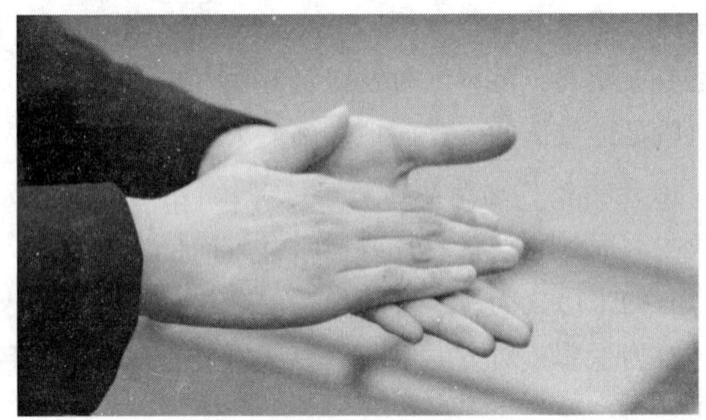

图2–6–12　鼓掌

6. 举手致意

举手致意时，要面向对方、手臂上伸、掌心向外、切勿乱摆。举手就是手臂轻缓的由下而上，向侧上方伸出，手臂可全部伸直，也可稍有弯曲。注意致意时要伸开手掌，掌心向外对着对方，指尖指向上方，手臂不要往左右来回摆动（见图 2–6–13）。

图2–6–13　举手致意

7. 挥手道别

挥手道别时，要做到身体站直，不要摇晃和走动。手臂向上前伸，不要伸得太低或过分弯曲。掌心向外，指尖朝上，单手臂时向左右挥动，用双手道别时两手同时由外侧向内侧左右挥动，不要上下摇动或举而不动。目光正视对方，不要东张西望或者目光游移（见图 2–6–14）。

图2–6–14　挥手道别

二、师傅强调

（1）指引手势中，注意手尖、手腕保持伸直状态，与小臂成一条直线；手指并拢，拇指自然合拢；用指尖指向所指示方向；肘关节自然弯曲；动作不宜过大，一般低于肩臂；身体向所指方向微微前倾；配合眼神、表情等其他姿态。

（2）握手时男女有一定不同，男士与男士握手，虎口相握；女士与男士，或女士与女士握手，不要求握到虎口位置，握到女士手指根部就可以。但注意不要只握手指尖，显得敷衍了事。

三、徒弟操作

学习者分小组，参考引领、握手、递送物品、介绍他人时的手势考核标准进行相互点评并给出提升建议，注意男、女有些手势要求有所不同，不要混淆。

手势标准	注意事项

四、师傅提示

（1）手势幅度适中。

一般要求手势的幅度不要太大，但也不要畏畏缩缩。

①手势的高度上界一般不超过对方的视线；②手势的高度下界不低于自己腰部；③手势左右摆动的范围不要太大，应在胸前或右方。

（2）手势频率适中。在交往中，手势不宜过多，动作不宜过大，切忌“指手画脚”和“手舞足蹈”。应该注意其力度的大小、速度的快慢、时间的长短，不可过度。

（3）避免不礼貌和不雅的动作。

在任何情况下都不要用大拇指指自己的鼻尖、用手指指点他人。切忌在公共场合挠头皮、抓耳挠腮、咬指甲、掏耳朵、抠鼻孔、剔牙、剜眼屎、搓泥垢、用手指在桌上乱写乱画等。

（4）有些手势在使用时应注意区域和各国的不同习惯，不可以乱用。为外国宾客服务时，不要贸然使用“0K”“V”形手势，也不要轻易为夸赞对方而做出伸出拇指的手势。这三种手势在某些国家是对他人的极不尊重，甚至是侮辱对方的表达。

（5）在使用这些手势时一般会有相应的语言，语言要使用普通话，声音适当、温柔、有亲和力。

①与宾客交流中，不要用手指指着宾客，或对宾客指指点点；②服务工作中，避免出现不雅手势，如当众搔头发、掏耳朵、剔牙、手插口袋等；③介绍、引路、指示方向时，都应掌心向上，上体稍前倾，以示敬重，切忌用食指进行指点。

（6）握手时根据不同的场景遵守不同的礼仪规则。在工作场景要遵循“尊者决定权”的礼仪规则，由尊者决定是否握手，因此，不要贸然主动伸手去和他人握手。在迎接客人的场景遵守“主人先伸手”规则，表示对客人的欢迎。在送别客人的场景，遵守“客人先伸手”规则，表示客人对主人款待的感谢。握手时需要注意手势的力度大小和速度快慢。

（7）为他人做介绍时，要遵循“尊者优先知情权”的礼仪规则，如为了体现对客人的尊重，应先把本酒店人员介绍给客人。

五、徒弟记忆

根据所学内容，写出以上所学的几种手势的注意要点。

手势	注意要点
引领	
握手	

续表

手势	注意要点
递送物品	
介绍他人	
鼓掌	
举手致意	
挥手道别	

【徒弟拓展】

技能拓展

1. 存放名片

在社交场合，要准备好名片以备不时之需。随身所带的名片，最好放在专用的名片包、名片夹里，如果穿着西装，那么名片夹只能放在左胸内侧的口袋里。左胸是心脏的所在地，将名片放在靠近心脏的地方，其含义无疑是对对方的一种礼貌和尊重。不穿西装时，名片夹可以放在自己随身携带的小手提包里。将名片放置于其他口袋甚至后侧裤袋里是一种很失礼的行为。同时，在自己的公文包及办公桌抽屉里，也要经常备有名片，以便随时使用。

接过别人的名片看过之后，要精心放进自己的名片包、名片夹或上衣口袋内。也可以看了之后先放在桌子上，但不要随手乱丢或在上面压上杯子、文件夹等东西，那是很失礼的表现。由于在社交过程中，需要接收的名片很多，因此，最好将别人的名片夹在一起，将自己的名片夹在一起；否则，一旦慌乱中误将他人的名片当作自己的名片送给对方，双方都会觉得尴尬。随着工作交往的不断深入，还可以在保存的名片上记一些可以供自己参考的信息。

2. 接受名片

当别人表示要递送名片或交换名片时，不论有多忙，都要暂停手里的事情，并起身站立相迎。面带微笑，用双手的拇指和食指接住名片的下方两角，也可使用右手，而不得使用左手。接过名片后，先向对方致谢，然后将名片默读一遍，遇有显示对方荣耀的职务、头衔可轻读出声，如果对方的组织名气很大或个人的知名度高，也可只重读组织名称或对方姓名，以示尊重和敬佩，然后要谨慎地放在名片夹、公文包、办公桌或上衣口袋之内。若有疑问，可当场请教对方。应表现出十分珍惜的样子，切不可在手中弄摆；不可随意放在桌上，或随便拎在手上，或者放在手中搓来搓去。

接受对方的名片后，一般要即刻回给对方自己的名片。没有名片，名片用完了或者忘了带名片时，应向对方做出合理解释并致以歉意，切莫毫无反应。如有必要，可以在一张干净的纸上写上相关信息给对方。如果在递给对方名片的同时，对方也正递给你名片，应先暂时放下自己的名片，接过对方的名片后，再递上自己的名片。

3. 索取名片

一般情况下，不应向对方强索名片，如果想主动结识对方，或者想索取对方名片，应采取恰当的方法。索要他人名片的正确做法是欲取之必先予之，即把自己的名片先递给对方，以此求得对方的回应。如果担心对方不回送，可以在递上名片的同时说："能否有幸和您交换一下名片？"对长辈或地位、声望高于自己的人，可以说："以后怎样才能向您请教？"对平辈和身份、地位相仿的人，可以问："今后怎么和您保持联系？"这两种说法都带有"请留下一张名片"之意。切忌逢人便索要名片，过分热衷于名片的交换，反而有失礼仪，使人敬而远之，甚至遭人轻视。

通常，有索就有拒。无论他人以何种方式索要名片都不宜拒绝，直接拒绝是不礼貌的做法。如果不想给对方，要用委婉的方法表达。可以说"对不起，我忘了带名片"或者"实在抱歉，我的名片用完了"。不过如果手里正拿着自己的名片，又被对方看见了，这样讲显得太不尊重对方了。如果自己没有名片，而又不想直接说没有的时候，也可以用上述方法委婉表达。

阅读拓展

1. 手势的含义

（1）掌心向上的手势有一种诚恳、尊重他人的含义。

（2）掌心向下的手势意味着不够坦率、缺乏诚意等。

（3）攥紧拳头暗示进攻和自卫，也表示愤怒。

（4）伸出手指来指点，是要引起他人的注意，含有教训人的意味。

（5）如果双手自然摊开，表明心情轻松，坦诚而无顾忌。

（6）如果以手支头，表明要么对对方的话全神贯注，要么十分厌烦。

（7）用手成"八"字形托住下颏，是沉思与深算的表现。

（8）用手挠后脑，抓耳垂，表明有些羞涩或不知所措。

（9）手无目的地乱动，说明很紧张，情绪难控。

（10）如果不自觉地摸嘴巴、擦眼睛，十有八九没说实话。

（11）双手相搓，如果不是天冷，就是在表达一种期待。

（12）与人说话时，双手插于口袋，则显示出没把对方放在眼里或不信任。

2. 日常生活中的常见手势

（1）付账手势语言：右手拇指、食指和中指在空中捏在一起或在另一只手上做出写字的样子，这是表示在饭馆要付账的手势。

（2）表示欢迎、祝贺、支持的手势语言：鼓掌。右手掌心向下，有节奏地拍击掌心向上的左掌，采取左手较被动，右手较主动的方式。

（3）赞同、赞许的手势语言：向上跷起拇指。

（4）“动脑筋”“机敏一点”的手势语言：用手指点点自己的太阳穴。

（5）高兴激动的手势语言：双手握拳向上举起，前后频频用力摇动。

（6）招手：向远距离的人打招呼时，伸出右手，右胳膊伸直高举，掌心朝着对方，轻轻摆动。不可以向上级和长辈招手。

（7）打招呼的手势语言：英语国家的人在路上打招呼，常常要拿帽子表示致意。现一般已化为抬一下帽子，甚至只是摸一下帽檐。

3. 常见手势符号在不同国家、地区的不同含义

（1）举大拇指手势的含义：在我国，右手或左手握拳，伸出大拇指，表示“好”“了不起”等，有赞赏、夸奖之意；在希腊，拇指上伸表示“够了”，拇指下伸表示“厌恶”“坏蛋”；在美国、英国和澳大利亚等国，拇指上伸表示“好”“行”“不错”，拇指左、右伸则大多是向司机示意搭车方向。

（2）举食指的含义：在多数国家表示数字一；在法国则表示“请求提问”；在新加坡表示“最重要”；在澳大利亚则表示“请再来一杯啤酒”。

（3）“V”形手势的含义：这个动作在世界上大多数地方伸手示数时表示二。用它表示胜利，据说是第二次世界大战时期英国首相丘吉尔发明的。不过，表示胜利时，手掌一定要向外，如果手掌向内，就是贬低人、侮辱人的意思了。在希腊，做这一手势时，即使手心向外，如手臂伸直，也有对人不恭之嫌。

（4）“OK”形手势的含义：在我国和世界其他一些地方，伸手示数时该手势表示零或三；在美国、英国表示“赞同”“了不起”的意思；在法国表示零或没有；在日本表示懂了；在泰国表示没问题、请便；在韩国、缅甸表示金钱；在印度表示正确、不错；在突尼斯表示“傻瓜”；在巴西表示侮辱男人，引诱女人。

4. 握手礼仪

（1）适宜握手的场合。

具体来说，适宜握手的场合可以总结为三类：一是见面或告别的时候；二是向他人表示祝贺或慰问的时候；三是在社交场合表示尊重对方的时候。常见的场合包括以下情况。

①在被介绍与别人相识、双方互致问候的时候，应和对方握手致意，表示为相识而感到高兴，今后愿意建立联系或进行业务往来等。②与久别重逢的友人或多日未见的同事相见时，应热情握手，以此表示问候、关心和高兴之意。③当对方取得成绩、获奖和有喜事时，如升职、乔迁、结婚等，见面时应与之握手，表示祝贺并为其高兴。④在自己领取奖品时，应与发奖者握手，以表示感谢领导对自己的鼓励。⑤在参加宴请告辞，应与邀请方代表握手，表示感谢对方的邀请，有“再见”之意。⑥当有客人登门拜访时，主人应与所有客人握手，以表示“欢迎”之意。

（2）不适宜握手的场合。

①当对方两手拿着东西的时候。②当自己双手不干净时，不适宜伸手，但应微笑示意或表示不能握手的歉意。③当对方地位高于自己，不需要刻意上前与之握手并接受自己时。④当对方在人群中，无法握到对方的手，可挥手或点头示意。

（3）握手的禁忌。

①不要戴着帽子和手套与他人握手，只有女士在社交场合戴着薄纱手套与人握手，才是被允许的；②不要用左手同他人握手，特别是有的国家、区域忌讳使用左手握手，在特殊情况下不能用右手相握应说明原因并道歉；③不要贸然伸手，遇到上级、长者、贵宾、女士时，自己先伸手是失礼的；④握手时不要目光左顾右盼、心不在焉或面无表情；⑤握手时不要另一只手插在裤袋里或拿着东西不肯放下；⑥握手后不要马上擦拭自己的手掌；⑦不要拒绝与他人握手；⑧在握手时不要争先恐后，造成交叉握手，要等他人握完后再伸手；⑨忌握手时间太长，让人无所适从，特别是男士与女士握手，时间不宜过长；⑩忌用力不当，敷衍鲁莽，男士与女士握手握力要轻一些，一般应握女士的手指。

为了表示尊敬，握手时上身略微前倾，头略低一些且面带笑容，注视对方眼睛，边握手边开口致意，比如说“您好”“见到您很高兴”“欢迎您”“辛苦啦”等。

5. 介绍他人

（1）介绍者的确定。

为他人做介绍时，介绍者的确定是有一定规则的。通常，具有下列身份者应充当介绍者。

第一，社交活动中的东道主。第二，社交场合的长者，地位、身份较高者，或主要负责人员。第三，家庭性聚会中的女主人。第四，公务交往中的专职人员，如公关人员、礼宾人员、文秘、接待人员。第五，熟悉被介绍者双方者。第六，应被介绍者一方或双方要求者。第七，在交际场合中，被指定的介绍者，决定为他人介绍，要审时度势，熟悉双方情况。

（2）注意事项。

介绍者为被介绍者做介绍之前，应尽量征求一下被介绍者双方的意见，了解一下他们彼此是否都有想认识对方的愿望，以免为本来相识或不想相识的双方去做介绍，会让被介绍者双方措手不及，致使三方都尴尬。为他人做介绍时，语言应简洁清晰，不能含糊其辞，避免过于颂扬某一方，而忽视另一方。介绍时，还可简要地提供一些其他情况，如双方的职业、爱好等，便于不相识的两人相互交谈；介绍后不能马上离开，应稍等片刻，并引导双方交谈。介绍的过程中态度应热情友好，仪态文雅大方，不要用手指指着对方，而是应五指并拢，手掌向上，胳膊略向外伸，指向要介绍的人。

（3）被介绍者应注意的礼仪。

在被他人介绍时，被介绍者要注意自己的表达、态度和反应。被介绍者在介绍者询问自己是否有意认识某人时，一般不应拒绝或扭扭捏捏，而应欣然表示接受。实在不愿意时，则应说明缘由。当介绍者走上前来，开始为被介绍者进行介绍时，被介绍者双方均应起身站立，面带微笑，大大方方地目视介绍者或对方，神态专注。当介绍者介绍完毕后，被介绍者双方应按照合乎礼仪的顺序进行握手，彼此问候对方。不要在此时有意拿腔拿调，或是心不在焉，也不要卑躬屈膝，成心讨好对方，有失人格。在被介绍的过程中，双方都要举止得体、热情大方。

案例链接——2008 中国第一手势

2008 年，中国奥运加油手势由中央文明办、北京奥组委、中央电视台等联合推出。这个手势被称为 2008 中国第一手势，因为参与推广的专家认为这套手势不仅将在奥运各大赛场被统一使用，还会借奥运独特的氛围和强大的关注力在社会各层面得以更广泛地传播和使用，成为该年度带有奥运印记的最引人注目和流行的一大中国式手势。

手势做法很简单：击两下掌，竖起拇指，再击掌两下，伸出双拳。手势动作同时，高声喊口号"奥运——加油！中国——加油！"

（1）手势第一步：鼓掌两次（同步口号：奥运！）

动作：鼓掌。

起源：2000 多年前，在一个与古罗马交战的民族里有这样一个习惯，当首领讲完话或发出号召后，士兵们会敲击手中的武器，发出声响以示支持。这一习俗后来演变为"鼓掌"。

中国内涵：鼓掌作为通行礼仪从外国传入，但也可视为中国传统礼仪在现代传承与发展。就其最普遍的"欢迎、致意"含义，最适合表达中国人"有朋自远方来，不亦乐乎"的好客传统。

普适含义：多表示赞成或欢悦。

延伸含义：有欢迎、鼓励、赞赏、祝贺、感谢等多重含义，属积极、正面含义。其表达的情感强度与鼓掌的热烈程度及持续时间成正比。

设定含义：鼓励、喝彩。

（2）手势第二步：两手握拳、大拇指向上竖起，双臂向前上方伸展（同步口号：加油！）。

动作：竖大拇指。

起源：在古罗马时代，人们常用竖起或扳下大拇指分别表示角斗士的生或死。千百年来，大拇指一直被当成权威和力量的象征。

中国内涵：是中国人表达"最好""最棒"的传统手势，代表肯定、赞扬、敬佩等含义。

普适含义：多表示对某事之激赏，对某种极致程度的认可。

延伸含义：有感谢、佩服、崇敬、祝福等丰富含义，因习俗不同，还有以此表示数字或搭车等含义。在群体场合基本为正面理解。竖起双手大拇指是人们最常用来表示自豪、夸奖和赞许的手势。

设定含义：赞赏、钦佩。

（3）手势第三步：鼓掌两次（同步口号：中国！）。

（4）手势第四步：两手握拳、向上伸展双臂（同步口号：加油！）。

动作：握拳伸臂。

起源：握拳为人类用力时的本能反应，后逐渐演变为意志和决心的表现。握拳时伸臂加强了动作的可看到（到达）性或威胁性，具有夸张的特点。后因其象征仪式感强烈，逐渐成为群体性活动中最常用的动作之一。

中国内涵：大型体育比赛或各类竞技活动场合中，该手势是较常用的一种。有欢呼、庆祝、号召的积极含义，其所带来的张扬的情绪更增添了群体团结一致的意味。

普适含义：代表力量和决心。

延伸含义：有表达气势、激动、兴奋、激励等含义，基本没有歧义。

设定含义：团结、和谐、力量。

案例点评：

这套手势不仅在赛场内强化了赛场的文明礼仪，也彰显了国人的文明素养和形象风貌，让中国在2008年给世界留下深刻的印记和中国符号。这是一个交流中巧妙应用手势的成功案例。肢体语言在人类沟通和交流中发挥着重要作用。有国际专家认为话语（指文字）的主要作用是传递信息，而身体语言左右着人与人之间思想的沟通。国际肢体语言专家阿尔伯特·麦拉宾有这样的研究结论：人在彼此交流中，一条信息产生的全部影响力，7%来自语言（仅指文字），38%来自声音（包括语音、音调等），而55%来自无声的身体语言。因此，在工作生活中，我们首先要理解手势的含义，再利用恰当的手势，帮助我们事半功倍地进行沟通与交流。

指引手势

推销迎送礼仪

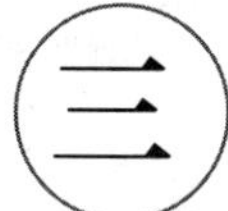

规范语言的塑造

项目一　电话联系

【企业标准】

表3-1-1　电话联系考核标准

	内容	评价标准	分值	最后得分
电话交流	仪态风度	面带微笑、举止端庄	20分	
	语言表达	声音清晰、礼貌得当、内容完备、逻辑清晰	60分	
	个人情感	融入自身感情，内容与情感相符	20分	
	合计		100分	

【师傅要求】

1. 面带微笑，仪态端庄。
2. 声音愉快友好。
3. 用语礼貌、简洁。
4. 内容完备。
5. 致谢后礼貌地轻轻挂断电话。

（见图 3-1-1）

图3-1-1 桃园山庄大酒店餐饮部人员接听电话

【师徒互动】

一、师傅讲授

当宾客打电话给某酒店，若一接通就能听到对方亲切、优美的招呼声，心里一定会很愉快。为了给客人留下良好印象，服务员在接打电话时要注意以下几方面。

1. 要有喜悦的心情

声音能传递你的情感。即使对方看不见你，但是你欢快的语调会感染宾客，给对方留下极佳的印象。由于面部表情会影响声音的变化，所以即使在电话中，也要抱着“对方看着我”的心态去应对，接听电话时要保持微笑的表情。

2. 端正的姿态与清晰明朗的声音

接打电话过程中绝对不能吸烟、喝茶、吃零食，即使是懒散的姿势对方也能够“听”得出来。如果你打电话的时候，弯着腰躺在椅子上，对方听你的声音就是懒散的、无精打采的；若坐姿端正，身体挺直，所发出的声音也会亲切悦耳、充满活力。因此，打电话时，即使看不见对方，也要当作对方就在眼前，尽可能注意自己的姿势。

注意声音要温雅有礼，以恳切之话语表达。口与话筒间应保持适当距离，适度控制音量，以免听不清楚、滋生误会，或因声音粗大，让人误解为盛气凌人。

3. 接听电话礼仪

（1）迅速接听。

听到电话铃声，应准确、迅速地拿起听筒，在10秒内接听电话，或在铃响三声之内接听。若电话响了许久，接起电话时应先向对方道歉。

（2）用语规范。

接听电话第一句，微笑问好：“早上好/中午好/下午好/晚上好！××酒店××部，我是××，很高兴为您服务！”接听电话时，左手拿话筒，右手拿笔记录。打电话过程中要主动询问，而不是仅仅接听。如接到订餐电话，如果客人忘记主要事项，接听电话人员要主动询问人数、时间、用餐标准、注意事项等信息。通话最后要与客人确认一下本次通话的主要信息，并对来电表示感谢。

话务员接听电话要坚持使用普通话或英语，发音清晰、准确，音量适宜。对话时语速适当，没有喘息声。要使用礼貌用语，不能使用蔑视和侮辱性的语言。要传递给宾客友善、礼貌、愉悦的感受。

（3）礼貌应答。

宾客讲话时要全神贯注地聆听，如果宾客讲话含混不清或语速过快没有听清，可以委婉地请宾客重复。对宾客提出的要求，要尽量满足；如果宾客提出无理要求，要礼貌地婉言拒绝，表示歉意并说明原因。

（4）正确转接。

转接电话时要明确转接顺序，先转接外线，再转接住店宾客电话，最后转接酒店内部电话。如果转接时无人接听或占线时，应对来电者致歉，并说明原因。如外线要求将电话转接酒店客房，必须问清楚受话宾客姓名，确认无误后方可转接。一般情况下，接电话的服务人员不准向问话对方提供宾客姓名、房间号码等信息，保证宾客隐私、生活安静与居住环境不受侵犯。不窃听宾客通话内容，即使操作时听到一些内容也要严守秘密。

（5）认真记录。

接听宾客电话时要认真记录电话内容，如接到宾客需要叫醒服务的电话时，话务员要问清宾客房号、姓名、叫醒时间等信息。叫醒时若无人应答，要在 3 分钟内再次人工叫醒，若仍无人应答，应立即通知大堂值班经理到客房确认，以免耽误宾客行程并避免宾客发生意外。

（6）专注工作。

接听电话时要认真专注，不能接错电话。不要拨打私人电话。掌握饭店服务、旅游景点及娱乐购物等相关知识，以便更好地回答宾客提问。遇到突发事件时不要慌乱，要熟悉本地区公安、消防等有关业务单位电话，及时求助。

4. 拨打电话礼仪

（1）选择合适时间。

酒店服务人员不能干扰宾客的正常休息，要选择对方不忙或不在休息的时间。最好是与宾客事先约定时间。

（2）准备电话内容。

打电话前要厘清思路，事先整理好电话内容和要点，可以将其写在一张便条上。这样打电话不会遗漏要点，而且会给宾客留下条理清晰、训练有素的好印象。向对方拨出电话后，要迅速礼貌地自报家门，并使用敬语，确定对方为我们要找的人后，再礼貌询问对方是否方便接听电话。根据对方的要求选择再次通话的时间。如果对方可以接听电话，先表达简短真诚的问候，再进入主题谈话。

（3）控制电话时间。

打电话时养成简练、清晰的好习惯。通话时间要控制在 3 分钟以内，如果内容过多，可以再通过发邮件或面谈等其他方式进行沟通。

5. 认真清楚的记录

随时牢记 5W1H 技巧，所谓 5W1H 是指 When 何时、Who 何人、Where 何地、What 何事、Why 为什么、How 如何进行。在工作中这些资料都是十分重要的。对打电话、接电话具有相同的重要性。电话记录既要简洁又要完备，可以采用 5W1H 技巧。

与宾客沟通中，最后一定要礼貌简述电话内容。遇到重要的关键信息一定要复述并让对方确认，以免日后的纠纷。

6. 挂电话前的礼貌

要结束电话时，应有明确的结束语，如“感谢您的来电，再见！”“非常感谢您接听电话，特别期待您的光临，再见！”另外，不可自己讲完就挂断电话，让宾客听到电话挂断后的忙音。而是要遵循“尊者先挂电话”原则，通话结束后等客人先挂电话，然后再轻轻挂断电话。

酒店工作中，最常见的是接听电话，现在将电话沟通基本要求及原因归纳如下（见表 3-1-2）。

表3-1-2　酒店接听电话的基本要求和原因

酒店接听电话的基本要求	原因
在电话铃响起三声之内接起，最好在第二声后接起（铃声不应超过三声）	让对方感到随时有人提供服务
左手拿起听筒，简单问候，迅速报出本部门名称及问候对方。如“早上好！前厅部，很高兴为您服务。”（“Good morning.This is the front desk. May I help you？”） 与此同时，右手握笔，旁边备纸	礼貌亲切，可让客人确认是否拨错号码，准备做备忘记录
嘴唇与话筒距离 2 厘米，自然发声，说话清晰，发音准确。面带微笑，语调柔和，让客人从你的声音中体会到你的亲切	使对方听来声音清晰，亲切自然
问清对方姓名，事由	迅速弄清对方的意图
使用正确的姓名及头衔称呼对方。使用敬语，如“谢谢 / 对不起 / 请原谅”（“Thank you / I’ m sorry / I beg your pardon .）	显示出你对对方的尊重及给对方积极的反馈
仔细听讲，不打断对方讲话，不可因不专心而要求对方重讲一次	显示你的耐心及负责精神
准确、完整地记下通话要点	便于转达和落实有关事项
简要复述备忘要点	确保准确无误
以祝福对方的友好语言结束电话。通话完毕，让对方先挂断，然后轻轻放下听筒	确保对方言尽

续表

酒店接听电话的基本要求	原因
接电话时，如遇下列情况应注意：	
如两部电话同时响起，先接其中一个，向对方致歉，请其稍等一下，如“对不起，请稍等”（“I' m sorry，one moment please.”）迅速接另一个电话	让对方理解并非有意怠慢他 让对方感到受到尊重，不觉得受怠慢而愿意等待
如需对方等候时间较长，应明确告知对方需要等候的时限，并建议对方稍等或是过后回电话给他。 “对不起，×× 先生正在________，可以请您稍等一会儿吗？或者过几分钟后，我给您回电话好吗？”（“I' m sorry，but Mr. ×× is doing something right now.Would you please wait a few minutes ? Or may I call you back in a few minutes ?”）	让对方感到受到尊重，让客人做出是否等候的选择
需要请适当的人处理某事时，告诉对方，你会将此事转告给适当的人来处理，或是让处理该事的人打电话给他。 “这事由 ×× 先生负责，如果需要的话我帮您转达好吗？”（“This is handled by Mr.××. I' ll tell him about it if you would like.”） “这事由 ×× 部门负责，如果您愿意，我会转告他们，让他们给您回电话。”（“×× department will handle it. If you wish , I' ll refer it to them and ask them to call you back.”）	礼貌告知客人处理某事的相关负责人或负责部门
需要转电话，请对方稍等片刻，拨号，接通后和对方说“请说话”（“Go ahead , please.”） 如果转不进，应向对方致歉，并把有关的办事机构的电话号码提供给对方	帮客人找到具体负责人或部门
接打错电话，要婉转对待，谦恭有礼貌地告知对方拨错了电话，不可流露愤怒的声调，应说：“这里是___部，请问您要找哪里？”（“This is ×× department, whom do you wish to speak to ? ”） 请对方查一查是否拨错了他想要的那个号码（不可突出“您拨错了”然后立刻挂断）“这里是___部，但是我们没有 ×× 先生。麻烦您看看您所拨打的电话号码是否正确。”（“This is ×× department and there isn' t Mr. ×× here, Sir. Are you sure you dailed the right number ? ”）	应像处理一般电话一样有礼貌，每一次接打电话的机会都是建立酒店公关形象的机会

7. 声音塑造

接打电话时，无法看到对方，主要是通过声音在进行沟通，这时声音代表了接打电话人的形象。要塑造良好的声音，需注意以下方面。

（1）音质 。

一个人的音质，大多是天生的，以及青春期发育的结果，后天能够做到的只是声音的美化，而不是自己的声音变成某位播音员的声音。每个人的音质都不一样，也总会有瑕疵，要充分了解自己的瑕疵，想方设法控制、纠正、改进自己声音的瑕疵。在说话的时候掩饰缺憾，突出美感。

（2）音量 。

说话声音不用刻意大点声或者小点声，应根据不同的场合，合理控制音量。 在私密的环境中，音量不宜过大，不要让对话者有压迫感；公开的场合，音量不要太小，要让所有人都能听到你说的是什么。

（3）语速。

语速的标准，以“清晰”为基本要求。新闻主持人的语速为每分钟 300 字；演说时的语速为每分钟 180~200 字。职场与人沟通时，既不要太慢让人失去耐心，也不要像机关枪一样太快让人着急上火，理想的语速是每分钟 120~160 字。但是，也要根据具体情况，放慢语速表示强调，加快语速表达激情。

（4）吐字。

吐字要求准确、清晰、圆润、集中、流畅。吐字正确，一方面要求不可读别字，另一方面不要用“直译”的方式将方言变成蹩脚的普通话。吐字清晰，要求发音清楚明晰，不含含糊糊，有正确的停顿和适当的节奏，不要前言不搭后语，或者结结巴巴，使人费解。吐字圆润是指声音圆浑自然，悦耳动听。吐字要集中，发音干脆利落，不要松散，不要拖泥带水。吐字流畅指说话节奏自然，不结结巴巴，不犹豫拖沓。

（5）感情。

在与人说话时声音中自然流露出与说话内容相符的感情，而不是机械地背诵。但要注意不可刻意添加感情，或过度强化感情，显得很不自然让人难以接受。

（6）气息。

说话时气息平稳，不要边说边喘气。

（7）整体效果 。

感动人心的声音需要适当使用抑扬、顿挫、重音、停顿等。

二、师傅强调

（1）接打电话时做好仪态准备，面带微笑，仪态端庄。

（2）接打电话时注意声音要愉快友好。

（3）接打电话用语礼貌、简洁、规范。

（4）熟悉相关工作内容的必要信息，如接听宾客预房电话、订餐电话等，内容完备。

（5）致谢后礼貌挂断电话。

三、徒弟操作

（1）按照以下要求，进行接打电话的训练。

①左手拿听筒，右手拨号，电话接通后，简单问候对方，立即报出部门和自己姓名，使用敬语“您好，我是 ×× 部的 ××”。

②简洁清楚地讲出事情原委，重要的地方要重复一下。

③打完电话后，说“再见”，让对方先挂断电话，然后轻轻放下。

④如要找的人不在，请对方留话，在他 / 她回来后回拨电话，告诉接电话的人自己的姓名、电话号码、身份。

⑤如拨错电话，应表示抱歉，如“对不起，打扰您了”。

⑥如有工作问题而需要联系客人时，应向客人先致歉“对不起，打扰您了”。然后说清来意。

（2）学习者分小组，根据表 3-1-1 电话联系考核标准对小组成员电话交流情景训练进行点评并给出提升建议。

小组成员得分	点评与建议

四、师傅提示

1. 选择合适的时机打电话

服务人员给宾客打电话通常是在与对方事先约定的时间，或者选择对方方便的时间，不能干扰宾客的正常休息。除非有特别紧急的事情，但一定要先致歉。

2. 语言简练

打电话的时间最好控制在 3 分钟以内，因此，事先整理好电话内容和要点很重要，要养成打电话简练、条理性强的好习惯。这也会使宾客感受到服务人员训练有素、专业到位。

3. 内容完备

要熟悉相关工作内容的必要信息，如接听预订客房电话、订餐电话时的信息等。关键信息一定要复述并让对方确认，以免日后的纠纷。

4. 使用正确而恰当的称呼

如果熟悉宾客的姓名和职务，应以姓氏 + 职务予以称呼，这样可以展示出酒店对宾客的尊重。如"张主任好，欢迎您再次光临本酒店"。如只知其姓氏而不知其职务，也可按照姓氏冠以先生或小姐、女士称呼。对于有社会职务的人士，最好按社会职务和身份尊称为 × 经理、× 局长等。如果是老师、医生等，可按其工作职位称 × 老师、× 医生。

在无法了解姓名和职务的情况下，可根据宾客的年龄状况予以尊称。如先生、女士、小姐、老人家、小朋友等。

5. 宾客的电话不要接

饭店服务人员在客房服务时电话铃响了，此时如果宾客在房间，提醒宾客有来电即可，如果宾客不在房间，不要随便接宾客的电话。如果顺便接电话可能会有什么后果呢？

案例

某天，服务员在清扫客房卫生时，电话铃响了，这时宾客正在卫生间，这位服务员也没有多想就把电话接了起来，刚说"您好"，就听到电话里传出"怎么会有女的在我老公的房间，这也太不可思议了"，随着就是"啪"的一声挂断了电话。于是，结果是可想而知的糟糕。

案例评析：

客房物件的使用权属于宾客，在宾客入住期间房内电话是宾客的私人电话，服务员不能接听。另外注意，服务员也不被允许使用客房电话与他人通话。

五、徒弟记忆

根据所学内容，写出接听电话与拨打电话的主要注意要点。

电话联系	注意要点

【徒弟拓展】

技能拓展

1. 酒店总机转接电话、留言服务

角色分配：接线员为 A，店外客人为 B。

A：早上好！徐州绿地皇冠假日酒店。很高兴为您服务！

B：你好，请接 8068 房间。

A：请问您要找哪位接电话？

B：王威先生。

A：好的，马上为您转接。

A：对不起，王先生房间没人接听，请问您需要留言吗？

B：好的，请你转告王先生，明天早上 9 点，我到酒店大堂等他。

A：我可以知道您的名字吗？

B：李强。

A：好的，李先生，您要告诉王先生明天早上 9 点在酒店大堂见，对吗？

B：是的。

A：好的，我一定转告王先生。

B：谢谢，再见。

A：不用谢，李先生。祝您今天心情愉快，再见！

2. 酒店业务电话

（1）酒店员工接电话。上海国际交流中心的办公室主任打电话给绿地皇冠假日酒店市场部经理，但经理出差，经理秘书接电话并做电话记录，承诺等经理回来转告经理，再给对方回电话。参考情景对话如下：

（A 拨打电话给徐州绿地皇冠假日酒店市场部，电话铃声响两次后，B 面带微笑接听电话，手中持笔，以便记下重要信息。）

B：早上好！徐州绿地皇冠假日酒店市场部，我是秘书杜赛楠，很高兴为您服务！请问您找哪位？

A：你好，我是上海国际交流中心牛主任，有事想找一下你们经理。

B：不好意思，我们经理现在不在办公室，您方便留言吗？她回来后给您回电话，好吗？

A：好的，我打算在贵酒店召开一个国际会议，想预约一个具体时间到贵酒店看看。

B：好的，请问您方便留一下联系方式吗？

A：可以，我的电话是 021–54377032。

B：好的，牛主任，我再确认一下，您打算在我们酒店召开一个国际会议，想预约一个现场考察的时间，您的电话号码是 021–54377032，对吗？

A：是的。

B：好的，我会及时转达，我们经理会尽快回复您的。

A：好的，麻烦你了。

B：不用客气，请问还有什么可以帮到您的？

A：没有了，谢谢。

B：好的，感谢您的来电，期待您的光临。再见！

A：再见。（B 等 A 先挂断电话，再轻轻地放下电话。）

（2）酒店员工打电话。皇冠假日酒店市场部经理打电话给上海国际交流中心办公室主任，预约面谈在酒店进行“矿业技术发展国际会议”的合作事宜。双方定下具体时间、地点。参考情景对话：徐州绿地皇冠假日酒店市场部经理卞丽锦（C）回电话给上海国际交流中心主任李长煜（A）。

（铃声响两声后 A 接电话）

A：您好，这里是上海国际交流中心，我是李主任，请问您有什么事？

C：您好，李主任。我是徐州绿地皇冠假日酒店市场部经理卞丽锦。很抱歉上次出差未能接到您的电话，听秘书说您想在我们酒店举办一个国际交流会议？

A：是的。我打算和你约一个时间先到贵酒店现场考察一下。

C：欢迎！那您看什么时间合适呢？

A：您看下周三如何？

C：请稍等，我看一下日程安排。（查看日程表）

好的，没问题。请问您打算乘坐什么交通工具？ 一行几人呢？

A：我和我的秘书小王，共两人。我看一下高铁票务网，打算买 G360 的票，11 点到站。

C：好的，下周三晚上 11 点，我们酒店派车去车站接你们。请留一个手机号码便于保持联系好吗？

A：好的，麻烦您了，留我的手机号吧，13645210869。

C：好的，13645210869。也请记一下我的手机号码，15996921356 。

A：好，15996921356。非常感谢！

C：不用客气，这是我们应该做的。请允许我再确认一下，您和您的秘书一行两人，下周三乘高铁 G360 到徐州东站，11 点到，对吗？

A：对！

C：好的，期待与您见面。预祝你们一路顺利。再见！

A：谢谢！再见！（C 握住话筒稍等片刻，等 A 先挂电话。）

3. 拨打客户电话

（1）自我介绍。

自我介绍非常重要。例如，当电话接通后你说：“您好，我是 ×× 单位的 ×××。”

一定要在开场白中很热情地表示友善的问候和自我介绍，给对方留下好印象。

（2）相关的人或物的说明。

如果有相关的人或物，要对相关的人或物做一个简明扼要的说明，这相当于建立一座与客户沟通的桥梁。如果开门见山地进入话题，会显得很唐突，也不利于建立起融洽的关系。所以最好有一个相关的人或物的说明。

（3）介绍打电话的目的。

接下来要介绍打电话的目的。介绍打电话的目的时有一点很重要，就是突出对客户的好处。在开场白中要让客户真正感受到你对他的价值究竟在哪里。

例如这段话："前几天，我跟陈总一起探讨过关于电话销售人员提高业绩的问题，他提到您在电话销售方面也非常专业，他建议我一定要同您联系一下，所以我今天打电话给您，主要是考虑到您作为电话销售团队的负责人，肯定对提高电话销售人员业绩方面非常感兴趣。"这段对话中吸引对方的方法有两个：

①"您在电话销售方面非常专业"，这是在赞美对方，对方听了以后肯定很容易接受你。②"打电话给您，主要是考虑到您对提高您的电话销售人员的业绩非常感兴趣。"对这一点，90% 以上的人会感兴趣，他立刻就意识到你对他的价值在哪里，所以他自然也乐于和你交流。

（4）确认对方时间的可行性。

你可能需要花费 5~10 分钟的时间来跟客户进行交流，这时你需要很有礼貌地询问对方现在打电话是否方便。当然这句话未必对每个人都适用，你也不必对每个人都讲。如果你觉得这个电话可能会占用客户较多的时间，同时你觉得对方可能是一个时间观念非常强的人，在这种情况下你需要很有礼貌而又热情地征询对方的意见。

（5）转向问询需求。

假如你是为了建立关系和挖掘客户的需要，你一定要用提问问题来作为打电话的结束，找到对方感兴趣的话题，这样客户就会乐于倾诉他自己的想法，开场白就会非常容易且顺利地进行下去。同时还要注意，打电话给客户时一定要对客户的各个方面有一个较为完整的了解。

阅读拓展

1. 电话接听的禁语与相应的规范用语

禁语	规范用语
你是谁？	请问您贵姓？
什么事？	请问您有什么事吗？
你找谁？	请问您找谁？

续表

禁语	规范用语
不知道！	抱歉，这件事我不太了解。要不我帮您问问？您稍等。
他不在！	不好意思，他不在酒店，您需要留言吗？
没有这个人！	不好意思，没有查到您要找的人，您还有其他信息可以提示吗？
就这样，我要接个电话。	不好意思，请你稍等片刻，有个特别紧急的电话找我（接好电话后要表示对宾客等待的感谢）。

2. 总机接线员规范用语

（1）外线电话打进："您好（早上 / 下午 / 晚上好）！ ×× 酒店总机。"

（2）酒店内线电话："您好（早上 / 下午 / 晚上好）！我是总机。"

（3）客人打错电话："您好！这里是 ×× 酒店，电话号码是 ×××，请您再拨一次好吗？"

（4）遇到电话忙音："对不起，电话占线，请您过一会儿再打好吗？"或者"对不起，电话占线，请问您要稍等吗？"

（5）叫醒电话："您好！ ×× 先生 / 女士，这是您的叫醒服务。今天白天最高气温 ×× 摄氏度，祝您愉快！"

（6）外线电话要求查找某人。仔细听清要呼叫的人名和房号，同时记录下来，礼貌地说："好的，马上为您转接。"如被叫方无人接听应回复："对不起，×× 先生 / 女士，电话无人接听，请您过一会儿再打好吗？"或者"对不起，×× 先生 / 女士，电话无人接听，请问您是否需要留言？"

3. 接听急救电话

（1）接到紧急电话报警，认真听清并记录报警地点、报警人姓名，重复报警地点、报警人姓名。

（2）通知有关部门："您好，×× 地点发生 ××，请您立即赶赴现场。"

（3）复核并记录。

4. 声音塑造的方法

（1）语音练习。这是优化嗓音的好方法。

放松口腔和声带。打哈欠、动动下巴、哼首曲子或用手指轻轻按摩喉部肌肉。

增加肺活量。呼出全部空气，然后深呼吸，维持 15 秒再呼气。

用"ah"来唱歌，练习音调，从正常音调慢慢降低。可以用字母表中任意字母来练习。

（2）练习朗读。大声朗读是练习发音、语速和音调的好办法。

从书本或杂志上选择一篇文章，或者选一篇著名演讲稿，然后大声朗读。

说话时站直，深呼吸，张大嘴巴。在镜子前练习。

继续练习，直到自己满意为止。把正确的发音方法运用到日常说话中。

（3）录音。虽然有些人觉得听自己声音很别扭，但是这是纠正发音的好办法。这能让自己发现平时不会注意的问题，如发音、语速和音调问题。如今的大多数手机都有录音功能，也可以录视频。这样可以更好地观察自己的姿势、眼神和嘴巴动作。

（4）请声音教练。如果要参加辩论、演讲或演示，担心自己的声音不够动听，可以请一位声音教练。他们能及时发现你的问题，帮助你纠正。如果你想改正口音，也可以请声音教练。当改正口音比较困难时，需要请教专业人士。

如果你觉得没必要请声音教练，你可以请发音清晰的亲友来帮助练习。让别人帮助你发现问题，提出有用的建议。通过这样的练习，以后你和他人说话会更有自信。

让语调显得友好、温暖的好办法是说话时微笑。不用大笑，微微提起嘴角就能让声音更动听，就算在电话里也一样。当然，微笑并不总是恰当的，如果谈论的是严肃的事情就不适合微笑。因此，说话时要有相应的感情，说话加入感情（无论是什么感情）都会对表达有帮助。

5. 声音塑造的注意事项

（1）好的姿势有助于发出动听的声音。

（2）如果可能的话，在没有地毯的密闭房间练习，可以让你更好地听清自己说话。

（3）尝试不同的唱歌训练，是练习呼吸和声音的有效途径之一。

（4）声带发声时，你应该感觉到胸腔、背、颈部和头部的振动。振动产生的共鸣带来饱满、动听的声音。多花些时间，直至达到目标。

（5）女孩子说话音调不需要太高。动听的声音应该有表现力，同时应该饱满，而不是尖利。

（6）男孩子不要故意压低音调。别让音带太松以至于听起来沉闷、单调。有些男孩子天生音调较高，通过正确的训练可以变得很有磁性。

（7）下巴和嘴唇一定要放松，因为它们像吉他的音孔一样能形成共鸣腔。如果嘴巴闭得太紧，就要用更多的力才能达到同样的音量。放松下巴和嘴唇可以让声音听起来更自然而不压抑。

案例链接——接听电话的错误方式

情景介绍：

上海国际交流中心主任李长煜计划在徐州组织一次国际采矿技术交流会议，打算通过电话与徐州的某个星级酒店联系以确定会议地点。

（A 拨打电话给徐州某个酒店市场部，电话铃声响三次后，R 先忙着用手机发短信，然后才面无表情地接听电话。左手一直拿着手机。）

R：喂！你找谁？

A：你好，我是上海国际交流中心李主任，有事想找一下你们经理。

R：我们经理不在。你有什么事？

A：没什么事了，再见！（不高兴）

R：再见！（一边重重地挂电话一边不高兴地说："这人真是莫名其妙！"）

案例点评：

如果因为这样接听电话，而让客户觉得对方失礼、很不专业而错失商机，就太可惜了！案例中接电话的秘书有哪些失误呢？第一，没有表现出尊重与礼貌。接电话时表情和声音都较冷淡，应当面带微笑，声音有感情；缺乏礼貌用语，通话中要用"请""谢谢""对不起"等礼貌用语。而且接听电话不及时，应当在铃响三声内接听，已经稍迟了一点，应该致歉，说声："对不起，让您久等了。"第二，接听电话的第一句话，不要急着问对方，要先问好和自报家门；询问时要礼貌，"你找谁？"应该改为"请问您找哪位？"。第三，对方找的人不在岗位时，要先致歉，并且要积极询问对方以留下相关信息便于回复。第四，结束电话前，要感谢对方来电，或说些祝福对方的话。第五，挂电话时要等客户先挂，遵循尊者先挂电话的礼仪原则，另外，挂电话时要轻拿轻放。礼貌地接听电话，展示给客户良好的员工及企业形象，才能更好地留住客户，进而顺利合作。

电话礼仪

项目二　面对面交流

【企业标准】

表3-2-1　面对面交流评价标准

	内容	评价标准	分值	最后得分
站姿评价标准	表情、声调	表情自然，语音、语速、语调、语气的使用正确	20分	
	语言表达	表达准确、详略得当、节奏合理、语音规范、清晰流畅	50分	
	肢体语言	仪态大方、手势得当	10分	
	交流距离	相距0.5~1.5米的距离	5分	
	注意倾听	使用附和词、重要信息的确认与重复	15分	
	合计		100分	

【师傅要求】

1. 表情自然。
2. 举止得当。
3. 吐字清晰。
4. 表达准确。
5. 保持距离。
6. 注意倾听。

（见图 3-2-1）

图3-2-1　桃园山庄大酒店GRO与宾客面对面交流

【师徒互动】

一、师傅讲授

1. 沟通的基本原则

（1）换位思考。

在人际沟通的过程中，许多人总是站在自己的角度去思考问题，用自己的价值尺度去衡量别人的生活方式，沟通过程中不但无法打动对方，反而会使对方反感。站在对方的角度去思考问题，对方会觉得你是站在他这一边的，在情感上首先就接受了你，沟通起来也比较容易。

学会换位思考，不妨经常问一下自己：“如果我是他，会怎么样呢？”“如果我处在宾客的地位，我是否对这样的服务满意？”当我们能够站在对方的角度思考问题的时候，就会发现自身还有许多需要改变的地方，对他人也就多了一份理解。

（2）真诚原则。

不管时代怎么变，与人交谈，真诚是最基本的要求。在我们的生活中，有很多人认为，滔滔不绝地说话就是流畅优美，实际上说话的魅力最根本的在于你是否善于表达真诚。与人交流时，需要把自己的心意传递给对方，只有当对方感受到你的诚意时，他才会打开心门，接受你讲的内容，彼此之间才能实现沟通和共鸣。

（3）尊重原则。

人类的个性需要爱和尊重，在人际交往的过程中，随意伤害他人的自尊心，就是打击他人内在的价值感，就会给沟通造成障碍。生活中有些人自诩直爽、单纯，说出来的话总是伤人，让人非常不舒服，长此以往，这样的人是无法和他人和谐相处的。在酒店服务中，要避免使宾客为难、避免与宾客争执。语言交流必须以尊重他人，不伤他人自尊为前提，掌握语言的应变能力。

（4）把握沟通的分寸。

讲话要有分寸，讲话要适度、恰当，既到位又留有余地。英国作家和政治家约瑟·艾迪生曾经说“假如把人们头脑里的想法敞开，我们会发现聪明人和笨人的思想几乎毫无差别，差别仅仅在于聪明人知道如何精心挑选出自己的一些想法去和别人交谈，而笨人则毫不在乎地让自己的想法脱口而出”。这里所说的“精心挑选自己的一些想法”就是做好内容方面的选择筛选工作，即把握内容方面的分寸。

同样的话语内容通过什么形式表现出来，给别人的感受是不一样的，沟通的效果也是不一样的。在沟通的过程中，要留有余地，就要慎重使用表示绝对、完全意义的程度副词，如“最”“毫无疑问”“不容置疑”“所有”“全部”“肯定是这样”等这类词语。沟通的过程中，要慎重选择句式。祈使句表示命令、禁止等语义，会给对方过于强势的感觉，使用反问句则不够礼貌，都会令对方产生排斥的心理。

以在需要他人帮忙时的语言表达为例，请比较以下句子，看看哪种语气的句子沟通效果更好：

①帮个忙！（祈使句，表命令）

②请帮个忙。（祈使句，表请求）

③我想请你帮个忙。（陈述句）

④请你帮个忙好吗？（疑问句）

对比发现，疑问句最为礼貌，陈述句次之，表请求祈使句不太礼貌，而表命令祈使句很不礼貌。因此，在对客服务中，应少使用或者不使用祈使句和反问句，多使用陈述句、一般疑问句。

2. 沟通的技巧

（1）适度的服务距离。

心理学研究表明，人际距离过小，使人有压抑或被冒犯的感觉；而人际距离过大，又会使人产生冷漠疏远的感觉。服务人员在与宾客交谈时，一般以 0.5~1.5 米的距离为宜，具体要根据所在空间进行适当调节。

（2）礼貌的语言。

首先，称呼要得当，要正确礼貌地称呼宾客。其次，用词文雅，使用合乎礼仪规范的礼貌用语。最主要的是以尊重宾客为出发点，不管宾客对与错，都不应与宾客发生正面冲突，进行争执让宾客难堪，最好用幽默的方式解决语言危机。

（3）恰当的表情与声调。

语音、语调、语速、语气会流露出说话者的心境和态度，同样的语句，如果语音、语调、语速、语气不同，所表达的意思也会有所不同。美国心理学家研究认为“谈话的友好 =7% 的说话内容 +38% 的声调 +55% 的表情”。因此，在服务中一定要注意应用恰当的表情与声调与宾客沟通。

（4）得体的肢体语言。

人与人面对面沟通的三大要素是文字、声音以及肢体动作。行为科学家研究发现，面对面沟通时三大要素影响力的比率是文字 7%，声音 38%，肢体语言 55%。一般人在与人面对面沟通时，常常强调讲话内容，却忽视了声音和肢体语言的重要性。其实，沟通便是要努力和对方达到一致性以及进入别人的频道，也就是你的声音和肢体语言要让对方感觉到你所讲和所想的十分一致，否则对方无法收到你想表达的正确信息。因此，服务人员与宾客交谈时，要保持端庄的仪态，尽量少用夸张的手势。

（5）注意倾听。

交流过程中，80% 的时间倾听，20% 的时间说话。较佳的倾听是完全没有声音，而且不打断对方讲话，两眼注视对方，等到对方停止发言时，再发表自己的意见。而更加理想的情况是让对方不断地发言，越保持倾听，你就越握有控制权。在工作中，倾听能表达对宾客的尊重，了解宾客的真实想法，充分获取宾客信息，有助于更好地做好服务工作。

①倾听要经常使用附和词。服务人员在为宾客提供服务，尤其是当宾客看不到我们面部表情的服务时，如为宾客提供电话服务时，接听的附和词的使用就显得尤为重要。当宾客提出要求时，应该使用相关的常用语应和，表示对宾客要求的认可和积极响应。常用的服务语言有“好的”“我明白”“是的”“我非常理解”等。

②重要信息要重复与确认。有些宾客表达时心不在焉，口误的情况时常有。此外，因为个人解读方式的差异，会产生对宾客语言理解的偏差，甚至是由于地域间语言表达的差异，导致信息失真。如果听不清楚对方的话，需要复述一遍，以免误会宾客的真正意思。在宾客表达时要耐心，认真回复对方的话，并将重点信息重复并确认。对关键信息，如时间、地点、人物以及重要内容要多次确认，以保证不会出任何差错。要多加注意语气、语调和措辞，要显得热情、友善、亲切。要让宾客感受到他是受欢迎的，能体会到你对他的关注。

③总结记录谈话内容。对客沟通中，可能会将一些重要内容忽略或遗漏。因此，对宾客表达的问题，应在理解的基础上进行归纳并总结，记下对方诉求的重点，防止遗漏，便于事后的传达和沟通。如果能在倾听时记笔记，效果会更好。尤其是在宾客投诉的时候，服务员应做相应记录，让宾客感觉到被尊重，为了配合记录，语速会慢下来，在表述时会慢慢冷静下来，也会相应客观，更少些主观感情。记录的形式会有利于宾客平复心情，更利于解决宾客的投诉问题。

3. 酒店员工的语言礼仪

（1）如果要与宾客谈话，需要先打招呼。

（2）宾客正在与别人谈话时，不可上前旁听。如果有急事需立即与宾客对话，应趋前说声“对不起，打扰一下可以吗？我有急事告知这位先生”，如宾客点头答应，应表示感谢。

（3）如果谈话内容不宜让别人听到，可引领宾客到旁边去谈，切勿靠近耳朵窃窃私语，更不可一边私语，一边用眼睛不时地张望别人。

（4）在与宾客交谈时，应集中注意力，目光应得体地注视对方，表示专心。

（5）交谈时表情自然大方，可伴有适当的手势，但手势要规范和适度，不要过大过多，给人手舞足蹈的感觉。

4. 优质服务语言

随着社会产品的极大丰富和人们生活质量的提高，顾客正从单一的追求物资满足走向追求物资与精神的全方位满足。酒店业的服务理念正在向“顾客满意”方向发展。服务语言的应用中，仅仅做到标准化服务已经难以让顾客满意，应当从标准化服务语言向个性化服务语言、亲情化服务语言发展。

（1）个性化服务语言设计。

个性化服务语言是一种特殊的服务语言，指服务中在标准化服务语言的基础上设计针对不同顾客群、具有个人特点的差异性的服务语言。让接受服务的宾客获得满意加惊喜的感觉，从而留下深刻印象，成为回头客。个性化服务语言设计的前提是了解顾客。与标准化服务语言相比，个性化服务语言具有主动性、创新性、针对性、满足性、灵活性、持续性、多样性的特点（见表 3–2–2）。

表3–2–2　标准化服务语言与个性化服务语言对比

语言功能类别	标准化服务语言	个性化服务语言
预订语	您好，给您安排的是3楼的××包间。	××先生您好，给您安排的是3楼的××包间，这个包间靠里，比较安静，而且通风效果不错，适合朋友聚会，您满意吗？
欢迎语	您好，欢迎光临！	先生您好，感谢您下雪天还特意光临我们酒店，外面天冷吧？来，里面请！
问候语	先生，您好！	××先生您好！中秋节快乐！我们已经恭候多时了！
指示语	先生，请用茶水！	××老师您辛苦了，赶紧喝点茶水润润嗓子。
应答语	不客气！	愿意为您效劳！
致歉语	对不起！	请接受我们的歉意！
征询语	先生坐这里好吗？	××先生，还是坐老位置吗？
祝福语	××先生，生日快乐！	××先生生日快乐！祝事业有成、前程似锦！（对青年人） ××先生生日快乐！祝步步高升、心想事成！（对中年人） ××先生生日快乐！祝福如东海、寿比南山！（对老年人）

（2）亲情化服务语言设计。

亲情化服务语言是指在酒店亲情服务过程中，把服务语言从称谓到交谈内容都赋予亲情的一种特殊的服务语言。是在标准化服务语言、个性化服务语言基础上的更高层次的服务语言。这种语言传递的思想感情是“把客人当亲人、家人，酒店就是客人的家外之家”。其核心是让顾客满意、惊喜与感动。亲情化服务语言具有规范性、主动性、持续性、亲切性、灵活性、超满足性、幽默、创新性、普遍性等特点（见表 3–2–3）。

表3-2-3　标准化服务语言与亲情化服务语言对比

语言功能类别	标准化服务语言	亲情化服务语言
预订语	您好，给您安排的是3楼的××包间。	××先生您好，特意给您安排3楼的××包间，这个包间透过窗户就可以看到外面的青山绿水、杨柳依依，特别适合朋友聚会，您满意吗？
欢迎语	您好，欢迎光临！	先生您好，感谢您光临我们酒店，外面天冷吧？来，里面请！
问候语	先生，您好！	××先生，中午好！您儿子真可爱！
指示语	先生，请用茶水！	××老师您辛苦了，赶紧喝点茶水润润嗓子。
应答语	不客气！	很高兴为您服务！
关怀语	××女士，请注意身体健康！	××女士，今天下雨天气凉，您外出要注意身体，不要感冒了！
征询语	××女士，坐这里好吗？	××女士，这个靠窗的座位比较安静，很有情调，坐这里好吗？
祝福语	××先生/小姐，生日快乐！	祝××先生70岁生日快乐！祝您福如东海、寿比南山！ 祝××小姐越来越漂亮！
推销语	口水鸡是最有川东特色的名菜。	口水鸡是最有川东特色的名菜，“口水鸡呀口水鸡，阿妹做菜好手艺。麻辣酸甜有鲜香，川菜川妹一出戏”。

二、师傅强调

1. 得体的服务语言

正确而礼貌地称呼宾客，用词文雅，使用规范、合乎礼仪的礼貌用语；避免使人为难的话题；避免争执，要善用幽默，掌握语言应变能力。

2. 恰当的表情与声调

服务人员在与宾客交谈中要做到语音标准、语速适中、语调柔和、语气谦恭。陈述意见要尽量做到平稳中速。在特定场合下，可以通过改变语速，让宾客清晰听见而不引起反感。掌握语音、语速、语调、语气的正确使用，音量高低适中，表达出对待宾客的尊重和礼貌。

3. 使用正确的身体语言与面部表情

语言交流中使用恰当的肢体语言以达到良好的沟通效果。如倾听时，前倾着身体表示愿意沟通、愿意提供热诚服务的积极心态，让宾客直观地感受到服务员的专业性和专注性。在倾听日常性话题（无关严肃或重要话题）时，一定要记住面带微笑，身体处于适度前倾的状态，保持视线的合理接触。目光的交流会让对方感觉你确实在认真倾听，能达到充分沟通、交流的目的。

4. 慎重选择与宾客的谈话内容

一般只讲与服务工作有关的内容，如果宾客主动与服务人员聊天，要记住“八不问”，即不问年龄、婚姻、收入、家庭地址、经历、工作、信仰、身体状况。不要谈论这些比较隐私的话题，也不要谈论政治、宗教等敏感话题。

三、徒弟操作

（1）情景表演，为宾客介绍特产与名胜古迹。假设入住无锡桃园山庄大酒店的宾客想请你介绍一下酒店附近好吃的食物和好玩的地方，请组织语言，并配合相应的肢体语言、表情、声音等，热情地为宾客介绍本地的特产和名胜古迹。

本地特产：马蹄酥、酱排骨、小笼包、油面筋、太湖银鱼、太湖珍珠、水蜜桃、锡山泥人。

水城特产：马大郎烧饼、拖炉饼、家乡奶奶粽、月饼、苏北猪肉、香肠。

名胜古迹：华西村、江阴中山公园、徐霞客故居、长江大桥、黄山湖公园、鹅鼻嘴公园、唐城、三国城、水浒城、鼋头渚、灵山大佛。

（2）学习者分小组，根据表 3–2–1 面对面交流评价标准对小组成员以上训练进行点评并给出提升建议。

小组成员得分	点评与建议

四、师傅提示

1. 讲究礼仪

与人交往，讲究礼仪是最起码的要求，尤其是面对交往不深的人，“礼多人不怪”。待人接物时，态度诚恳，讲究礼仪，给人一种舒适、友好、温馨的感觉，可以营造一种良好的沟通氛围，使对方更容易接受自己。

2. 注意停顿

说话时的停顿其实也是一种艺术。巧妙地运用停顿不仅能使讲话层次分明，还能突出讲话的重点，吸引听话人的注意力，让听话人更容易明白所讲的内容。如果不懂得运用停顿，滔滔不绝地一直讲下去，势必使对方感到一种压迫感，从此不喜欢听你说话。

3. 恰当使用幽默

幽默的谈吐能使人轻松愉快，还可活跃气氛，迅速打破过于拘谨的气氛。但如果说笑话不注意时间、场合，甚至开玩笑过头，则可能适得其反，既损伤了对方自尊心，又使双方关系变得十分紧张。

4. 不要轻易打断对方的讲话

一方在谈论某个问题或叙述某件事时，听者不应该轻易打断说话者的话，应该等其说完后再提问或发表自己的见解，同时在倾听的时候给对方积极的回应，鼓励对方继续讲述下去。如果中间确有必要插上一两句话，应预先打招呼，说声：“对不起，请允许我插一句。”

5. 沟通中不要指出对方的错误

沟通的目的不是去不断证明对方是错的。生活中我们常常发现，很多人在沟通过程中力求证明自己是对的，但却十分不得人缘；沟通天才认为事情无所谓对错，只有适合还是不适合而已。所以如果不赞同对方的想法时，不妨还是仔细听他话中的真正意思。若要表达不同的意见时，切记不要说：“你这样说是没错，但我认为……”而最好说：“我很感激你的意见，我觉得这样非常好，同时，我有另一种看法，不知道你认为如何？”“我赞同你的观点，同时……”要不断赞同对方的观点，然后再说“同时……”而不说“可是……”“但是……”顶尖沟通者都有方法进入别人的频道，让别人喜欢他，从而博得信任，表达的意见也易被别人采纳。

五、徒弟记忆

根据所学内容，写出面对面交流中（表情、声调、语言表达、肢体语言、交流距离、注意倾听等方面）的主要注意事项。

面对面交流	注意事项

【徒弟拓展】

技能拓展

1. 适当调整谈话距离

人与人之间的交往通常要保持一定的距离，这种距离受到个体之间由于相容关系不同而产生的情感距离的影响。一般来说，朋友之间聊天可以保持在 0.46~1.2 米，但是距离并不一定总是产生美，有时候恰恰是这个距离成为你和朋友之间隔阂的罪魁祸首。与朋友谈话时，可以稍微迈近一点，你会发现站得近，你们的心灵也更近了一些。在与人交流的过程中，把手放在对方胳膊上，可以帮助谈话者双方建立默契。触碰对方的胳膊，你会发现你们的情绪都变得平和，面对你提出的要求，别人比较容易接受。当然不能太近，要注意分寸，不熟的人太亲密会给对方一种不适感。

2. 赞美他人

马斯洛的需要层次理论说："每个人都希望实现自己的价值，都渴望被别人认可，所以在人际交往中，能够发现别人的优点，并及时给予称赞，对方会有一种满足感和受尊重的感觉。"告诉老妈她做的菜很美味、感谢男友多等了你十分钟，学会真诚而主动地赞美人，发现别人的优点，马上赞美他。表达正面而积极的观点时，你也敞开了心扉，和对方的联系进一步加深。俗话说"投桃报李"，一段时间后，你会发现自己才是最大的受益者，要知道，施比受更加幸福。

3. 主动沟通

在职场打拼，跟上司的沟通始终应当放在我们工作的首位，与上司进行积极主动的沟通非常重要。下属的主动沟通行为是上司所希望和喜欢的，上司们都赞赏自己的下属具有主动沟通的意识，然而在众多的下属中，具有主动态度和精神的往往是少数人。

4. 面试中恰当地运用谈话的技巧

（1）把握重点，简单明了，条理清楚，有理有据。口齿清晰，语言流利，文雅大方。一般情况下回答问题要结论在先，议论在后，先将自己的中心意思表达清晰，然后再做叙述和论证。否则，长篇大论，会让人不得要领。面试时间有限，神经有些紧张，多余的话太多，容易走题，反倒会将主题冲淡或遗漏。

（2）讲清原委，避免抽象。用人单位提问总是想了解一些应试者的具体情况，切不可简单地仅以“是”和“否”作答。应针对所提问题的不同，有的需要解释原因，有的需要说明程度。不讲原委，过于抽象的回答，往往不会给主试者留下具体的印象。

（3）确认提问内容，切忌答非所问。面试中，如果对用人单位提出的问题一时摸不着头脑，不知从何答起或难以理解对方问题的含义时，可将问题复述一遍，并先谈自己对这一问题的理解，请教对方以确认内容。对不太明确的问题，一定要搞清楚，这样才会有的放矢，不致答非所问。

（4）找到对方的兴趣点。在沟通的过程中，围绕对方的兴趣展开话题，可以理解为站在对方的立场，从维护对方的利益展开谈话，会获得对方的好感，实现自己的沟通目的，进而实现双赢。如面试中如何展开这个话题：请你自我介绍一下？一般人回答这个问题过于平常，只说姓名、年龄、爱好、工作经验，这些在简历上都有。其实，企业最感兴趣的是求职者能否胜任工作，包括最强的技能、最深入研究的知识领域、个性中最积极的部分、做过的最成功的事、主要的成就等。这些都可以和学习无关，也可以和学习有关，但要突出积极的个性和做事的能力。要说得合情合理，不可给人吹嘘之感。同时还要注意肢体语言、声音语调、礼仪礼貌等方面。企业很重视一个人的礼貌，求职者要尊重考官，在回答每个问题之后都说一句“谢谢”，离开时不仅要说感谢给予这次面试机会，最好还要对面试官行一个鞠躬礼。

（5）有个人见解，有个人特色。用人单位有时接待应试者若干名，相同的问题问若干遍，类似的回答也要听若干遍。因此，面试官对类似的回答会觉得乏味、枯燥。只有具有独到的个人见解和个人特色的回答，才会引起对方的兴趣和注意。

（6）知之为知之，不知为不知。面试遇到自己不知、不懂、不会的问题时，不要回避闪烁、默不作声或牵强附会，诚恳坦率地承认自己的不足之处，反倒会赢得主试者的信任和好感。

（7）语气平和，语调恰当，音量适中。语言要含蓄、机智、幽默。

阅读拓展

1. 酒店常用服务礼貌用语

（1）十大敬语。

中文	英文
上午好！下午好！晚上好！	Good morning/Afternoon/Evening!
欢迎光临（桃园山庄）！	Welcome （to Tao Yuan Resort）.

续表

中文	英文
对不起，劳驾。	Excuse me.
我能为您服务吗？	May I help you?
请稍等片刻。	Just a moment， please.
好的，先生\女士。	Yes， sir/madam.
对不起，让您久等了。	Thank you for your waiting.
谢谢（不客气）！	Thank you.（It’s my pleasure.）
祝您过得愉快！	Have a nice day! / Have a pleasant stay with us.
再见，谢谢光临。 欢迎再来！	Goodbye. Thank you for coming. I look forward to seeing you again.

（2）征询应答语。

您有什么事情？

我能为您做点什么？

您有别的事吗？

这会儿打扰您吗？

您需要 ×× 吗？

您喜欢 ×× 吗？

您能够 ×× 吗？

请您讲慢一点好吗？

请您再重复一次好吗？

我明白了。

好的。

是的。

这是我应该做的。

我马上去办。

不，一点都不麻烦。

谢谢您的好意。

非常感谢！

（3）道歉语。

实在对不起。

这是我的过错。

打扰您了。

是我工作马虎了，一定改正。

真不好意思，让您受累了。

非常抱歉，刚才是我说错了。

您提的意见很好，我们一定采纳以改进工作。

（4）酒店常用十字礼貌用语。

“您好”“请”“谢谢”“对不起”“再见”。

2. 不同类型的称呼

（1）职务性称呼。

在日常工作中，可以以交往对象的职务相称，以示身份有别、敬意有加，这是一种很常见的称呼方式。这种称呼方式常见的有以下三种情况：

第一，仅以职务相称。例如，“部长”“经理”“主任”等。

第二，职务之前加上姓氏。例如，“周总理”“李处长”“张院长”等。

第三，职务之前加上姓名。但仅仅使用于极其正式的场合。例如，“习近平主席”“×× 市长”等。

（2）职称性称呼。

对于具有职称者，尤其是对于中、高级职称者，可以在工作中直接以职称称呼。常见的有：

第一，仅以职称相称。例如，“教授”“工程师”“会计”等。

第二，职称之前加上姓氏，这样的称呼相对比较常用。例如，“赵编辑”“龚研究员”“王工程师”等。有时，这种称呼也可以约定俗成地简化，如“吴工程师”简称为“吴工”，但是对于这种简称的使用要特别注意，应确保不会发生误会和歧义。

第三，职称前加上姓名，这通常适用于极其正式的场合。例如，“安文教授”“杜静华主任医师”等。

（3）学衔性称呼。

在工作中，以学衔作为称呼，不仅可以在一定程度上增加其权威性，还可以有助于增强现场的学术气氛。常见的有：

第一，仅以学衔相称。例如，“博士”。一般对学士、硕士不称呼学衔。

第二，学衔之前加上姓氏。例如，“高博士”。

第三，学衔之前加上姓名，通常适用于正式的场合。例如，“劳静博士”。

第四，将学衔具体化，说明其所属学科，并在其后加上姓名。例如，“史学博士周燕”“工学硕士郑伟”等。这样的称呼形式最为正式。

（4）行业性称呼。

对于从事某些特定行业的人，可直接称呼对方的职业，常见的行业性称呼方式有：

第一，直接以被称呼者的职业作为称呼。例如，“老师”“教练”“警官”“医生”等。

第二，在行业称呼前，加上姓氏或姓名。例如，“张老师”“王大夫”“××警官”等。

（5）泛尊称。

社交场合常用：一般约定俗成地按性别的不同分别称呼“小姐”“女士”或“太太”“先生”等。在公司、外企、宾馆、商店、餐馆、歌厅、酒吧、交通等行业，此种称呼极其通行。在此种称呼前，也可以加上姓氏或姓名。

在国际交往中，一般对男子称“先生”，对已婚女子称“夫人”，对未婚女子称“小姐”。对不了解婚姻状况的，可称“小姐”。

在职场或社交场合中，代词多用“您”来称呼，如“请问您……”“麻烦您……”等。

（6）姓名性称呼。

在工作岗位上称呼姓名，一般仅限于非正式场合中的平辈朋友、熟人、同事、同学之间。常见的有：

第一，直呼姓名。上司称呼下级、长辈称呼晚辈时。在亲友、同学、邻里之间，也可以使用这种称呼。

第二，只称其名，不呼其姓，显得关系较亲近。通常限于同性之间，尤其是上司称呼下级、长辈称呼晚辈时。在亲友、同学、邻里之间，也可以使用这种称呼。例如，“俊杰”“力宏”等。

第三，只呼其姓，不称其名，但是要在姓之前加上“老”“大”“小”等，这样可以增加亲切感。例如，对于年长于己者，可以称呼“老李”；对于年幼于己者，可以称呼“小吴”“小马”。此类称呼一般常见于职业人士之间。

（7）亲属性称呼。

亲属是指与本人有直接或间接血缘关系的人。在中国传统文化中，在外人面前，对于本人的亲属的称呼应选择谦称，对他人的亲属应选择敬称。

① 对本人的亲属应该采用谦称：

第一，对于辈分或年龄高于自己的亲属，可以在称呼前加上“家”字。例如，“家父”“家兄”等。

第二，对于辈分或年龄低于自己的亲属，可以在称呼前加上“舍”字。例如，“舍弟”“舍侄”等。

第三，对于自己的子女，可以在称呼前加上“小”字。例如，“小女”“小婿”等。

② 对他人的亲属，应采用敬称：

第一，对于其长辈，宜在称呼前加“尊”字。例如，“尊母”“尊兄”等。

第二，对于其平辈或晚辈，宜在称呼前加“贤”字。例如，“贤妹”“贤侄”等。

第三，若在称呼前加“令”字，一般可不分辈分或长幼。例如，“令堂”“令爱”“令郎”等。

3. 称呼的注意事项

（1）要区分不同的对象和场合。如到同学或同事家，对其父母就不能称职务，要称

“伯父”“伯母”或“叔叔”“阿姨”。恋人、夫妻之间亲昵的称呼不宜在公开场合出现。尤其要注意区分正式场合和一般场合，区分书面语和口头语的使用。特别是对领导、尊者的称呼，在正式场合和书面文件上要规范，一般要用全称。但在一般场合和口头语上，现代人往往用简称，尤其是省略“副”字，也算是一种敬称，未尝不可。对令人敏感的姓氏谐音，如“郑 ××”“傅 ××”，就要特别注意不要引起误会和尴尬。即使在一般场合，也应该说出其“姓名＋职位”的全称，而不宜说成“郑副校长”“傅正校长”，最好介绍说:“……校长傅 ×× 教授（先生）”“……副校长郑 ×× 教授（先生）”。

（2）在多人交谈的场合，要顾及主从关系。称呼人的顺序，一般为先上后下，先长后幼，先疏后亲，先女后男。

（3）称绰号要讲分寸。绰号一般只用于同龄人之间，在非严肃场合显得亲切，但不能伤害对方的自尊心，更不能侮辱人格。

（4）要考虑风俗习惯。如称“老大爷”，农民感觉亲切。又如天津人称年轻姑娘为“大姐”，在徐州“大姐”是对青年与中年女性的泛尊称，陕西人习惯称男子为“师傅”，山东农村的男丁乐于被称为“二哥”。

（5）语言要文明。与人打交道，必须先有正确的称呼，无称呼是不礼貌的。如有些人开口就是“喂”“老头子”“卖菜的”“当兵的”等，既不尊重别人，也显得自己没有修养。

（6）不使用不恰当的称呼。在职场，尽量不要使用地方性称呼，如山东人爱称人“伙计”、南京人爱称人“师傅”，这样的称呼具有一定的地域性，在全国不通行，有时还会引起误会。如广东等地的南方人把“师傅”当成是出家人，把“伙计”当成是打工仔。在职场也不适宜使用“老大”“哥们”等称呼，显得庸俗低级。在职场更不能使用“宝贝”“亲爱的”“哥”“姐”等昵称，显得幼稚，不成熟。

4. 世界各国的姓名问题

姓名是一个人不可或缺的社会标识，美国成人教育大师卡耐基曾经说过:“一个人的姓名是他最熟悉、最甜美、最妙不可言的一种声音。”姓名是称呼的主要组成部分，但是由于世界各国的文化历史不同，风俗习惯各异，姓名的组成和顺序也有区别。世界各国的组成大致有以下三种情况:

（1）前姓后名。

许多亚洲国家，是姓在前，名在后，如中国、日本、韩国、越南、柬埔寨、新加坡等，欧洲的匈牙利人的姓名也是如此。

在中国港、澳、台地区，女性结婚后，其姓往往是双份的。如华国岚小姐嫁给钱钟海先生后，她的姓名即为钱华国岚，这时，应当称她为钱太太。

日本人的姓名排序方式是姓在前，名在后，日本人的姓大多与一定地区、地理环境有关，如岗村、田中、山口等。对日本人一般可只称姓，熟人间也可只称名，对男士表示尊重，可在姓后加上“君”，如“岗村君”。

（2）前名后姓。

在一些英语国家，如英国、美国、澳大利亚等，姓名一般也是由名和姓组成，但通常是名在前姓在后，如 William Kennedy。女性通常都是婚前用自己的姓名，婚后在自己的名前加上丈夫的姓。口头称呼英美人，一般只称姓，亲密的朋友间可只称名。

法国人的姓名一般由两节或三节组成，前一、二节为名字，最后一节为姓；西班牙人的姓名常由三、四节组成，前一、二节为本人的名字，第三节为父姓，最后一节为母姓；俄罗斯人的姓名一般由三个字节组成。姓名的排列顺序通常是本人名字、父亲的名字、家族的姓，如弗拉吉米尔·伊里奇·列宁。未婚女性用父姓，已婚女性用夫姓，父亲和本人的名字不变，口头称呼一般可只称姓或只称名。

5. 倾听在沟通中的作用

（1）能表达对宾客的尊重。

在服务过程中，服务员耐心专注地听宾客说话，可以给宾客满足感，激发宾客的表达欲望。这种倾听态度也意味着重视宾客，而且愿意按照宾客的合理意愿来满足他们。这些都能在心理上给宾客一种认同感，使宾客在第一时间就接纳我们的服务。

案例：

曾经有个小国的使节到中国来，进贡了三个一模一样的金人，在奉上金人的同时还出了一道题目："这三个金人哪个最有价值？"

皇帝将三个金人拿在手里仔细地端详，看不出有什么不一样，大臣们也想了许多办法，但就是不知其中的奥秘。国君只好请来京城最好的珠宝匠检查，称重量，看做工，还是没有找出最有价值的金人来，怎么办？

泱泱大国，不会连这件小事都解决不了，被小国笑话吧？一时间急坏了国王和满朝的文武大臣。

最后，有一位退位的老大臣说他有办法。皇帝将使者请到大殿，老臣胸有成竹地拿着三根稻草，插入第一个金人的耳朵里，这稻草从另一边耳朵出来了。

第二个金人的稻草从嘴巴里直接掉出来，而第三个金人，稻草进去后掉进了肚子，什么响动也没有。

案例评析：

以上案例中三个小金人哪个最有价值？第三个金人最有价值！因为他善于倾听。

古希腊先哲苏格拉底也说过："上天赐人以两耳两目，但只有一口，欲使其多闻多见而少言"。所以，作为饭店的服务人员，要善于倾听。听，不仅可以使我们获得宾客的信息，更能领会宾客的意图与需要，才能更好地为宾客服务。

启示：饭店服务人员在工作中应学会把说话的权利让给宾客。

（2）能了解宾客的真实想法。

饭店服务人员要学会倾听，用心聆听是特别重要的，要养成换位思考的习惯，要理解宾客说话的内容，如果听不懂，就麻烦宾客再说一遍，直到听懂为止，听懂后不仅要分析，还要观察，弄清话语下的真实意思。只有这样，才能站在宾客的角度思考问题，选择最适合宾客的服务方式与服务语言。

案例：

美国知名主持人林克莱特访问一名小男孩，问他："你长大后想要做什么呀？"小男孩天真地回答："嗯，我要当飞机驾驶员！"

林克莱特接着问："如果有一天，你的飞机飞到太平洋上空所有引擎都熄火了，你会怎么办？"

小男孩想了想："我会先告诉坐在飞机上的人绑好安全带，然后我挂上我的降落伞跳出去。"当现场观众笑得东倒西歪时，林克莱特继续注视着这孩子，想看他是不是自作聪明的家伙。没想到，此时孩子的两行热泪夺眶而出，这才使林克莱特发觉这孩子的回答远不是这么简单。

于是林克莱特问他："为什么要这么做？"小男孩的答案透露出一个孩子的真实想法："我要去拿燃料，我还要回来！"这时候现场的观众都沉默了，眼眶慢慢地湿润了。就差一句话，险些让一个勇敢、有责任心、有悲悯之情的小男孩被误认为是个自以为是、毫无责任感的人。

分析：

这段简单的成人与儿童间的对话如果不进行充分沟通，不认真倾听，甚至是没有耐心听别人说完话，就能产生这么大的误会。那么在酒店形式多样的服务中，也很可能发生很多误解。

（3）能充分获取宾客的信息。

倾听是获取信息最直接、最有效的办法。获取的信息可以是直接的信息，即说话者直接说出来的内容，如时间、地点、发生什么事等，也可以是间接信息，如宾客的情感表达，这些都需要我们仔细倾听。

案例：

某酒店的中餐厅，正值晚餐高峰期，每位服务员都在各自的岗位上忙碌着。服务员小王在巡台时，突然听到一位先生在对一位女士说："真的很凑巧啊，今天居然是您的生日，那我特别荣幸能请您共进晚餐。"小王听到这句话后快速走到领班旁边说明了情况。过了一会儿，餐厅经理亲自送来了一个生日蛋糕，并代表餐厅所有工作人员给宾客送上了真挚的祝福。这位女士很惊喜，对酒店的服务十分满意。

案例评析：

以上案例说明，服务员在做好本职工作的同时，如果能善于倾听，甚至是在不经意间听到，也能够捕捉到各种信息，就此为宾客提供有针对性的个性化服务。只有这样，才能让宾客感受到我们精心和贴心的服务，给宾客带来满意加惊喜的感受。这就是倾听的魅力。

案例链接——筷子掉地上的寓意

晚餐时，酒桌上气氛非常好，宾主碰杯祝福，当班服务员热情服务。这是内地的王老板为欢迎台湾的杨先生来大陆投资而举办的宴会。

突然，有位服务员在服务中转身时，不慎将杨先生桌上的筷子碰落在地。“对不起，真是对不起啊！”服务员赶紧道歉，杨先生的脸上顿时不悦，一直盯着服务员的一举一动，刚举起的酒杯就停在手上。大家看到这样的场面都在打圆场，都说服务员怎么这么不小心。服务员这时候也很紧张，也不知道该做什么。杨先生小声地说：“真是不吉利啊，这筷子落地就是落第，考试落第，名落孙山，倒霉呀，这是我第一次来大陆投资，怎么就这么不顺啊！”服务员一听，更慌了。手足无措，只是一个劲地说对不起，祸不单行，一紧张又把桌上的小汤匙打碎在地。

桌上的人霎时都安静了下来，因为谁都不知道该怎么安慰杨先生。就在这时，餐厅的女经理及时来到这桌宾客面前，拿起邻桌上的一双筷子，恭恭敬敬地双手递上，嘴里发出一阵欢快的笑声：“杨先生，您好，恭喜您啊！筷子落地就是筷落，也就是快乐，预示着您在大陆投资做生意都是快快乐乐、顺顺利利。”接着又说“还有汤匙也碎了，我们中国有句老话岁岁平安，这是吉祥的兆头！这两样加起来就是好事成双，您这次在大陆的投资，一定快乐，一定平安！”

周围的宾客一听，都纷纷举杯恭喜杨先生，杨先生也马上转怒为喜，举起手中的酒杯，站起来笑着说：“小姐，你说得真是好！借你的吉言和口彩，我们大家都快乐平安，预祝我们的合作事业成功！来，大家一起干了这杯酒！”

案例点评：

在此案例中，餐厅的女经理十分聪明地运用语言化解了一次危机。许多商人在做生意时十分讲究兆头，对突发的事件常常会运用谐音法进行解释。筷子掉在地上、汤勺打碎确实是服务人员的工作失误，而且让人联想到不详的预兆。这时真诚的道歉或者送礼物进行补偿都不是宾客所希望得到的，只有将这次事件解释成一个吉祥的兆头才真正解决问题。俗话说：“一句话逗人笑，一句话也能使人恼。”语言对人们的沟通交流影响很大。因此，在工作中，要充分运用我们的聪明才智，灵活运用语言化解危机、解决难题，为事业大厦添砖加瓦。

礼貌用语

得体表达

同理心倾听

友好寒暄

岗位服务形象塑造

项目一　前厅服务形象塑造

前厅部（Front Office）又称总服务台，被喻为酒店的“大脑”和“神经中枢”，主要负责接待宾客、销售客房商品、组织接待和协调对客服务、销售餐饮娱乐等服务产品、沟通与协调酒店各部门、为宾客提供各种综合服务的对客服务部门。前厅服务人员规范有礼的服务能让客人立即感受到酒店的档次和服务水准，突出的礼仪包括站姿礼仪、走姿礼仪、手势礼仪、引领礼仪、问候礼仪、沟通礼仪等。前厅部服务人员的服务是否到位、礼仪是否规范，将会直接影响宾客对酒店的评价与印象。

任务一　机场代表形象塑造

【企业标准】

表4-1-1　电话联系考核标准

	评价标准	分值	最后得分
前厅服务形象标准	仪容仪表规范（仪容大方、精神饱满、服饰整洁挺括）	20分	
	动作规范（站姿、走姿、蹲姿、鞠躬、手势等）	20分	
	语言规范（问候、交流沟通）	30分	
	优质服务（主动、礼貌、热情、周到）	30分	
总分		100分	

【师傅要求】

1. 接待前工作准备充分。
2. 场站接待服务礼仪规范。
3. 提拿行李服务礼仪规范。
4. 引导服务礼仪规范。
5. 引领宾客上车入座礼仪规范。

（见图 4–1–1）

图4–1–1　帮助宾客提拿行李

【师徒互动】

一、师傅讲授

酒店的机场代表简称机代，是酒店专门安排去机场接送宾客的员工，是酒店为宾客提供前厅延伸服务的专职人员。他们每天根据酒店头一天安排的接送机（宾客订的饭店的车）来安排自己的工作，机场代表的主要工作内容包括场站接待服务、提拿行李服务、引导服务、乘车服务等。

1. 接待前的准备工作

（1）宾客信息准备。机场代表应提前掌握宾客信息，如宾客名单以及宾客所乘坐的交通工具、班次、抵达时间，根据宾客旅途的远近、交通工具的便捷性、宾客的爱好和忌讳、是否有残疾人、气候变化以及随行人员的身份、国籍、年龄、性别等因素，预测宾客携带行李的数量和规格，并提前准备好接站牌及接站车辆等相关接站所需用品。

（2）接站牌要规范。接站牌的写法要规范，一般接站牌有两种写法，一种是饭店店徽加被接宾客姓名，另一种是饭店店徽加被接宾客单位名称。接站牌的材质要规范，要用专用材料制作，不得用纸张代替。接站牌的尺寸要规范，一般接站牌长 60 厘米、宽 40 厘米，手柄长 120 厘米。此外，为方便携带，也有饭店使用折叠式接站牌。接站牌的内容要规范，应包含饭店名称、饭店标志、被接宾客名字中英文及宾客母语等标志。接站牌要用标准色及中英文书写，字迹应大而清晰、醒目，易于识别，字体颜色应尊重宾客所在国的风俗习惯。

（3）接送车辆要规范。酒店接站车辆必须整洁、美观、大方，其形象要与酒店形象一致，规格与宾客身份和被接人数相符；酒店接站车辆必须保证标志清晰、摆放位置明显且合理，便于宾客找寻和上车；工作人员要提前检查接站车辆状况，保证车窗干净，车厢整洁、空气清新，并使车内温度保持在人体适宜温度。为了体现细节和贵宾服务，车厢内应配有齐全的服务设施，如雨伞、急救箱、挂衣钩、矿泉水、轮椅或残疾人座位等。

2. 场站接待服务礼仪规范

机场代表应服饰鲜明、整洁、挺括，精神饱满地等待宾客到来。

提前半小时到达机场、车站，高举接站牌。客人走来要主动向客人做自我介绍，包括称呼、问候、姓名、单位、目的、愿望等要点，如“王先生，您好！我是桃园山庄大酒店前厅部的刘敏，专程来接您。非常欢迎您来到无锡，入住桃园山庄大酒店！”如果不认识宾客但事先通过图片对宾客有所了解，见到要迎接的宾客走来，可以主动上前迎接宾客，并对宾客说：“您好，请问您是 ×× 先生（小姐）吧？我是 ×× 酒店派来迎接您的，我叫 ××。”待双方身份确认无误后，用规范的手势将宾客引领到接站车辆停放处。

3. 提拿行李服务礼仪规范

（1）主动帮助宾客提拿行李。机场代表帮助宾客提拿行李时要热情主动，但需要注意手提包和女士随身携带的物品原则上不宜提拿。如宾客手提物品和手提包过重，可征求宾客的同意后再帮其提拿。帮助宾客提拿随身手提包时，不要让这些物品离开宾客的视线，以使宾客对自己的物品有安全感。

（2）机场代表帮助宾客提拿行李时一定要轻拿轻放，应将行李摆放整齐，对于易碎或贵重物品更要小心提拿，切忌随地丢放或重压。

4. 引导服务礼仪规范

机场代表在引导宾客到接站车辆停放处的过程中，要按照引导服务的标准礼仪规范进行引导。

（1）单行行进时，标准引导礼仪规范是引导者应走到宾客左侧前方 1~1.5 米处。由于机场和车站的特殊性，接站地方人来人往，因此，机场和车站不强行要求引导者在宾客斜前方约 1.5 米处引导，以防宾客跟丢，可采取并排行走方式。

（2）并排行走时，要遵循内侧高于外侧的原则。所以引导者应在外侧行走，请来宾走在内侧。当来宾人数众多且身份有别时，引导者依然走在外侧，职位最高的领导走在中间，内侧的位置居次。但来宾人数较多时不宜采取此行走方式，以避免给他人带来不便。

（3）引导中用自动滚梯时要注意，上行时引导员在后面右侧，下行时在前面右侧，以便宾客发生意外或一脚踏空时及时帮助，同时为后面急行者让出通道。当自动滚梯到达相应的楼层时，引导员要快步向前继续走到宾客前方进行引导，避免宾客因不知方向而茫然。

（4）在出入机场、车站大门时，如果不是自动门，引导者应先行一步，推开或拉开大门，让宾客先行通过，然后关上大门，赶上宾客。关门时要轻，不要发出大声响，这是不礼貌的。

5. 引领宾客上车入座

机场代表礼貌地引领宾客到车上就座，所有语言和动作必须按照礼仪规范执行。

（1）开门服务。宾客上车时，先为宾客打开车门，注意宾客上车后再轻轻关上车门，动作要轻盈，避免蛮力。

（2）安排入座。如果宾客较多，可事先在座位上标明宾客的座次，或宾客自行先后入座。

（3）上车顺序。来宾先上车后下车，机场代表后上车先下车。

（4）女士上下车方式。如果机场代表是位女士，着短裙上下车时要注意优雅大方，为了避免走光。常用的上下车方式为背入式上车、正出式下车。

①背入式上车。上车时站在座位边上背对车内，面对车外，可采用半蹲捋裙摆的入座姿势，臀部先入座，轻轻坐在座位上，上身及头部再入内。入座后，以手臂为支点，腿脚并拢提高，然后将脚平移收入车内。腿脚入座后，略微调整身体位置，观察是否所有人都已上车，如是，就可一只手扶椅背，一只手关上车门。

②正出式下车。下车时身体保持端坐状态，正面面对车门，头略侧向一边。伸出靠近车门的手，打开车门，双脚双膝并拢，平抬起，同时双脚移出车门外，身体随之转动。双脚、膝盖并拢着地，一手撑着座位，一手轻靠门框，身体逐渐移出车门。注意从车内移出时双脚可略分开，但必须保持膝盖并拢。起身后身体直立，然后转身关车门，关门时不要东张西望，同时避免力度太大。

二、师傅强调

1. 仪表礼仪

（1）服饰鲜明、整洁、挺括。

（2）头发、面部干净整洁。

（3）干净卫生，口气清新。男员工不留胡须，女员工化淡妆。

（4）保持手部清洁，指甲较短。

2. 仪态礼仪

（1）站姿挺拔，美观。

（2）走姿平稳，均匀，从容。

（3）手势大方得体。

（4）眼神礼仪和微笑礼仪恰当。

3. 语言交流礼仪

（1）问候礼仪。微笑鞠躬问候："先生 / 小姐您好！"

（2）征询礼仪。礼貌、主动询问："请问您是 ×× 先生（小姐）吧？我是 ×× 酒店派来迎接您的，我叫 ××。""请问我可以帮您拿行李吗？"

4. 接待礼仪

（1）行李要轻拿轻放，并将行李摆放整齐。

（2）引领中请客人走尊位，并要配合得体的手势、语言进行引领。

（3）机场代表引领宾客上车入座时要注意主动为宾客服务，先下车后上车。

三、徒弟操作

请学生进行角色分工，扮演某酒店机场代表和客人。迎接宾客前做好相应准备，在机场手举接站牌等候客人，客人抵达时，机场代表主动上前询问、帮助提行李、引领客人到机场停车场上车入座。三位同学一组，表演时请一位同学作为旁观人员，为两位表演者进行点评，参考表 4–1–1 机场代表形象评价标准进行打分，然后交换角色。

角色分工（得分）	意见与建议
机场代表1：	
客人1：	
机场代表2：	
客人2：	
机场代表3：	
客人3：	

四、师傅提示

（1）提前了解宾客的情况，如宾客的国籍、信仰和忌讳等。

（2）举拿接站牌时要站姿端正，抬头挺胸，不要来回晃动接站牌，或倚靠在接站牌上。

（3）提拿女性宾客行李时要特别注意，因为女性顾客的提包中常常放着化妆水、护肤霜之类的瓶装物品，防止这些物品碰碎而引起宾客的不快甚至是投诉。

（4）引领宾客时，要注意将尊位留给客人，如行走方向的右侧、道路的内侧，景观良好的一侧或道路状况更好的一侧留给客人行走。

（5）接待中要注意各项礼仪规范，如开车前确认宾客人数，要用规范的手势点人数，千万不能用食指指指点点。机场代表如果是女士着短裙，要特别注意上下车的礼仪，防止走光。上下车时可采用背入式，下车时采用正出式。

五、徒弟记忆

根据所学内容，整理机场代表形象塑造中的注意事项。

机场代表接待服务礼仪	注意事项
接待前的准备工作	
场站接待服务礼仪	
提拿行李服务礼仪	
引导服务礼仪	
引领宾客上车入座	

【徒弟拓展】

阅读拓展

1. 小轿车的座次礼仪

目前，国内最常见的车型是双排座五座小轿车。

（1）如有司机驾驶时，以后排右侧为首位，左侧次之，中间座位再次之，前排右侧副驾驶座为末席。

（2）如果由主人亲自驾驶，以驾驶座右侧副驾驶座为首位，后排右侧次之，左侧再次之，而后排中间座为末席。

（3）主人夫妇驾车时，主人夫妇坐前排座，客人夫妇坐后排座，男士要服务于自己的夫人，宜开车门让夫人先上车，然后自己再上车。

（4）主人亲自驾车，坐客只有一人，应坐在主人旁边。若同坐多人，中途坐前座的客人下车后，在后面坐的客人应改坐前座，此项礼节最易疏忽。

（5）女士登车不要一只脚先踏入车内，也不要爬进车里。需先站在座位边上，把身体降低，让臀部坐到位子上，再将双腿一起收进车里，双膝一定要保持合并的姿势。

乘坐小轿车时，应遵循“女士为尊、客人为尊、长者为尊、职位高者为尊”，尊者先上车、后下车。

2. 吉普车的座次礼仪

吉普车无论是主人驾驶还是司机驾驶，都应以前排右座为尊，后排右侧次之，后排左侧为末席。上车时，后排位低者先上车，前排尊者后上。下车时前排客人先下，后排客人再下车。

3. 旅行车的座次礼仪

我们在接待团体客人时，多采用旅行车接送客人。旅行车以司机座后第一排即前排为尊，后排依次为小。其座位的尊卑，依每排右侧往左侧递减。

任务二　门童岗位形象塑造

【企业标准】

表4-1-2　门童岗位形象评价标准

	评价标准	分值	最后得分
前厅服务形象标准	仪容仪表规范（仪容大方、精神饱满、服饰整洁挺括）	20分	
	动作规范（站姿端正、手势规范、鞠躬恭敬）	20分	
	语言规范（亲切、清晰、流畅）	30分	
	优质服务（主动、礼貌、热情、周到）	30分	
总分		100分	

【师傅要求】

1. 仪表仪态规范。
2. 门童手势规范。
3. 开关车门规范。
4. 护顶服务规范。
5. 处理行李规范。
6. 礼貌送别规范。

（见图 4-1-2）

图4-1-2　护顶服务

【师徒互动】

一、师傅讲授

门童（也称 Doorman）是饭店专门负责宾客进出大门进行迎送工作的岗位，这是前厅服务的第一环节，也是酒店的门面，展示着酒店全体服务人员的精神面貌。门童的主要工作职责是负责大门的安全、回答宾客的咨询、为宾客提供本店的服务、替宾客开车门、晚上负责为宾客送客需物品、为宾客打出租车等。

1. 仪表仪态规范

门童着装整洁规范，站立时应头正肩平，挺胸抬头，双手自然下垂或双手叠加下握，两脚分开与肩同宽，眼睛目视前方，面带微笑，站立于大门中央或两侧，随时迎接宾客的到来。

2. 手势规范

宾客车辆到店，门童应使用规范的停车手势进行引导，然后迅速走向车辆，微笑着对宾客表示欢迎。如果需要将车停在停车场的，门童应使用规范的引导手势示意司机，将车停靠在指定地点或宾客方便下车的地方。

3. 开关车门规范

凡是来酒店的车辆停在正门时，都必须趋前开启车门。门童为宾客开门时，应注意拉门的角度，不可太窄。一般而言，用左手拉开车门，同时问候宾客："您好，欢迎光临！"

4. 护顶服务规范

宾客上下车时，门童要用右手挡在车门上沿为宾客护顶，四指并拢，手臂伸直，置于车门上沿，以防宾客头部碰撞车厢门框。见宾客下车，应礼貌地提醒客人"您好，请注意车门"。待宾客下车后，将车门轻轻关上，示意司机离开。

5. 处理行李规范

如果车上有宾客的行李，应立即招呼门口的行李员为宾客搬运行李，协助行李员装卸行李，并注意有无遗漏的行李。如果暂时没有行李员，应主动帮助宾客将行李卸下车。

6. 礼貌送别规范

宾客离开酒店时，门童要主动点头示意，向宾客问候并代宾客打车。宾客乘车离店时，门童应引导车辆停靠在方便宾客上车和装运行李的地方。主动帮助宾客将行李放上车并核实行李件数。站在规定位置，打开车门约 70°，请宾客上车，视宾客具体情况为宾客护顶。等宾客上车后，先关车门，站在汽车斜前方约 1 米处，上身前倾 15°，面带微笑，挥手向宾客告别，目送宾客离开。服务中常用语："祝您一路平安，欢迎您再次光临！""感谢入住本酒店，祝您旅途愉快！"

当团队客人结账离店时，应指挥安排旅游车驶至离饭店大门最近、最便利的位置，帮助行李员出行李，面带微笑向客人行点头礼并道别。待客人与行李均已安置妥当，则指挥司机有条不紊地离开饭店。

二、师傅强调

（1）注重仪表仪态。突出站姿礼仪、走姿礼仪、手势礼仪、引领礼仪，做到既注重礼仪外在形象，又注重礼仪内涵。

在岗位站立时，要腿直、腰直、背直、颈直、肩平。立正姿势，两脚自然开立，到腿、腰、背、颈形成一条直线，使全身骨骼、肌肉伸展，经络血脉畅通。保持姿势端正，挺胸收腹，双手自然地放于背后，两脚平行与肩同宽，严禁倚靠门柱或其他物体。

两肩下压，两臂垂直，尽力下伸，紧贴体侧，但手腕、手指要自然放松。不可脱帽子、手放在口袋里或无目的地走动。避免打哈欠、抠鼻、挠耳等动作，如无法控制，应避开他人正面，用手遮掩。

颈椎向上伸，抬高下颌，闭嘴，舌尖轻抵上齿龈。保持良好的精神面貌、敏锐的观察力，时刻用眼光扫视整个大堂或大门外的车道；严禁打瞌睡或表现出萎靡不振的样子。

（2）文明服务。要求待客有五声：进门有迎声、询问有答声、离去有送声、帮忙有谢声、不周有歉声。

（3）热情主动服务。语言、表情、举止适当。

（4）周到服务。服务系列化，操作有检查，走路轻、说话轻、操作轻。

三、徒弟操作

请学生进行角色分工，扮演某酒店的门童和客人。客人乘坐出租车来到酒店大门口，门童使用引导手势示意司机将车停靠在指定地点、上前为宾客提供开车门、护顶服务，并帮宾客处理行李等。表演时请一位同学作为旁观人员，为两位表演者进行点评，参考表4–1–2门童形象评价标准进行打分，然后交换角色。

角色分工（得分）	意见与建议
门童1：	
客人1：	
门童2：	
客人2：	
门童3：	
客人3：	

四、师傅提示

（1）开车门进行护顶服务时需要注意，宾客如果是信奉伊斯兰教或佛教的宾客，则不能护顶。如无法准确判断宾客的宗教信仰，可示意宾客，提醒宾客不要碰头。

（2）宾客下车时，如遇见老人、儿童、残疾客人，要主动伸手搀扶，倍加关心照顾。但是在服务过程中如遇到欧美人，不要主动搀扶老人，而应先征求宾客的意见是否需要帮助。

（3）门童接待团队宾客时，应多次重复问候语，以便让后面的宾客同样可以听到真诚的欢迎语。如遇到外宾，且司机不懂外语时，门童应协助翻译。

（4）问候宾客时，要目视宾客，切记不可东张西望。

（5）门童为宾客开关车门时要注意顺序，先女宾后男宾，先外宾后内宾。

（6）开小轿车车门时先开朝向酒店大门一侧的后门，再开前门，最后开另一侧的后门。

（7）如遇下雨天，要撑伞迎接以防宾客被雨淋湿。若宾客带伞，可将宾客带的雨伞放在专设的伞架上，并代为保管。

（8）要尽量当着客人的面主动引导出租车或打电话为其联系出租车，并礼貌地按规定热情接待来访者，主动帮助他们寻人，回答客人的问询，绝对不能置之不理，冷漠旁视。

（9）宾客乘车离店时，门童应主动帮助宾客将行李放上车并核实行李件数。

（10）客人离店时，要引导车子开到客人容易上车的位置，并拉开车门请客人上车，在看清客人已坐好，衣裙不影响关门时再轻关车门，向客人微笑道别："谢谢光临，欢迎下次再来，再见！"并招手示意，目送客人离去。

五、徒弟记忆

根据所学内容，整理门童形象塑造中的注意事项。

门童服务礼仪	注意事项
仪表仪态规范	
引导手势	
护顶服务	
处理行李	
礼貌送别	

【徒弟拓展】

阅读拓展

开、关门的礼仪：

开关门的声音一定要轻，乒乒乓乓地关开门是十分失礼的。进他人的房间一定要先敲门，敲门时一般用食指有节奏地敲两三下即可。如果与同级、同辈者进入时，要互相谦让一下。走在前边的人打开门后要为后边的人拉着门。假如是不用拉的门，最后进来者应主动关门。如果与尊长、客人进入，应当视门的具体情况随机应变。

（1）朝里开的门。如果门是朝里开的，应先入内拉住门，侧身再请尊长或客人进入。

（2）朝外开的门。如果门是朝外开的，应打开门，请尊长、客人先进。

（3）旋转式大门。如果陪同上级或客人走的是旋转式大门，应自己先迅速过去，在另一边等候。

无论进出哪一类的门，在接待引领时，一定要"口""手"并用且到位。即运用手势要规范，同时要说诸如"您请""请走这边""请各位小心"等提示语。

任务三 行李员岗位形象塑造

【企业标准】

表4-1-3 行李员岗位形象评价标准

	评价标准	分值	最后得分
前厅服务形象标准	仪容仪表规范（仪容大方、精神饱满、服饰整洁挺括）	20分	
	动作规范（站姿端正、手势规范、鞠躬恭敬）	20分	
	语言规范（亲切、清晰、流畅）	30分	
	优质服务（主动、礼貌、热情、周到）	30分	
总分		100分	

【师傅要求】

1. 热情欢迎，主动提携。
2. 清点行李，指引规范。
3. 引导到位，耐心等候。
4. 电梯服务，细节到位。
5. 敲门进房，放置行李。
6. 房内设施，灵活介绍。
7. 寄存行李，准确无误。
8. 宾客离店，微笑欢送。

（见图 4-1-3）

图4-1-3 电梯服务

【师徒互动】

一、师傅讲授

行李员是酒店的一个重要岗位，属于酒店前厅的服务人员。工作中面对面地为宾客服务，代表酒店欢迎客人，回答客人的提问，为客人提供入住和离店时的运送、寄存、保管行李服务；引领进店客人到前台，协助其办理入住手续；引领进房并向客人介绍酒店房间设施和其他服务设施；主动帮助客人解决困难。行李服务需要较好的仪态礼仪、递接礼仪、沟通礼仪、交往礼仪。行李员工作时站立于大门两侧，其一言一行代表着酒店的形象，因此要求行李员文明，热情、规范地迎接宾客，真诚地为宾客服务。

1. 热情欢迎，主动提携

行李员见到宾客时应主动微笑问候，主动帮助宾客提拿行李，事先应礼貌征询宾客的意愿："先生 / 女士，是否需要我帮您提携行李？"得到宾客允许后，行李员方可接过行李。

到达宾客预订的房间或送出门厅、乘车之前，要明确地将行李交给宾客，并附有交接语言："先生 / 女士，行李请收好！谢谢您，再见！"

2. 清点行李，指引规范

行李员要用外侧手提拿行李，并在宾客前方约 1 米处领路，引领原则是以前为尊、以右为大、女士优先；三人行以中为尊，右边次之，左边为末。步伐节奏应与宾客保持一致，并时常示意宾客行走的方向，引领宾客到前台办理入住手续。

服务常用语言是：

先生 / 女士，您好！我跟您核对一下行李件数，您的行李共有 × 件，对吗？

先生 / 女士，您这边请！

3. 引导到位，耐心等候

引导宾客到前台办理入住手续时，行李员应放下行李，站在离柜台侧边 1~1.5 米处耐心等候宾客，不能提着行李远离宾客。在宾客办理入住手续时，可适时询问宾客是否需要行李寄存服务，如需要，则帮宾客联系行李寄存处。行李员应耐心等待宾客办理好入住手续，从接待员手中接过房间钥匙，引领其前往电梯口乘坐电梯至客房。

4. 电梯服务，细节到位

酒店常见电梯为轿厢式电梯、观光电梯和自动扶手电梯。行李员引领宾客乘坐轿厢式电梯时，需要注意以下几个细节。

（1）到达电梯口时，行李员应放下行李，按下电梯按钮，等候电梯门打开，引导宾客面向电梯的右侧等候，遵守中国右行制的规则。电梯到达时，一手按住开门键，使电梯门保持敞开状态，一手示意宾客先进："× 先生 /× 女士，您请进。"行李员提行李后进。

（2）进入电梯后，原则上行李员应站在电梯的操作盘处，靠边侧站立，不要背对宾客。将行李放在边侧不妨碍其他宾客的地方。中途有宾客进电梯时，行李员要致问候礼。如果中途上电梯的宾客较多，行李员应将房间钥匙交给提供行李服务的宾客，告诉宾客行李随后进房，然后出电梯让后上的宾客先行。

（3）出电梯时，行李员在厢内用手按住电梯开关按钮，并使门保持长时间敞开状态，然后用手示意宾客先行，自己再跟出。如果宾客较多且行李件数较多时，建议使用行李车，此时行李员应先将行李车推出，站在电梯外按住按钮，使电梯保持敞开状态，用手示意，请宾客走出电梯。

（4）如果宾客较多且安排在不同的楼层时，行李员在电梯启动前，应逐一问清宾客所去楼层并牢记在心里。每到一个楼层，应提前告知宾客。对于途中等候电梯的宾客，要口头告知宾客电梯上行和下行的方向，不便口头告知的，可以用手势来表示。

（5）当电梯检修或停止服务时，酒店应放"在检修"或"暂停服务"的指示牌，防止宾客空等或投诉。

如果乘坐观光电梯上楼，应引导宾客面向景观一侧，并视情况对主要景观进行简单介绍。如果乘坐自动扶手电梯，规则是右侧站立，左侧急行，前方为上，尊前卑后。行李员引导宾客面向电梯的右侧等候，宾客上电梯后随行上行，站在扶梯右侧。把左侧通道留给有急事的人，不要双双对对站立而挡住通道。

5. 敲门进房，放置行李

行李员在引领宾客前往客房的过程中，可适当向宾客介绍酒店的基本概况。进入客房前，应用中指或食指的第二指节轻轻敲门扣或房门三下，然后站在房门外正中位置，距房门 30~40 厘米处，目视前方，自报部门及职务名称。如房内无人应答，5 秒后以同样的方法再做一遍，如仍无人应答，可将房门轻轻打开，确认没扣防盗链后，边推门边报身份。

敲门后行李员先进入客房，将房卡插入总开关后，再请宾客进入客房，然后将行李放在行李架上或宾客指定的地方。放置行李时，要正面朝上，提手朝外，方便宾客打开箱子。放好行李后行李员不可立即转身离开，应请宾客核对行李的数量及是否完好。行李员离开客房时，应与宾客道别，并能称呼宾客的姓名，到门口时面对宾客退出客房，轻轻关上房门。

6. 房内设施，灵活介绍

行李员带宾客进入房间后可征求宾客意见是否需要介绍房内设施，如电视、电话、空调等客房设施设备。介绍时目光要与宾客友善接触。介绍完毕，询问宾客是否还有其他需求。如无需求，应将钥匙还给宾客。最后与宾客道别，到门口时面对宾客退出客房，轻轻关上房门。

服务常用语言：

先生 / 女士，您是否介意我为您介绍房间的设施设备？

先生 / 女士，您还需要其他服务吗？

先生 / 女士，祝您住店愉快！

先生 / 女士，您一路辛苦了，好好休息，不打扰了。

7. 寄存行李，正确无误

遇到宾客需要寄存行李时，行李员要检查宾客的行李是否符合存放要求，并让宾客在行李存放单上签字，交由宾客保存的一联要双手递给宾客，递送签字笔或表格等物品时要符合递物服务礼仪规范。存放宾客物品时要轻拿轻放，分类有序地摆放。宾客领取存放物品时，要热情主动，面带微笑，目视宾客，认真核对，保证宾客存放的物品准确，经宾客签字认可后将物品返还给宾客。

服务常用语言：

×× 先生 /×× 女士，早上好！ / 中午好！/ 下午好！/ 晚上好！请问您要寄存行李吗？

×× 先生 /×× 女士您好，请您核对您的行李件数是否正确。

请问您什么时间取呢？

你能告诉我您的房间号码吗？

8. 宾客离店，微笑欢送

宾客离店需要行李服务时，行李员应记清房号、行李件数以及收行李的时间，如果遇到交接班应做好转接工作。避免因工作遗忘而给宾客带来不便或遭到投诉。宾客的行李较多时，手推行李车最好能在 3 分钟内到达宾客房间，并与宾客一起清点行李件数，并将行李摆放整齐。摆放行李时应注意将大件、不怕压的行李放在行李车的底部，西服袋等易皱物品挂在行李车架上。

行李员确认宾客已办理完离店手续后，帮助宾客提行李出店。必要时用手势通知门童，为宾客叫车。宾客离开时，要面带微笑，并致告别语，欢迎宾客下次再入住。

服务常用语言：

×× 先生 /×× 女士您好，请您确认您的行李是否无误。

×× 先生 /×× 女士祝您一路平安，欢迎您再次入住 ×× 大酒店。

二、师傅强调

（1）微笑欢迎。客人抵达时，热情相迎，微笑鞠躬并问好"您好！欢迎光临！"

（2）帮卸行李，看管行李。主动征得宾客同意后为其卸、提行李。客人在办理住宿手续时，应在客人身边等候，随时听从客人吩咐和前台指示。

（3）引导客人，送客到房。引领过程中要注意将尊位让给宾客，原则为：以前为尊，以右为大，女士优先。二人行，以客人居右为原则。三人行，以中间位为尊，右边次之，左边为末，则行李员在最左侧位置；多人行，以最前面为大，越后越小；接近门口，行李员应超前开门，让客人先行；数人同行，应依次行进，不要逾越。转弯时，要微笑向客人示意，以体现对客人的尊重。遇有急事可加快步伐，但不要奔跑、冲撞或从交谈者中间穿行。

（4）进门有礼。行李员在进入客人房间前，无论房门是开着还是关着，都要按门铃或敲门通报。

（5）礼貌告别。先后退两三步，再转身；先转身体，稍后转头。

三、徒弟操作

请学生进行角色分工，扮演行李员和客人，客人抵达时，行李员主动上前微笑欢迎。征得客人同意后，帮卸行李、等候客人办理入住手续、引导客人进入房间、介绍房间设施，最后礼貌告别。三位同学一组，表演时请一位同学作为旁观人员，为两位表演者进行点评，然后交换角色。参考表 4–1–3 行李员形象评价标准进行打分。

角色分工（得分）	意见与建议
行李员1：	
客人1：	
行李员2：	
客人2：	
行李员3：	
客人3：	

四、师傅提示

（1）提行李前要征询客人，如果客人坚持自己携带行李，要尊重客人意见，不可强行提携行李。

（2）贵重物品要尊重宾客意愿，切勿强行提拿。遇到团队宾客有一定数量和重量的行李时，行李员一定要与团队的负责人联系，听取他们的意见。

（3）客人到前台要求寄存行李，行李员应主动问好，“××先生/小姐，您好！请问您需要寄存行李吗？”帮客人填写行李寄存单，问清寄存物品，“请问您的行李装的是什么物品？”“我们酒店规定易燃易爆、食品、易碎品、贵重物品不予寄存。”“请问您什么时间取呢？”“您能告诉我您的房间号码吗？”提示客人寄存行李过夜要收费。

（4）将房卡插入总开关后，请客人先进入房间。开门后，如果发现房内有其他客人的行李、杂物或房间未打扫干净，应立即退出，并向客人道歉，紧急与前台联系，先找一个邻近且干净的房间让客人休息，待前台人员调整好后再将客人带进房间。客人入房后，如对房间不满意要求更换时，应立即与前台联系为客人换房。如果换后仍不满意，提出再换或换回原来的房间，行李员完成换房工作后应将结果通知前台。

（5）行李员带宾客进入房间后要简要介绍电视、电话、空调等客房设施设备，如看到宾客疲惫时，切记长话短说，不要喋喋不休，引起宾客讨厌。

（6）放好行李后行李员不可立即转身离开，应请宾客核对行李的数量及是否完好。但如果客人没有其他要求，应迅速礼貌告别，以免给客人留下等待索要小费的印象。离开前应微笑着说“先生（或小姐、夫人等），请好好休息，再见！”面对客人，后退一步，再转身退出房间，将门轻轻关上。

（7）客人离开饭店时，行李员在接到搬运行李的通知后进入客房之前，无论房门关着还是开着，均要按门铃或敲门通报，听到“请进”声后方可进入房间，说：“您好，我是来运送行李的，请吩咐。”当双方共同点清行李件数后，即可提携行李，并负责运送到车上。如客人跟行李一起走，客人离开房间时，行李员要将门轻轻关上，尾随客人到大门口。

（8）放好行李后，行李员要与大门其他服务人员一起向客人热情告别，方可离去。

五、徒弟记忆

根据所学内容，整理行李员形象塑造中的注意事项。

行李员服务礼仪	注意事项
热情欢迎，主动提携	
清点行李，指引服务	
敲门进房，放置行李	
房内设施介绍	
寄存行李	
欢送宾客离店	

任务四　总台岗位形象塑造

【企业标准】

表4-1-4　总台岗位形象评价标准

	评价标准	分值	最后得分
总台岗位形象标准	仪容仪表规范（仪容大方、精神饱满、服饰整洁挺括）	20分	
	动作规范（站姿端正、手势规范、鞠躬恭敬）	20分	
	语言规范（亲切、清晰、流畅）	30分	
	优质服务（主动、礼貌、热情、周到）	30分	
总分		100分	

【师傅要求】

1. 仪表仪态规范。
2. 欢迎宾客礼仪规范。
3. 住宿预订服务礼仪规范。
4. 办理入住服务礼仪规范。
5. 总台问询服务礼仪。
6. 前台结账退房服务礼仪。

（见图 4-1-4）

图4-1-4　为宾客办理入住

【师徒互动】

一、师傅讲授

总台（也称前台）是酒店管理的一个重要部门，主要承担以酒店客房实际销售为中心的一系列工作。总台接待员是专门负责办理宾客入住登记、离店结账手续以及住宿问讯等工作的。前台接待人员是酒店的“形象代言人”，或称酒店的“门面”。客人对酒店的第一印象和最终印象都在前台形成。

1. 仪容仪表规范

（1）工服。按照酒店标准，着装干净整齐，佩戴铭牌。不得佩戴较夸张的手表，不允许佩戴耳环，佩戴耳钉直径不得超过 1 厘米。

（2）头发。男员工发型：前不过眉、侧不遮耳、后不盖领、鬓角不过中耳线、头发整齐、清洁、不染色、不留怪异发型。女员工发型：长发盘起、额前不得留刘海、头饰颜色与发色反差小、整齐、清洁、不染色、不留怪异发型。

（3）鞋袜。保证工鞋干净无破损，鞋底不得钉金属鞋掌、带声响的铁钉。女员工着肤色连裤袜，男员工着黑色袜子。

（4）铭牌。姓名清楚，无污渍，佩戴在左胸指定位置，不能歪斜。

（5）面容。男员工不得留长胡须或胡须过长，耳朵内外干净，鼻毛不外露。女员工面部整洁、化妆达标、及时补妆。不得戴变色、异形眼镜或有色隐形眼镜。

（6）手指。指甲不得过长、双手清洁。

（7）口腔、身体无异味。身上无文身。

2. 欢迎宾客礼仪规范

（1）态度友好。客人离总台 3 米远时，应予以目光关注。客人来到台前，应面带微笑，热情问候。然后询问客人的需要，并主动为客人提供帮助，口齿清晰，语气轻柔。

（2）礼貌待人。每一位宾客都希望自己能得到酒店的个性化服务。面对多位宾客时，对待宾客要一视同仁，不能给宾客厚此薄彼的感觉。对待重要宾客或熟悉的宾客，可以不露声色、巧妙地加以照顾。

（3）热情高效。保持积极热情的工作态度，文雅礼貌，讲究效率。如果在接待高峰时段客人较多时，要按顺序依次办理，注意“接一顾二招呼三”，即手中接待一位，嘴里招呼一位，通过眼神、表情等向第三位表示关注，使顾客感受到尊重，不被冷落。必要时增加服务人数，以免让宾客等得太久。

（4）精神集中。总台服务一般是站立服务，站姿保持挺拔。工作时要全神贯注，避免出错。

3. 住宿预订服务礼仪规范

（1）宾客进行预订时，预订员要微笑着向宾客介绍酒店的基本情况。必须熟知酒店的全部客房情况，如客房的朝向、朝夕照的程度，闹或静等，尽量满足客人的需求。然后根据宾客的要求和喜好，推荐适合的房间类型并报价。需要注意，报价一般应从中间价开始，然后根据宾客的需要向高或低报价。客人如说“由某某人介绍来”，设法探知介绍者的住所，以便由经理去函致谢。与宾客核对信息，确认无误后存档。

（2）接受宾客预订时，预订员应详细填写预订登记表，确认宾客抵离店时间、提供预订号或预订姓名等信息，并在电话结束前重复确认预订的细节信息。

案例

一天上午总台正是上客高峰期，这时宾馆协议单位陈先生打来电话，他需要预订一个房间，客人将于当晚入住。由于陈先生经常出入宾馆，总台员工对其比较熟悉，便口头答应帮他保留一个房间，并将账目和前一天所开房间挂在一起。接完电话后，因为还有其他宾客需要接待，该员工没有及时将预订的信息按要求进行登记，便开始继续为其他客人办理入住手续。十一点下班时，她早已将陈先生的预订抛在了脑后。

凌晨4点，陈先生预订房间的客人抵达宾馆前台，称是陈先生帮其订了房间，但前台夜班员工并没有在电脑里查到此预订，于是便告知客人：“因无通知和预订，按照要求只能先预付押金开房，等次日接到通知后再退还押金。”第二天，陈先生得知此事非常生气，这位客人是他们单位的重要客户，由于前台的原因让他没有照顾好客人，反而落得如此不愉快，使他觉得很没有面子，遂致电总台要求无论如何给他一个说法。

案例评析

本案例当事员工由于未按照规范的电话预订程序接受客人的电话订房，造成答应客人预留的房间没有预留，引起客人不满，而导致宾客投诉。员工如果能按照规范的程序操作，养成良好的工作习惯，在接听电话时做到随手记录，即使当时总台工作较忙，但是有预订登记表的提示，在做交接班整理的时候，也能及时发现遗漏的工作。

（3）今日的订房必须于前一天确认。订房时不必报给宾客具体房号，否则，因酒店方面的原因造成了换房会给客人甚至酒店带来不必要的误会和麻烦。

（4）将预订客人的姓名、到达时间做成副本，事前分送客房服务台、服务中心及门卫等。自客人下车到进入客房，各部门人员能知道客人姓名并加客人姓氏打招呼，以赢得良好的第一印象。

（5）修改预订。预订被确认后，顾客在抵达饭店前还可能对预订内容做更改，如到达时间、人数、预订房间种类等。更改时要填写更改表，并将有关预订登记工作进行相应的改动，使之保持正确。取消预订必须十分谨慎，因为如果把账错算在已经取消预订的顾客身上，饭店就会处于被动的地位。

（6）客满时应真诚致歉，并主动为客人介绍附近的酒店，良好的服务将带来更多的客人。

4. 办理入住服务礼仪规范

（1）热情待客。目光关注宾客步入前台，与宾客相距10步时微笑致意，与宾客相距 5 步时保持注视和微笑，宾客到达前台时，服务员要用发自内心的愉悦心情接待宾客。热情欢迎、问候宾客，如“先生 / 女士您好，欢迎光临！请问您需要住宿吗？”或“您好，欢迎光临！请问您有预订吗？”对熟悉的宾客可以说：“王总早上好，我们一直在恭候您的光临！请问您这次住几天呢？”注意宾客入住登记时，等待时间不要超过 3 分钟。如遇高峰期，宾客在等待期间内应通过问候或目光接触进行致意。

（2）确认预订。根据宾客提供的姓名或公司名称在电脑中查找预订记录，如果有预订，请宾客出示证件填写登记。如果宾客没有预订，与宾客轻声确认姓名拼写、抵离店日期、客房类型、价格以及登记卡上的特殊要求，适时向宾客推销更高级别的房间，如预订是通过旅行社订房，房费应由旅行社支付，并且房价不得向宾客透露。

（3）核对证件。快速为宾客办理入住手续，敬请宾客填写住宿登记。在验看核对宾客的证件时，要用礼貌语“小姐 / 先生，麻烦您出示您的证件”。检查证件无误后，迅速将证件交还宾客。双手奉上，并提醒宾客收好。当知道客人的姓氏后，应加姓氏称呼宾客：“× 小姐 / × 先生，谢谢，请收好您的证件。”

（4）递送单据证件。应上身前倾，将单据、证件文字对着客人双手递上。若客人签单，应把笔套打开，笔尖对着自己，右手递单据，左手送笔。递送有文字的物品时，应将看面正面朝向对方。递送带尖、带刃或危险物品时，尖、刃要朝向他处。同时注意眼神的使用，不能递送物品时不看宾客的眼睛。

（5）安排入住。请客人填写住宿登记单后，应尽可能按客人要求安排好房间。

（6）介绍房间。把客房钥匙交给客人时，应有礼貌地介绍房间情况。并祝客人住店愉快：“小姐 / 先生，这是您房间的房卡，房号为 8008，祝您入住愉快！”

（7）询问客人。重要客人进房后，要及时用电话询问客人：“这个房间您觉得满意吗？”“您还有什么事情请尽管吩咐，我们随时为您服务。”以体现对客人的尊重。

（8）推荐其他酒店。当宾客想要入住酒店但酒店客房已满时，接待员要耐心向宾客致歉，同时热情地向宾客推荐其他酒店，并且要当着宾客的面主动打电话与其他酒店联系，尽量帮宾客解决问题，宾客离开时应面带微笑地说：“欢迎下次光临！”

5. 总台问询服务礼仪

（1）热情待客。服务人员应站姿规范、着装整齐、精神饱满。客人前来问讯时，应面带微笑注视客人，主动迎接问好。

（2）认真倾听。倾听时要注视宾客，对客人问询的内容要耐心回答，做到百问不厌、有问必答。

（3）周到服务。用词恰当，简明扼要。总台服务人员要熟悉业务，上至航班、铁路票价时刻表，下至酒店附近风景名胜、购物点等都要做到心中有数。服务中不能推脱怠慢，不理睬客人或简单地回答“不行”“不知道”。遇到自己不清楚的问题，不能用“也许”“大概”“可能”等模糊语言应付，应请客人稍候，请教有关部门或人员后再回答。服务中要多使用“您”“请”“谢谢”“对不起”“再见”等文明用语。

案例

一天，某酒店商务中心收到客人的一封感谢留言，留言中写道："感谢商务中心的江小姐，帮我邮寄物品时热情周到，彬彬有礼。当她得知我们想去景区游玩时，主动给我们介绍各景区，并给出合理的线路，更是精确报出乘坐几号公交车，业务素质可见一斑，还不厌其烦地帮助我们书写便条。该美女解答耐心细致，真心向她表示感谢！"

案例评析

通过事例中的宾客留言可以看出，员工很好地掌握了城市的相关信息，积极提供优质的问询服务，体现出员工过硬的业务素质与热情待客、周到服务的态度。

（4）礼貌拒绝。对带有敏感性政治问题或超出业务范围的问题，不便回答的要表示歉意。

（5）工作有序。客人较多时，要做到忙而不乱，井然有序，先问先答、急问快答，使得不同的客人都能得到适当的接待和满意的答复。

（6）其他注意事项。接受客人的留言时，要记录好留言内容，包括留言者的姓名、电话、房号等信息，或请客人填写留言条，认真负责，按时按要求将留言转交给接收人。在听电话时，看到客人来临，要点头示意，请客人稍候。尽快结束通话，以免让客人久等，放下听筒后，向客人表示歉意。

6. 前台结账退房服务礼仪

（1）热情待客。站姿规范、着装整齐、精神饱满、微笑问好。

（2）管理客人账户礼仪。要保证将费用及时计入有关客人的账目上，保证住店客人的账目准确无误。不泄密。

（3）退房礼仪。温婉有礼。耐心向客人讲清楚酒店的有关退房规定，并按规定为客人办理退房手续，留下好印象。

（4）结账礼仪。了解结账方式。细心、严谨、准确、快捷。态度温和。结账完毕向宾客道谢告别："谢谢入住酒店，欢迎您再次光临！"

二、师傅强调

1. 仪表礼仪

（1）工装、鞋袜整洁，铭牌佩戴在外衣左上方。

（2）发型大方、头发干净整洁。

（3）干净卫生，口气清新。男员工不留胡须，女员工化淡妆。

（4）保持手部清洁，指甲较短。

2. 仪态礼仪

（1）站姿挺拔，双肩放松，稍向下沉，收腹，挺胸，立腰。男员工站立时，双脚可分开，但不能超过肩宽。女员工双腿并拢立直，双手置于腹前，丁字步站立。

（2）走姿平稳，均匀，从容。女士行走中走一字步，两脚走成一条直线。男士行走中双脚跟走两条线，但两线尽可能靠近。遇到客人需主动问好。

（3）手势大方得体。

（4）眼神礼仪和微笑礼仪恰当。与客人交流时，面带微笑，正视对方，目光友好，表情自然。

3. 语言交流礼仪

（1）问候礼仪。微笑鞠躬问候："先生 / 小姐您好！欢迎光临！"

（2）征询礼仪。礼貌、主动询问："请问您要住店吗？""请问您有预定吗？""请问还有什么可以帮助您的吗？"

（3）道歉礼仪。工作失误时或给客人带来麻烦时说："对不起！因为我们的失误给您带来不便，我们深表歉意。"

4. 常用的服务语言技巧

（1）破译法。利用其他言辞做衬托，以了解对方说话的方法。如可能说："我名叫李 bi。"服务员想弄清楚 bi 具体是哪个汉字，可以问："请问是碧绿的碧，还是璧玉的璧？"客人答："是碧绿的碧。"可见，这个音是靠碧绿、璧玉这样一些衬托才破译明确的。在运用破译法时，要注意衬托词的感情色彩，褒贬义，以免产生误解。如客人说："我叫张福。"服务员问"是祸福的福吗"就不如"是幸福的福吗"这句好。

（2）替补法。利用别的言辞替补出客人没有说出的话。客人表达不清或者不便说明时，就要运用替补法。需要说出就帮客人说明，不需要说出就心领神会，尽力帮忙。利用替补法同样要注意结构衬托，如服务员说："欢迎您，请问您预订房间了吗？"客人稍显犹豫，没有答话。服务员心领神会地说："没关系，二楼还有一间南向双人房，面向花园，很幽静，我想你会满意的。"是否替客人点明需要靠服务员细心观察，如一位戴墨镜的客人前来办理留言，服务员说："这是留言纸，请用正楷字填写。"客人半天也未写一个字，服务员猜测客人可能是不识字或者看不见，可以说："我可以帮忙吗？"

5. 接待礼仪

（1）礼貌得体。递接物品时面带微笑，正视对方。双手接过客人的证件或单证，欠身点头致谢。双手递出，正面朝向客人，表示感谢并提醒客人妥善保管。

（2）目光接触。递送房卡、证件时，目光注视对方的眼睛与鼻子末端之间的部位，表示关注与尊重。

三、徒弟操作

总台办理入住情景训练：

两人一组进行角色扮演，遵守仪表、仪态、语言交流、递接物品等礼仪规范，模拟以下对话进行情景表演。

接待员：您好，先生，欢迎光临！请问您需要办理入住吗？

客人：是的。

接待员：请问您有预订吗？

客人：是的。广达公司昨天给我预订的。

接待员：请问预订客人的姓名，我帮您查询一下……抱歉，让您久等了，您是张先生对吗？

客人：是的。

接待员：广达公司给您预定了今天至后天，也就是 9 月 11 日至 13 日的一间豪华套房。请出示您的证件，谢谢。

客人：好的，给你。

接待员：张先生，请问您对房间有特殊要求吗？需要吸烟房间还是无烟房间呢？

客人：都可以。

接待员：好的。我为您安排的豪华套房是湖景房，既漂亮又舒适，您一定会喜欢的。房间房号是 1818，在 18 楼。请问还有什么可以帮助您的吗？

客人：没有了。

接待员：您的所有费用都由广达公司来结算。请确认入住登记表上的内容，在这里签字。

客人：好的。

接待员：谢谢，这是您的身份证、房卡和钥匙，请您保管好。现在是晚餐时间，客人们都非常喜欢酒店中的美食，欢迎您前去品尝。

客人：好的。

接待员：请慢走，电梯在您身后，祝您住店愉快！

客人：谢谢。

情景表演点评：

学习者分小组，参考表 4-1-4 总台岗位形象标准进行相互点评并给出提升建议。

情景表演角色	点评与建议

四、师傅提示

（1）工作时仪容仪表整洁美观，精神饱满，带着自然的笑容，表现出和蔼可亲的态度，耐心地为客人服务。

（2）在工作岗位上不能做小动作，打哈欠要掩口，不要搔痒、挖鼻、掏耳、剔牙，不得咀嚼口香糖、吸烟及吃东西，不得在工作时阅读报刊、书籍。

（3）留心倾听客人的问题，再清楚地解答。不懂时说："对不起，先生 / 女士，我不是很清楚，我帮您查一下马上给您回复好吗？"如果遇到客人对某事外行或不能随俗之处，不得非议或取笑客人。

（4）客人来到，马上放下正在处理的工作，礼貌地问好，表现出专业的风采。尽量牢记客人的姓氏，再见面时能带上姓氏称呼客人。

（5）工作要快且准，在前台工作，时不时留意周围环境，关注客人。

（6）站姿端正，不得摇摆身体、靠墙而立、蹲在地上、扮鬼脸做怪动作。走路时不可奔跑，脚步应轻快无声。

（7）除了工作上应交代的事之外，不得谈论私事，不得争论，不说污言秽语。

（8）不得擅自将柜台电话作私人之用，如遇急事，可请求上司用后台的电话。

（9）用词恰当，不可得罪客人，也不要阿谀奉承。声音要温和，表达要清楚。

（10）若客人的问询超出自己的职权或能力范围以外，应主动替客人联系别人，而不得随便以"不知道"回答甚至置之不理。

五、徒弟记忆

根据所学内容，整理总台服务形象塑造中的注意事项。

总台服务礼仪	注意事项
仪表仪态规范	
欢迎宾客礼仪	
住宿预订服务礼仪规范	
办理入住服务礼仪	
总台问询服务	
前台结账退房服务	

任务五　大堂副理形象塑造

【企业标准】

表4-1-5　大堂副理形象评价标准

	评价标准	分值	最后得分
大堂副理形象标准	仪容仪表规范（仪容大方、服饰整洁、态度诚恳）	20分	
	认真倾听，同情理解，配合适当的表情与动作	20分	
	安慰道歉语言规范	30分	
	得体控制、协商解决、妥善处理投诉问题	30分	
总分		100分	

【师傅要求】

1. 礼貌待人。
2. 认真倾听。
3. 冷静分析。
4. 妥善处理。
5. 完善后续事宜。

（见图 4-1-5）

图4-1-5　大堂副理

【师徒互动】

一、师傅讲授

大堂副理是受总经理委托，代替总经理处理宾客对酒店一切设施设备、人员服务等方面的意见，并且协调各部门的关系，保证饭店向宾客提供优质服务的饭店中级管理人员。在酒店经营中，不可能完全避免客人投诉。大堂副理受理客人投诉时，要理解客人，认真倾听客人的投诉内容，妥善处理投诉。

1. 礼貌待人

着装整洁规范，站姿、走姿、坐姿、手势等动作自然得体，面部清洁，精神饱满，面带微笑，热情主动接待客人。

2. 认真倾听

（1）对于现场投诉的宾客，要礼貌地请对方坐下，及时送上茶水或饮料。

（2）集中注意力，认真倾听宾客的投诉内容，不要打断宾客说话，不能反驳客人或与客人争辩。

（3）说话时还应有相应的目光接触。

（4）注意在倾听客人投诉时，配合相应的肢体语言与语言。如一边做笔记，一边点头回应，并配合语言如“我明白”“是的，我能理解您的心情”。

3. 冷静分析

（1）对宾客的投诉，大堂经理除表示理解、同情、重视、关心外，要迅速根据实际情况做出必要的核查，思考妥善的解决办法。处理问题时不能主观武断，不得轻易表态。在真相未明之前不可急于表态或贬低酒店员工。不要简单回答“是”或者“非”，更不可擅自做不合实际的许诺，以免酒店遭受名誉和经济损失。

（2）大堂副理要迅速厘清投诉的症结所在，善于分析问题，判断是非，可以适时地用征询、商量、建议性的口吻与宾客交谈。如果宾客情绪激动或者蛮不讲理，大堂副理要耐心倾听，心平气和地引导宾客，充分尊重投诉者。即使对方欠理的情况下，也要耐心引导，不能让对方丢失面子。

4. 妥善处理

（1）当客人讲述完毕，要立即表示歉意及同情。首先对给宾客造成的不便表示歉意，对宾客愿意把问题告诉自己表示感谢。

（2）迅速展开调查，将要采取的措施及解决问题的时间告知宾客并得到客人的同意。迅速采取行动为客人解决问题。

（3）尽可能地满足宾客的要求。但不要向宾客做任何不切实际的承诺。在原则性、敏感性的问题上，态度应当明确，不能违反店规。当宾客提出的要求有一定合理性，但受种种条件限制无法满足时，应当先表示理解，然后委婉拒绝：“您提的要求是可以理解的，让我们想想办法，一定尽力而为。”当宾客提出的要求不合理时，必须沉住气，耐心说明理由，礼貌委婉地拒绝，避免态度生硬或与宾客争吵。

案例

一天，某酒店1705房间的蔡先生希望使用酒店洽谈室1小时，使用过程不用其他物品，希望酒店只收取400元。但是酒店的收费标准是两小时内480元。经过与营销经理周经理协调未果，客人表示不满，认为宾馆不近人情。当班大堂副理朱经理得知情况后，主动前往蔡先生处进行沟通。蔡先生一行客人正在酒店咖啡包间，朱经理首先就酒店给蔡先生造成的不愉快道歉，认真倾听蔡先生的投诉。蔡先生告知朱经理，明天自己一行客人会到另外一家酒店开会，顺便就搬过去了，不愿再住在这里了。大堂副理朱经理立即将此情况反馈给部门经理孙经理，孙经理立刻联系营销部周经理进行协调，看能否将蔡先生一行在酒店咖啡包间的使用费免单，经过协调同意免单后，与大堂副理一起到包间向蔡先生一行说明来意，并再次表示歉意，以及拿出对此事重视的态度希望蔡先生一行客人能够再次给酒店表示歉意的机会，并告知今晚的消费全部由酒店支付，并送上致歉水果拼盘。同时为当天生日的蔡先生一行的客人杜先生送上生日祝福，令杜先生非常感动。杜先生从口袋内拿出晚间大堂副理配送的生日贺卡给蔡先生看，并再次对酒店服务和酒店的诚意表示肯定。经过努力，最终蔡先生认为酒店的服务令他们非常满意，没有必要搬到其他酒店，今后项目启动还会继续在这家酒店进行。

案例评析

每位住店客人都是酒店的重要服务对象，对客人的需求，酒店应该重视。当客人的要求一时无法满足时，酒店要多方寻求合理的方式予以解决，任何生硬的拒绝都有可能永远失去宾客的信任。服务中既要坚持原则，又要灵活操作，当超出自己的授权范围时，应该及时请示，而不能让未得到解决的问题在自己这里终止。留住一位上门的客人可能只需花费很少的成本，而挽回一位因不满而离去的客人，则要花费几倍甚至更多的精力。

（4）针对情绪激动的客人提出的发泄类投诉，首先应改变投诉地点，请客人到办公室或休息室。为客人送上茶水、毛巾等，尽量安抚客人情绪使客人平静下来。然后认真倾听、冷静分析，最后妥善处理。

5. 完善后续事宜

（1）大堂副理处理好宾客的投诉事件后，要主动征求宾客对投诉处理的反馈，确认投诉得到圆满解决。

（2）如果已经解决，微笑对宾客表示感谢，欢迎宾客对酒店提出意见及建议。

（3）如果事情还没有处理完毕，则要积极跟进。如果遇到宾客投诉后，酒店还没有给出解决问题的办法，但是宾客已经离开饭店，大堂副理必须执行投诉回访制度，就是在酒店给出处理方案的第一时间，亲自打电话给宾客告知处理的结果，并定期邀请宾客再次光临本店。

（4）最后将投诉的过程写成报告并记录存档，利于以后工作的完善及预先控制。

二、师傅强调

1. 仪表礼仪

（1）着装整洁大方，面带微笑，主动热情，彬彬有礼地接待对方。

（2）头发干净整洁，发型大方。口气清新。男员工不留胡须，女员工化淡妆。

（3）表情自然，真诚友好。

2. 仪态礼仪

站姿、走姿、坐姿、手势等大方得体。

3. 倾听礼仪

（1）态度诚恳。留意客人的表情、动作等，理解客人的心理。

（2）同情理解。认真、耐心、诚恳地倾听投诉，用恰当的语言安慰客人，尊重客人的意见。

（3）保持冷静。沉着冷静，记忆准确。不敷衍，不埋怨，真心帮助客人解决问题。

（4）得体控制。记录投诉要点，放缓语速，缓和情绪，思考妥善的解决办法。

4. 沟通礼仪

（1）安慰道歉。使用善意、诚恳的语言给予安慰，真诚道歉。

（2）协商解决。听取客人的意见，获得客人的同意后马上着手解决问题。

（3）及时反馈。告知所需时间，及时反馈，让客人安心、顺心。

（4）检查落实。检查进度，落实结果，妥善处理。

5. 宾客投诉处理程序

（1）注意聆听和记录客人对酒店意见的具体内容（包括发生的时间、地点、经过、涉及人员），如客人情绪激动，应将投诉者与其他客人分开，设法将其请到合适的地方进行交谈。

（2）在听取客人意见时，不要怀有敌视情绪或与客人争论，让客人感到酒店是同情、理解他的，是在认真听他投诉。

（3）向客人的投诉表示理解、接受并安慰客人。

（4）要保持头脑冷静，事件原因和经过未查明前，不可随便代表酒店承担责任，切勿轻易向客人做出权力范围外的许诺。

（5）调查事件原因，确定事件责任和处理意见，若遇无法解决的问题应及时反馈。

（6）向客人阐述处理结果，不管责任在谁必须注意语言的委婉。

（7）对投诉事件进行备案留存，对相关责任人进行教育学习。

三、徒弟操作

投诉处理情景训练：

根据以下情景进行角色扮演。注意表演中遵守仪表、仪态、倾听、沟通等礼仪规范。然后再进行讨论，如何改进会做得更好。

一天，两位外宾来到总台前，服务员小王查阅了订房系统，简单地说："有客人预定了 608 号房间，你们只能住一天。"

客人听了很不高兴地说："接待我们的公司通知要住两天，怎么会变成一天呢？"

小王用丝毫没有变通的语气说："只预订了一天的房间，这不是饭店的原因。你们还是请公司方面的人员解释吧。"

客人更加生气："我们要解决住宿问题，根本没有兴趣，也没有必要去追究订房差错问题。"

僵持之际，前厅大堂副理听到了客人的意见。他先请客人到大堂经理处的椅子上坐下，请客人慢慢地把意见说完，然后以抱歉的口吻说："你们所提的意见是对的。眼下追究接待单位的责任不是最重要的。这几天正是旅游旺季，标准间客房连日客满。先为你们安排一间套房，请二位明天继续在我们酒店做客。房价虽然高一些，但设备条件还是不错的，饭店可以给您九折优惠。您看这样可以吗？”客人点头接受了这个方案。

情景表演点评：

学习者分小组，参考表 4-1-5 大堂副理形象评价标准进行相互点评并给出提升建议。

情景表演角色	点评与建议

（1）应当欢迎客人投诉。客人投诉有利于酒店发现问题、解决问题。一个对服务不满的客人不投诉比投诉更为可怕。站在客人的立场思考和表达。站在客人的立场以肯定的态度听取意见。站在客人的立场诚心诚意地解决问题，绝对不与客人争辩。

（2）不能推卸责任。不找借口，不埋怨同事，或找其他原因。是酒店的责任，就要敢于面对，并真心诚意地帮助客人解决。

（3）维护饭店应有的利益。不可在真相未明之前急于表态，或贬低饭店及其他部门员工，进行退款，减少收费绝不是处理投诉的最佳方法。

四、徒弟记忆

根据所学内容，归纳出大堂副理服务礼仪要点。

大堂副理服务礼仪	服务礼仪要点
礼貌待人	
认真倾听	
冷静分析	
妥善处理	
完善后续事宜	

【徒弟拓展】

技能拓展

1. 接听电话服务礼仪

（1）及时接听，亲切问候。电话铃响三声内接听电话，首先问好："您好，××酒店，请问有什么可以帮到您？"面带微笑，声音友好、清晰，音调适中。

（2）认真倾听，用语规范，礼貌对答。仔细倾听，不要在对方没有讲完时打断对方，如果需要打断时，要对宾客说："对不起，打断一下。"如果宾客讲话过快或发音不清没听清时，可以委婉地请宾客重复一下。尽量满足宾客提出的要求，如果不能满足要向宾客说明原因，表示歉意。避免厌烦的神情和语调，即使宾客提出无理要求，也应当沉住气婉言拒绝。

通话中如果有他人过来，不得目中无人，应点头致意。如果需要与来人讲话，应先对电话中的宾客说："请您稍等。"然后捂住话筒小声交谈。尽快结束后继续电话应该致歉："抱歉，让您久等了。"

（3）准确记录。电话机前准备好纸、笔，可供随时记录。接电话时，左手拿听筒，右手拿笔记录。

（4）礼貌结束电话。应在宾客挂断电话后再放话筒。宾客的留言或转告要立即执行，将来电所托事项填写在"电话留言便条"上，以口头形式或便条形式传递。

2. 换房服务礼仪

（1）礼宾员接到前台换房通知后，领取换房单，并与前台确认客人是否在房间。

（2）客人如在房间，可直接打电话至房间，与客人确认换房时间和行李件数。

（3）行李员携带换房单，在客人指定时间进入房间，为客人搬运行李，并提醒客人检查房间，不要遗忘物品；然后带领客人至新房间，行李按原位置或客人交代位置进行摆放。

（4）跟客人交换房卡，请客人在换房单上签名确认。

（5）向客人道别并退出房间。

（6）返回前台，将钥匙、换房单归还前台人员。

（7）客人如不在房间，应与前台确认何时换房。

（8）行李员在前台员工指定的时间内，向前台人员领取钥匙，并通知楼层服务员或保安人员一起进房，为客人搬运行李至新的房间，行李按原摆放位置或客人交代位置进行摆放。

（9）行李摆放完毕后，应立即返回前台，将钥匙归还前台人员。

（10）将换房单进行存档。

3. 贵重物品寄存服务礼仪

（1）在宾客办理入住登记时，前台接待应礼貌地提醒宾客将贵重物品放入客房保险箱，或前台贵重物品寄存室内。

（2）遇有宾客至前台提出要寄存贵重物品时，前台接待应引领客人前往贵重物品寄存室，陪同宾客当面检查寄存物品的内容与数量，并在贵重物品寄存单上填写清楚。

（3）宾客在贵重物品寄存单上签名确认后，前台接待陪同宾客将物品锁入贵重物品保险箱内，并将钥匙交与宾客。

（4）如遇有宾客不愿透露贵重物品的具体情况，则须让宾客填写寄存证明书并亲笔签名以示认可。

（5）当宾客需要提取寄存的贵重物品时，应先核对宾客身份并请宾客出示房卡和钥匙，然后由前台当班接待陪同开启保险箱，并与宾客当面点清物品，请宾客在贵重物品寄存单上签名确认。

（6）当遇有宾客丢失保险箱钥匙，应立即通知大堂副理和保安部，由他们陪同宾客共同检查宾客的贵重物品寄存单，核对无误后通知工程部当面打开宾客保险箱，并请宾客当面点清物品后在贵重物品寄存单上签名确认；最后，委婉地向宾客提出对丢失的保险箱钥匙进行赔偿，并在物品赔偿单上签名确认。

4. 邮寄信件 / 包裹服务礼仪

（1）收取客人的信件 / 包裹。

（2）联系相关快递公司，告知客人收费标准。

（3）将邮票贴在信件或包裹上。

（4）收取客人费用。

（5）当天将信件 / 包裹寄出。

5. 订票服务礼仪

（1）有客人进入商务中心，首先应向客人问好，并询问客人是否需要帮助。

（2）当确定客人需要订票服务时，应根据客人要求，帮助其查询。

（3）当客人确定具体班次之后，应与客人确认姓名、身份证号，确保客户信息准确无误。

（4）联系大酒店或旅行社票务中心，帮助客人出机票，并根据实际金额收费。

6. 打印文档服务礼仪

（1）有宾客进入商务中心，首先应向宾客问好，并询问宾客是否需要帮助。

（2）确认客宾所需服务内容后，应向宾客详细介绍收费情况。

（3）请宾客稍候，接过宾客打印稿。

（4）认真阅读文件中每个字，不清楚的字句要及时与宾客核对，并告之大概完成的时间，同时询问宾客房号及联系方式。

（5）按要求进行打印排版，打印完成时，再出一份书面稿，联系宾客请其确认。

（6）打印确认完成后，应询问宾客是否需要保存该文件，如不要求保留则删除该文件。

（7）按规定收取相应费用。

（8）送别宾客，感谢宾客光临。

案例：解决客人燃眉之急

一天早上，商务中心文员小江刚上班就有客人来打印资料，小江热情地接待了客人。当客人将U盘插在电脑上时发现U盘打不开，换了几台电脑试了仍没有反应，客人很着急地表示待会儿自己要去开发区开会，U盘里有开会要用的重要资料。员工8点上班，而客人又等不了那么长的时间。小江一边安抚客人一边上网查找解决方法，根据电脑提示下载了360U盘修复工具，经过各种尝试，20分钟后终于将U盘打开，成功帮客人解决了问题，此客人也在携程网为小江留下了感谢语。

案例评析：

日常U盘打不开的情况时有发生，如本案例中的情况，急需的文件无法读取打印会耽误很多事情，这就需要员工能够具备一定的应对能力，多掌握一些与工作相关的技能，方能有效地帮助客人解决问题，提高宾客对酒店的满意度。

7. 为宾客进行留言服务礼仪

（1）有宾客进入商务中心时，首先应向宾客问好，并询问宾客是否需要帮助。

（2）为宾客留言，记录房客的姓名及房间号，并核对是否正确。

（3）用清晰的字把口信内容记录下来。

（4）写上留言的时间与日期。

（5）接班人签名。

8. 为残疾宾客办理入住登记

服务员应主动协助残疾宾客，为其优先、迅速办理入住手续。给残疾宾客排房时，应尽量安排较低楼层或其他方便出行的无障碍客房。为语言障碍者服务时，服务人员打手语时要特别注意准确性和表情的配合。因为部分手语打法可能相似，如果没有特定的表情配合，会产生歧义，如“等一等”和“活该”的手语，打得不准确，就容易造成误解。这两个词手语所配合的表情大不一样，打“等一等”时一般面带微笑，而表达“活该”的手语肯定是生气、愤怒的表情。

阅读拓展

1. 前厅服务人员的要求

（1）熟悉酒店环境、工作流程及各项规章制度。

（2）做好上班前的准备工作，自我检查，整理个人仪容仪表，积极检查备用餐具是否齐全，餐台上器皿及所需品是否整齐。

（3）工作时口勤、眼勤、手勤、脚勤，及时了解宾客的心态和需求。

（4）拥有专业的业务操作知识与技能。

（5）主动热情地接待宾客，服务周到、礼貌、有耐心。

（6）责任心强，具备独立处理事情的能力，及时上报发现的问题。善于班前、班后提出问题，及时传达宾客提出的意见。

（7）服从领导，团结同事，善于帮助同事。

（8）上班时要控制情绪，保持良好的心态。

（9）遇到客人投诉应立即上报领导解决，尽量满足客人的合理要求。

（10）不断加强对业务知识的学习，掌握更多服务技能和语言技巧。

2. 前厅部各机构的主要职能

（1）预订处。

预订处主要负责酒店的客房预订业务，接受客人用电话、传真、信件等形式进行的房间预订；积极主动地与有关客源单位联系，推销酒店客房，同时向前厅其他相关部门传递相关信息，向上级及时汇报有关情况。另外，预订处还必须制定每月、每半月、每周甚至次日的预订报表，对预订工作进行安排，按酒店的要求定期处理预订客源情况和保管预订资料。

（2）接待处。

接待处又称“开房处”，主要负责销售客房，接待抵达的住店客人（包括预订客人和非预订客人、常住客人、散住客人及团体客人等），为客人办理住店手续，分配客房；掌握、控制客房出租状况；制定客房营业日报等表格；负责对内联络，协调对客服务工作，等等。

（3）问讯处。

问讯处的主要职责是回答客人有关酒店的各种设施、服务及市内游览观光、购物等内容的询问；负责办理客人的委托事项，收发保管客房钥匙；处理客人邮件、留言；接待来访客人。

（4）收银处。

收银处的主要职责是办理客人离店时的结账手续，包括收取客人在店的一切消费费用、收回客房钥匙、核实客人的信用卡、负责应收账款的转账（必要时要提供外币兑换服务）等工作内容；帮助客人保管贵重物品；与酒店一切营业部门的收款员联系，核实账单；夜间审核全酒店的营业收入及账务情况。

（5）礼宾处。

礼宾处员工一般由礼宾服务主管、领班、迎宾员、行李员、机场代表等组成。其主要职责是负责迎送宾客；代客行李卸送；陪送客人进房，分送客用报纸、客人信件和留言；代客召唤出租车，协助管理和指挥门厅入口处的车辆停靠，确保畅通无阻；帮助客人办理其他委托事项。

（6）电话总机。

电话总机的主要职责是为客人转接电话，为客人提供联络、叫醒、电话找人、接受电话留言、传播或消除紧急通知和说明以及播放背景音乐等服务。

（7）商务中心。

商务中心主要负责为客人提供打字、翻译、复印、传真、长话及其他商务服务。另外，还可根据需要为客人提供秘书服务，其中的服务人员一般由主管和服务员组成，但在一些小型酒店，由于没有必要，不设商务中心主管。

（8）车队。

大型酒店一般在其前厅部设立车队，接受前厅部的派遣，负责接送重要的、有预订的或有特殊需求的客人，同时，为客人提供出租车服务。

（9）票务处。

票务处主要负责为客人解决返程车票的问题，本着方便客人的宗旨，为其预订飞机、火车、轮船等各类票。

3. 前厅部岗位文化

（1）前厅部岗位座右铭：热情、守信、高效、创新。

①热情：以情服务、用心做事，“对待客人要像夏天一样火热”。

②守信：待客服务信誉第一。

③高效：为客人节省每分每秒。

④ 创新：客人需要创新服务，酒店需要创新未来。

（2）前厅部岗位目标。

①一流的服务。

服务宗旨：让 100% 的客人 101% 满意。

服务成功的秘诀：一是细节，二是细节，三是细节。

②一流的员工、一流的销售。

行销概念：适当的时候、适当的地方、适当的价格、适当的沟通、适当的促销、适当的客人、适当的服务、100% 的销售。

（3）前台八个每一次。

① 每一次电话后面都有一个等待。

② 每一次与客人相遇都是展示自己的最好机会。

③每一次给予客人的惊喜都会带来潜在的客人。

④每一次结账都是显示你技艺才华的时候。

⑤每一天的门前都是酒店的广告。

⑥每一个细节都是服务的全部。

⑦每一个问题都是我们进步的空间。

⑧每一个客人的不满都要失去很多客人。

（4）前厅部的量化服务。

① 十米微笑，五米问好。

② 电话响三声之内接起。

③看到五米内有拿行李的客人，“跑两步”提行李。

④三分钟做完入住登记。

⑤五分钟结完账。

⑥看到客人坐电梯帮忙按电梯。

4.VIP 宾客入住接待程序

（1）每日当班人员核查电脑中当日预抵 VIP 宾客报表，了解 VIP 的姓名、身份、接待单位等情况，核查宾客的各项特殊要求和客史，并与相关部门沟通、跟踪、落实。

（2）前厅主管负责为该 VIP 宾客排房，并及时通知大堂副理、客户关系主任做好接待准备，签发鲜花水果单至客房部、餐饮部。

（3）当日按照 VIP 宾客的等级和接待标准，事先由大堂副理或客户关系主任检查房间状况以及相应礼品的摆放情况，确保礼品在宾客到达前一小时按标准送达客房。

（4）事先准备好 VIP 宾客登记卡，房卡及饮料等放入专门的 VIP 文件夹中，存放在前台。

（5）如 VIP 宾客是由酒店派车迎接的，返店司机或员工在接到宾客后，应与大堂副理保持联系，告知 VIP 宾客大约抵店时间与途中位置，以便大堂副理或客户关系主任及时迎接。

（6）在 VIP 宾客抵店前 15 分钟，前厅经理、大堂副理或客户关系主任必须在大堂门口恭候，如有必要还应通知其他相关人员在大堂等候。

（7）VIP 宾客抵店时，大堂副理必须称呼宾客姓名，主动做简单的自我介绍，并介绍酒店的高级管理人员。

（8）VIP 宾客住店期间，酒店须提供全程跟踪式服务，并在工作日志上做相关记录。

（9）VIP 宾客离店时，陪同宾客并询问宾客住店是否愉快，对酒店有何建议。亲自送 VIP 宾客上车，祝宾客旅途愉快，欢迎再次光临。

5. 酒店管家服务

所谓“管家服务”是更专业和私人化的贴身服务，它是集酒店前厅、客房和餐饮等部门的服务于一身的服务。下榻饭店的贵宾将得到一位指定的管家专门为其服务，贵宾的一切服务需要，诸如接送、行李、入住、叫早、用餐、洗衣、订票、旅行及秘书等，都由这位贴身管家负责。管家的综合素质极高，不但要具备良好的服务意识和酒店综合知识，还需具备极强的沟通和协调能力，经过严格选拔和专业培训的优秀服务人员才能胜任。饭店管家服务将会从目前的时尚服务转化为常规服务。经过饭店的培养和自身的磨炼，今后会涌现出许多能为客人提供较高水准的高度个性化服务的管家。

案例链接——总台服务的挑战

一天早晨，一对中年夫妇至总台说他们是 1420 的客人，今天女儿结婚，什么都准备好了，就差领带没打好，找了好几个人都不会，于是想找前台员工帮帮忙。

可是当班的女员工小惠也不会打领带，试了好几次都没打好。但是看到客人焦急的样子，小惠想着再到别处找人浪费时间，平时自己通过网上一些视频学会了不少生活中的实用技巧，不如找“度娘”试试。于是，很快在网上找到了相关视频，通过视频学习很快掌握了打领带的步骤和技巧，在为客人试了两次后终于顺利完成，得到了客人的认可，客人表示非常感谢。

案例点评：

酒店客人遇到困难常常求助总台服务人员，宾客的困难多种多样，对总台服务是一种挑战。虽然有些困难与员工本职工作无太大关系，但员工也要急客人之所急，尽量灵活运用各种方法，及时为客人解决问题，提高宾客对酒店服务的满意度。

前厅礼宾服务

项目二　客房服务形象塑造

【企业标准】

表4-2-1　客房服务形象评价标准

	内容	评价标准	分值	最后得分
客房服务形象塑造	仪表	面部清洁，精神饱满，态度和蔼，衣着整洁	10分	
	仪态	动作准确适当，走路轻、操作轻	10分	
	语言塑造	语言亲切，语调适中，用语规范	30分	
	服务周到	常规客房工作服务礼仪规范	50分	
	合计		100分	

【师傅要求】

1. 客房服务礼仪规范。
2. 客房楼层接待服务礼仪规范。
3. 房务中心服务礼仪规范。
4. 客房卫生服务礼仪规范。
5. 访客接待服务礼仪规范。
6. 开夜床服务礼仪规范。
7. 客衣送洗服务礼仪规范。
8. 客房迷你吧服务礼仪规范。
9. 离店查房服务礼仪规范。
10. 客房送餐服务礼仪规范。
11. 对客服务语言规范。
12. 房间留言用语规范。

（见图 4-2-1）

图4-2-1　开夜床服务

【师徒互动】

一、师傅讲授

客房部是酒店运营的一个重要部门，是宾客在酒店逗留时间最长的地方。为了打造一个温馨、洁净、安全、舒适的住宿环境，给宾客宾至如归的家的感觉，客房服务员应加强自身的服务态度和服务礼仪规范培训，提高酒店的服务质量。酒店的声誉在很大程度上取决于客房接待服务的水平和质量。在规范服务的基础上，服务员的接待服务礼仪能够确保客人在入住期间，感受酒店员工的主动热情、专业严谨、尊重关爱、周到称心的服务。

1. 客房服务礼仪

（1）良好仪表、仪态与语言塑造。举止大方，衣着整洁，精神饱满，态度和蔼，语言亲切，动作准确适当，热情迎客。客人来到客房，主动迎接，既是对客人礼貌和敬意的表示，又是给客人留下良好第一印象的重要条件。

（2）主动热情。热情好客，主动问好。服务员要像对待自己的亲人一样关心爱护住店客人，体现主人翁的责任感。要主动向客人问好，关心他们的生活起居、身体状况、生活感受，主动询问他们的要求，满足他们的爱好。

（3）服务周到。工作勤快，敏捷稳妥。要做到手勤、眼勤、嘴勤、腿勤。手勤就是及时准确地完成工作任务；眼勤就是注意观察客人的需求反应，有针对性地为宾客提供随机性服务；嘴勤就是见了客人主动打招呼，主动询问需求；腿勤就是行动敏捷，提高服务效率。

保持清洁，严格卫生。做到每日三次进房检查整理房间，严格消毒，保证各种设备、用具和生活用品清洁、美观、舒适。

（4）“三轻服务”。在工作过程中做到说话轻、走路轻、操作轻，保持楼层环境的安静。在服务过程中，不得大声喧哗、吵闹、唱歌，动作轻稳，保持肃静。要体现客房服务的文明程度。

（5）灵活应变。根据客人的心理特点、特殊爱好采用灵活多样的方法为宾客服务。对动作迟缓、有残疾的客人应特别照顾；对性格开朗的客人说话可以随和一些。

（6）多听多看。“眼观六路，耳听八方。”留心观察客人情况，征求客人意见，随时发现服务过程中的问题和不足；一经发现，及时改进和弥补，把服务工作做在客人提出意见之前。

案例：小举措，大收获

值台员小臧进 1210 房整理时，发现房间客人衣物较多，房间的衣橱已不够存放，而且客人有抽烟的现象，于是小臧为房间配备了便携式挂衣架及润喉糖。在做夜床服务时，又发现房间客人自带笔记本电脑的鼠标下方垫了一个小本子，小臧立即为客人配备了一个鼠标垫，方便客人使用。

次日，1210的客人李先生送给宾馆一份表扬信：我是1210的客人，对于咱们酒店客房员工小臧的服务非常满意，当看到我在使用电脑时，主动帮我拿来鼠标垫，事情虽小，但是可以看出此员工的热情、细心、周到，并且微笑让人感觉很亲切，再来贵地我一定会首选贵酒店的。

案例评析：

该值台员小臧能够在日常工作中关注客人生活所需，并及时为其提供个性化服务，用实际行动感动客人，让客人对酒店服务给予了高度评价，同时也牢牢抓住了潜在的商机，下次客人再来一定会首选本酒店。

（7）礼貌送别。送别客人，善始善终。客人离店既是客房服务的结束，又是下一轮服务工作的开始。为了保证整个服务工作取得良好的效果，给客人留下美好的回忆，同时也为了争取回头客，就必须祝愿客人旅途愉快，欢迎他们再次光临。

2. 楼层接待服务礼仪

等客人办理好入住登记手续进入客房楼层后，为客人提供楼层接待服务，包括电梯迎接、引领入房、房内介绍、提供咨询、商店服务等服务项目。客房服务人员应遵循站姿的礼仪要求，面带微笑，施鞠躬礼。楼层接待是客人感受客房服务的开始，楼层接待服务礼仪能够在规范服务的基础上最大限度地满足客人的需求，让刚入住的客人感受无微不至的关爱，给客人留下深刻的印象。

（1）做好准备工作。

衣着整洁，举止大方，精神饱满，做好接待准备。提前掌握宾客名单，做到“八知三了解”，以便安排有针对性的接待工作。“八知”：知道到店时间、人数、国籍、身份、接待单位、生活标准、收费方法、离店时间。“三了解”：了解宾客的宗教信仰、风俗习惯、健康状况。

（2）迎接客人。

接到来客通知后，楼层服务员要有礼貌地站在梯口旁，恭候客人的到来。

客人到达后，服务员主动上前，面带微笑并行35°鞠躬礼，同时致以亲切的问候：“××小姐（先生）您好，欢迎光临”“新婚快乐，欢迎入住××酒店”等。如果是酒店的常客，应加姓氏进行称呼，并说：“一路辛苦了，很高兴您再次入住我们酒店！”

（3）主动服务。

尊重宾客的意愿，征得宾客同意后，帮助提携客人手中的行李或物品。对老、弱、病、残的客人要主动搀扶，给予热情的关心和帮助。引领客人时要在客人左前方约1.5米，按客人的步速轻步前行，拐弯时略作停顿并伸手示意。在前往客房的过程中可以向宾客介绍酒店的消防设施、消防通道等安全设施，直到客房门口。

（4）文明进房。

在客房门口要先敲门，离房门一步距离，右手虚握成拳，手心朝向房门，用中指节或食指节敲门三次，每次三下，每次隔 2~3 秒，同时自报身份："服务员"或英文"housekeeping"。然后再用钥匙开启房门。打开房门时，应轻轻地转动门把手，打开后立即将门卡插入亮灯座，侧身一旁并在门侧靠立，恭请宾客进房。

协助行李员将宾客的行李放在行李架上或宾客指定的位置。有礼貌地征询宾客同意后简单地介绍客房主要设施、酒店主要服务项目和服务时间，如餐厅的营业时间、康乐的服务时间等，并主动询问宾客是否要在客房用餐。如因长途旅行导致疲劳或已是深夜，宾客急于得到安静的休息，那么接待员要随机应变，简化某些服务环节，以便让客人及时休息。

（5）礼貌地退出客房。

询问宾客是否有其他需求，若宾客表达无其他需求后应立即离开，不可借故停留。否则会给宾客带来误会。向宾客告别要按退出客房礼仪退出客房，后退一步转身。要在客房门口转身，面朝客房，将房门轻轻关上，使宾客安心休息。常用服务语言："祝您住店愉快！""请好好休息，有事情请尽管吩咐，我十分乐意为您服务。"

（6）送别宾客。

客人离开饭店时，应事先主动询问，是否提前用餐，要不要提供出租车等。客人离开客房时，客房服务员要把客人送到电梯口或楼梯口，并与客人道别："谢谢您的光临""再见""欢迎您再来"。如无行李员，应有一名客房服务员帮助客人提拿行李，并陪送至大厅。对老、弱、病、残客人要有专人护送其下楼。

客人走后要迅速进入房间，检查有无客人遗忘的物品。如有，应立即派人追送，设法当面交还客人。如送不到，应交前台登记保管，以便客人寻找时归还。同时要检查房间物品设备有无丢失或损坏。如有损坏，应用婉转的语言请客人协助解决，无论如何不能使客人当众难堪。

3. 房务中心服务礼仪

房务中心是客房部的神经中枢，是重要的服务调度中心和信息处理中心，与前厅部的总台相似。房务中心主要通过电话解决住客各种问题，工作烦琐，工作质量直接影响住店宾客的整体满意度。

（1）礼貌接听。

应在电话铃响 3 声内接听电话，做到"请"字开头，"谢"字在后。接听电话时面带微笑，语调适中，吐字清晰，亲切友好。

（2）热情服务。

认真倾听、记录宾客需求，表示非常愿意为宾客服务。及时将信息传递给相关人员，如前厅部、餐饮部等。还要及时更新客房房态，做好房卡、钥匙等物品的分发和回收工作。

（3）尽力满足宾客需求。

服务人员在接到宾客需要提供服务的电话后，立即通知宾客所在楼层的服务员前往客房为宾客提供服务。对宾客提出的要求，合理且能够满足的应立即办理，并告知宾客完成时间，做好跟踪回访工作，直到宾客满意为止。对宾客提出的要求不能立即满足的，应向宾客真诚致歉并说明理由，同时积极向宾客提供建议。需要其他部门协助的，要按照首问负责制帮助宾客联系解决，不可让宾客自己联系，更不能直接拒绝宾客。

首问负责制是酒店服务的形式，也是酒店为宾客服务的真实内涵。凡是酒店在岗工作的员工，第一个接受宾客咨询或要求的人，就是解决宾客咨询问题和提出要求的首问责任者。按照首问负责制的要求，应该做到以下几点：

①属于本人责任范围内的问题，要立即给宾客的询问以圆满答复，对宾客的要求进行妥善的解决。②虽是本人责任范围内的问题，但因宾客的原因，目前不能马上解决的，一定要耐心细致地向宾客解释清楚。一旦宾客的原因不存在了，就马上为宾客解决问题。③属于本人职责范围之外的问题和要求，首问责任者不得推诿，要积极帮助宾客问清楚或帮助宾客联系有关部门给予解决。必须做到环环相扣，手手相接，直到宾客的问题得到圆满的答复，要求得到妥善的解决。

（4）物品租借服务礼仪。

宾客以电话通知房务中心租借相关用品，而后客房服务员根据房务中心所提供的信息迅速为宾客提供租借用品服务。

房务中心应准确记录宾客来电内容及时间，接到宾客借用物品通知后，迅速填写好借用物品单，将借用物品单和所借物品一同放入托盘，在 5 分钟之内送到客房，请宾客在借用物品单上签字。一联交宾客，一联交总台收银处，一联留存送回办公室。做好记录和交接，及时收回物品。借用物品时，认真检查所借物品的性能，保证所借物品运转正常，对一些特殊物品，应向宾客介绍使用方法和性能。如宾客需租借电器用品，应提醒宾客注意使用安全，礼貌地向宾客说明租借物品的规定及归还的时间。如过了租借时间宾客仍未归还，应主动询问。宾客返还借用物品时，服务员应详细记录，注明返还时间，礼貌签收。

常用通话规范用语：“您好，房务中心，有什么需要帮助吗？”“您好，× × 酒店房务中心，很高兴为您服务”等。

（5）管理遗留物品。

服务人员要做好遗留物品的登记和保管工作。发现宾客的贵重遗留物品时，服务员应立即打电话通知房务中心。若是散客遗留的物品，房务中心应立即与前台联系，并设法找到宾客；若是团队宾客，房务中心要与团队联系。若找不到失主，服务员应立即把遗留物品送交房务中心。失主认领遗留物品时，要验明来人的证件，由认领人在遗留物品登记本上写明工作单位并签名。领取贵重物品时，需留下领取人身份证的复印件，并通知大堂经理到现场监督、签字，以备核查。

4. 客房卫生服务礼仪

为打造一个舒适的住宿环境，给宾客温馨的家的感觉，客房服务员应遵循客房卫生服务礼仪规范标准，做好客房卫生，保证宾客的住宿质量，提高饭店的接待品质。

（1）客房服务员清洁客房卫生时，要保证服务和卫生质量，同时也要尊重宾客的住宿习惯，做到“三轻”，打造清洁、优雅、舒适的环境。

（2）按进出客房礼仪进入客房，尽量选择宾客外出或用餐时间打扫客房，以免打扰宾客。客房服务员进门前，先要看清门外“请勿打扰”的红灯是否亮起或者留意把手上是否挂有“请勿打扰”的牌子或者锁中是否露出红色标志，表示已上双锁，避免冒失唐突之举。

进房时必须讲究礼貌，先按两下门铃，未见动静，再用中指骨节有节奏地轻敲三下房门，同时自报“Housekeeping”。如客人来开门，则有礼貌地说“对不起，打扰了，我是客房服务员，现在可以打扫房间吗？”在征得客人同意后方可进入，并把门半掩着，千万不要关门。如客人听到敲门声后说“请进”，应轻轻将门推开，并说：“现在可以打扫房间吗？”待得到客人允许后再清扫。如果仍不见动静，可继续敲三下门，再不见回答，可用钥匙开门。若发现客人正在睡觉，应轻轻将门关上。如房内无人，则可开始打扫，但门必须全开着。如果宾客在客房，但是说明暂时不需要打扫，应向宾客道歉：“对不起，打扰您了，请问什么时候方便为您打扫？”对长包房，应按照宾客的要求做好房间的清洁工作。如果客房显示“请勿打扰”，应做好记录，14：00 前不得打扰宾客。

（3）清扫客房过程中要保持房门常开的状态，将工作车放在门外。认真做好铺床、撤换布草、消毒茶具、增添房间用品、清洁卫生间等工作，做到铺床整齐、设备齐全。

（4）在打扫客房时，不得擅自翻阅客人的文件，移动客人的物品，打扫后将物品放回原处。切勿移位或摔坏，更不得向客人索取任何物品。在服务过程中，不得在客房内看电视、听音乐，翻阅报刊或使用电话，更不能接听客人的电话，亦不能趋前旁听，如因工作需要，可说：“先生，对不起，打扰了。”清扫时如宾客挡道，要客气地请求客人协助：“先生，对不起。我想从这里走，行吗？”打扫完毕后，应将宾客的物品放置原位。如果宾客在房间与访客交流，不得偷听宾客的谈话内容，不得随意插话或无意识地干预宾客。

案例：

某酒店住进一位中国台湾的宾客，第二天早晨宾客到外面游览。晚上，台湾宾客回到房间后就很着急地出来找服务员，说他的东西丢了。值班的服务员忙问丢了什么东西，在哪儿丢的。宾客说丢了一块石头，早晨出去时放在客房的卫生间，晚上回来时就没有了。服务员听说是一块石头，认为没什么大不了的，就对宾客说：“您先别着急，负责搞卫生的服务员已经下班了，等明天上班我去了解一下。”房客说：“等明天可不行，这块石头可不是一般的石头，对于我来说非常重要。”

原来事情是这样的。这位宾客是一位台湾老兵的儿子，他的父亲在中华人民共和国成立前夕到了台湾，但在老人心中有一种“落叶归根”的愿望。可是，由于多方面的原因，老人去世后没能安葬在家乡。老人生前吩咐自己的子女，让他们在自己死后的坟上埋上一块故乡的石头，再浇上一桶黄河水。现在这位台湾宾客，就是特地回大陆，在故乡的山坡上取了一块石头、打了一桶黄河水，准备带回台湾，以了却老人生前的心愿。

值班的服务员知道了事情的原委后，就向值班经理做了汇报，马上打电话找到白天负责清扫房间卫生的服务员了解情况。清扫员回忆说：白天清扫卫生的时候，是看到在卫生间的地上放着一块石头，石头上还沾着黄泥，弄得地上都是，而且就放在卫生间的垃圾桶旁边，认为是宾客不要的，于是就和垃圾一起扔掉了。

值班经理决定马上寻找。可是饭店的垃圾是不过夜的。白天的垃圾此时已经运到了垃圾场。值班经理带着从家中赶回来的清扫员和其他几名服务员赶到垃圾场，幸好垃圾场还没有进行处理。在垃圾场工作人员的引导下，几个人打着手电筒，在脏臭的垃圾堆中寻找，终于找到了。

虽然由于服务员的疏忽给宾客带来了麻烦，可是宾客对饭店的处理态度和结果还是满意的。台湾宾客接过服务员找回的石头，幽默地说："幸亏你们没有把那桶黄河水倒掉，要不你们还得派人去趟黄河边。"宾客说完笑了起来。听了宾客的话，服务员们心里的"石头"落了地，可却不是滋味。

案例评析：

根据服务礼仪规范，宾客入住期间，服务员不能处置房间里宾客的物品，不能自己认为某件东西无用而将其丢弃，就算东西真的没有用，服务员也没有权利丢弃宾客的物品。案例中服务员在清扫客房卫生时，看到了这块石头，认为石头很脏没用，就将石头扔掉了，这种做法是错误的，虽然最后通过值班经理和服务员的努力将石头找了回来，但是也给宾客造成了麻烦。因此在服务中应秉承一个原则：服务员必须遵循工作服务礼仪规范，否则一件小事也可能引发客户的投诉，对酒店造成不良影响。

（5）清扫客房过程中，不要与他人闲聊或大声说话，夜晚讲话要轻声细语。如遇宾客进入正在清扫的房间，应向宾客礼貌问好，并请宾客出示房卡或其他住宿证明，以免不法分子借机犯罪。

（6）打扫结束后，服务员应主动问候宾客："对不起，打扰您了，请问还有什么需要帮助的吗？"如宾客没有需求，应马上退出房间，礼貌地后退一步，再转身走出房间，轻轻将房门关上。

在过道内行走，不要并行。平时遇到客人外出或回房，应放慢行走速度，在距离宾客 2~3 米时，停下来站立向宾客微笑问好，切勿视而不见、不予理睬、一走了之，这是对客人极大的不尊重。遇急事不要奔跑，以免造成气氛的紧张。不得影响客人休息，在过道内行走一般不得超越客人。如有急事要表示歉意，再快步前去。

5. 访客接待服务礼仪

饭店服务员在工作中会遇到有客来访需要开房门或将访客带到住客房间等情况，为了保护住客隐私、提高服务质量，服务员应遵循访客接待服务礼仪，提供规范服务。

（1）礼貌接待。

遇到有客来访时，服务员应站立问候，礼貌热情地接待来访者，询问来访者身份、住客名字及房号，然后征得住客同意，办理访客登记手续，将来访者引领至宾客房间。

（2）灵活应变。

如果住客不愿意接待来访者，应灵活委婉地告知来访者宾客正在休息或者正在办事，为访客提供留言服务。注意不能直接告知来访者宾客不愿意接见，以免让住客尴尬。不能让来访者一直在楼层等待住客，而应将宾客请到大堂处等候。

（3）密切注意。

宾客外出时，如果有访客要求进入住客房间，服务员必须联系住客，征得宾客同意后，请访客办理好访客登记，方可让访客进入房间。密切注意房间情况，保护住客的个人财产。

（4）周到服务。

服务员应主动为来访者提供茶水服务。一般西方人喜欢喝冰水，东方人喜欢喝茶。宾客停留时间较晚的，一定要告知访客截止时间。如会客时间已过，访客仍在房间，应委婉地请被访宾客到大堂或公共区域等地方会客。如访客需要留宿，应礼貌地告知宾客或带领访客到前厅接待处办理入住登记手续。访客离开时应热情相送，注意观察访客所带物品，并整理房间，拿走多余的杯具。

案例：

一天，1126房间的客人送来一封表扬信：近期常常在贵酒店入住，深深感受到贵酒店员工的热情服务与无微不至的关怀，在此着重感谢客房部服务员小毕和小韩两位同志。此次出差恰遇春节，每天都有朋友拜访，小毕和小韩看到我们都有吸烟的习惯，每天都送来润喉糖和烟嘴，小韩更是不厌其烦地为我们提供清洁、整理房间的服务，小毕每天都用卡片温馨提醒，嘘寒问暖，这么多年在外过春节，今年是最温暖的春节。在此，向贵酒店宾至如归、如沐春风的服务表示由衷的感谢，向小毕、小韩的精心、细心、用心、热心的服务表示感谢。祝贵酒店生意兴隆。

案例评析：

关注细节，注重服务，在满足住店客人的需求时，同样关注其来访客人的服务，这样不仅让住店客人有了“面子”，也为我们获得了“潜在客人”对酒店的肯定。

6. 开夜床服务礼仪

开夜床服务指的是饭店服务员到客房内为宾客晚上住宿提供方便的服务，包括整理卫生、拉窗帘、补给用品、打开夜灯、床边垫巾和拖鞋放置到位、电视遥控器、放置洗衣袋等服务。

（1）客房服务员开夜床前到房务中心领取开夜床表，然后按进出客房礼仪进入房间。如发现房门上挂着“请勿打扰”的牌子，服务人员应该给宾客留言，提醒宾客需要服务时，请通知房务中心。如宾客在房间，征得宾客同意后进房工作，如宾客不需要服务，应在当班表上做好记录。

（2）开夜床一般在饭店的中班进行，通常情况下冬季开夜床时间为晚6:30~7:30，夏季开夜床时间为晚 7:00~8:00，如遇“请勿打扰”标志，按相关程序处理。

（3）开夜床时，一位男宾开外侧的床，一位女宾开里侧的床，两人同性房间要顺开床，两人异性房间要对开床。

（4）宾客床上物品较多时，暂时不要开夜床，以免引起误会和投诉。

7. 客衣送洗服务礼仪

一般酒店客衣送洗的方式有两种：一种是宾客将需要送洗的衣物放在洗衣袋中，根据个人需求填写洗衣单，然后等待客房服务员前来收取。洗衣单上一般注明住客姓名、房号、所需洗涤衣物的件数、洗涤种类，并注明是否快洗。另一种方式是宾客拨打房务中心电话要求送洗客衣，服务员接到通知后，前往客房收取衣服。任何一种客衣送洗方式，客房服务员都应认真对待，服务到细节。

（1）及时收取。

客房服务员在收取待洗衣服时，应认真核对送洗衣物的数量与洗衣单上的数量是否一致，查看衣物是否有破损或明显污渍，纽扣是否丢失，洗衣袋内是否有遗留物品等，如发现问题，应及时告知宾客，经宾客确认后，再将宾客衣物送洗。注意填写客衣送洗登记表，注明洗涤过程中对某些情况的处理方法，以及出现洗坏或丢失等问题时的赔偿标准。可能出现缩水褪色的后果时应该向宾客说明，贵重衣物需客人签名确认。

（2）按时送还。

客房服务员一定要在宾客规定的时间内将衣服送还，否则会耽误宾客行程或引来宾客投诉。衣物送到后要摆放整齐，不能随意丢弃在床上。

（3）妥善处理突发情况。

如果客衣洗涤后出现染色或破损等情况，服务员应向宾客真诚道歉，查看出现情况的原因，按相关方案妥善处理。如果宾客提前离开饭店，但客衣尚未送洗回来，服务员应向宾客道歉，并告知宾客客衣洗涤情况。如果来得及，应立即洗好送到宾客房间，如果来不及，也应该包装好送到宾客房间，根据实际情况收取适当洗涤费用。

8. 客房迷你吧服务礼仪

为了方便宾客住店期间的生活，饭店会在客房内设小型酒吧，以自助形式为宾客提供一系列饮品及食品。

（1）客房服务人员应定时检查迷你吧的消费情况，将消费的酒水数量及名称报予前台收银，酒水单递交房务中心。

（2）客房服务人员要检查迷你吧的配置是否齐全，饮料和食品是否过期，并按照规定标准补给酒水，保质保量地为宾客提供食品服务。

9. 离店查房服务礼仪

接到宾客退房通知后，服务员应向宾客礼貌告别。然后立即前往宾客房间，按进出客房礼仪进入客房，有效率地检查房间物品是否丢失、客房迷你吧消费等情况，然后将结果报告总台。将客房内宾客的消费情况及宾客日常居住习惯记录档案并存档，以便宾客下次入住时能提供个性化服务。

案例：

某日早班，前台接待小杨在查看当日预订时发现了黄女士的预订，通过客史显示黄女士上次入住时反映房间有蚊子，目前她还处于怀孕期不能用蚊香器。小杨在发现此预订后，便通知客中提前对该房间进行灭蚊处理，并在房间留下温馨便条。次日退房时再次征求黄女士意见，黄女士表示非常满意，称酒店非常注意细节，很是感动。

案例评析：

在服务接待中有效征求客人意见，及时建立和完善客史档案，能够帮助服务人员提供有针对性的服务，有效地提升宾馆的服务品质和宾客满意度。

10. 客房送餐服务礼仪

（1）接受订餐服务礼仪。以电话或其他方式热情礼貌地接受客人订餐，准确记录，记好后向客人复述一遍，输入电脑。

（2）送餐服务礼仪。按指定时间用客房餐饮专用餐车送餐。食物不多时，可用托盘。进房后微笑问好："您好，打扰了，我是来给您送餐的。餐桌摆在这里好吗？"客人同意后开台摆位，并询问客人是否有别的需要，准备好账单并询问结账方式。请客人在账单上签字。问清需要何时收台桌，祝客人用餐愉快，向宾客道谢、道别，轻关房门。

（3）餐后整理礼仪。根据客人约定的收餐时间，征得客人同意后将用过的餐具等撤出房间，保持房内清洁。离开客房时与客人礼貌道别。

11. 对客服务的规范语言

客房中心人员必须熟悉酒店服务项目的应知应会内容，与客人交流时要求口齿清楚、语言规范。

（1）擦鞋服务语言规范："请问您住几号房间？ ×× 房间，好的，请稍等，我们马上为您提供擦鞋服务，谢谢！感谢您的来电，再见！"

（2）洗衣服务语言规范："请问您住几号房间？ ×× 房间，好的， ×× 房间需要洗衣服，请您填好洗衣单并签上姓名，洗衣单在衣柜抽屉内，请稍等，我马上让服务员到您房间收取，感谢您的来电，再见！"服务员进入客人房间后，对客人讲："您好！ ×× 先生，您要洗衣服，是吗？"派人给客人送衣服前电话询问客人："先生／小姐，您好，您的衣服已洗好了，可以给您送到房间吗？"

（3）加床服务语言规范："请问您住几号房间？ ×× 房间，好的，请稍等。我们马上为您加床，请您到前台办理加床手续，谢谢！感谢您的来电，再见！"给客人加婴儿床时应说："先生，小姐，您看婴儿床放到哪里合适？"

（4）报修服务语言规范："对不起，由于我们工作的疏忽给您带来了不便，请问您住几号房间？ ×× 房间，好的，请稍等片刻，我马上通知维修工来维修，感谢您的来电，再见！"

（5）茶水服务语言规范："请问您住几号房间？请问您需要送几杯茶水？红茶还是

绿茶？ ×× 房间需要两杯红茶、两杯绿茶，请您稍等，我马上让服务员给您送来，感谢您的来电，再见！”

（6）租借服务语言规范："请问您住几号房间？ ×× 房间需要送一把剪刀，请您稍等，我马上让服务员给您送到房间，感谢您的来电，再见！”如果客人需要的物品已无备用，应立即向客人说明情况，请客人稍等，然后与其他客人联系物品是否可取回："真是抱歉，您需要的 ×× 已全部借出，请稍等，我们马上与其他客人联系后再给您答复，好吗？”

（7）叫醒服务语言规范："请问您住几号房间？ ×× 房间需要 8:00 叫醒，请问您需要二次叫醒吗？感谢您的来电，再见！”

（8）客人抱怨消费品价格高语言规范："您好，先生（或小姐），不好意思，饭店的收费标准是根据国家有关物价标准制定的，相信您的消费是物有所值的。感谢您的来电，再见！”

（9）购买药品语言规范："对不起， ×× 先生或小姐，为了您的安全，我们酒店规定一般不可为客人代购药品。"如客人很不舒服需要就医，语言规范："×× 先生或小姐，我们可以让礼宾陪同您上医院。"如客人坚持要服务员代购药品，要让客人填写药品代购委托单并让客人签字。

（10）客人提出房间拖鞋是旧的，回答宾客的语言规范："为了配合绿色环保工作，房间的拖鞋我们是清洗消毒过的，您可以放心使用，感谢您对我们工作的支持。"

（11）楼层巡视如遇客人拉行李，主动帮助客人拿行李，语言规范："您好，很高兴为您效劳，您的行李我来拿好吗？”

（12）宾客要求开房间门时，对客人说："请出示一下您的房卡好吗？”

（13）访客来访，应讲："请问您找哪个房间的客人？”或"请问 ×× 房间的客人怎么称呼？”若访客说得对，应讲："请稍等，我帮您联系。"

如客人在房间，应电话通知住店客人："先生，您好！大厅内有 ×× 先生来访，您方便会客吗？”客人同意，应询问："需要为您上访客茶吗？”客人不在时应讲："对不起，×× 先生 / 小姐不在，有什么事我可以转达吗？”客人若不见，应对访客讲："对不起，×× 先生 / 小姐现在不方便会客。"访客在大厅就座后，应讲："先生 / 小姐，需要我为您做点什么？”上欢迎茶和免费水果时，应讲："您好！先生 / 小姐，这是给您上的欢迎茶和免费水果。"

（14）如房间打扫过程中客人回来了，应致歉："您好！先生 / 小姐，我们正在为您打扫房间，现在可以继续清理吗？”为客人整理好房间后，应讲："如有什么需要，请拨打电话 ×× 与我们联系。"客人打出"请勿打扰"的示意灯（牌）表示客人在房内，应在 14:00 后打电话询问客人："×× 先生，您好！打扰了，我是客房服务员，请问您需要什么时间打扫房间？”如果客人在房内，未插房卡，按门铃客人开门后，应讲："您好，请问可以给您打扫房间吗？”客人嫌房间打扫得太晚时，应讲："对不起，先生，我们马上给您打扫。"

（15）如访客要求给客人转送物品，应讲："对不起，请您到前台办理寄存手续。"转送物品应提前与客人联系："先生，×× 部门送您的 ×× 现在方便给您送去吗？"

（16）如客人的物品寄存在前台，应提醒客人："先生，前台有您寄存的物品。"

（17）访客要求进入保密房，出于对客人负责应讲："对不起，您说的客人不住在我们酒店。"

（18）当不知如何回答客人的问题时，应讲："对不起，先生，请稍等，我给您问一下，稍后给您答复好吗？"如遇到客人投诉，自己解决不了的，应对客人讲："对不起，请稍等，我马上给您请示。"

（19）当有特殊情况需用客人房间的电话时，应先征求客人的意见："对不起，先生，我可以用一下您房间的电话吗？"

（20）当客人不会使用客房设备时，应对客人讲："您好，我帮您示范一下吧！"

（21）接听电话时，先通报"这里是客房服务，有什么需要帮忙的吗？"如果另一部电话响了，应讲"请稍等"，再接另一部电话。当回到第一部电话时，应对客人表示歉意："对不起，先生，让您久等了。"

（22）当客人提出购买房间的物品留念时，应对客人讲："请稍等，我马上给您联系。"客人要求购买房间内的物品而又嫌贵时，应讲："对不起，这是酒店规定的价格。"

（23）发现客人房间的房门未关上时，应给客人打电话："您好，×× 先生，我是服务员，您的房门没有关，为了您的安全，请把房门关上。"

（24）把客人的留言（传真）递给客人："您好，×× 女士，这是您的传真。"

（25）给客人送餐前，应打电话："您好！先生，我是客房服务员，您订的餐可以送到房间吗？"在给客人送物品进房间后，应讲："您好！先生，这是您要的 ××。"上欢迎茶进入房间后，应讲："您好！先生，请问我可以进来给您送茶吗？"客人同意后，将纸巾放在茶几上，伸手指示："请用纸巾"。将茶水放在纸巾一侧，讲："请用茶。"上茶完毕后，讲："请慢用，如果您还有什么需要，请拨打电话 ×××× 与我们联系，祝您居住愉快！"

（26）请客人签酒水单时，应讲："请您确认一下您房间用过的酒水。"

（27）客人提出低层看不到景观时，应讲："您好，请稍等，我帮您联系前台，给您调个高楼层。"

（28）客人对提供的房间不满意（设备设施出现故障）时，应讲："对不起，都是我们工作失误，马上给您更换（马上联系给您维修）。"

（29）客人在房内，给客人开夜床时，应讲："您好！×× 先生，现在可以给您开夜床吗？"

12. 用语规范，进行房间留言

（1）发现房间内有很多化妆品时，主动为客人整理归类并提供垫布，留言语言规范："您好，您的物品已整理并为您提供了垫布，希望您喜欢。"

（2）看到长住客人散落在桌子上的硬币、小物件等，应提供精致的收纳盒，留言语言规范："您好，看您桌子上放着硬币 / 小物品，容易散落，特意为您准备了收纳盒，希望可以帮到您。"

（3）当发现客人自带笔记本电脑，为客人提供鼠标垫，留言语言规范："您好，看您桌上有电脑，特意为您提供了鼠标垫，希望可以帮到您。"

（4）发现客人衬衫等衣服的纽扣脱落，且纽扣放在桌上，主动帮客人缝制，留言语言规范："您好，看到您的衣服纽扣脱落，我给您缝好了，希望您满意。"

（5）客人自洗的衣服挂在卫生间，主动拿至洗衣房进行烘干，留言语言规范："您好，看到您洗过的衣服，没有征求您的同意，进行了烘干，希望得到您的谅解。"

（6）当注意到客人来旅游时，为客人提供当地地图，留言语言规范："您好，这是为您准备的 ×× 地图，希望能够为您的出行提供方便。"

（7）客人放置的鞋子较脏，主动帮客人把鞋擦干净，留言语言规范："您好，您的鞋子已经给您擦拭了，希望您能满意。"

（8）客人生日，赠送生日贺卡、一盘水果和生日蛋糕，留言语言规范："祝您生日快乐，小小蛋糕是我们客房全体员工的一片心意。"

（9）长住客人房间衣服多，主动提供衣架，留言语言规范"您好，看到您放置的衣服较多，特意为您多备了衣架，希望可以帮到您。"

案例：

一天早晨，酒店收到一封来自香港客人张先生的表扬信：尊敬的宾馆领导，在我工作回房后，见到客房服务员小悦留的纸条，有一种人在旅途，漂泊后回家的暖意。所谓的正能量就是在这点点滴滴的无声中。在此，请宾馆领导代我向小悦同志说声谢谢，我由衷地感谢她让一个在外的人在云台宾馆感受到家的温暖。

事情缘由是这样的：5 月 9 日，值台员小肖在为其做夜床服务时，发现张先生房间衣物较多，且面盆里还浸泡着一双袜子，小肖考虑到客人可能业务繁忙无暇收拾，便主动将袜子洗好晾晒，并同时为房间配置一个便携式落地衣架，将张先生散落在外的衣服整齐地挂在衣架上。正是这些行为，给客人带来了一份惊喜和家的温暖，得到了客人的肯定与感谢。

案例评析：

作为客房服务员，会有无数次机会去感动客人，只要善于观察，用心为客人考虑，每一个小小的行为都能让出门在外的宾客感动不已。

（10）客人房间备有袋装的方便面，主动放一碗筷到房间，留言语言规范："您好，看到您备有袋装方便面，特意为您准备了碗筷，希望可以帮到您。"

（11）客人自带带皮水果，提供水果刀 / 水果盘，留言语言规范："您好，看您带了带皮水果，特意为您准备了水果盘和水果刀，希望可以帮到您。"

（12）当住店客人是位戴眼镜的客人，主动为客人清洁眼镜，留言语言规范："您好，您的眼镜已帮您清洁，希望您满意。”

（13）发现客人有打开的食品，主动为客人包上保鲜膜，放入冰箱，留言语言规范：“您好，您的食品已开封，我已用保鲜膜包好放入冰箱内，希望您不要介意。”

（14）当客人的手机插在间断电源上，主动为客人换到不间断电源上，留言语言规范：“您好，我帮您将手机插在不间断电源上，希望您不要介意。”

（15）客人在房间桌子上放些杯子，装满水，主动提供加湿器，留言语言规范：“您好，看到您杯子装满水，特意为您添加一台加湿器。”

（16）发现房间有吸烟客人，为客人配备一份雪梨并留言：“您好，为你整理房间的时候发现您有吸烟的习惯，特意为您准备了清肺的雪梨，希望您喜欢！”

（17）发现房间有小孩物品，为小朋友提供儿童拖鞋并留言：“您好，在为您整理房间时发现有小孩同住，现已为您添加一双儿童拖鞋，希望您满意。”

（18）发现客人的袜子脏了，为客人清洗并留言：“您好，为您整理房间的时候发现您的脏袜子扔在地上，现已为您清洗干净，希望能给您提供方便！”

（19）发现客人带的充电的物品较多，为客人添加插线板并留言：“您好，为您整理房间的时候发现您的房间有较多物品需要充电，特意为您增配插线板，希望能给您提供方便！”

（20）发现女士的丝袜坏了，为客人添加新的丝袜并留言：“您好，为您整理房间的时候发现您的袜子有破洞，现已为您准备一双新丝袜，希望您喜欢！”

（21）发现客人醉酒，为客人送一杯蜂蜜水并留言：“您好，得知您酒喝多了，特意为您准备了解酒醒脑的蜂蜜水，希望您喜欢。”

（22）发现房内有大量的现金，报告上级，留言：“您好，清扫员打扫房间的时候，发现您的房间有大量的现金和贵重物品，为了保证您财产的安全，建议您可以存放在总台免费保险柜或者房间的私人保险柜里，祝您入住愉快！”

（23）做夜床服务时发现床上堆满物品，暂时不能开夜床，房间留言：“您好，服务员在为您做夜床时发现您的床上堆满您的物品，故未帮您开夜床。如果您需要开夜床可以拨打客房中心电话‘7’，我们随时为您服务。祝您入住愉快！”

（24）发现客人的枕头下叠放了一条大浴巾，下次入住的时候提前提供并留言：“您好，上次入住的时候发现您在枕头下叠放一条浴巾，现已为您添加，希望您喜欢。”

（25）发现客人喜欢睡软枕 / 硬枕，记录客人喜好，并做好交接；下次入住的时候提前提供并留言：“您好，上次入住时发现您喜欢睡软枕 / 硬枕，现已为您准备好，希望您满意。”

（26）发现客人房间的水果只吃一种 / 客人消耗房间茶叶的类型，告知客中做喜好，做好交接并留言：“您好，上次入住的时候发现您喜欢吃 ××，现已为您准备，希望您喜欢。”

案例：

一天值台员小毕在楼层清洁公区卫生时，遇到 1426 的客人张先生外出用餐，听见客人打电话反映上火不舒服的信息，小毕立即为房间准备了一份橙子并配置了加湿器，同时留条："张先生您好，工作辛苦容易上火，客房部特为您准备了一份橙子并配置了一台加湿器，希望您满意。"次日，1426的客人退房时，留下了一份感谢信：下榻贵酒店，宾至如归，特别是客房部服务细心、贴心，让人如沐春风，下次再来这座城市贵酒店是我的不二选择，祝贵酒店生意兴隆。

案例评析：

客人潜在的需求不会告知我们，但优秀的服务人员可以从各个细节中发现并给予迅速的反应，这样达到的效果会超出预期。

二、师傅强调

客房部的VIP服务

客房部服务员在接到VIP宾客入住通知时，应充分准备，以便让宾客体验到被重视的感觉。关注客人的个性化需求，掌握丰富的酒店综合信息资料，为每一位住店客人提供尽善尽美的服务，创造一次值得回味的客人消费体验。

（1）了解宾客情况。

服务员应事先了解VIP宾客的姓名、性别、身份、国籍、宗教信仰、爱好、禁忌等信息，以便提供高质量的服务。

（2）房间布置。

① 楼层经理在接到VIP接待通知后，须看清接待内容及特殊要求，并根据接待要求布置房间。② 服务员对VIP房间进行全面仔细的清洁，擦亮金属器皿、注意布草的柔软度、确保设施设备的完好，着重房间的计划卫生、细节卫生。③房间按等级要求布置的鲜花、水果、报纸等落实到位。④ 对VIP房间进行全面的检查，确保无遗漏。

（3）迎送服务。

① 组织客房各级管理人员在客人到达前30分钟到位，准备迎接客人。②宾客到达所在楼层后，服务员应主动上前，真诚问候宾客："××先生，欢迎入住我们酒店，预祝您入住愉快！"将宾客引领至客房，并简要介绍客房内的设施等情况。③客人离店时，提前在楼层做好送客服务工作。

（4）茶水服务。

① 客人到达房间后服务员及时提供欢迎茶水和毛巾。②客房服务员在茶水服务时要根据宾客所选茶叶的品种选择合适的茶杯，检查茶杯是否有破损或茶锈。③服务过程中要注意敬茶的顺序，宾主同在时，先给宾客上茶：如果宾客较多，先给主宾上茶。④给宾客敬茶时要左手托茶盘，右手递茶，站在离茶几30厘米左右的地方，身体微侧略弯，从宾客靠近茶几的一侧将茶杯放在茶几上，将杯把转向宾客一侧，微笑着目视宾客说"请用茶"。⑤如果茶几较低，服务员应单腿弯曲，保持与宾客平视的状态，切不可

弯腰撅臀为宾客敬茶。⑥服务时应注意茶水的浓度，茶水不宜过满，一般来说，茶沏七分满。

（5）接待服务。

① 贵宾在店期间，要全程跟踪服务。② 要及时掌握客人的动向，发现客人外出应及时安排人员整理房间。③ 员工主动提供夜床服务。

（6）离店服务。

①楼层服务员迅速查房，主要以检查客人遗留物品为主要任务，发现有客人遗留物品及时告知并送还客人。② 接待任务完成后，总结 VIP 的接待情况，以便不断完善服务质量。

三、徒弟操作

以 3~5 人为一个小组，将全班同学分为若干个小组，各小组选一位组长带领组员，分步完成客人入住的客房楼层接待和离店服务礼仪。根据表 4–2–1 客房服务形象评价标准对小组成员进行点评并给出提升建议。

小组成员得分	点评与建议

四、师傅提示

（1）关心客人。如客人身体不适，要主动地询问是否需要送医院诊治。

（2）把握与客人的尺度。被宾客唤进客房应半掩房门，在客人房间不能随便坐下。不得主动先伸手与客人握手，不逗弄或抱客人的小孩，与客人不要过分亲热。不要与客人长谈，以免影响客人休息。与客人接触，应以礼相待，不得有粗俗之举。如果遇到个别客人有失礼言行和过分举动，应保持冷静，有礼有节，不卑不亢，避免与客人发生口角。

（3）在服务过程中，不得大声喧哗、吵闹、唱歌。在工作过程中做到说话轻、走路轻、操作轻，保持楼层环境的安静，体现客房服务的文明程度。工作时应轻声细语，应答时不能大声，如距离较远听不见，可以点头或用手势来示意。客人在开会、座谈而又需要叫客人接听电话，应到客人身边轻声告知。

（4）个性化服务。根据客人的心理特点、特殊爱好采用灵活多样的方法。对动作迟缓、有残疾的客人应特别照顾；对性格开朗的客人说话可以随和一些。

（5）尊重客人的隐私权。不能利用工作之便探听宾客的年龄、收入、婚姻状况等隐私。客人（尤其是当客人是演艺界名人、财政界要人时）的情况，不能随便向外人说起，不能向客人要签名或照片。

（6）接听电话时注意措辞和语气，重要的事情应适当记录，并进行复述。

（7）不能与客人发生争执。在工作过程中不能失态，要有耐心、有教养，善于控制自己的情绪。客人不慎损坏易耗物品，应给予安慰并马上更换，不能流露出厌烦情绪和责备口气。对宾客的投诉要耐心倾听，虚心接受，马上改正。即使错在宾客，也不要与之争辩，待宾客消气后，再婉转解释，消除误会，取得谅解。

（8）与客人交流要彬彬有礼。交谈时“请”字当先，“谢谢”收尾。进入客房与客人说事应简明扼要，注意语气、语调和语速。

（9）掌握拒绝的艺术。客人提出的要求无法满足时，应该向客人说明实际情况，用委婉的语言拒绝，或做详细的解释，取得客人的谅解。

（10）客人交谈时不要插话或以其他形式干扰。不能当着客人朋友的面要求付账。

（11）不得在客房内与自己的亲友会面交谈。不能与其他服务员聚在一起议论宾客的仪表、生理缺陷、行为习惯等，不能给宾客起绰号。

（12）不能向宾客索取物品。不要轻易接受客人的馈赠，客人执意要送，必须请客人留言说明是真心赠送，并请客人写上他的姓名和房间号码。

（13）乘电梯。上下班及工作时，只能乘员工专用电梯，而不能使用客用电梯。

（14）热情礼貌做好客人离店服务。离店服务既是客房服务的结束，又是下一轮服务工作的开始，成功的离店服务会给客人留下美好的回忆，同时也能争取到更多回头客。

五、徒弟记忆

了解客房工作人员的服务内容，以及礼仪规范注意要点。

客房具体服务礼仪	注意要点
客房服务礼仪规范	
客房楼层接待服务礼仪	
房务中心服务礼仪规范	
客房卫生服务礼仪规范	
访客接待服务礼仪规范	
开夜床服务礼仪规范	
客衣送洗服务礼仪规范	

续表

客房具体服务礼仪	注意要点
客房迷你吧服务礼仪规范	
离店查房服务礼仪规范	
客房送餐服务礼仪规范	
对客服务语言规范	
房间留言用语规范	

【徒弟拓展】

技能拓展

酒店客房除了常规服务之外，还需要服务员能够妥善处理好各种特殊情况，树立酒店的良好形象。

1. 面对醉酒宾客的服务礼仪

（1）通知保安送宾客回房。发现宾客在楼层醉倒，服务员应立即通知保安人员一起将醉酒宾客扶回房间，不可单独扶宾客进客房。

（2）稳定宾客情绪。如宾客在客房内呕吐，并破坏客房设施设备，服务员应保持冷静，立即通知楼层领班和保安部一起安抚宾客。如果宾客有自残行为，服务员应加以阻止，保证宾客的人身安全。遇到醉酒宾客纠缠时应灵活礼貌应对。

（3）帮助宾客醒酒。主动为宾客倒茶，及时通知宾客的家人或朋友，以便更好地保护宾客的人身安全和财产安全。注意在索要宾客家人或朋友的电话时，要征得宾客同意，不得私自查看宾客手机。

（4）收拾客房。及时清洁宾客的呕吐物，以免宾客滑倒受伤。将毛巾、垃圾桶等放在宾客床边，方便宾客取用。

（5）留意房内情况。多在房间外巡视，以防醉酒宾客受伤或引发火灾等意外。

（6）处理房内损坏物品。服务员应详细记录醉酒宾客造成的房内物品损失，并报告主管。在宾客清醒后按照酒店相关的工作程序加以处理。主动询问宾客是否受伤，耐心细致地向宾客说明物品损坏的程度，合理索赔。

2. 面对伤病宾客的服务礼仪

（1）主动探访。遇到宾客生病时，服务员应主动询问宾客情况。态度真诚，语言得体。及时安排宾客就医。如果宾客受伤，应主动询问受伤情况及受伤原因。如果是酒店方面的原因而引起宾客受伤，服务员应致歉，立即报告主管，妥善处理。

（2）妥善处理。主动地询问宾客是否需要送医院诊治。宾客不肯就医的，服务员不可擅自对宾客实施治疗。应立即通知大堂副理，由大堂副理通知酒店医生到客房看病。

（3）关心宾客。时刻关注宾客病情，在宾客生病期间，客房主管应根据宾客的病因和受伤情况选择合适的食物或水果探视宾客，还可通知厨房为宾客做相应的食物，为宾客提供个性化服务。注意掌握探视时间，不可打扰宾客休息。

3. 宾客丢失财物时的处理方式

（1）及时到达。接到宾客丢失财物的通知后，客房主管要立即到宾客房间安抚宾客，耐心听取宾客丢失财物的过程，并认真记录。

（2）帮助寻找。分析原因，引导宾客回忆最后见到丢失财物的场景等详细信息，帮助宾客回忆物品可能丢失的地方。立即通知保安部经理，在征得宾客同意后，对宾客的物品及房间进行认真细致的检查。检查房间时，不可离开宾客的视线。必要时还可报警，寻求公安机关的帮助。

（3）稳定宾客情绪。积极帮助宾客寻找财物，请宾客耐心等待。物品找回后，应立即通知宾客，当面返还。如果没有找到，也要告诉宾客，做好解释工作，求得宾客的谅解。

4. 宾客遗留物品时的处理方式

（1）上交物品。服务员发现宾客遗留物品时，应立即上交客房部失物招领中心，并填写失物单。详细填写拾到物品的地点、时间、物品名称、客房号码、宾客姓名以及拾到物品人姓名。

（2）妥善保管。服务员要妥善保管宾客遗留物品，将遗留物品放置在密封袋中，并在袋上注明日期、物品名称、编号等。保存物品要轻拿轻放，不可随意搁置。服装等遗留物品应先送洗衣房，洗净后存放。

（3）核对归还。宾客到失物招领中心领取遗留物品时，服务员要认真核对信息，请宾客出示证件，并说明丢失物品的详细特点。注意语言要委婉，语气要温和，不可让宾客产生被盘问的感觉。信息核对后，当面将物品还给宾客，并且请其在遗留物品登记单上签字。如遇宾客无法前来领取、请饭店帮忙邮递的，应事先向宾客说明邮递费用由宾客承担，以免引起不必要的误会。

阅读拓展

1. 客房员工的素质要求

（1）自觉自律。客房服务人员在工作中应自觉遵守酒店的规定，不打私人电话，不与同事闲谈，不翻阅宾客的文件、衣物等物品，不可借整理房间之名随意乱翻宾客的抽屉、衣橱等，不可在宾客房间看电视，不可私自使用客房的卫生间，不可品尝宾客的食品等。

（2）责任心强。与酒店其他部门相比，客房服务人员的工作强度较大，工作量大而琐碎，同时较少机会与宾客直接打交道。需要客房服务员有高度的责任感，不怕脏，任劳任怨，具有吃苦的精神。

（3）团队精神。许多酒店规定打扫卫生时应两人同行、结伴互助。这需要客房服务人员善于与同事合作，共同努力营造一个和睦相处、分工明确、心情愉快的工作环境，顺利完成工作。

（4）动手能力。客房部的任务较为繁杂，体力消耗较大，宾客要求高，客房要做到整洁舒适，客房设备每天消毒，床上用品及时更换等。想满足宾客的要求就需要员工付出巨大的努力，服务人员需具有充沛的精力、较强的动手能力才能高效完成工作。

（5）品行端正，具有良好的职业道德。客房部的员工经常出入客人的房间，有机会接触到客人的行李物品。如果没有良好的道德品质，利用工作之便拿走客人的物品，会给酒店的形象与名誉带来不可估量的损失。

案例：一枚大钻戒

一天，管家部清扫员小周到1602房间清洁卫生，在卫生间收拾布草时，看到有反射的亮光，寻光查找发现在面台的易耗品盒与漱口杯之间有一枚戒指，小周拿起戒指细看，漂亮的戒指，上镶的钻石戒面较大，看起来价格不菲。想到客人有可能还没有离开酒店，立即致电客中，当班客中文员获得信息后，第一时间电话通知宾客关系经理。通过查看1602房间客人的信息，很快联系到该房间客人王小姐，与王小姐核实信息确认后，及时将戒指物归原主。拿到戒指的王小姐非常激动，为此专门写来了感谢信，再次对酒店员工拾金不昧的精神表示感谢。

案例评析：

拾金不昧是酒店服务人员应该具备的品格，员工在捡到客人遗留物品后快速的处理方式，有效地减少了服务量和客人往返奔波的辛苦。

（6）客房部的服务员要有强烈的卫生意识、服务意识，为客人提供满意的服务。客房部的主要工作就是清洁卫生，如客房卫生、公共卫生、洗涤衣服等，具备较强的卫生意识和服务意识。

（7）掌握基本的设施和设备维修保养知识。酒店客房内有很多设备设施，如各种灯具、空调、地毯、窗帘、音响、电视、写字台等，一般由酒店的工程人员专门负责维修，但平时的保养工作由客房部负责。客房部的服务员必须利用每天清洁客房的机会，做好对这些设备设施的保养。一些小的维修项目如换保险丝、换电源插座、换灯泡等，一般也是由客房部来负责。

（8）具备一定的外语水平。在接待外国客人时，服务员要能用适当的语言为客人提供服务。

2. 管家服务

高规格VIP散客和团队客人入住，以及高规格的会议和商务活动的接待，需要饭店为客人提供品质更高的服务，为此饭店创新推出管家服务。管家服务采用一站式服务模式，以“深知您意、尽得您心”的服务理念为核心，按照客人的需求、习惯和喜好设计与提供其住店全过程所需的服务。管家服务具有高度的人性化和个性化的特点，是更专业和私人化的跟进式服务或贴身服务，是集饭店前厅、客房和餐饮等部门的服务于一身的服务。饭店管家的综合素质极高，经过严格选拔和专业培训的优秀服务人员才能胜任。实践证明，饭店管家服务提升了饭店的品质，使客人感受到超出预期的尊贵、舒适和便利。

（1）贴身管家的素质要求。

具有大专以上学历或同等文化程度，受过旅游饭店管理专业知识培训。

具有3年以上酒店基层管理、服务工作的经验，熟悉酒店各部门工作流程及工作标准。

具有较强的服务意识，能够站在客人的立场提供优质服务，有大局意识，责任心强。

具有较强的沟通、协调能力，能够妥善处理与客人、各部门之间发生的各类问题。

了解宾馆的各类服务项目，本地区的风土人情，旅游景点、土特产，具有一定的商务知识，能够简单处理与客人相关的商务材料。

具有良好的语言沟通能力，至少熟悉并掌握一门外语。

（2）管家服务的注意事项。

注意客人的尊称，能够用客人的姓名或职务来称呼客人。

注意客人是否有宗教忌讳。

将自己的联系方式告知客人，向客人介绍管家服务职能是24小时为客人提供服务。

注意客人的性格，选择相应的沟通、服务方式。

根据客人的政治级别，及时与有关部门联络。

每天验证客人的行程，及时掌握客人的活动线路，并与有关部门沟通，提供准确信息。

注意客人的浴巾、浴袍、床上用品的绣名是否正确。

注意房间的温度、气氛（味）及音乐是否调到适宜。

注意客人遗留衣物应洗好并妥善保存，下次入住前提前放至房间。

3. 客房功能设计要求

客房作为饭店的基本要素，是饭店设计中最重要的一环，客房室内环境的好坏也直接关系着客人对饭店的整体印象以及饭店的盈利效果。如何把客房设计得有特色就成了具有挑战性的一项工作。

客房是饭店的服务根本，也是饭店收入的主要来源，所以客房的设计与装修极为重要。客房设计具有完整、丰富、系统和细致的内容，这已是世界上很多优秀饭店数十年经营管理得出的结论。但是饭店客房的设计与装修并不是越豪华越好，客房的设计与装修的风格，受多种因素的制约。

（1）安全性、环保性。

当前，环境、能源、人口等世界性的问题不断恶化，提高环境意识、实现饭店业的可持续发展已然成为共识。绿色饭店正是顺应了可持续发展的时代潮流，是国际饭店业发展的趋势。

在 GB/T 14308—2003 中，出现了多个关于绿色环保的加分项，如为客房内床上用品及卫生间一次性客用品、客用布草的再次使用，设有征询客人意见牌，客房卫生间有大包装、循环使用的洗发液、沐浴液，设有无烟楼层等。这些新选项的出现，预示着未来绿色饭店客房将成为发展潮流。

（2）健康性。

客房商品功能设计的健康性主要是针对噪声、空气质量等进行有效的控制，最大限度地降低环境对客人健康的不良影响。

①隔音控制。

窗外：城市环境的喧闹声。

相邻客房：来自隔壁房间的电视机、音响设备、空调机、电话、门铃、宾客的谈话、壁橱取物、床的嘎吱声、开关及扯动窗帘等的声音。

客房内部：上下水管的流水声、马桶盖碰撞的声音、扯动浴帘及淋浴的声音、空调及冰箱的噪声等。

走廊外：如客房门的开关声，走廊里客人及服务员的谈话声、服务小车的推动、吸尘器的声响等。

其他：如空调机房、排风机房及其他公众活动用房发出的声音。

对于上述可能出现的噪声，在客房设计时都应考虑并加以控制。在客房功能设计上要采用客房隔音的手段，选择优秀的设施设备，尽量消除和减少可能出现的噪声。

②空气质量的控制。空气质量直接影响客人的健康，主要涉及温度、湿度以及通风等的内容。现在人们已经广泛认识到空调在调节温度、湿度的同时还会对人体健康有一定的危害。所以在客房的设计上，应当充分考虑运用自然风。另外，卫生间是一个比较容易产生异味的封闭空间，需要安装排风扇，以利于通风以及异味的排出。

（3）舒适感。

①空间尺寸。通常情况下，客房面积越大，舒适度就越高。饭店客房的净高一般应在 2.7 米左右，客房的面积没有统一标准，与饭店及客房的等级密切相关。饭店档次越高，面积越大。

②窗户设计。客房开窗是为了采光、日照，也与观景有直接的关系。“窗即景框”，宜“佳则收之，俗则屏之”。面对绚丽风光，窗越大越能感到环境之优美，舒适感就越强，因而有饭店客房设计成落地玻璃窗，使客房与环境融成一片。窗离地不宜太高，通常不应高于 0.7 米，这样，客人坐在房内沙发或椅子上，就可较好地观赏到窗外景色。

窗户的大小还应考虑饭店所在地的气候条件。一般来讲，炎热地区的饭店窗户宜大，以便使客人有视野开阔、心情舒畅和凉爽的感觉。而位于寒冷地区的饭店窗户宜小，以便客人在客房内有温暖、舒适、亲切之感，同时在一定程度上可以为饭店节省能源。

此外，饭店客房窗户的高宽比以 1 ∶ 2 为好。这样能使客人产生人们所喜爱的宽银幕画面的效果，符合人们的审美心理。当然，窗户的设计也不能千篇一律。为了追求奇特的艺术效果，窗户还可以设计成圆形或锯齿形等，以增加美感。

③室内照明。客房室内照明不仅能为客人提供良好的光照条件，还可以改善空间感，并渲染气氛。客房的照明要注意投光范围、灯光照度、灯具的摆放位置等，要善于利用自然光。

（4）实用性。

客房的设备配备必须安全、完备以及有效，充分满足客人住店时的所需所求。消防系统、防盗系统的配备上，也要齐全、功能高。客房的设计与布置还要注意实用性，要恰到好处地利用空间，既要方便客人的生活起居，又要方便服务员的清洁操作。

（5）美观性。

客房环境的布置必须给客人以美的享受，要能增强客房整体的美感，这样才能给客人以视觉上的享受，给其舒适感。客房的装饰布置是一门艺术，在注重实用的基础上，需强调和谐美观。客房的装饰、家具的摆设，室内颜色的搭配，窗帘、墙壁、灯光之间的调节都要和谐，使整个客房成为一个统一、美观的整体。

4. 客房布置基本方法

客房由于饭店等级规格的不同，在装饰布置的手法上也存在较大的差异。无论如何，客房布置首先要做的都是确定其基调与主题。

（1）色彩。

①色彩的代表意义。色彩牵涉的学问很多，包含了美学、光学、心理学和民俗学等。心理学家近年提出许多色彩与人类心理关系的理论。他们指出，每一种色彩都具有象征意义，当视觉接触到某种颜色，大脑神经便会接收色彩发放的信号，即时产生联想，如红色象征热情，看见红色便令人感到兴奋，蓝色象征理智，看见蓝色便使人冷静下来等。经验丰富的设计师往往能借助色彩的运用，勾起人心理上的联想，达到预期的目的。

②色彩在客房中的运用。在客房设计装修时，一定要注意运用好色彩的和谐原则。有经验的建筑师和室内设计师都十分重视色彩对人的生理和心理的作用，十分重视色彩能引起人的联想和情感的效果，注意使用色彩这一杠杆营造室内气氛，调节空间环境。例如，在地面缺少阳光或其他阴暗的房间里采用暖色，可以增添亲切温暖的感觉；在阳光充足的房间或炎热地区，则宜多采用冷色，降低室温；在饭店大堂、电梯间和其他一些逗留时间短暂的公共场所，适当使用高明度、高彩度色，可以获得光彩夺目、热烈兴奋的气氛；在饭店客房、写字楼等房间，采用各种调和灰色可以获得安全、柔和、宁静的气氛；在空间低矮的房间，采用具有轻远感的色彩来冲淡压抑感，反之则采用具有收缩感的色彩以免使人感到空旷。

在同一个房间中，从天花板、墙面到地面，色彩往往是从上到下，明亮度逐渐轻、暗、重，以丰富的色彩层次，扩展视觉空间、加强空间稳定感。

在色彩的相互联系中，协调和对比是最根本的联系，如何恰如其分地处理好色彩的协调和对比的关系，是室内色彩环境和气氛创造中的一个核心课题。色彩的协调意味着色彩的色调、明度和彩度之间的接近，给人以统一感。而过分的统一又会流于平淡、单调、沉闷、软弱。色彩的对比意味着色调、明度和彩度的疏远，过多的对比会使人感到刺激、跳跃、不安、眼花缭乱。所以，装饰、装修的问题不在于采用何种色调，而在于如何配色，即如何掌握协调和对比的分寸。

简单地说，和谐的色彩就是相配的颜色。掌握色调和谐最可靠的原则，就是遵照从自然界找到的色调规律。因此，深色适用于地板、中间色适用于墙壁，而较淡色适用于天花板。这是一个很好的通则，而且很切合实际。

（2）照明。

室内照明的主要作用是为人提供良好的光照条件，获得最佳的视觉效果，使室内环境具有某种气氛和意境，增强室内环境的美感与舒适感。现代饭店室内照明除了提供视觉所需要的光线之外，还有组织空间、改善空间感、渲染气氛、体现特色等作用。

① 照明设计的原则。

舒适性：室内照明应有利于客人在客房内进行活动、阅读、会客和从事其他活动，即在生理上能保护人的视觉，在心理上能鼓舞或安定人的情绪。

艺术性：有助于丰富空间的深度和层次，有利于强调空间的特色，能与空间的大小、形状、用途和性质相一致。

安全性：电源的线路、开关、灯具的设置都要有可靠的安全措施。

经济性：灯光照明不一定越多越好，关键是要科学合理，避免浪费。

②照明设计的主要内容。

投光范围：可以分为整体照明、局部照明、直接照明和间接照明等。

灯具位置：应按照客人的活动范围和家具的位置来安排。

灯具的选择：灯具可分为吸顶灯、镶灯、吊灯、壁灯、立灯和活动灯等。每种灯具都用于特定的情景之下，灯具的选择，如造型、色彩等是客房整体的一部分，必须与客房的色调相配，不能孤立对待。

照度：客房的照度可以自由调节，以吊灯最强，落地灯和壁灯次之，夜灯最弱。

建一座饭店，照明设计是非常重要的因素。没有进行专业化照明设计的饭店，不可能具备饭店特有的气氛，甚至也不可能获得好的经济效益。不同于地铁、商场、车站等“动”性公共场所，饭店是“静”性的，是挽留客人停留住宿的地方，其照明要传达给客人的暗示和感受是亲切、是温馨、是安全、是高雅、是私密、是……所以，饭店照明必须是丰富的、有情调的，令人视觉舒适、心情愉悦的；同时也必须是目的性清晰而准确的，能够充分显示不同光源照明功效的。为此，必须将不同功能区位的照明性质进行分门别类的研究，必须按照目的布置灯具的位置和选择光源，必须将“必要照明区”和“次要照明区”加以区别，也必须明白不同的照明对客人心理产生的作用乃至对饭店经营产生的影响。

有些人认为，照明就是照亮，越亮越好，尤其是大堂，必须显得豪华、气派，所以大堂的光线一定要做到“满堂生辉，不留死角”。实际上，大堂的照度确实需要充足，但这种充足绝不是简单化的，而是划分区域的、目标明确的、节奏丰富的、富于表现力和感染力的。四五星级的高档饭店，大堂吧通常不应被阳光直射，设计师通过安排距离，通过各式窗帘、绿化、装修，将可能直射的阳光遮挡，同时还要开启吧台区域和天花板上的一些灯，即使在白天也是如此，因为灯光对环境的烘托是自然光所无法替代的。到了晚间，大堂吧应该成为饭店公共区域里的一个亮点，这也要靠照明艺术来导演，每一张台、每一把椅、每一位客人、每一个盆栽、每一幅画、每一个陈设都被精心布置的照明所描绘着、包装着，基调是暗的、静的，灯光是层次分明的，有些戏剧化的；而不同的材质、不同的色彩又在不同的光源下折射出多变而丰富的色调……试想，如果在大堂吧的天花板上吊下几个大吊灯，再加上几排节能筒灯，还有多少客人愿意去那里会客、休息和消费呢？

（3）家具布置。

①对称与自由。根据客房家具数量、功能分区、家具造型等具体情况灵活掌握对称与自由。例如，标准客房的两张床放在靠墙处以形成对称格局；会客室的两张小沙发和中间的长沙发相互配合，形成对称格局；书房的写字台、书架、电视机等根据形状放在某一部位，相对自由。

②分散与集中。卧室的睡眠区中床的面积最大，一般床、床头柜靠墙一面相对集中，而写字台、圈椅、行李架等就显得分散。通过分散和集中的艺术处理，更好地为分区功能服务。

③对比与映衬。对比和映衬主要通过室内家具和生活用品的色彩、质地、触感等的变化来完成。各种家具用品在选好主色调的同时，要注意选用陪衬色调。

④掌握通道尺度。为了保证客人走动和使用的方便，在运用布置手法时，要注意各种家具之间的通道尺度。各种家具靠墙的一面，一般应该留出 5~10 厘米的距离，一般家具之间的最小通道的距离应该在 55~65 厘米之间。

（4）主题客房。

毫无特色、千篇一律的客房经营管理已很难满足市场的需求，主题客房设计已越来越深入宾客的心。饭店可以根据不同客人的需求偏好设计出不同的客房产品，如健康客房、主题客房、女性客房、儿童客房、公寓式饭店客房、商务客房、度假客房等。

① 健康客房：健康客房是指饭店在健康理念的指导下，通过配备全套健康睡眠用具以及保健设备（如健身设施、桑拿按摩设施等），从而满足客人对健康需求的一种特色客房。很多健康客房以高科技生物产品为依托，为宾客营造一种健康、舒适、人文的休息环境。

健康客房的目标客户主要集中于高层次的商务客人，这些人经常在外奔波，工作压力大，精神紧张，不同程度地存在睡眠不足、睡眠质量不高、身体抵抗力下降、疲劳等现象，即处于亚健康状态。一些专门为此设计并生产的产品应运而生。国内一些饭店专门开辟了健康客房楼层，宾客回头率明显高于其他客房，产品销售业绩不俗。

②主题客房：以某种时尚及兴趣爱好为主题的客房对具有这些方面兴趣的客人具有很大的吸引力，客人在这种主题客房住宿的同时，也满足了其在兴趣爱好方面的需求，享受了一个丰富的夜晚。

比如，某些饭店在进行客房设计时以汽车为主题，在客房中张贴着各种不同产地、品牌、型号汽车的图片，或者在橱窗中摆放一些汽车的模型，摆放汽车杂志及有关汽车的介绍，深受汽车爱好者的欢迎；有的以足球为主题，客房中张贴着一些球员、球队的照片，摆放着一些足球杂志与足球报以及足球赛事预告等，并用足球图案进行一些装饰，使爱好足球的客人在此能找到共鸣；还有的以邮票为主题，客房中挂有各式邮票镜框，并附有简介，供爱好集邮的客人欣赏。另外，还有饭店以网络为主题或以书为主题，客人可以根据客房内的书单向服务中心借阅心仪的书籍。

③女性客房：随着世界范围内女性受教育程度的日益提高，现代女性可以得到比以往更多、更好的工作机会，获得更为稳固和可观的收入。日趋完善的社会保障体系和社会化服务功能，有效地减缓了女性经济和生活上的种种压力及后顾之忧，再加上社会对女性婚姻态度的理解和宽容，许多现代女性选择了推迟结婚和生育。因此，单身职业女性比例在全球正呈现上升的态势。

在市场经济条件下，任何一个新兴市场的出现必然孕育着新的商机。单身职业女性客人的日渐增多，同样引起了旅游服务行业的关注，为企业经营提供了机遇及挑战。2001 年，瑞士苏黎世在世界上开出了第一家针对女性商务游客的饭店“Lady’s First”（女士优先），大获成功。尽管我国单身女子消费市场细分和引导尚处于萌芽状态，但是善于捕捉商机的业界人士早已关注到这一细分市场。在一些经济发展迅速的地区，如上海、广州等地的高星级饭店已相继开辟了“女士楼层”，通过制定并实施一系列特色化的服务及管理措施，收到了明显成效。

要提前应对并把握这一特殊细分市场，饭店应从服务设施配置、服务方式及管理措施等方面采取有别于普通客人的对策及措施，着力营造一种人文关怀和温馨体贴的服务氛围，借此来吸引并紧紧抓住单身职业女性客源市场。

众所周知，为了保证商务活动的顺利开展，国内外商务客人习惯利用旅行社这一综合服务平台及其网络资源，进行预订饭店和办理票务等活动，旅行社客源往往占饭店总客源量中的一大部分。所以饭店可以采用与旅行社签订协议的方式共同开发女性商务或女性个性化包价旅游。目前，国外一些饭店与旅行社、航空公司以优惠的价格联合推出购物、旅游、美食、保健、医疗、SPA 等综合配套项目，吸引了不少女性客人参与，合作各方均达到了“优势互补，利益共享”的目的。

①媒体的影响力：年轻职业女性往往易受媒体影响，尤其是权威媒体触角的广泛性

及其品牌的影响力，会无形中引导她们的消费理念及其行为。所以在时尚类杂志及有影响的电视频道上刊登或播放图文并茂、美观精致的介绍本饭店系列产品的广告，将有助于她们做出消费选择。

②网络的优势：低成本、高效率、跨时空的网络优势满足了这些以散客形式外出公干或旅游的女性客人的需求。女性俱乐部、会所、协会、团体等，一方面利用人们对团队的归属心理，集聚人气；另一方面从专业化入手，"软硬"兼施，为女性客人量身订制个性化产品及其服务，使之成为饭店经营的亮点和特色，成为培植饭店企业忠诚宾客的黏合剂。

③客房设施设备：饭店服务设施配置的主要目的之一就是适合并满足服务对象的需求。所以不论是特色女性饭店还是设立女士楼层的饭店，在服务设施配置上关键应紧扣女性的本质特征和消费需求这个主题，努力营造一种女性气息浓郁的个性鲜明的饭店氛围，以女性的视角考虑布置她们切实需要的或感兴趣的设施和物品。

比如，客房内要配备高档雅致的品牌家具、彩壳电器、环绕音响系统（配时装光碟等）、联网接口、宽大舒适的床、色彩明快的沙发和靠垫、明亮时尚的走入式衣柜（内备熨衣板、电熨斗）、宽大的全身镜、家居化的高品质床上用品、精致的饮具和花草茶等饮品、香薰器、盆栽花木或鲜花，提供与国际接轨的中产阶级生活方式，兼顾生活与生理的基本需求，营造小资情调。

卫生间的面积宽敞，光线明亮，装饰典雅，配备光源调节器、化妆镜与化妆凳、品牌卫生用品等，满足女性化妆及生理方面的需要。

在餐厅，设立女性客人就餐专区，配备精美餐具，维持安全的环境，便于女性间的交流与沟通。

另外，还应当在饭店内有休闲、娱乐、健康美容中心，如女性沙龙或女性吧，配有香熏理疗、土耳其浴、桑拿或中式保健按摩等项目，提供葡萄酒及低酒精饮料，还附带保健、美容、减肥等服务，可以消除女性客人精神上的疲劳，缓解工作压力，创造优雅的社交氛围。

④安全性的考虑：安全始终是每一位女性最关心的问题。女性大多比较胆小、敏感，加之单身女性一般有独来独往的习惯，更需要饭店尽量为她们提供一个安心、称心、舒心的住宿环境，确保其个人人身、财物、心理与隐私等方面的安全，并在接待服务的各个细节上感觉受到尊重和理解。

饭店可以在常规安全措施下考虑以下做法：

第一，秘密登记入住，房间钥匙上不标明具体房间号；排房时尽量将她们安排到靠近电梯的房间，并派服务员将女性客人送进房。

第二，最好配备凭住客磁卡钥匙才能启动的智能化电梯，防止闲杂人员进入楼层，从而有效避免各类安全隐患的发生。

第三，客房内设置紧急呼叫按钮。

第四，客房具备良好的隔音效果。

第五，除住客事先约定同意接听的电话外，总机为每位女性住客提供电话保密服务。

第六，在女士楼层内一律配备女性服务员和女性保安人员。

第七，客房内放置针对女性客人的安全提示说明。

第八，告诫员工不向外界透露任何有关本饭店接待的单身女性客人的饮食、住宿、娱乐等方面的习惯、癖好，切实维护住客的个人隐私和人身安全。

第九，针对自驾车旅行的女性客人，设立女性专用停车位（比一般停车位要宽），或提供代客泊车服务。

⑤服务与管理：高学历、高消费、阅历丰富、对事物反应敏感与细心等特点，决定了女性客人对饭店服务质量的高标准、高期望值。

美国温德姆国际饭店集团为了吸引女性商务客人，专门实施了一项“旅途中的女士”计划，邀请女性商务客人对其成员饭店所提供的设施和安全状况提出意见。所以，饭店若想真正赢得单身职业女性客人的认同与忠诚，就必须换位思考，全方位、多视角地审视自身的服务与管理。

饭店可以从以下几个方面入手，提供更能够获得女性消费者青睐的服务：

相对而言，女性客人对客房的整洁有序更为关注，因为拥有一尘不染与一丝不乱的居住环境不仅是女性的天性，更有助于她们拥有一份惬意、良好的心情。

客房内放置精美的时尚类杂志，供客人休闲时翻阅。客房中每日准备各种鲜花、干花，视需要提供时令水果。浴室内配备品牌洗浴用品及女性专用卫生包，以体现对女性客人的体贴照顾。餐厅提供时鲜卫生、低脂肪、低热量、美容保健或地方特色明显的菜式；客房中放置为女性客人“量身订制”的送餐菜单，为不愿到餐厅用餐的单身女性客人提供方便。

提供电脑出租和必要的技术服务。

对有需要的女性客人可以选派经验丰富的服务人员提供“贴身管家”服务。

限制外来访客活动范围。在饭店公共区域设立单独接待区域，方便女性住客接待来访宾客，避免可能对其他女性客人带来的干扰与不安全因素。

提供良好的灯光照明和保安服务，尤其是室外公共区域，如停车场等。

为每位入住女性客人建立一份完整详尽的客户档案，便于个性化服务与市场分析和营业推广。

单身职业女性最重要的人际关系是群体或朋友关系，而不是婚姻或亲戚关系，她们热衷于参加各类社会活动和社交活动。因此可以举办各种生活时尚派对；定期邀请著名专家、学者开设系列讲座，内容可以包括个性化形象设计、社交礼仪、美容健身、家庭园艺、厨房烹饪等，甚至还可延伸到心理咨询、医疗保健、家庭理财、法律顾问等，在满足她们个人涵养和生活情趣的同时，更使她们有一种团队的归属感，成为企业的忠实客户。

国外关于“女性专属”的概念已经深入人心，“女子银行”“女子书店”“女子美容院”“女性专用电车车厢”等在世界各地相继出现，所以为“她”服务已成为西方服务行业目前流行的经营策略。虽然在国内，单身职业女性消费市场的引导和细分还处于萌芽阶段，但是研究和探讨这一特定市场的消费特征和倾向，提出并实施针对性的管理对策和措施，既表达了对女性的尊重和人文关怀，也是饭店顺应市场竞争，另辟蹊径，走特色化经营的明智之举。

（4）儿童客房。

随着收入水平的提高以及消费观念的更新，越来越多的家庭走进了饭店，儿童市场已经成为饭店业促销的新目标。

面向儿童及家庭的客房更应注重设施设备的针对性和完善性，注意营造温馨的家庭氛围。如希尔顿饭店就提倡为家庭服务，他们开办“希尔顿假期帮靠站”已经多年，为客人提供免费礼物、免费玩具，并推出了儿童菜单，备受当地家庭客人的青睐。在巴西的“儿童饭店”则是把孩子们当客人看待，保持一种令儿童愉快的气氛，关心每个孩子，尊重个性。而奥地利的“婴儿饭店”专门用来接待来自欧洲各地快乐的小客人以及他们的家长。饭店设有婴儿床、高脚椅，便盆等，还有经过特殊配置的，为婴儿提供的“鸡尾酒”。

5. 客房用品

客房内除了各种设施设备之外，还配备了各种用品，以便满足宾客的需求。客房用品可分为一次性消耗用品以及多次性消耗用品。

（1）一次性消耗用品。

一次性消耗用品一般是指提供给宾客一次性使用的用品，如牙膏、牙刷、洗发液、沐浴露、信纸、信封等物，一次性消耗用品是可以让顾客带走的。

（2）多次性消耗用品。

多次性消耗用品是指提供给不同宾客、重复使用的用品，如毛巾、床单、烟灰缸等物品，多次性消耗用品是不能让宾客带走的。

对客租借用品也属于客房用品，如吹风机、电熨斗等。

（3）客房用品标准。

不同规格的房间，配备的客房用品标准也不一样。

案例链接——把“对”让给客户

一位台湾宾客入住酒店时，服务员小李面带微笑，主动地询问宾客：“先生，有什么需要我帮您做的事情吗？”台湾宾客说：“小姐，请给我一条毛巾。”小李满口答应“好的”，马上出去了，一会儿便用盘子端着一条干净的毛巾来到宾客面前，用夹子夹住毛巾，递给宾客并说：“先生，请用。”没想到宾客却很不高兴，责备道：“我不要旧的，我要没有用过的新毛巾！”服务员小李心里一愣，却不动声色，即对宾客表示：“对不起，我给您拿错了。”说完便出去换了一条新毛巾来，宾客这才满意。

台湾客泡上一杯茶，并打开电视，一边喝茶，一边看电视。茶喝过后再加水味道稍淡，他又把剩下的两袋茶叶另泡了一杯，当他觉得茶味又不够时，发现茶叶没有了，于是打电话请服务员再送一些茶叶来，服务员小李很快就拿了几包同样的茶叶进来送给宾客，没想到宾客大为不满地抱怨："我不要这种绿茶，我要喝浓一点的红茶！"

这时服务员小李心里很委屈，但丝毫没有流露出来，再次向宾客道歉："对不起，我又给您拿错了。”接着又去换了几包红茶来送给宾客。此刻，宾客很受感动，他发觉自己刚才两次对服务员发火太过分了，不由地连声向服务员道谢："小姐，谢谢你！"脸上露出愧疚的神色。

案例点评：

酒店提供的服务内容和形式，其设计的依据是宾客。酒店服务是作为商品提供给宾客的，应该以宾客为中心。以宾客的需求为依据来设计酒店服务，就是宾客至上，酒店服务中不能与宾客发生争执，要在酒店规定允许的范围内把“对”让给宾客。

客房楼层服务　洗衣服务　酒店夜床　工程部进房维修　打扫房间规范和流程

项目三　餐饮服务形象塑造

【企业标准】

表4-3-1　餐饮服务礼仪标准

	内容	评价标准	分值	最后得分
餐饮服务礼仪标准	仪表	面部清洁，服饰干净整齐，精神饱满，态度热情，衣着整洁	10分	
	仪态	动作准确适当，走姿轻盈、稳健	10分	
	语言塑造	用语规范，语言亲切，语调适中	30分	
	服务周到	主动服务，耐心周到，中餐服务、西餐服务、自助餐、酒吧服务礼仪规范	50分	
	合计		100分	

【师傅要求】

1. 餐饮服务人员仪容、仪表、仪态礼仪规范。
2. 餐厅预订服务礼仪规范。
3. 餐厅迎宾服务礼仪规范。
4. 中餐席间服务礼仪规范 。
5. 西餐服务礼仪规范。
6. 自助餐服务礼仪规范。
7. 酒吧服务礼仪规范。
8. 斟酒礼仪规范。
9. 结账服务礼仪规范。

（见图 4-3-1）

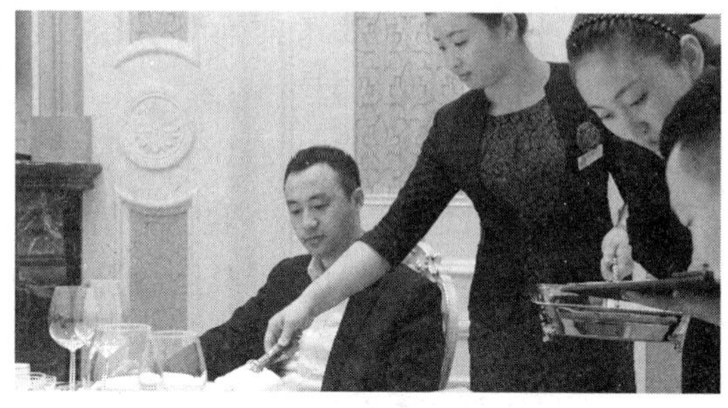

图4-3-1　中餐服务

【师徒互动】

一、师傅讲授

餐饮部是酒店的重要服务部门，为宾客提供用餐服务。服务员直接为客人提供面对面的服务，服务员的服务形象会在宾客心中留下印象，直接影响到酒店的声誉和形象。为了提高宾客对酒店的满意度，餐厅岗位的服务人员必须懂得遵守服务过程中的各种礼仪、掌握各岗位的业务技能。

1. 餐饮服务人员仪容、仪表、仪态礼仪

（1）仪容干净卫生。女服务员短发型头发长度不可过肩，过肩长发需按酒店统一规定束发。面部化淡妆，及时补妆保持妆容清洁。口腔、身体无异味，不可喷刺激性香水。手部干净，不留长指甲，不涂指甲油，不带任何饰品。

男服务员发型前不过眉、侧不遮耳、后不盖领、鬓角不过中耳线、头发整齐、清洁、不染色、不留怪异发型。不得留长胡须，耳朵内外干净，鼻毛不外露。手部干净，不留长指甲，不带任何饰品。口腔、身体无异味。

（2）仪表美观。制服干净整齐，无褶皱、无破损，清洁、无异味，特别注意领口、袖口处的清洁。男员工衬衣需束在裤内。着装系扣、扣子需统一。按规定佩戴领带、领结，佩戴按要求不得或高或低或歪或不干净、无破损。保证工鞋干净无破损，鞋底不得钉金属鞋掌、带声响的铁钉，女员工鞋跟不得高于 6 厘米。按酒店规定、规范佩戴铭牌。

（3）仪态规范大方。站姿挺拔，坐姿端正，走姿轻盈、稳健。一般靠右行走，不要走在道路中间，不能与客人抢道。入口处接待客人时，手势要规范和适度。谈话中手势不宜过多，动作不宜过大。为客人指点方向时注意手势运用要和面部表情及身体各部分协调配合。

（4）表情友好大方。在接待中要热情适度、耐心周到，对宾客的态度反应敏感。悉心听取客人意见，遇事要沉着冷静，表情含蓄大方。自控能力要强，使自己保持良好的心态。

要面带微笑，和颜悦色，给人以亲切感；不要面孔冷漠，表情呆板，给客人以不受欢迎之感。要聚精会神，注意倾听，给人以受尊重之感；不要无精打采或漫不经心，给客人以不受尊重之感。要坦诚待客，不卑不亢，给人以真诚感；不要诚惶诚恐，唯唯诺诺，给人以虚伪感和不信任感，要沉着稳重，给人以镇定感；不要慌手慌脚，给客人以毛躁感。要神色坦然，轻松、自信，给人以宽慰感；不要双眉紧锁，满面愁云，给客人以负重感。不要带有厌烦、僵硬、愤怒的表情，也不要扭捏作态，做鬼脸、吐舌、眨眼，给客人以不受敬重之感。

2. 餐厅预订服务礼仪

餐厅预订员要仪表整洁、彬彬有礼，具有成熟的人际交往技巧、推销技巧，反应敏捷、热情服务。

（1）前台预订服务礼仪。

热情迎接、礼貌问候宾客。预订员应着装整齐，精神饱满。认真倾听宾客需求，态度和蔼，主动为宾客服务。实事求是，主动介绍餐厅情况、餐厅的风味特色，出示菜品图片等资料为宾客介绍菜品。尊重宾客的习惯，针对宾客的要求，有针对性地提供适合宾客口味的菜品。认真填写预订单，准确填写用餐人数、用餐标准、用餐时间、场地布置及特殊要求等信息，请宾客在预订单上签名。礼貌送别宾客，常用服务语："谢谢您来订餐，我们期待您的光临！"

（2）电话预订服务礼仪。

迅速接听，微笑接听，礼貌问候，及时报上餐厅名字。如"您好，××餐厅，请问有什么可以帮您？"接打电话时要注意力集中，认真应答，态度真诚，详细记录要点，动作轻柔。注意吐字清晰，声音平稳，语言简洁，措辞得体，解释耐心，传话准确。主动推销菜品，实事求是，突出重点，向宾客传递愿意服务的信息。注意接听姿势，接听中要有回应。准确记录预订日期、时间、出席对象、人数以及餐饮标准、要求、预订单位、地址、联系人姓名和电话等。结束通话前再次确定宾客订餐的内容。通话结束时应真诚向宾客致谢，并对宾客说"恭候您的光临"。如果住店宾客要求房内用膳，宾客订餐后，应及时告知宾客制作菜品所需的时间，并承诺在约定时间内准时将菜品送到客房。待宾客挂电话后轻轻挂断电话。注意完成宾客预订单填写并交与厨房备餐。

案例：

一天中午，一位宾客打电话到餐厅，并说明要吃一个"T骨牛排"，希望餐厅能为其预留位置并提前备餐，宾客1小时后到。预订员小王接到电话时正准备去用午餐，考虑到宾客要1小时后才能过来，而这段时间餐厅生意都不旺，肯定会有空位，且自己用餐时间不用半小时，于是她在未向其他同事交代的情况下便吃饭去了。大约一刻钟后，宾客来到餐厅，询问另一名当值服务员："刚才已打电话来预订，午餐是否准备好？"当值服务员称没有接到宾客电话，不知此事。宾客听后非常生气，于是向餐厅经理投诉。

案例评析：

此案例中，预订员小王在接到宾客预订时没有按照预订电话服务礼仪及时填写预订单并交厨房备餐，而且在自己去吃饭的情况下，没有进行工作交接，引起宾客投诉，对酒店产生不良影响。

3. 餐厅迎宾服务礼仪

迎宾员是餐厅的形象代表，站在餐厅的门口，华丽的礼服、敏锐的目光、热情的服务，会给就餐客人先入为主的印象。就餐圆满结束，客人起身离座，服务员微笑着送别客人。服务员在送客前及时留下客人的意见和建议，同时应热情地送别，使客人感受到尊重与友好。领位员是餐厅服务流程中的第一个环节，其优雅的仪容仪表、得体的礼貌素质、高超的服务水平都会给餐厅宾客留下良好的第一印象。

（1）餐厅营业前 10 分钟，迎宾员站在餐厅门口的两侧，或者视线开阔便于环顾四周的位置迎候宾客。服务员在包房服务时，在预订前的 15~30 分钟站在包房门口迎接宾客的到来。当客人来到时，要微笑地问候客人，知道客人姓名和职务的要用姓氏加职务去称呼客人。要求站姿端正，服饰整洁，面带微笑，时刻给宾客以饱满、庄重、自信的形象。

（2）当宾客到达离餐厅约 1.5 米时，要面带微笑，热情向前问候宾客，注意与宾客目光的交流。如果是多位宾客前来用餐，要先问候主宾，再问候其他宾客；先问候女宾，再问候其他宾客。

迎宾常用问候语：

①您好，欢迎光临！②女士 / 先生，晚上好，请问您有预订吗？③您好，请问共有几位就餐？

（3）如果宾客是有预订的，要迅速查阅订单或预订记录，将宾客引到其预订的包间或餐桌。

常用答复语：

①先生 / 女士，您好，您预订的包厢在二楼贵 6 包间，请跟我来。②您好，这边请。

（4）如果宾客没有事先预订，要根据宾客到达的人数、宾客喜好、年龄及身份等因素向客人诚意地推荐。带领宾客入座时，要一步到位。除非宾客有特殊要求，否则不应频繁地让宾客更换座位。在具体的推荐、引座过程中需尊重客人的选择。

引领宾客入座时要牢记以右为尊的原则，引位员要在宾客的左侧前方两三步的位置，按引领宾客礼仪规范引领宾客用餐。引领宾客时，不能与宾客距离太近，1 米左右的距离为宜，并不时地回头示意宾客。

可以将第一批客人安排在靠近入口或距离窗户较近的地方，使后来的客人感到餐厅人气旺盛，气氛热烈。

引导 VIP 宾客时，可以将宾客引领到餐厅最好的靠窗、靠里的位置或雅座，以示恭敬。

尽量将带小孩的客人安排在离通道较远的地方，以保证小孩的安全，同时也利于餐厅员工的服务。

如果是装扮入时的宾客，可以安排在餐厅中央的餐桌，这样既让宾客体面，又衬托出餐厅的高品位。

如果是单身宾客或情侣，适合引导到环境优雅、安静的双人座。

对于外向活泼的客人，可以将其安排在包房或僻静的位置。

对于年老体弱的客人要及时搀扶，并可将其安排在距餐厅门口较近的位置。

可以将残疾人安排在能隐蔽其残疾部位并方便就餐的位置，需要照顾其自尊心，但照顾不要过于明显。

宾客最不喜欢靠近厨房内角处的位置，如果因为餐厅客满不得不安排宾客在此位置就餐时，餐厅服务员要常关注这个区域的宾客，多问候，以示关怀。

案例：

玛丽是亚特兰大某饭店咖啡厅的领位员。咖啡厅最近比较繁忙，这天午饭期间，玛丽刚带几位宾客入座回来，就见一位先生走了进来。

"中午好，先生。请问您贵姓？"玛丽微笑着问道。

"你好，小姐。你不必知道我的名字，我就住在你们饭店。"这位先生漫不经心地回答。

"欢迎您光顾这里。不知您愿意坐在吸烟区还是非吸烟区？"玛丽礼貌地问道。

"我不吸烟。不知你们这里的头盘和大盆菜有些什么？"先生问道。

"我们的头盘有一些沙拉、肉碟、熏鱼等，大盆菜有猪排、牛排、鸡、鸭、海鲜等。您要感兴趣可以坐下看看菜单。您现在是否准备入座？如果准备好了，请跟我去找一个餐位。"玛丽说道。

这位先生看着玛丽的倩影和整洁、漂亮的衣饰，欣然同意，跟随她走向餐桌。

"不，不，我不想坐在这里。我想坐在靠窗的座位，这样可以欣赏街景。"先生指着窗口的座位对玛丽说。

"请您先在这里坐一下，等窗口有空位了我再请您过去，好吗？"玛丽在征求他的意见。

在征得这位先生的同意后，玛丽又问他要不要点些开胃品，这位先生点头表示赞同。玛丽对一位服务员交代了几句，便离开了这里。

当玛丽再次出现在先生面前告诉他窗口有空位时，先生正与同桌的一位年轻女士聊得热火朝天，并示意不换座位，要赶紧点菜。玛丽微笑着走开了。

案例评析：

案例中服务员玛丽的优质服务主要体现在三方面。第一，领位员在为宾客领位时要做到体贴服务，主动询问宾客需求，如宾客是否抽烟、是否需要点餐等。第二，在宾客要求坐靠窗位置时，做到尽量满足宾客需求，请求宾客暂时等候，主动为宾客介绍餐厅菜品，及时为宾客备餐。第三，当窗口有空位时，并没有贸然前往让宾客挪位，而是尊重宾客当下的意愿，真正做到让宾客自主就餐。

（5）拉椅入座。

当客人进入包厢后，要主动为客人拉椅让座。不用为全部的客人都拉椅让座，但一定要为女士或者是被邀请的贵宾服务。有小孩子的，要主动询问是否需要婴儿椅。需按照入座礼仪规范为宾客拉椅入座：首先右腿在前，用右膝顶住椅子后部，双手扶住椅背上部，平稳地将椅子拉出，并示意宾客入座。待宾客屈腿入座的时候，顺势将椅子推向前方。注意拉椅的距离要视宾客的身材而定。

（6）礼貌送别。

迎宾员欢送宾客时要面带微笑，站姿端正，并向宾客鞠躬30°，真诚欢迎宾客再次光临，最后目送宾客离开。

常用告别语：

①谢谢惠顾，欢迎再次光临！②请慢走，感谢您的光临！

4. 中餐席间服务礼仪

席间服务是指宾客从落座到结账的过程中，其间含铺口布、递送菜单、递送小毛巾、茶水服务、点菜服务、点酒服务、传菜服务、上菜服务、分菜服务、撤盘服务、更换骨碟服务、结账服务等。席间服务是服务员跟宾客接触最多的服务时刻，也是最容易出错的环节，因此，服务员在席间服务过程中注意力要高度集中，只有善于观察客户的需求，才能将服务做细，做到让宾客满意。

（1）席间服务要求。

①值台员为宾客服务时，精神要高度集中，并随时关注顾客的眼神、表情、手势、言谈、心理，在宾客未说话前就了解宾客的内心需求，以便及时周到地为宾客服务。②服务员席间服务要做到“五勤”“三轻”。五勤：勤巡视、勤换烟缸骨碟、勤整理台面、勤斟饮料、勤问顾客需要什么。三轻：说话轻、走路轻、拿放东西轻。

（2）铺口布服务礼仪。

①宾客入座后，及时撤掉多余的餐具和椅子，遇有带小孩的宾客，应主动询问是否为其准备小孩专用椅。服务员待宾客全部就座后，主动上前为宾客松口布、铺口布。②铺口布的顺序按照先宾后主、女士优先的原则。如有儿童就餐，应根据家长的要求，帮助儿童铺口布。③铺口布时，服务员站在宾客右侧，从水杯或餐盘中轻轻拿起口布，将对角打开，右手在前，左手在后，为宾客铺好口布。口布可以放在宾客的腿部或压放在骨碟下。

（3）递送菜单服务礼仪。

①服务员给宾客递送菜单前，要检查菜单是否完好、整洁、无污迹、无缺页。②递送菜单时，要将菜单的正面朝上，从宾客右侧打开菜单第一页，双手握住菜单，右手持菜单的右上角，左手执菜单的左下角，两臂适当内合，将手自然伸出，面带微笑，目视着向宾客递出。目前星级饭店餐厅都采用现代化的电子产品进行点餐服务。③如果是多位宾客就餐，为了方便宾客看菜单，服务员要拿相应数量的菜单或电子点餐机，并遵照先宾后主、女士优先的原则依次将菜单送到宾客手中。

（4）上毛巾。

①将洗净、消毒后的小毛巾卷好，根据宾客的人数整齐地放在服务碟中，配上毛巾夹或是分餐叉勺。②用左手托住服务碟，从宾客右边递送毛巾。如果是第一次进行小毛巾服务，在没有上菜前也可以从宾客左边上毛巾。③用右手拿毛巾夹或是分餐叉勺，夹住毛巾的边角。这样在递送到宾客面前时毛巾就会自动打开。④按照先宾后主、女士优先的原则从宾客右侧按顺时针方向将小毛巾放入毛巾托内。⑤分发完小毛巾后，服务人员要将服务碟放在餐桌中央，这样宾客可以将用过的毛巾放在服务碟中。⑥服务人员要眼观四方，及时更换并撤下宾客已用过的毛巾，注意毛巾的温度与湿度要适宜。

常用语言："先生 / 女士，请用毛巾。"

（5）上茶水。

①服务员应在客人进入包厢的第一时间将茶水给客人送上，客人坐在休息区域时服务员应采用蹲式服务将茶水上给客人。茶水不能倒得过满，七八分满即可。②服务时，服务员的手不能触及杯口，也不能将茶杯从桌子上拿起。③按照女士优先、长者优先、儿童优先的顺序提供服务。倒茶时，壶嘴不能触及杯沿，不可将茶水倒在餐桌上，递送茶水服务的动作要缓慢。④第一次斟茶完毕后，将茶壶放在餐桌上，服务员巡台时及时为宾客续水，也可由宾客自斟。⑤放置茶壶时，茶嘴不能朝向宾客。递送时，先从主宾开始，从右到左依次顺序，同时招呼宾客。

常用服务语言："先生 / 女士，请用茶水。"

（6）点菜服务礼仪。

服务员在宾客入座后观看菜单时，可向宾客适当推销菜品。服务员要了解餐厅菜品，推销特色菜的同时兼顾宾客的饮食习惯及民族特点。

①宾客示意点菜后，服务员应迅速上前，及时为宾客服务。点菜时服务员站姿端正，注意力集中，为宾客介绍菜单中的菜肴时，五指并拢，手心斜向下方，指向所介绍的菜品。采用现代电子产品点菜时，要将产品图片给宾客参阅，切勿用手或手中的笔指指点点。书写食品订单时，应把订单放在左手掌心，站直身体，而不能将订单放在宾客餐桌上书写。②根据宾客的年龄、口音、就餐人数等特点有针对性地向宾客推销菜肴。推销菜品要遵循符合宾客口味和消费水平的原则，不能强行兜售，特别是宴请朋友时更不能强行推销。③了解菜单中所有菜品的原材料、烹制方法、特点等信息，及时应对宾客的询问。如宾客所点菜品餐厅没有供应，应尽量满足宾客要求，不能生硬回绝。④点菜完毕后，服务员应向宾客重复菜品名称，询问宾客有无忌口的菜品以及对菜品的烹饪要求。宾客如有忌口，切勿追问宾客忌食的原因。⑤点菜结束后向宾客表示谢意，立即通知厨房备菜。一般凉菜 5 分钟后备齐上桌，热菜 20 分钟或根据宾客要求及时上桌，切勿拖延上菜，以免宾客不满。

（7）传菜服务礼仪。

①传菜员接到点菜员的订单后，应认真查看订单上所点菜品，检查订单上有无宾客

的特殊要求。注意宾客的点菜时间，提醒厨房尽快上菜。②传菜时要使用托盘，右手托盘，左手背在身后，保持托盘平稳，动作轻盈，步伐自如，步速适中，汤不外洒，菜不变形，遇到宾客主动让行。端送汤菜时，应用碎步，步距小，速度快，保持体态平衡。端送注意火候的菜品时，应用快步，步距大，速度快。端送一般菜品时，应用健步，步伐均匀，速度适宜，做到抬步轻、换步稳，轻快自如。③传菜顺序合理，先传高档菜，再传鸡鸭鱼肉，后传蔬菜、主食。④准确告知上菜员菜品所呈送的台号，以免张冠李戴。

（8）上菜服务礼仪。

①上菜时，服务人员应选择合适的位置，可征询客人哪里可以作为上菜口。中餐上菜的位置一般应在主人席旁的第三个席位的空隙处进行，严禁从主人和主宾之间上菜。切忌越过宾客的头顶上菜。②上菜时，服务员应用双手端上菜肴，报菜名，并慢慢转动转台，以顺时针方向为宜，上每道菜时都要报菜名，视情况做适当介绍。如所上菜品为整只鸡鸭，应将头朝向主人和主宾。有头有尾的菜上桌时必须左头右尾，无头尾的菜以摆盘的花为头。上菜要掌握好时机，当客人正在讲话或正在互相敬酒时，应稍微停一会儿，等客人讲完话后再上，不要打扰客人的进餐气氛。③端送盘、碟、碗时，要用双手拇指指肚轻按餐具边沿，其余手指支撑底部，手指不可触及食物。④根据用餐情况，选择合适的时机为宾客添加饮料、酒、菜、饭，避免因宾客等候或不断增加酒菜而反感。需要宾客用手的菜式上洗手盅时，要提醒客人。如客人误喝洗手盅中的水，服务员不要马上提醒，要装作没看见，以免客人尴尬。⑤在上菜过程中如有新菜需上而转盘无空间时，应巡视台面情况。如菜盘中的菜品剩的较少时可征询客人的意见："先生（小姐）这菜可以给您换一个小盘吗？"同类菜品征询客人的意见："这菜可以给您合盘吗？"已所剩无几的菜可征询客人的意见是否可以撤掉，客人同意后说："谢谢！"菜已经凉了的情况下征询客人的意见："这菜可以给您加热一下吗？"⑥当所有菜肴上完后，应礼貌告知宾客，请宾客尽情享用。

案例：

酒店里一包间里几位宾客在就餐，餐厅服务员正在为宾客服务。宴请快结束时，服务员为宾客上汤。恰巧张先生突然回身，将汤碰洒，把张先生的西服弄脏了。他非常生气，质问怎么把汤往身上洒。服务员没有争辩，连声道歉："实在对不起，先生，是我不小心把汤洒在您身上，把您的西服弄脏了，请您脱下来，我去给您干洗。另外，我再重新给您换一份汤，耽误各位先生用餐了，请原谅。"随后，服务员将西服送到洗衣房干洗，而后对几位先生的服务十分周到。当宾客用餐完毕后，服务员将洗得干干净净、叠得整整齐齐的衣服双手捧着送给了张先生。宾客们十分满意，张先生也诚恳地道歉："是我不小心碰洒了汤，你的服务非常好。"事后，宾客主动支付了两份汤钱，张先生还给了服务员小费，而且不久又带着一批宾客来饭店就餐。

案例评析：

案例中，虽然是宾客碰洒了汤，但服务员却是从自身找原因，首先向宾客道歉，主动承担责任。没有与宾客讲理，反而给宾客台阶下，讲究策略，及时采取补救措施，求得宾客的谅解。

（9）分菜服务礼仪。

在高端中餐宴会中，服务员可使用专门分菜的叉、匙帮主人依次将热菜分给宾客。

①服务员应站在宾客的左侧，站姿规范，腰部稍微弯曲，为来宾依次分菜。分菜顺序；高级宴会时，先男主宾，后女主宾。一般宴会时，先女主宾，后男主宾、主人以及一般来宾。②分菜手法要规范，用拇指指腹扣住餐碟边缘，不可用手直接接触菜品。③分菜快速，动作利索，在保证菜品质量的情况下，用最快速度一次分菜。④分菜均匀，根据宾客数大致等分给宾客，每道菜应留十分之一左右于盘中为宜。

（10）撤盘服务礼仪。

用餐过程中，服务员应根据餐桌情况主动上前询问宾客是否需要撤盘。

①撤盘时要先征得宾客的同意，身体侧站，左手托盘，选择合适的位置撤盘。②撤盘遵循先撤后上，中式撤盘采用右上右撤的原则，按逆时针方向撤盘。先撤去已用完的菜盘，将剩菜用一个盘或一个碗装起来，再上新的菜肴。③撤盘时动作利落，轻拿轻放，避免餐盘碰撞引起宾客的误解。不可将汤汁洒在宾客身上。④服务人员要视实际情况决定更换餐具的次数。菜点道数少时，一般等就餐完毕后再撤盘。菜点道数多时，可根据实际情况分次撤盘。

（11）更换烟灰缸服务礼仪。

用餐过程中，服务员应根据实际情况，在不打扰宾客的情况下，适当为宾客更换烟灰缸，以保持宾客始终使用干净的烟灰缸。烟缸里3~4个烟头就更换一次，更换烟灰缸的过程要一气呵成，以免将烟灰缸内的烟灰带起。

更换烟灰缸操作标准：将干净的烟灰缸放置托盘中，用右手拇指和中指轻轻捏住烟灰缸的外壁，用食指指肚按住烟灰缸的内侧，从宾客的右侧将干净的烟灰缸覆盖在已用过的烟灰缸上，将烟灰缸撤到托盘中，然后放置新的烟灰缸在宾客桌上。

（12）更换骨碟服务礼仪。

宴会中，服务员应随时观察宾客用餐情况，一般不超过两道菜为宾客更换骨碟。客人吃完带骨或皮壳较多的食物后就清理或更换一次骨碟。骨碟有1/3时或酱汁、汤汁过多时必须更换。上果盘之前更换一次。换骨碟的要求为右撤右上。

更换骨碟的操作标准：

①用左手托托盘，右手撤换，从第一主宾开始，按顺时针方向进行。②尊重宾客摆放餐具的习惯，将更换后的骨碟放回原处。不能将宾客没有用完菜的餐具撤换掉。③撤换骨碟时应当从宾客餐位前平移到宾客身后，然后放入撤盘内。不能从宾客眼前或头顶撤至托盘中。④更换骨碟的时机：吃过冷菜换吃热菜时应更换骨碟。吃过鱼腥味食物，再吃其他类型菜品时应更换骨碟。上风味特殊、汁芡各异、调味特别的菜肴时应更换骨碟。凡吃过甜菜、甜汤，须更换骨碟。洒落酒水、饮料或异物的骨碟应更换。碟内骨

刺、残渣较多时应及时更换骨碟。

（13）结账服务礼仪。

服务员在席间服务过程中，应时刻关注宾客用餐情况，提前做好结账准备。寻找适当的机会向客人询问用餐满意度，将客人意见及时反馈给服务经理。

①呈送账单。服务员应准确预测宾客结账需求，在宾客示意结账时，及时将账单呈送给宾客。呈送账单时，应将账单放置于账单夹中，右手持账单右上端，左手轻托账单夹下端，递给宾客。挂账客人可到前台签单，但要注意提醒。②保护隐私。服务员送账单时，应注意保护账单的私密性，不要让其他宾客看到账单，更不要当众说出宾客消费的价格，以免尴尬。③灵活反应。当无法判断哪位宾客买单时，服务员应当将账单放置于桌面上。如果一男一女用餐，应当将账单交给男士。④礼貌致谢。当宾客签完账单后，服务员应向宾客致谢，并且继续提供服务，直至宾客离开，不可给宾客留下赶客的不好印象。

（14）真诚欢送。

宾客离席时，服务员要主动为宾客拉椅。然后以最快的速度检查一遍桌面上是否有客人落下的物品。欢送宾客时要面带微笑，站姿端正，告别并向宾客鞠躬 30°，真诚欢迎宾客再次光临，最后目视宾客离开。宾客乘电梯离开时，服务员按电梯礼仪为宾客按下电梯，引导宾客进入电梯，最后目送宾客离开。

常用告别语：

①谢谢惠顾，欢迎再次光临！②请慢走，欢迎再次光临！

5. 西餐服务礼仪

（1）热情迎宾，礼貌引领客人到客人喜欢的位置，安排客人入座，遵守礼仪顺序。

（2）点菜服务礼仪。

①宾客入座后，服务员应向宾客问好，然后在宾客的杯中斟倒冰水，礼貌呈送菜单，请宾客点菜。根据客人情况，可热情询问客人有没有特殊的想法和要求，向客人热情细致地介绍菜单上的内容。宾客查看菜单时，服务员应耐心等候，切勿催促宾客。②注意点菜顺序，一般西餐点菜顺序是年长者及女士优先。或从主人或女主人开始，如主人示意宾客分别点菜，则应从主宾开始，按逆时针方向进行。③介绍菜单上的菜品时，应五指并拢，手心斜向上指向所介绍菜品，避免用手指指点点。④合理介绍菜品，向宾客介绍菜品时，要根据宾客的类型及消费能力适度推销，并且注意菜品与酒水的搭配。⑤准确书写已点好的菜品，复述所点菜品。⑥细节关怀，主动询问宾客有无忌口。遇到宾客点牛排、羊排等食物时，应主动询问菜品的制熟程度。

（3）上菜服务礼仪。

西餐上菜有顺序之分，一般按照面包、佐餐酒、开胃菜、汤沙拉、主菜、甜品、咖啡或茶的次序为宾客提供西餐服务。①面包：派送面包时，与面包相搭配的黄油、果酱也应一起上桌。派送面包要使用叉匙，从宾客的左侧派送。②佐餐酒：宾客点好佐餐酒后，服务员应立即将酒送到宾客面前，示酒，为宾客开酒。③开胃菜：西餐上开胃菜时，应直接将餐盘摆在宾客面前的展示盘上。④汤：西餐的汤分为两种：一种是清汤，用双耳汤碗搭配底盘盛放；另一种是浓汤，以汤盘盛放。⑤沙拉：沙拉一般用生菜、西红柿、黄瓜等制作，主要调味汁有醋油、奶酪、沙拉汁等。服务员应将沙拉刀叉分别放置主菜刀叉的外侧，在收拾沙拉盘时，应将展示盘一起收走。⑥主菜：主菜一般为牛排或红肉，配红葡萄酒。次主菜以鱼类为主，佐以白葡萄酒。⑦甜品：宾客用完主菜后。服务员应主动询问是否撤下餐具，然后将甜品车推至宾客面前，请宾客点用甜品。上甜点时，在宾客右侧按顺时针方向服务，女士优先，先宾后主。⑧咖啡或茶：宾客点用甜品时，服务员应礼貌地询问是否同时点用咖啡或茶。服务员上咖啡时，应将咖啡杯放在杯垫上，杯柄向右平行摆放，不锈钢小勺放在垫碟上，勺柄向右，与杯柄平行，分配的糖、鲜奶等应一同上齐。操作卫生，确保咖啡设备和杯具干净，适当预热咖啡的用具，保证咖啡的最佳风味。技能娴熟，保证咖啡的冲饮热度和饮用温度。主动服务，站在宾客右侧适当距离处，按照顺时针方向依次服务。一般情况下，任何咖啡都不续杯。

（4）撤盘服务礼仪。

西餐用餐中，当宾客将盘中餐具平行放在盘上时，表示用餐完毕可以撤换。餐具成八字形格放在盘边，表示宾客未用完，但有事离开，不能撤换。

①西餐撤盘要分次进行。每用一道菜就要更换一副刀叉餐具。②撤盘时按逆时针方向进行，从宾客的左侧用左手将盘子撤下。如桌上有女宾，应先为女宾撤。③撤盘时左手托盘，右手收盘。将刀叉集中放在盘的一头，挪出空间放其他餐具，避免让重心偏离，以保持托盘平稳。

6. 自助餐服务礼仪

（1）餐前准备礼仪。

①摆台快速、准确，不能将食物放得过高，也不能过低，以免影响宾客用餐。②餐前准备充分，餐具干净、整齐、无破损，符合卫生标准，数量充足。③菜品摆放美观整齐，排序合理，人流、物流互不干扰。④将餐桌椅按照规格摆放整齐，清洁周围卫生。⑤服务员应站在适当的位置迎候宾客，做到仪表端庄，微笑服务，将宾客引领至指定的餐位，为宾客拉椅铺口布。

（2）席间服务礼仪。

①宾客用餐时，服务员应及时为宾客随时添加餐具、食品和饮料。添加餐具动作要轻盈，避免发出声响。②保持餐桌整洁。及时撤走宾客用过的餐具。撤餐具时，应当礼貌示意，征得宾客同意，及时整理菜台，撤下空菜盘，保持整洁、美观。③及时询问宾客所需酒水并给予斟酒。

（3）结束礼仪。

自助餐宴会结束时，服务员应当主动为宾客拉椅，然后站立在桌旁，鞠躬向宾客道别，目送宾客离开。迎宾员应向宾客点头示意，并对宾客说："欢迎下次光临！"

7. 酒吧服务礼仪

（1）微笑迎客，见到顾客立即上前招呼。

（2）引领入座，点清人数，准备好台椅后再带位。

（3）拉椅示座。

（4）递酒牌。翻开酒牌递给顾客，注意礼仪顺序先女士后男士。

（5）问饮品。说明鸡尾酒配方，介绍白酒，问明是否加冰、净饮或者加上其他饮料。

（6）复述菜单，把顾客所点菜品复述一遍，检查错漏。

（7）出酒水。

（8）上台。在顾客右边送上饮品，并说明品名。饮品放于顾客面前，先女后男。不能一次在同一位置上齐，纸巾、小食品放于易拿之处。冰水、白兰地、甜酒等放成品字形。

（9）巡餐。巡台时为顾客倒满啤酒、汽水。收掉杂物，并再问是否要再加另一杯饮品，用正确的方法换烟灰缸。

（10）结账、谢客。预先打好酒水结账单，并确保准确无误。用账单夹把账单夹好递给宾客。向宾客致谢。付现款时，要在顾客面前清点数目，底单要送还给宾客，在宾客离开时再次道谢，并欢迎宾客再次惠顾。

8. 斟酒礼仪

（1）点酒水（包括饮料）或推荐酒水，服务员或酒水员按"酒水单"完成酒水点单或推荐酒水、下酒水单等工作。注意推销时所用的语言、语气。

（2）取酒水。

①服务员或酒水员到吧台按客人的"酒水单"领取酒水。②如客人点的是白葡萄酒，需在冰桶内放上碎冰，将瓶酒放入冰桶，最佳温度9℃，酒牌朝上，冰桶边架放置在主人右后边。③如客人点的是红葡萄酒，将瓶酒放入垫有毛巾的酒篮中，最佳温度20℃，酒牌朝上，使客人可以看清。④如客人点的是普通酒水，可用托盘进行取运，即在托盘中摆放酒水。摆放时，应根据客人座次顺序摆放，第一客人的酒水放在托盘远离身体侧，主人的酒水放在托盘里侧。

（3）示瓶。

①方法：左手托瓶底，右手扶瓶颈，顺手一推，左手打直，右手靠自己胸前倒，商标朝向客人。②目的：一是避免差错；二是表示尊敬。

（4）开酒瓶。

①正确使用开瓶器。②开瓶动作要轻，尽量减少瓶身晃动。万一遇到软木塞断裂，可在墙壁上垫上一条毛巾，把酒瓶底部往毛巾上撞击，靠瓶内压力将软木塞顶出。③用小刀沿酒瓶颈部划开铝箔纸。用酒钻螺旋部转进开启。④开启后记得用口布擦瓶口及瓶口内侧。

（5）斟酒的动作要领。

①重心前移至右脚。②右手持瓶靠近杯口，手臂自然弯曲。③左手背于身后。④快到位时旋转瓶口收酒，抬起小手臂。

（6）斟酒量。

①白酒 8 分满。②红葡萄酒 1/2，白葡萄酒 2/3。③香槟酒先斟 1/3，再斟 1/3。④啤酒分两次倒，酒占 8 分，泡沫占 2 分。

（7）斟酒的顺序。

①中餐斟酒。从主宾位开始，顺时针方向，在宾客右手方服务。大型宴会提前 5 分钟。斟酒顺序是酒精度从高到低斟。②西餐斟酒。西餐用酒较多，较高级的宴会一般要用到 7 种酒左右。菜肴和酒水的搭配须按一定传统习惯，先斟酒后上菜。

遇重要或大型宴会，在宴会开始前 5 分钟，服务员要将烈性酒和葡萄酒事先斟好。当客人入座后再斟饮料，同时检查服务桌上的酒水质量，如发现瓶子破裂或酒水有变质，要及时更换；小型宴会上一般不事先斟酒水，待客人入座后再斟上。

斟酒的顺序为：主宾、副主宾、主人，然后依次按顺时针方向斟倒。两个服务员同时斟酒时，一个从主宾一侧开始，向左绕餐桌进行；一个从副主宾一侧开始，向右绕餐桌进行，给每位客人斟酒之前，先向客人示意。

（8）斟酒注意事项。

斟酒时，服务员应站在客人身后右侧，左手托盘或拿餐巾，右手持瓶，使酒标朝外进行操作，所有酒水服务都应从客人右边进行，不可“左右开弓”。

斟酒应从主宾开始，按顺时针方向绕台进行，在倒酒前应注意一下，如客人不需要则予以调换；宾客如带女士一同进餐，应先给女士斟酒。

斟酒时，瓶口不可靠到酒杯，但也不宜过高，过高会容易溅出杯外。

瓶内酒越少，出口的速度越快，因此要掌握好酒瓶的倾斜度。

斟啤酒等发泡酒，因泡沫较多，倒的速度应慢些或让酒沿着杯壁流下，但斟酒时不可用手拿杯。

斟红酒或白酒时，用右手抓住瓶身下方，瓶口略高于杯 1~2 厘米，斟完后将瓶口提高 3 厘米并旋 45° 后抽走，使最后一滴酒均匀分布于瓶口不致滴下。斟酒完毕，应用餐巾擦净瓶口溅出的酒，以免滴洒在餐台或客人身上。

斟酒时不可太满，烈性酒盛 3/4 杯，红酒 2/3 杯即可。拿杯时，手不要触摸杯口。

未斟完的酒水，应将酒瓶放在工作台上，如客人要求自己倒酒，可以根据客人指定的位置摆放。

（9）应急处理。

当因操作不慎，将杯子碰倒时，立即向客人表示歉意，同时在桌酒水痕迹处铺上干净的餐巾，因此要掌握好酒瓶的倾斜度。

当客人祝酒讲话时，服务员要停止一切服务，端正肃立在适当的位置上，不可交头接耳，要注意保证每个客人杯中都有酒水；讲话即将结束时，要向讲话者送上一杯酒，供祝酒之用。

主人离位或离桌去祝酒时，服务员要托着酒，跟随主人身后，以便及时给主人或其他客人续酒；在宴会进行过程中，看台服务员要随时注意每位客人的酒杯，见到杯中酒水只剩下 1/3 时，应及时添满。

9. 结账服务礼仪

（1）现金结账。

①客人要求买单时，服务员到收银处打好账单，核对无误后，取走账单。②将账单放账单夹内，双手呈递给客人，必要时，可向客人指明消费总额。③收取客人现金后，应当着客人的面再次清点和检查现金，并将现金总额跟客人再次确认。“×× 先生，您好，收您 ××。给您结账，请稍等。”④将找零和发票双手递交给客人，并向客人表示感谢。

（2）挂房账的结账。

①客人要求挂房账时，服务员应询问客人的姓名及房号，并且出示房卡。②将客人房卡交收银处，跟收银员确认客人是否可以挂房账。③将房卡和账单一并交给客人，并让客人在账单上签上姓名和房号，向客人表示感谢。

（3）签单的结账。

①确认客人身份（如不确定，可询问客人姓名及房号）。②告知收银员消费客人的信息，确认其是否有签单权。③核对账单与签单本的金额是否相符。④请客人在账单上签好姓名和来客单位（必要时签上联系方式），并向客人表示感谢。

（4）信用卡的结账。

①客人要求刷卡结账时，服务员到收银处打好账单，核对无误后，由收银员带移动刷卡机与账单前去结账。②将账单放入账夹内，双手呈递给客人，确认消费金额。③确认刷卡数额准确无误后帮客人刷卡，并请客人在消费联上签字确认。将信用卡和刷卡小票交给客人，并向客人表示感谢。

（5）VIP 卡客户的结账。

①请客人出示贵宾卡，将卡带到收银处。②账单确认无误后，将卡交给收银，帮客人刷卡。③将刷卡联和卡一起交给客人，让客人在刷卡联上签字，并向客人表示感谢，然后将小票交给收银处。

10. 征询语对话礼仪

“我能为您做些什么吗？”

“您还有别的需要吗？”

“对不起，我没听清您的话，请您再说一遍好吗？”

“为了尽快为您解决这个问题，我可以向您提几个小问题吗？”

“您是否愿意告诉我您……的原因呢？”

“您可以将……说得再详细点儿吗？”

“×× 先生（女士），对不起，让您久等了，您所提的问题将采取……方式解决，请问您是否同意这样的处理方式？”

“对不起，我想我误会您的意思了，您的意思是…吗？”

“关于您的这个问题，有两种办法供您选择，一种是……另一种是……您觉得哪一种更方便呢？”

“为了进一步改善我们的服务，我想就几个简单的问题与您沟通一下，不知您现在是否方便？”

二、师傅强调

（1）餐厅预订。餐厅预订礼仪突出着装礼仪、目光礼仪、电话礼仪、聆听礼仪，并懂得突出礼仪的作用，做到既注重外在形象，又注重礼仪内涵。当面预订。餐厅预订员良好的着装礼仪、目光礼仪代表了餐饮部服务人员的整体精神面貌。电话预订。虽然客人不在现场，但预订员优雅的电话接听礼仪、娴熟的专业技能，能使客人得到满意的服务，高效地完成宴会预订任务。

（2）对客服务。在迎宾服务中，迎宾员微笑迎客、主动问候、引领客人到用餐位置、拉椅示座等一系列服务需要用到站姿礼仪、引领礼仪、拉椅让座礼仪。送客服务是餐厅服务员送客服务工作的最后环节，是巩固第一印象、引发下次消费的关键，是饭店管理水平及优质服务的重要体现。做好送客服务工作要求掌握递接礼仪、送客礼仪。迎送服务礼仪要求服务员突出站姿礼仪、引领礼仪、拉椅让座礼仪、递接礼仪、送客礼仪、餐后服务礼仪等内容，并懂得所突出礼仪的作用，做到既注重礼仪外在形象，又注重礼仪内涵。

（3）个性化服务。在标准化、规范化、程序化的基础上，为客人服务应体现个性化服务，为客人提供满意加惊喜的服务。

（4）与客人沟通时的注意事项。

①目光保持友善接触。②用心聆听，即便客人说得不对，也不要打断，待客人把话说完再与客人沟通。③客人述说时应不时点头回应，以示尊敬和重视。④细心记住客人所讲内容。⑤按酒店规定妥善应对。根据客人情况和接受程度，灵活采取相应的处理方法。若多次与客人沟通后，对方仍不满意，应请求上级领导帮助处理，并向客人表示歉意，分析弄清客人的真实要求。

（5）推销技巧。

①向着急离开、单独的客人推荐准备时间短的菜品项目。②向由公司付款的客人推荐价格高的菜品项目。③向重要人物、美食家推荐品味最佳的菜品项目。④对于消费低、时间长的客人，可以多征询几次“您还需要什么帮助”或“您还要加点什么”，待客要同样热情周到。⑤对悠闲自在的客人，要认真地点菜写单，食品要有节奏地一个个

上，营造良好的气氛，令其享受美好的情调。⑥对睡眼惺忪的客人，由于他们还没完全清醒过来，对其服务一定要细心。所点食品要复述清楚，避免产生误会。⑦特殊场合推销香槟酒、葡萄酒。⑧对家宴注重孩子们的选择。⑨对情侣注意女士的选择。⑩向素食者推荐低热量的食品和饮料。

推销时应语言礼貌、态度友善，尽可能推销价格高、成本低的项目，当客人接受建议和推销时，要礼貌地致谢；若客人不想点所推销的菜品，切勿强行推销，尊重客人的选择。

三、徒弟操作

学习者分小组，分别扮演用餐客人和餐厅服务人员，采取适当的接待礼仪，分别按照中餐服务礼仪和西餐服务礼仪进行角色扮演。参考表 4-3-1 餐饮服务礼仪标准进行相互点评并给出提升建议。

情景表演角色	点评与建议

四、师傅提示

（1）所有服务都在客人右手边进行，避免贪图一时方便，在客人左边服务而出现危险。

（2）服务中要多关照小孩。在小孩面前服务时一定要提醒小孩注意，并且随时注意小孩的举动。

案例：不要忽视“上帝”身边的“小皇帝”

一位老先生带着全家老小来到餐厅用餐。服务员小李带着实习生小周一同服务。上菜时，由于客人人数较多，坐得很稠密，实习生小周看两个孩子之间空位较大，就选择这个位置上菜。当时女主人就有些不高兴，说了句：“你不能从别的地方上菜啊？”小周忙说：“对不起！”过了一会儿，传菜员看小周正忙，就直接帮他上菜，无意中又选择了孩子之间。这时女主人可就生气了：“不是给你们说了，怎么还在孩子那儿上菜？烫着孩子你们负责啊？”小周知道后马上道歉，说这是自己的过失，马上改为在其他空位上菜，并送给小朋友小礼物，小朋友很高兴，大人们也就不计较了。

案例评析：

孩子是现代家庭的重心，上了年纪的人只要看到儿孙喜悦的笑容，就感到无比幸福，对小辈人更是加倍疼爱，照顾得更加无微不至。服务员在服务中要注意到这一现象。服务员接待带孩子的宾客，要掌握儿童就餐中的特性。儿童好动，看到他喜爱的食物、饮料往往会大喊大叫，手舞足蹈，不高兴又会乱动乱跑，这些都是随时会发生的。在儿童中间上菜，随时会碰翻菜肴汤水，导致烫伤孩子，后果不堪设想。因此，在服务中上菜口要避开儿童，不要忽视上帝身边的“小皇帝”。

（3）不能在客人头上横过拿东西。

（4）高温、有汁水、容易飞溅的食物，上桌一定要提醒客人留意或借用餐巾来遮挡一下。

（5）每次服务客人前都应礼貌提示一下，再去服务客人。

（6）服务员要做到手盘不离手，每个服务细节都借用托盘来协助完成。

（7）收菜盘时不能重叠菜碟，同时注意多汁水的菜碟。

（8）摇动过的带汽饮料和啤酒不能立即打开，必须重新更换，打开时不能将瓶口对着客人。

（9）开香槟酒和汽酒时，注意瓶塞不能对着客人并且防止瓶塞突然爆出射中人和物体。

（10）破损的瓷器、玻璃器餐具等不能上桌，避免客人不小心受伤。

（11）不小心掉在地上的所有餐具、食品、用具都不能上桌，包括未开包装的东西。

（12）脏的餐具不能摆上桌，服务员在摆放餐具的时候不能手碰到接触食物的范围，杯子不能碰到杯口的位置。

（13）不能用餐巾直接清洁桌面，应该使用工作巾。

（14）服务人员避免询问有关客人隐私和风俗习惯方面的问题，包括年龄、体重、薪金、财产、婚姻状况、身体残障和缺陷、礼品价值、宗教忌讳、民族习惯、国家政治等敏感的问题。

（15）避免使用的服务用语。

“不知道”：饭店的事务服务员不一定都清楚，当服务员确实无法回答客人的问题时，一定不要说“不知道”，而应礼貌地说：“我先查询一下再答复您，可以吗？”

“绝对没说过那样的事”：有时客人会因服务员的一两句话而生气，服务员可能会否认，言称“绝对没说过那样的事”。这样会陷入无休止的争论，而不能找到解决问题的突破口。双方互相指责，会变得感情用事，出现不可收拾的局面。服务员要处理问题，而不是争论当事人之间谁对谁错。

“因为这是本店的规定”：服务员对在禁烟区吸烟的客人说：“这里是禁烟区，请……因为这是本店的规定。”规定是为了保证客人能愉快地用餐、休息而制定的。如果强迫客人接受，客人会感到非常压抑而心情不畅。为了能让多数客人平等地享受快乐，可用请求、商谈的口吻征求客人的意见：“实在抱歉，如果您想吸烟，请移步吸烟区，可以吗？”

“不会、不行”：这种否定的语言听起来刺耳，容易让客人感到不舒服，应加上一些肯定的、商谈的或缓冲性的语言。

五、徒弟记忆

根据所学内容，归纳出餐饮服务礼仪的主要注意要点。

餐饮服务礼仪	注意要点
餐饮服务人员仪容、仪表、仪态礼仪	
餐厅预订服务礼仪	
餐厅迎宾服务礼仪	
中餐席间服务礼仪	
西餐服务礼仪	
自助餐服务礼仪	
酒吧服务礼仪	
斟酒礼仪	
结账服务礼仪	

【徒弟拓展】

技能拓展

1. 客人损坏餐具时的应对方法

宾客不小心损坏餐具，服务员首先关切地询问客人有无碰伤或划伤，如有则马上采取相应的医疗救助措施，然后收拾破损的餐具。接着，服务员要对客人的失误表示同情，不要责备客人，以免客人难堪。最后，视具体情况决定是否需要客人对损坏的餐具进行赔偿。一般的易消耗性物品不需要赔偿，如果是较高档的餐具，需要赔偿，一定要在合适的时机选择合适的方式告诉客人，然后在结账时一起计算收款，讲明赔偿金额，开出现金收据。

2. 残疾人就餐的服务方法

残疾客人在餐厅若无人照料，服务员要服务适度，以其所需为原则，恰当、谨慎、细心地给予帮助。将坐轮椅的客人推到餐桌旁，避免安排在过道上，拐杖要放好，以免绊倒他人。帮助坐轮椅或拄拐杖的残疾人用自助餐时，要询问对方需求，按照对方的要求协助其取食品。对盲人要给予特殊、恰当的关照，要小心地移开桌上的物品，帮助他选择菜肴，上菜或递送饮料时要告诉他放置的位置。对于耳聋的客人，服务员要学会用手示意，在上菜时，轻轻用手碰一下客人，表示从这边上菜。如果他们坚持不需要服务，应灵活地给予帮助，尽量使他们感到我们的帮助是服务而不是同情。

3. 下班时间已过，客人仍在用膳的应对方法

餐厅下班时间已过，服务员绝不能表现出不礼貌的表情和语言。可走到桌前，礼貌地说："您好，请问您还需要什么菜吗（或您是不是先上主食）？因为一会儿厨师就要下班了。"最后礼貌地请客人先结账，客人结账之后，其他员工可以先下班，服务员留下来主动、热情地为客人服务，使客人满意而归。

4. 客人在饭菜中吃出异物（毛发、钢丝球、小虫）时的应对方法

首先服务员应以最诚恳的语言向客人表示歉意。尽量不引起其他客人的注意，减少影响。按客人要求重新制作或退掉此菜。必要时通知主管、领班以其他方式给客人以补偿，如送果盘、麦圈等。如果客人还不满意可以考虑适当打折，以使客人满意。

5. 客人自带食品要求加工的应对方法

服务员不能一概加以拒绝，只要能够确认是没有腐败变质、不属于致病的食物，应尽量满足客人的要求。但要向客人说明餐厅规定，适当收取加工费用，当着客人的面，对所带食品质量进行确认，以免加工后客人对品质提出异议。如果客人带来的是生日蛋糕，可协助客人切开。

6. 传错菜的应对方法

服务员先表示歉意，若客人还没有动，应及时撤掉，及时上应该上的菜。若客人已开始吃，则不必再撤，尽量婉转地动员客人买下，同时通知厨房尽快上客人所需的菜。若客人执意不肯，错上的菜不得向客人收费，由服务员自行承担责任或通知主管考虑赠送。

7. 汤汁洒在客人身上的应对方法

（1）如果是由于服务员操作失误所致，服务员应该遵循以下几种方法进行处理。

①首先由餐厅主管出面，真诚地向客人表示歉意。②及时为客人擦拭衣服。服务员先征得客人的同意，女客人由女服务员擦拭，动作要轻重适宜。③根据客人的态度和衣服弄脏的程度，主动提出免费洗涤的建议，洗后衣服应及时送还，并再次表示歉意。④若客人衣服弄脏的程度较轻，经擦拭后已基本干净，餐厅主管应免费为客人提供一些菜肴或饮料，以示对工作失误的歉意和对客人的补偿。⑤在处理事情的过程中，主管不要当着客人的面指责服务员，餐厅内部问题应事后进行处理。

（2）如果是客人自己粗心大意，在衣服上洒了汤汁，服务员要迅速到场，主动为客人擦拭。若汤汁洒在餐布上，服务员也要迅速清理，用餐巾垫在桌布上，并请客人继续用餐。

8. 在餐厅打架闹事的客人的应对方法

遇到这种情况，服务员应给予劝告，并立即报告上司，请上司出面处理。劝告时应冷静，不要介入纠纷之中。一般来说，打架闹事的人多出于一时冲动，即使故意斗殴，如果给予适当的台阶，闹事者大多会听从。如果他们不听劝告继续闹事，则马上报告餐厅保安部，以维持餐厅秩序。劝阻与制止打架，不但是为打架双方着想，也是为餐厅的

安全和名誉着想，更是为社会的和谐稳定着想。如果打架者是来捣乱，服务员更应保持冷静，以免中不良分子的圈套。

9. 客人要求见餐厅经理时的应对方法

服务员应先问清客人的姓氏、单位，请其稍候，立即向主管或经理汇报。经理如有事无法接见，应婉转地向客人解释："实在抱歉，我们经理出去了，有事需要我转告吗？"如经理要见，应立即告诉客人："经理马上到，请稍候。"

10. 客人赠送礼品或小费时的应对方法

服务员首先要婉言谢绝，语言要有礼貌，对客人的心意要表示感谢。

如果客人坚持要送，盛情难却，服务员应暂时收下，并表示谢意，事后交吧台统计。

11. 客人要服务员喝酒时的应对方法

先感谢客人，再婉言谢绝客人的好意。若客人一再劝饮，盛情难却，为了不影响客人的情绪，先把酒接过来，告诉客人待会儿再喝。

同时给客人另取一个杯子，斟上酒递给客人，并向客人表示感谢，请各位慢饮。

12. 拒绝与客人聊天的方法

来酒吧的客人，尤其是单身客人，总希望在饮酒之余与服务员聊天。如果客人说："小姐，您真美，能陪我一下吗？"服务员要镇静，有礼貌地说："先生，您看，这么多人需要我服务，实在对不起。"尽量不要在柜台旁边聊天。

13. 遇到客人醉酒时的应对方法

首先，有礼貌地劝阻。对于客人是否醉酒，判断要准确，如果认为客人已达到极限，就主动劝说："先生，请您饮用一杯咖啡（果汁、矿泉水）好吗？"

其次，告诉主管。在我国酒店中酒吧的服务员大多为女性。如果客人不听劝阻继续狂饮，自己没有把握处理好，应将事情经过及客人的态度和行为告诉主管，由主管来处理解决。

最后，主动照料。对已经醉酒的客人要主动照料，如客人神志不清、站立不稳，服务员应主动搀扶，护送其到房间。入房后，可先让客人喝一杯浓茶解酒，后送凉毛巾擦脸，使之清醒。如客人呕吐，则服务员要及时清理脏物。

14. 遇到个别客人故意刁难服务员的应对方法

服务员应态度和蔼，更加细致耐心地为客人服务，满足客人的合理要求，此时甜美的微笑胜过有声的语言，可委婉地求助同桌客人的帮助。如果还不行，通知主管、领班采取必要措施，如调整服务员的服务区域等。任何情况下服务员不得对客人态度、口气生硬，更不能发生口角。

15. 客人出现不礼貌的行为时的应对方法

客人出现不礼貌行为的情况不多，首先要分清行为的性质。如果是客人向服务员掷东西、讲粗言、吐口水等，必须忍耐，保持礼貌的态度，不能和客人发生冲突，根据情况，主动先向客人赔礼道歉。

如果是对女服务员态度轻浮，甚至动手动脚，女服务员态度要严肃，并迅速回避，男服务员应主动上前应付。当一个人在服务台，不能离开现场的话，应运用语言艺术，婉言摆脱客人，如："实在对不起，如果没有什么事的话，我还要干别的工作，请原谅。"然后借故在服务台附近找一些工作干，如清理服务区域等，以摆脱纠缠。

如果客人动手打人，应保持冷静和克制的态度，不能和客人对打，应马上向上级汇报，由领导出面解决。

16. 当捡到客人物品时的应对方法

无论捡到客人的任何物品，如能正确判断，应立即归还，如判断不明确时，应交当值领导，由领导来处理。如客人已离开餐厅，无法归还客人时，一般物品打包放在吧台，并进行详细的登记，贵重物品必须交经理或助理处登记，由领导处理和保管。

17. 客人对我们提出批评意见时的应对方法

客人提出批评意见，大多数是善意的，服务员应虚心听取、诚意接受，对自己的不足之处表示歉意，并马上改正。

如果客人是一时误解，则要在适当的时机做耐心细致的解释，争取客人的理解，不可急于辩解。

如果客人批评别人或其他部门员工，服务员同样要虚心接受。在客人的眼里，每一位员工都代表着整个饭店，切不可对客人的批评漠不关心或推卸责任。

18. 客人对账单有异议时的应对方法

结账工作是接待工作中的重要一环，把这个工作做好，让客人高兴而来，满意而归，使整个接待工作更加完美。

要仔细检查客人账单，发现差错，及时更正。

有时账单上的实际费用会高出客人的预计，当客人表示怀疑时，应耐心地解释，使客人明白支出的费用是合理的。

若是账单上的费用有错误，客人提出时，应该表示歉意，并到结账处查核更正。

当找补的现金归还客人时，客人已离开餐厅，有可能是客人遗忘了要找补的现金，故不能作为服务员的小费，应及时交到吧台，做好记录（时间、台号、客人的特征等），由领导进行处理。

19. 发现未付账的客人将离开餐厅时的应对方法

服务员应马上追上前，有礼貌地小声向客人说明情况，请客人补付餐费。首先要考虑到客人爱面子的心理，注意运用语言艺术，先把客人请到一边，然后小声地解释，如："对不起，×× 先生，因我们工作的疏忽，忘记给您打单，请您核对一下，现在结算好吗？"客人付钱后说："对不起，打扰您了，谢谢。"

如客人与朋友在一起，应请客人站到一边，小声与客人说明情况。这样做既可以照顾客人的面子，也不至于使客人难堪。在这种场合下，服务员不可高声质问客人，否则客人反感不予承认，会给服务员的工作带来更大的麻烦。

20. 客人遗失物品的应对方法

应与客人进行感情沟通，从客人所处境遇考虑问题，以诚恳的态度帮助客人。

报出自己职位、姓名，并咨询客人姓名，以示重视。

安抚客人情绪，表示自己将尽最大努力来帮助客人解决，然后请客人详细说明相关情况。

用心聆听事情经过，力求从中找出问题原因及解决的突破口。

目光始终保持与客人友善接触，细心聆听客人所讲述内容，并不时地点头回应。

听完客人陈述后，认真思考，并准确找出问题发生的原因及可能性。

如确定客人物品遗失在本酒店，应查询酒店监控寻找相关记录，并与客人确认物品的名称、数量、遗失时间以及用餐房号等信息，确认无误后与大堂副理共同签字后将物品交还客人，并请客人签字确认物品已领。

如不能确定客人物品是否在本酒店遗失，应先稳定客人情绪，请其仔细回忆物品最后一次在身边的时间，同时向负责该区域的服务员了解相关情况（比如，是否看到物品，客人遗留物是否进行上交等），从中推断客人物品遗失时间并查询有无相关记录，必要时可请保安前来协助查找；如查找无果，应向客人表示歉意，并请客人留下姓名和联系方式，表示酒店将继续查找，如有消息会第一时间通知客人。

若客人遗失的物品非常贵重，在查找无果的情况下，可建议客人向公安部门报案。

21. 宾客反映菜价太贵的应对方法

首先应分析问题根源，如是算错账的，应马上向客人道歉，并更改账单，赠送食品或纪念品表示歉意。

如果物价确实贵了，可以做一个相关调研，再根据实际情况提出合理化的改进建议。

如果客人点菜时误看了菜价，也不要把责任全推到客人身上，显示出尽量帮助客人的态度，根据情况向上级汇报。

如果是客人不知菜价便点了菜，应立即向客人道歉，并表示服务没有到位，可根据情况适当打折或赠送客人食品。

看客人是否要求打折或赠送食品。根据客人言行判断确认后，可以给客人适当打折或赠送食品。

反思服务是否出现问题而致使客人感觉不值，如果是应马上道歉并承认自身工作做的不足，虚心接受客人批评，感谢客人提出的好建议，并力争给客人以最优惠的价格结算。

22. 残疾宾客就餐服务的方法

残疾宾客到餐厅用餐，服务员应该将宾客引领至方便出入且安静的餐位。为肢体残疾的宾客服务时，餐具和食品应就近摆放。为盲人宾客服务时，服务员应阅读菜单并细致解释。帮助宾客逐一摸到餐具的摆放位置。上菜时，应向盲人宾客描述菜肴的造型和颜色，告诉宾客食物放置的相对位置，并随时帮助宾客。对失去双臂的残障人士而言，他们在长期的生活中练就了一套独特的自理方法，要特别注意适度的帮助。特别要强调的是，面对这些残疾宾客，除非他们提出具体的求助方式，在帮助他们就餐时，只需询问他们需要什么餐具，最忌讳喂他们吃东西。

对残疾人的服务礼仪关键点应落实在“尊重”上。应该以看待正常人的眼光看待残疾人士。所以，饭店服务人员对残疾人士提供帮助时，应对他们的生理、心理、残疾状况等方面有所了解，给予更多的理解、关心和耐心。有针对性地为他们提供最直接且最有效的关心与关怀，尽可能为各种不同类型的残疾人提供全方位的无障碍服务。

阅读拓展

1. 餐厅服务员的素质

餐厅服务员的态度和表现，直接反映出饭店接待工作的等级、标准和规范程度，体现服务员本身的文化素质和修养。一个成功餐厅服务员的素质包括以下几方面。

健康：合理规律的饮食起居，保持健康的身体。

礼貌和微笑：让礼貌和微笑发自内心，使客人满意，领导认可，同事相处融洽。

清洁：着装整洁，善于修饰，讲卫生。

守时：有时间观念，提前到岗。

兴趣：帮助发展自己的工作潜力。

助人：乐于助人，乐于服务他人。

合作精神：在工作中，同事之间互相照应，为达到共同目标，最大限度地发挥自己的作用。

服从上司：乐于听从和执行上级的决定与命令，即使遇到误会也要先服从，给予上司应有的尊重。

责任心和可靠性：具有强烈的责任感，视餐厅如家，无须监督可独立完成工作，以得到大家的信任。

适应性与灵活性：能解决新的、不可预见的事件，遇事镇定。

良好的知识、技艺：了解餐厅，掌握适当的行业知识、技艺。

自信心：敢于坚持己见，在挑战中不怕遭受挫折。

2. 餐厅服务员的能力

餐厅服务员除了要不断提高本职工作中的服务能力之外，还要提高应变能力、营销能力、语言能力、交际能力、记忆能力、观察能力等综合能力。

（1）应变能力。

服务中出现突发事件是屡见不鲜的，在处理此类事件时，服务员应当秉承“客人永远是对的”宗旨，善于站在客人的立场上，设身处地为客人着想，可以适当地让步。特别是责任多在服务员一方的时候就更要敢于承认错误，给客人及时的道歉和补偿。在一般情况下，客人的情绪就是服务员所提供服务状况的一面镜子，当矛盾发生时，服务员首先考虑到的应是错误是不是在自己一方，处理投诉时，以满足客人为前提。

案例：面对客人的误解，用事实验证

一天晚上，一包间里的客人在用餐过程中发现龙虾粥里有口香糖。服务员小林根据工作经验知道，龙虾粥里的杂物不是口香糖而是龙虾脑，便给客人解释，但当时客人火气很大，因为他们都已经吐了，朝小林大发雷霆，出口便骂。但小林依然赔着笑脸给客人解释。但客人听到解释后火气更大了，还把小林赶了出来。小林便找厨师协商，拿来龙虾当场鉴定，经鉴定类似口香糖状的东西是龙虾头部和颈部连接处的筋，经高温后收缩就变成了类似口香糖的东西。此时，客人心服口服了，但小林依然保持微笑，并没有因客人错怪和自己受到委屈向客人发泄或表现出来。而那位刚才还十分愤怒的客人也一下子转变了态度，并向小林道歉。小林笑着对客人说没关系，重要的是澄清误会、让客人满意。

（2）营销能力。

一名服务员除了要按照工作程序完成自己的本职工作之外，还应当主动地向客人介绍其他服务项目。这既是充分挖掘服务潜力的重要方法，也是体现服务员主人翁意识的需要。

虽然服务部设有专门的人员进行营销，但他们的营销是一种外部营销，内部营销则需要各个岗位的服务员共同来做。只有全体员工都关心餐厅的营销，时时有一种市场意识，才能抓住每一个时机做好对客人的内部营销。这就要求服务员不能坐等客人的要求，而应当善于抓住机会向客人推销餐厅的各种服务、各种产品，充分挖掘客人的消费潜力。为此，服务员应当对各项服务有一个通盘的了解，并善于观察、分析客人的消费需求、消费心理，在客人感兴趣的情况下，向其提供周到的营销服务。

案例：主动询问，巧妙营销

有天晚上，几位客人聚在一起吃便餐，虽然档次不高，但服务员小张丝毫没有降低服务质量。在客人用餐的过程中，小张观察到盐水小香螺这道菜已经吃光了，看来客人很喜欢吃，于是小张就问客人是不是再来一盘。客人笑着说："你怎么这么了解我们啊，我们正想再要一份呢。今天没来错，你们的服务我们很满意。"客人看到小张的工号，说工号跟他们的车牌号很接近。小张马上回答说："这是我们有缘，欢迎您再次光临！"

（3）语言能力。

语言是服务员与客人建立良好关系、留下深刻印象的重要工具和途径，它体现了服务员的精神涵养、气质底蕴、态度性格。客人能够感受到的最重要的两个方面就是服务员的言和行。

服务员在表达时，要注意语气的自然流畅、和蔼可亲，在语速上保持匀速，任何时候都要心平气和，礼貌有加。那些表示尊重、谦虚的语言词汇常常可以缓和语气，如"您、请、抱歉、假如、可以"等。

另外，服务员还要注意表达时机和表达对象，即根据不同的场合和客人的不同身份等具体情况，进行适当得体的表达。根据相关学者的研究，身体语言在内容的表达中也起着非常重要的作用。服务员在运用语言表达时，应恰当地使用身体语言，如运用恰当的手势、动作，与口头表达语言，共同构造出让客人易于接受和满意的氛围。

案例：积极宣传餐厅，巧妙语言沟通

晚餐的客人是武汉到河南探亲的一家人，入座后就看见转盘上的订餐卡，说武汉也有小蓝鲸，服务员小刘马上回答了武汉桥口店的具体位置，简单介绍了武汉小蓝鲸。客人点酒时，小刘推荐的高度酒，客人喝时，感觉太浓烈了，小刘马上说，不是酒烈，是您和夫人的感情深，见面高兴。一句话，满桌客人都笑了。餐中通过与客人进行良好的沟通，客人非常高兴并且表扬了小刘。

（4）交际能力。

饭店是一个人际交往大量集中发生的场所，每一个服务员每天都会与同事、上级、下属特别是大量的客人进行广泛的接触，并且会基于服务而与客人产生多样的互动关系。妥善地处理好这些关系，将会使客人感到被尊重、被看重、被优待。客人的这一感受将会对经营的持续兴旺和企业品牌的宣传、传播起到不可估量的作用。良好的交际能力则是服务员实现这些目标的重要基础。

案例：针对性服务，将服务提升

一次，一位60多岁的老人来就餐，餐中服务员小陈知道老人喜欢吃辣，就上了份辣椒圈。由于老人最近嗓子不好，于是小陈就给他上了份梨汁。后来，老人说年纪大了，坐久了身体会感到不舒服。小陈就轻轻地走到他身后说："爷爷，我给您捶捶背，解解累！"所有的客人直夸小陈……老人高兴地执意要给小陈写表扬信，小陈说："只要您吃得好，吃得开心，就是对我们饭店的最大认可，为您服务我感到荣幸。"临走时小陈递上两包冰糖，让客人带上。

（5）记忆能力。

在服务过程中，客人会向服务员提出一些如餐厅服务项目、星级档次、服务设施、特色佳肴、烟酒及点心的价格或城市交通、旅游等方面的问题，服务员此时就要根据自己平时从经验中得来的，或有目的的积累成为客人的"活字典""指南针"，使客人能够及时了解所需要的各种信息。这既是一种服务指向、引导，也是一种能够征得客人欣赏的服务。

除此之外，服务员还会经常性地碰到客人所需要的实体性的延时服务，即客人会有一些托付服务员办理的事宜，或在餐饮时需要一些酒水茶点，在这些服务项目的提出到提供之间，有一个或长或短的时间差，这时就需要服务员能牢牢地记住客人所需的服务，并在稍后的时间中准确地予以提供。如果客人所需的服务被迫延时或因为遗忘而得不到满足，会对餐厅的形象会产生不好的影响。

案例：恰当运用当地风俗知识服务客人

一天，有位龙口的客人和朋友来就餐，这位客人一直喝啤酒。斟酒时小E想起之前服务过的一位龙口客人讲过一些当地的饮酒风俗，于是在倒酒快到瓶底时，小E立即停止，留了点酒在瓶中，其他客人很奇怪，都以为小E不实在，但这位客人却笑着说："小伙子，你是龙口人吗？"小E应道："不是，只是记得龙口的一些风俗。"这位客人向其他客人解释其中的原因，原来龙口人都认为瓶底的酒喝了不吉利，认为喝了瓶底酒一天都不会走好运。

（6）观察能力。

服务人员为客人提供的服务有三种，第一种是客人讲得非常明确的服务需求，只要有娴熟的服务技能，做好这点一般来说是比较容易的。

第二种是例行性的服务，即应当为客人提供的、不需要客人提醒的服务。例如，客人到餐厅坐下来准备就餐时，服务员就应当迅速给客人倒上茶、放好纸巾或毛巾；碰到带着很多行李的客人进门，服务员就要上前帮忙。

第三种则是客人没有想到、没法想到或正在考虑的潜在服务需求。能够把客人的这种潜在需求一眼看透，是服务员最值得肯定的服务本领。这就需要服务员具有敏锐的观察能力，并把这种潜在的需求变为及时的实在服务。而这种服务的提供是所有服务中最有价值的部分。

第一种服务是被动性的，后两种服务则是主动性的。而潜在服务的提供，更强调服务员的主动性。所以，观察能力的实质就在于善于想客人之所想，在客人开口言明之前将服务及时、妥帖地送到。

案例：一天午餐时间，一位咖啡厅零点客人招呼服务员："小姐，请给我倒一杯白开水好吗？"服务员小姬微笑着回答："好的，请稍等，这就给您送过来。"服务员迅速为客人送到餐桌上，这位客人看到自己要的白开水，从口袋里拿出一包药，摸了摸水杯，皱了皱眉头。服务员发现客人的细微动作后，立即主动询问客人："给您的杯里加些冰块降温好吗？"客人立即高兴地说："好的，太谢谢了！"很快给客人拿来冰块放入杯中，水温立即降下来，客人及时吃了药。客人临走时，写了表扬信，对这位服务员表示感谢。

3. 中式宴会的桌次安排

宴会餐桌不止一桌时需安排桌次。

（1）以右为上的原则。当餐桌分为左右时，以面对正门的位置来看，右桌为上（见图4–3–2）。

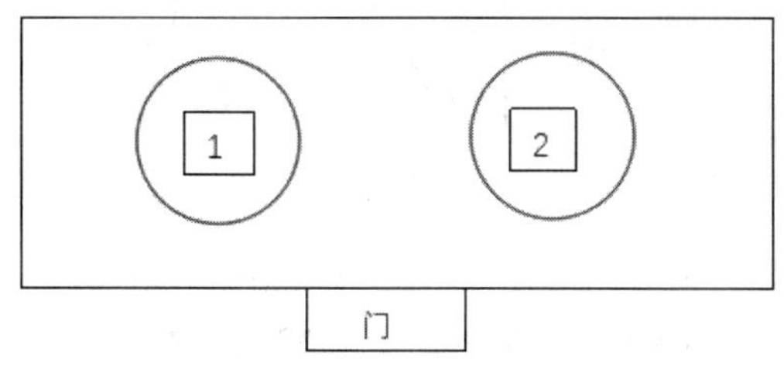

图4–3–2 以右为上的桌次安排

（2）以远为上的原则。当餐桌距离餐厅正门有远近之分时，以距离门远的位置为上（见图 4–3–3）。

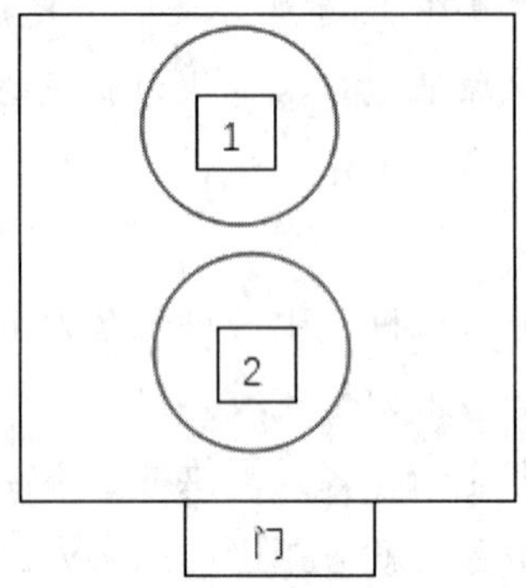

图4–3–3　以远为上的桌次安排

（3）居中为上。当多张餐桌并列时，居中为上（见图 4–3–4）。

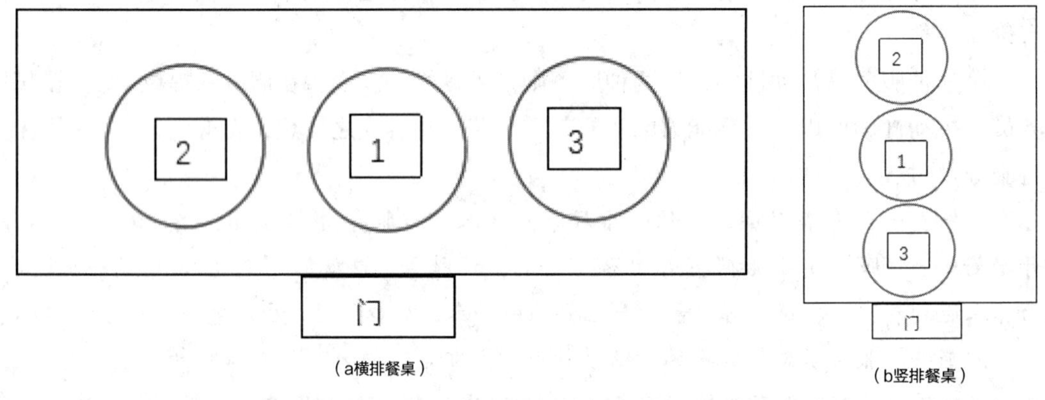

图4–3–4　居中为上的桌次安排

（4）居中为上、以右为上、以远为上的原则。当餐桌较多时，多种规则交叉使用（见图 4–3–5）。

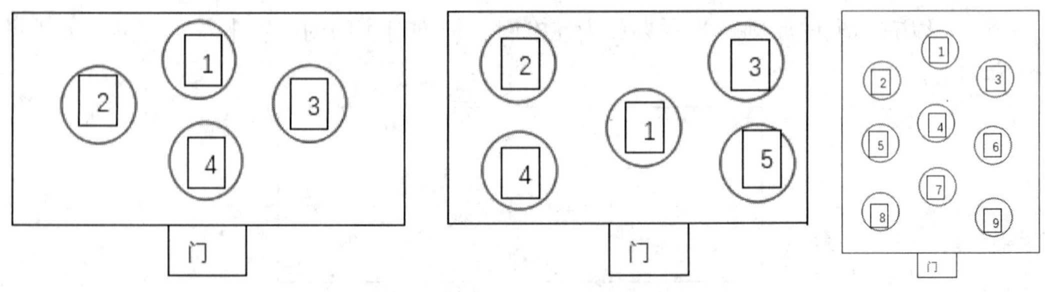

图4–3–5　多种规则交叉使用的桌次安排

4. 中餐餐桌座次安排

位次礼仪是中国餐饮文化的重要组成部分。餐饮宴请中，不同的位次代表用餐者不同的身份，所以在安排座次时要遵循一些礼仪原则。

（1）面门为上。通常主位面对餐厅正门，主位指主人的位置，或指用餐者中最重要的人的位置，主位以面门、居中、视野开阔为上。用餐时，按照礼仪惯例，面对正门者是上座，背对正门者是下座。

（2）观景为佳。餐厅里如果有优美的景致或高雅的演出供用餐者欣赏时，观赏角度最好的座位是上座。

（3）主宾居右。以主位面门方向为参考，以右为上进行排序，离主位越近地位越尊。主宾常常在主位右侧，但是如果主宾身份高于主人，为表示尊重，也可以安排在主位上，而主人坐在主宾的右侧。

（4）双数为吉。每张餐桌的人数为双数，吉庆宴会尤其如此。每桌通常坐 8~10 人。

（5）各桌同向。每张餐桌的排位均大体相似。

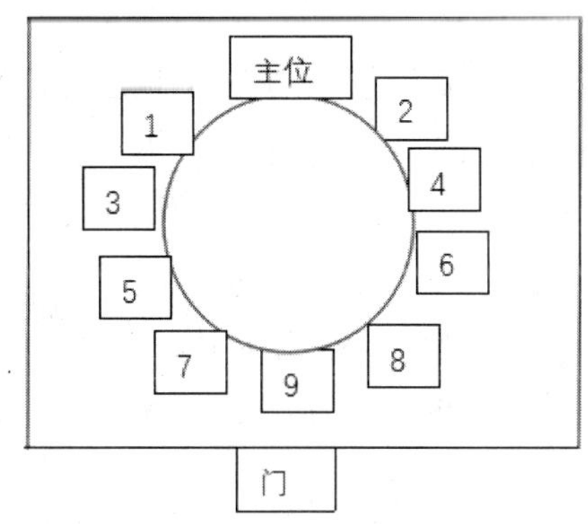

图4-3-6 中餐餐桌座次安排

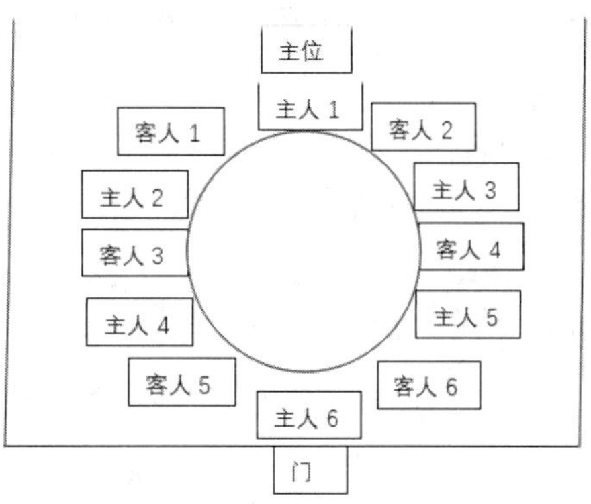

图4-3-7 中餐餐桌主客交叉座次安排

5. 西式宴会的桌席排位

（1）西式宴会的餐桌摆放设置。餐桌习惯用长桌，根据人数多少或场地大小，西式餐桌可以设置为不同的形状（见图 4-3-8）。

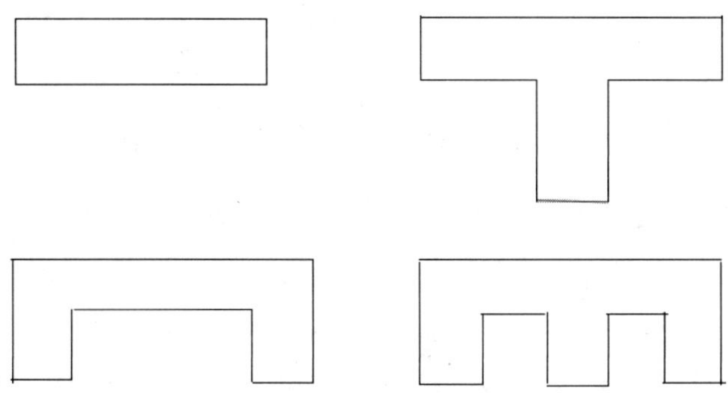

图4-3-8 西餐宴会餐桌常见摆放形状

（2）西式餐桌的座次排位。西式宴会的座次一般根据宾客地位安排，女宾座次依据丈夫地位而定。也可以按类别分组，如男女分坐、夫妻分坐、华洋分坐等。在我国，用西餐宴请宾客时通常采用按职务高低男女分坐的方式。

在西餐礼仪中，首先遵循女士优先的原则，在排定用餐位次时，主位一般应请女主人就座，而男主人则须退居第二主位。其次，遵循距离定位原则，一般西餐桌上位次的尊卑与其距离主位的远近密切相关，跟主位近的位子高于距主位远的位子，同时遵循以右为尊的原则，就某一特定位置而言，其右侧之位理应高于其左侧之位，如应安排男主宾坐在女主人右侧，女主宾坐在男主人右侧。另外，遵循面门为上的原则，面对餐厅正门的位子，通常在序列上要高于背对餐厅正门的位子。最后，在排列位次时，要遵循交叉排列的原则，依照这一原则，男女应当交叉排列，生人与熟人也应当交叉排列。因此，一位用餐者的对面和两侧，往往是异性，还有可能与其不熟悉。这样做，最大的好处是可以广交朋友。不过，这也要求用餐者最好是双数，并且男女人数各半。

常见的西餐座次安排为男女主人相对而坐，以女主人的座位为准，男主宾坐在女主人的右方，主宾夫人坐在男主人的右方。

①男女主人分坐餐桌两端。以男女主人宴请 8 位客人为例，客人的位次由高到低以数字 1~8 进行排序。遵循面门为上的原则，女主人居主位面对餐厅正门，男主人居第二主位背对餐厅正门。遵循距离定位的原则、以右为尊的原则与交叉排列的原则，女主人右侧为男主宾 1，男主人右侧为女主宾 2；女主人左侧为男宾 3，男主人左侧为女宾 4。距离女主人右侧隔一个座位的位置为女宾 5，男主人右侧隔一个座位的位置为男宾 6；距离女主人左侧隔一个座位的位置为女宾 7，男主人左侧隔一个座位的位置为男宾 8（见图 4–3–9）。

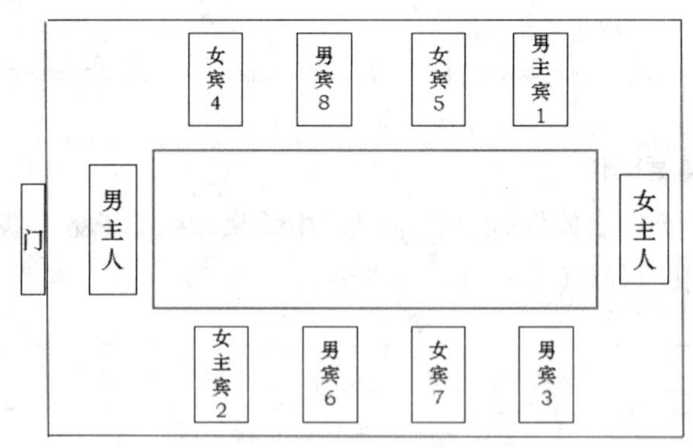

图4–3–9　男女主人分坐餐桌两端的座次安排

②男女主人对坐餐桌两端的中部。以男女主人宴请 10 位客人为例，客人的位次由高到低以数字 1~10 进行排序。遵循面门为上的原则，女主人居主位面对餐厅正门，男主人居第二主位背对餐厅正门。遵循距离定位的原则、以右为尊的原则与交叉排列的原则，女主人右侧为男主宾 1，男主人右侧为女主宾 2；女主人左侧为男宾 3，男主人左侧为女宾 4。距离女主人右侧隔一个座位的位置为女宾 5，男主人右侧隔一个座位的位

置为男宾 6；距离女主人左侧隔一个座位的位置为女宾 7，男主人左侧隔一个座位的位置为男宾 8；距离女主人右侧隔两个座位的位置为女宾 9，男主人右侧隔两个座位的位置为男宾 10（见图 4-3-10）。

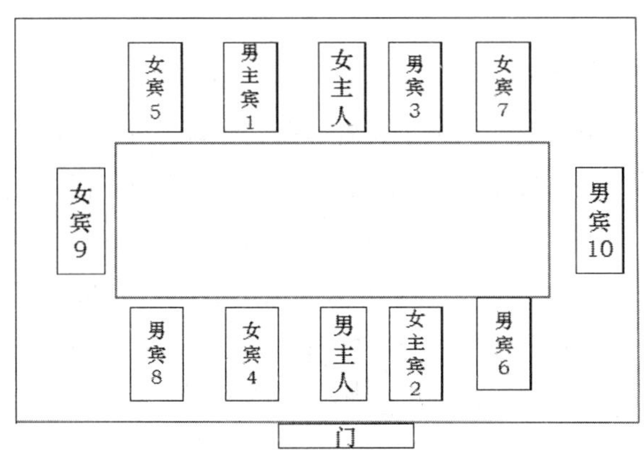

图4-3-10　男女主人对坐餐桌两端中部的座次安排

6. 饮酒礼仪

酒是一种能够营造浪漫氛围的特殊饮品，所以酒在西餐中有着特殊的地位，不仅种类多，而且各有各的配菜，各有各的喝法。西餐中酒的种类有餐前酒、餐中酒、餐后酒。

（1）餐前酒。

大约在餐前 30 分钟时饮用。餐前酒大多在客厅里饮用，主要目的是开胃，也是为了等待有事迟到的宾客，以免尴尬。喝餐前酒比较随意，可以坐着也可以走动。男士喝的餐前酒一般是马丁尼（Martini），而女士一般喝雪莉酒（Sherry）——这是一种非常清淡的白葡萄酒。

（2）餐中酒。

餐中酒是在用餐过程中饮用的，专门为主菜而配，有红酒和白酒之分，指的都是葡萄酒。红酒是配“红肉”喝的，如牛肉、羊肉、猪肉等，红酒是不可以加冰喝的；白酒是配“白肉”喝的，如海鲜、鱼肉、鸡肉等，白酒要冰过再喝。

喝餐中酒之前还有试酒仪式。传说这个仪式源于中古时期一种可怕的习惯。那时如果要暗杀别人，最常用的方法就是在酒里下毒药。所以皇家贵族饮酒之前都要请家奴来试喝，等十多分钟以后看家奴没事才敢喝。演变至今，试酒仪式不再是预防暗杀，而是一种增加用餐情调的优雅西餐礼仪。试酒者也改由主人亲自担当。

（3）餐后酒。

一般的餐后酒是白兰地，用一种杯身矮胖而杯脚短小的酒杯喝。喝餐后酒可以用手心温杯，这样杯中酒就更能散发出香醇的味道。也有人喜欢在白兰地中加少许的糖或咖啡，但不能加牛奶。

酒杯的使用有一项通则，即不论喝红酒或白酒，酒杯都必须使用透明的高脚杯。由于酒的颜色和喝酒、闻酒一样是品酒的一部分，一向作为评断酒的品质的重要标准，有色玻璃杯的使用，将影响到对酒本身颜色的判定。使用高脚杯的目的则在于让手有所把持，避免手直接接触杯肚而影响了酒的温度。用拇指、食指和中指并持杯颈，千万不要手握杯身，这样既可以充分欣赏酒的颜色，手掌散发的热量又不会影响到酒的最佳饮用温度。

7. 喝咖啡礼仪

右手拇指和食指捏住杯把，把杯子轻轻端起；给咖啡加糖时，先用糖夹把方糖夹到咖啡碟的一侧，然后再用咖啡匙把糖加入杯中。喝咖啡前应仔细搅拌，待搅匀后饮用；喝咖啡时需把咖啡匙放在托碟外边或左边，只需将杯子端起饮用即可，不要将下面的碟子一并托起。需要注意的是，品饮咖啡不能用匙子舀，匙子是用来搅拌咖啡或加糖的。喝咖啡时也可吃些点心，但不要一手端着咖啡杯，一手拿着点心，吃一口喝一口地交替进行；喝咖啡时应当放下点心，吃点心时则放下咖啡杯。

8. 刀叉的摆放

使用刀叉进餐时，最基本的使用方法就是“从外到里”使用各种餐具，一般先用最外侧的刀、叉、勺，逐步到最内侧的刀、叉、勺。要左手持叉，右手持刀，不用刀时，也可以用右手持叉。

切东西时左手拿叉按住食物，右手执刀切成小块，用叉子送入口中。使用刀时，刀刃不可向外。谈话可以拿着刀叉，但做手势时应放下刀叉。不要一只手拿刀或叉，另一只手拿餐巾擦嘴。也不可一只手拿酒杯，另一只手拿叉取菜。任何时候，都不可将刀叉的一端放在盘上，另一端放在桌上。

西餐刀叉在使用的过程中，根据摆放的位置不同，可以表示两个寓意：稍息和停止。进餐过程中放下刀叉，摆成“八”字形，分别放在餐盘边上，刀刃朝向自身，表示还要继续吃。每吃完一道菜，将刀叉并拢放在盘中。中途若想放下刀叉交谈或休息，可将刀叉交叉放置于食盘的下半部，刀在下，刀刃朝内，叉在上，叉齿朝下。若要起身离开，应将椅子后移，把餐巾轻轻放在椅子上，不能把餐巾放在餐桌上离开。返回时，轻轻将餐巾拿起放在腿前坐下。就餐完毕，将刀叉并排放于食盘中间，或者朝向时钟十点二十的方向放置，刀刃朝内，叉齿朝上。餐巾放于食盘左侧。在就餐完毕之前，刀叉、汤匙和餐巾一旦使用后就不能直接放在餐桌上，只有当吃完之后，餐巾才能放餐桌上。

9. 西餐餐具摆放礼仪

面包餐具的配备。面包碟和黄油刀应放置于餐位左侧。早餐面包配黄油、果酱，午餐面包、晚餐面包只配黄油。

玉米片餐具的配备。早餐玉米片等谷物用谷物碗盛放，配鲜奶、糖，提供汤勺。

咖啡或茶餐具的配备。上咖啡时用咖啡杯、垫碟、咖啡勺，配牛奶、糖，上茶时用茶杯、垫碟、茶勺，饮用时配淡奶、糖或柠檬片。

海鲜鸡尾酒餐具的配备。上海鲜鸡尾酒应用香槟杯、叉、茶勺，配鸡尾酒调味沙司。

腌鱼餐具的配备。上腌鱼时，应该左边上鱼叉，右侧方放鱼刀，配柠檬角、胡椒粉。

法式田螺的配备。上法式田螺时，应左边放田螺夹，右边放田螺叉，配法式面包。

上汤餐具的配备。上汤时汤勺应该放在右侧。

意大利面条餐具的配备。上意大利面条时，应在左侧放勺，右侧放叉。

龙虾餐具的配备。上龙虾时，左侧应放龙虾钳、鱼叉，右侧放鱼刀、龙虾签，备一个小碟放龙虾壳，洗手盂里放温水与柠檬片。

牛排餐具的配备。上牛排和羊排时，应在左边放餐叉，右边放牛排刀。上羊排要配黑胡椒、芥末、薄荷。

炖肉餐具的配备。爱尔兰炖肉应放在热汤盆里端上，取餐刀、餐叉和汤勺备用，配胡椒瓶、盐瓶、辣椒油瓶。

炖鱼餐具的配备。上浓味炖鱼，应用汤盆盛，左边放鱼，右边放刀、汤勺。用刀、叉将鱼切开，再用汤勺将鱼肉带汁舀起食用。

10. 西餐宴会厅堂布置

西餐宴会是指采用西方国家宴请所惯用的布置形式、用餐方式、风味菜点而举办的宴请活动。其主要特点是：摆西餐台面，吃西式菜点，用刀、叉、匙进食，采取分食制，常在席间播放音乐。

西餐宴会的用餐需求多种多样，有的只需供应简单的三明治、咖啡和茶水，有的则是一顿丰盛的节日大餐。宴会的场所也是五花八门，室内、室外、私人花园、大礼堂等均可举办西餐宴会。

环境优美、典雅、舒适、方便。

摆设长台，根据客人数量和要求采用“一”字形、“T”字形或“山”字形。客人通道宽畅，台面整洁。

大型宴会设主宾席区，中、小型宴会设主台。主宾席区和主台均经过精心设计、布置，形象突出，美观雅致。

宴会安排根据主办单位要求确定。国宴或重要宴会，主宾席区或主台座次设牌，符合礼仪规格。

提前两小时铺台。台面摆花坛或花环，台布美观、典雅。铺台服务在宴会开始30分钟前完成。

按照主办单位要求设签到台、演说台、麦克风、音响、射灯、投影等设备，摆放整齐，位置适当，美观大方，协调一致。

11. 传菜员职责

（1）负责开餐前的传菜准备工作，做好全面的准备。

（2）负责将厨房蒸制好的菜肴食品准确及时地传送给餐厅值台服务员。

（3）严格把好饭菜食品质量关，不符合质量标准的菜点有权拒绝传送。

（4）严格执行传送菜点服务规范，确保准确迅速。

（5）与值台服务员和厨房内堂保持良好的联系，搞好前台（餐厅）与后台（厨房）的关系。

（6）负责协助值台服务员做好客人就餐后的清洁整理工作。

（7）负责传菜用具物品及传菜间的清洁卫生工作。

（8）积极参加各种业务培训，提高服务水平，完成上级交办的其他任务。

12. 某酒店传菜员一天的工作项目

工作时间 9:00—13:30　16:30—20:30

9:00，提前到岗签到，仪容仪表符合酒店规定。

9:00—9:30，认真做好负责区域卫生。

9:45，食堂用餐。

10:20，准时参加班前例会，并记录好晨会内容，根据前日工作提出问题反馈和合理化建议。

10:20—10:45，参加部门技能培训。

10:50—11:00，值班人员到宴会预订处将本日客情写在传菜间的白板上，认真做好开餐前的各项准备工作，备好传菜车和足量的托盘、米盘、菜盖，备好米饭以及餐厅员工的饮用开水和菜单夹；同时检查出菜音控设备和传菜电梯是否正常，并根据预订情况查看已确认菜单是否正确无误。

11:00—13:00，按菜单标准出菜，做好菜品质量把关，确保菜肴盖好餐盖，及时将厅房撤下的空盘送回洗碗间；必要时帮助服务员将器皿较大的菜肴端送上桌。

13:00—13:30，撤台时，带好盖布，并将菜盘中的菜肴倒入收餐桶内，检查各厅房传菜夹和空盘是否全部回收；做好传菜间、菜盖、餐车、传菜电梯的卫生，将剩余米饭送回厨房；洗净餐锅并收入工作柜内。

16:00，食堂用餐。

16:30，提前到岗，确保仪容仪表符合酒店相关规定。

16:30—17:00，认真做好开餐前的各项准备工作，值班人员到宴会预订处将本日客情写在传菜间白板上。备好传菜车和足量托盘、菜盖、米饭，配好米盘和餐厅员工饮用开水；同时准备好菜单夹，检查出菜音控设备和传菜电梯是否正常，并根据预订情况查看已确认菜单是否正确无误。

17:00—20:00，按菜单标准出菜，做好菜品质量把关，确保菜肴盖好餐盖，在传菜过程中，每位传菜员均需带两块工作毛巾，以便传菜时擦拭餐车及以防端盘时烫手。及时将厅房撤下的空盘送回洗碗间，必要时帮助服务员将器皿较大的菜肴端送上桌。

20:00—20:30，撤台时带好盖布，并将菜盘中的菜肴倒入收餐桶内，检查各厅房传菜夹和空盘是否全部回收；做好传菜间、菜盖、餐车，传菜电梯的卫生，同时将剩余米饭送回厨房，洗净餐锅、收入工作柜内放好。值班人员做好安全检查工作，同时填好值班表格。

案例链接——餐厅来了位华侨客户

服务员小王在山东某酒店的贵宾楼瑞云厅服务。一天，小王在服务中发现，客人宴请的是华侨朋友。从客人的谈话中得知这位华侨的祖籍是山东的，见到朋友后特别亲热，说感觉就像回到自己的家一样。从他的言语中流露出他对山东的怀念，小王主动到厨房将这一情况告知厨师长为客人准备了几样山东特色小吃，而且她在服务中还听出他特别喜欢山东的煎饼卷大葱，就立刻通知厨房，快速给客人加一份煎饼卷大葱，不到5分钟菜就上来了。这位客人激动地对小王说："还是老乡了解我的心。"小王微笑着说："您客气了，这些都是我们应该做的，只要您有需要，只要我们能做到的，每一个服务员都会尽力做到，让您感觉到家一般的温暖。"客人听后很感动，其他客人也都笑了，连连夸奖小姑娘不仅服务好，应变能力也强。

案例评析：

服务员的主动服务可以提高宾客对酒店的满意度，主动服务是指服务员通过细心观察、仔细思考，判断客人的真正需求，发挥自己的主观能动性，灵活地为客人提供细致周到的服务。本案例中服务员通过客人的交谈，了解到客人的用餐需求，对菜肴及时调整，并主动送上了特色菜肴，满足了客人的需求，使得客人对酒店的菜肴和服务给予了高度认可。

房内送餐服务

餐桌座次

大型圆桌宴会服务

项目四　会议服务形象塑造

【企业标准】

表4-4-1　会议服务礼仪评价标准

	内容	评价标准	分值	最后得分
会议服务礼仪标准	仪表	面部清洁，服饰干净整齐，精神饱满	10分	
	仪态	手势准确适当，走姿轻盈、稳健	10分	
	语言塑造	用语规范，语言亲切，语调适中	20分	
	服务周到	主动服务，耐心周到，引领服务、茶水服务、茶歇服务、衣帽间服务等礼仪规范	60分	
	合计		100分	

【师傅要求】

1. 仪容、仪表、仪态得体。
2. 引领服务礼仪规范。
3. 会见服务礼仪规范。
4. 会谈服务礼仪规范。
5. 签字仪式服务礼仪规范。
6. 茶水服务礼仪规范。
7. 茶歇服务礼仪规范。
8. 衣帽间服务礼仪规范。
9. 送客礼仪规范。

（见图 4–4–1）

图4–4–1　会议服务

【师徒互动】

一、师傅讲授

会议是人们为了解决某个共同问题，或出于不同目的聚在一起进行讨论、交流的活动。随着当今社会经济、文化交流与合作的日益频繁，各种会议活动越来越多，会议接待得到迅速发展。酒店会议服务不仅向会议举办方展现了会议接待人员的职业形象，也展现了酒店的公众形象。酒店要做好会议接待，应该加强对会议接待人员的礼仪规范训练，以达到培养高素质会议接待队伍，塑造良好的员工职业形象与酒店形象的目的。

会议期间的服务主要包括宾客到来时的迎宾引领服务、茶水服务、茶歇服务、衣帽间服务等。在会议期间，会议接待人员应随时为宾客服务，关注场地内部情况，遇到宾主招呼时应马上回应，及时协助处理。进出会场应遵循“三轻”原则。尽量减少进出会议厅的次数，以免打扰宾客。

1. 仪容、仪表、仪态得体

（1）仪容整洁大方。女服务员面部化淡妆，及时补妆保持妆容清洁。男服务员发型大方，面部清洁。

（2）着装整洁、挺括，统一得体。认真整理工装、工牌，精神饱满。

（3）仪态规范，站姿挺拔，坐姿端正，走姿轻盈、稳健。接待客人时，手势要规范和适度。为客人指点方向时注意手势运用要和面部表情及身体各部分协调配合。

（4）表情友好大方。在接待中主动、热情、耐心、周到，回答来宾问题要得体、明确。

2. 引领服务礼仪

（1）会议接待人员在宾客到达之前，应提前在会场门口等候，以真诚的微笑、饱满的工作状态站立迎候宾客光临。

（2）看到宾客前来时，应及时向宾客问好，微笑致意，配合会务组请宾客做好签到、发放资料等工作，并引领宾客前往会场入座。

（3）到达座位时，主动为宾客拉椅，拉椅的幅度应视宾客身材而定。

（4）及时为宾客送上茶水、香巾。

3. 会见服务礼仪

会见在国际上一般称接见或拜会，凡身份高的人士会见身份低者称为接见；凡身份低者会见身份高的人士称为拜会。客人在酒店进行会见活动时，服务员要遵循会见服务礼仪。

（1）宾客到达前，服务员以真诚的微笑、饱满的工作状态站立迎候宾客光临。

（2）参加会见的主人一般在会前半小时到达会场，服务员应及时提供茶水服务。宾客到达时，服务员应利用主人到门口迎接的间隙，迅速整理茶几上的物品，撤下使用过的茶杯，保持桌面干净、整洁。

（3）礼貌上茶，热情相待。宾客入座后，服务员应及时上茶并递送毛巾。如果两名服务员服务，应从主宾和主人处开始。如果一名服务员服务，应先从宾客开始。

（4）及时续水，切勿怠慢。会见期间的续水一般 30 分钟左右一次，续水时使用小暖瓶，并带块小毛巾。

4. 会谈服务礼仪

会谈指级别较高，政治性或专业性较强的双方或多方平等的领导人之间的见面。宾客在酒店进行会谈活动，服务员要遵循以下会谈服务礼仪。

（1）宾客到达前，服务员以真诚的微笑、饱满的工作状态站立迎候宾客光临。

（2）当主人提前到达活动现场时，服务员要将主人引领到厅内的沙发上就座，及时上茶。

（3）准确掌握宾客到来的时间，准备茶水。待主人迎接宾客时，服务员应提前为宾客上茶。

（4）宾客到达会谈桌前时，礼貌为宾客拉椅。

（5）一般会谈时间较长，可视宾客情况及时续水，一般 20 分钟续一次水，以不打扰宾客为原则。茶杯拿到桌角，并带一条小毛巾。

（6）会议休息期间，服务员不得翻阅宾客的文件或物品。

（7）如需合影，应事先安排好合影的座次。合影时，主人居中，以右为上，宾主双方间隔排列，主方人员把边（见图 4-4-2）。

图 4-4-2 合影位置排列

（8）合影结束后，服务员分别从两边为宾主双方递上毛巾。

5. 签字仪式服务礼仪

（1）签字仪式正式开始前，服务员应按照规范站姿微笑迎候宾客光临。

（2）签字双方到达大厅后，服务员主动上前为签字人员拉椅，照应其按顺序就位，一般双方代表分别站在签字代表身后。

（3）签字仪式开始后，服务员应站在签字桌两头等候，准备签字结束后撤椅子。

（4）服务员用托盘托香槟酒杯站在签字台的两侧约 3 米处等候服务，签字后迅速将香槟酒打开，斟酒约七分满。

（5）签字双方签字完毕，交换文本并站起相互握手时，两名服务员迅速上前拉椅。随后，端托香槟酒的服务员迅速将酒端至双方签字人员的面前，请其拿取，然后从桌后站立者的中间开始向两边依次分让。

（6）宾主举杯祝贺并干杯后，服务员应立即上前用托盘接收酒杯，照顾签字代表离席。

6. 茶水服务礼仪

（1）及时服务。宾客入座后服务人员应第一时间为宾客提供茶水。到达宾客身后时，应轻声询问："打扰您了，请喝水。"

（2）倒茶规范。倒茶时，左手小拇指与无名指夹住杯盖，中指与食指卡住杯把，大拇指从上捏紧杯把，将茶杯端至腹前，右手提暖瓶将水徐徐斟入杯中，盖上杯盖。

（3）顺序准确。上茶一般从主位开始，然后以顺时针方向依次进行。宾主同在的，服务员应先给宾客上茶。如宾客较多，要先给主宾上茶。

（4）主动服务。第一次续水一般是在会议开始后 30 分钟左右进行，以后每隔 40 分钟左右为宾客续一次茶水。续水一般七八分满即可。续水时如果宾客用手掩杯，即表示宾客不需要添水，服务员不用续水。

案例：一杯姜茶

在某酒店，会议开始一段时间后，坐在前面的一位女教授让酒店服务员倒水时多帮她倒些，因为她感冒了需要多喝点。下午会议继续，服务员小吴看到上午的那位女教授仍在参加会议，便特意将原来配备的茶叶水换成了白开水，并且另外为女教授准备了一杯姜茶。那位女教授看到姜茶后，非常惊讶也非常高兴，因为是在会议期间，她当时并没有说什么。会议一结束，她到服务台找到管理人员，特地对小吴的服务提出表扬说："没想到我的一句话，你们的服务员小吴就特地准备了姜茶，你们的服务太细心，也太用心了，谢谢你们，真不愧是五星级酒店的服务！"

案例评析：

会议服务员知晓客人的需求，但并没有一味地只按照客人的要求来进行服务，而是举一反三，为客人提供了个性化、针对性的服务。不仅让客人满意，还给到客人惊喜，得到了客人真诚的感谢和衷心的表扬。

（5）上茶禁忌：上茶时，水不要上得过快过满，以免开水溅出杯外，烫着宾客或灌到桌面上。端放茶杯动作不要过高，不要从宾客肩部和头上越过。为了保证饮用茶的卫生，不能不端茶杯直接上水或把杯盖扣放在桌上。上水后，壶嘴不能朝向宾客。

7. 茶歇服务礼仪

为方便会议宾客，有时饭店会准备茶点，以便宾客休息时取用。

（1）茶歇的台形设计要与会议主题相协调，不得太过突兀。茶歇台的食品、饮料数量应和与会人数相符，并摆放整齐、美观，尽量配合宾客的饮食习惯。

（2）服务员要随时添加茶点，及时用托盘撤换使用过的餐具，保证茶歇台的干净美观。

8. 衣帽间服务礼仪

（1）衣帽间前应有明显的标志牌或指示牌，方便宾客前往。衣帽间物品应摆放整齐，衣杆、衣架干净，无灰尘。

（2）衣帽间服务员一般在会前 1 小时或根据主办方要求到岗，站姿规范，随时迎候宾客的光临。

（3）宾客到来时，服务员应主动微笑问候宾客。

（4）整理外衣时，服务员应用右手将衣领中心位置移到一定高度，同时用左手将外衣的下半部分托起拿至距服务柜台 20 厘米的高度将外衣挂起，并挂放整齐。注意不要将外衣倒拿，也不要在柜台上操作。

（5）服务员应提醒宾客衣包内是否有贵重物品，并告知宾客现金与贵重物品应拿走或寄放到贵重物品保管处。

（6）宾客前来拿取衣物时，服务员应双手接过宾客递过的存取牌，然后认真查看，准确无误后将衣物递给宾客，躬身向宾客致谢道别。

9. 送客礼仪

（1）会议结束前 10 分钟，服务员应提前在会场门口等候，以便会议结束时做好送客工作。

（2）宾客出门时，服务员应立于门口两侧，示意宾客先走，将宾客引领至电梯口。

（3）到达电梯口时，应先行一步，为宾客按下电梯，用手挡住电梯门并说："女士（先生），您请。"然后走出电梯，微笑地与宾客道别。

（4）通知饭店门童做好送客工作，提前为宾客安排车辆。

（5）与会务组负责人做好费用结算工作。结算时，应出具会议期间消费的明细表，请宾客在账单上签字。

二、师傅强调

1. 会前准备

（1）掌握会议的基本情况。包括了解会议的人数、会议类型、名称、时间、会议的特殊要求、与会者的风俗习惯，对住宿及桌椅的特殊要求，付款方式和收费金额等。

（2）会桌的要求。很多会议有自己的特殊要求，会议的性质、人数、类型的不同会影响会场桌椅的选择，组织人员必须在会前就了解这一信息，以免因为临时的更改延误会议。

（3）物件摆放。为了体现出酒店服务的周到，最好能预留出超过与会人数的 10% 作为备量，确保物品干净整洁，没有破损。

2. 会中服务

（1）迎宾服务。迎宾人员要在会议前的半个小时就在门口等候宾客，以做好迎接，正确引导参会人员到达指定地点是保证会议良好秩序的关键。

（2）检查相关的设备设施。会议开始前半个小时要全面仔细地检查相关设备是否能正常使用，尤其是会场灯光、音响、音控、设备、设施都一定要保证能正常工作，当然还包括投影仪等设备。

案例：客人的手提电脑坏了

某酒店四楼会议中心弱电人员正在做会前会议设备的准备工作，在为客人准备话筒和投影时，客人打开笔记本电脑准备连线，谁知电脑故障无法正常运行了，会议即将开始，客人很着急。看到这个情况后，弱电员工一边安慰客人，一边替客人想办法，想到部门备有手提电脑，抓紧领取电脑并调试好给客人使用。好在赶在会议前一切调试到位，看到会议正常举行，客人松了一口气，会后客人向弱电员工表达了感谢之情，并留下了书面表扬信。

案例评析：

在对客服务过程中，酒店经常会遇到一些突发事件，需要员工有过硬的业务素质和较强的应变能力，本案例中由于客人自带的设备突发故障，员工积极采取措施使会议得以顺利进行。

（3）会中服务细节。服务期间要安排服务员勤观察，及时发现以及解决会中问题，保证会议的正常进行。

案例：电池

某市发改委在某酒店开会，会议负责人小蒋在会场服务。有位工作人员带的录音笔没有电了，小蒋发现这一情况连忙和客人说："您好，请不要着急，我去帮您找，需要几号的电池？"客人说："谢谢你，出门忘记检查了，要 7 号的，谢谢！"联系弱电人员他们那没有，小蒋去客房中心找，找到后连忙拿给了客人。客人看到后十分感谢小蒋热情、周到的服务。

案例评析：

会议服务期间酒店要安排服务员勤观察，在客人需要帮助时，服务人员能够热情主动上前，积极为客人解决问题。

（4）茶歇服务。在会议休息开始前 5 分钟，将会议茶歇的各种饮品、茶品、用具等准备齐全，人员做好服务准备，结束后整理餐台，恢复原貌，撤走并送洗餐具。

3. 会后收尾

（1）礼貌送客。打开会场所有的门，并及时为客人按好电梯。

（2）会议结束后，服务员应立即检查会场，检查会场内是否有遗留物品。如发现遗留物品要及时与会务组联系，尽快还给失主。

案例：失而复得的金牌

1 月 17 日，某金融单位“吉羊送福鸿运贵金属品鉴活动”在酒店举行。此次活动有 9 个厂商参与活动，活动进店的物品都是比较贵重的黄金饰品与摆件。活动结束后厂家和接待方进行最后的物品整理、统计与盘点。晚间服务人员在清扫会场时捡到了一块金牌。展销活动有 9 个厂家参与，酒店立即找到接待方相关负责人员，请他们帮助，最终找到了丢失物品的厂家。这个厂家的负责人万分感谢，说是他们收拾物品的时候粗心大意弄丢了价值 2 万多元的金牌，如果找不到他们就要自己贴补了。接待方当场表示，酒店服务好，值得信赖，以后有活动都会安排在这里举行。

案例评析：

此案例充分展现了酒店员工拾金不昧的高尚品质，以及酒店专业的应变协调能力，给客人感动的同时，也为酒店创造了良好的口碑。

（3）按照规范清理会场卫生，不留任何死角，注意查看是否有烟头等危险品，避免发生安全事故。归位桌椅，撤下会议所用设备设施用品，分类归位。

（4）如暂时没有会议时，倒空暖瓶里的水，将香巾交洗衣房，应注意茶叶的保存，应将桌椅归位，所有物品码放整齐，注意断电、断水，巡视无误后退出会场。

（5）会议期间服务员相互替换，一定要做好交接工作，将具体内容写在交接班本上，并签字。如果交接不清楚，由上一个班次的服务员负责。

三、徒弟操作

（1）请学生分组，各小组选一位组长带领组员，完成会谈服务礼仪操作，包括迎候宾客、上茶、拉椅、续水、欢送等环节。参考表 4–4–1 会议服务礼仪标准进行相互点评并给出提升建议。

情景表演角色	点评与建议

（2）学生扮演服务员、主方、客方人员，进行签字仪式情景练习。

①双方进入会场，按照位次排列入座。接待人员引领、让位、拉椅助坐。②宣布仪式开始。助签人员协助签约代表打开文本，指明签字处，各方代表签字。③由助签人员交换文本，双方代表再次签字。双方代表起身交换文本、握手祝贺。④其他人员鼓掌，饮香槟酒庆贺。礼仪人员用托盘将香槟酒递与参与活动人员（由前排到后排，身份由高到低）。⑤宣布结束、退场。退场时，先请双方最高领导在前，其他参与签字仪式人员按顺序退场。

四、师傅提示

（1）与客人交流时，仔细聆听，准确地理解客人的意思，了解客人的心情，从而提供更加优质的服务。

（2）在交谈过程中，保持眼神接触，有助于沟通，使客人感觉到服务人员诚心想帮助他。

（3）通过各种方式知道客人的姓名后，可加上客人的姓氏称呼，使他感觉自己受到关注。

（4）谨慎谈及客人的各种信息，未得到客人允许，绝对不允许透露。这可能给客人带来麻烦，甚至会导致客人的损失。

（5）主动询问是否还需要其他帮助，这更能够使客人感觉你很乐意为其服务。

（6）当客人提出无法满足的要求时，不要直接拒绝，应尽可能地提供帮助。

案例：

一天，某会务组经办人员张先生检查会议室的布置情况。会议室原有座位46个，而这次会议的参会人数为60人。张先生发现会议室增加了椅子，却没有增加茶几，于是询问服务员。服务员小赵解释道：会议室太小，恐怕放不下茶几。而且饭店没有那么多茶几。张先生又请小赵帮忙多拿几个茶杯，但小赵摇头离开。事后张先生找到客房部经理解决了茶几的问题。

案例评析：

在酒店服务中，服务员应避免出现“不知道、不懂、没有”等拒绝字眼。对于宾客的询问应做到有问必答，如果不了解，也应向宾客致歉，并在了解清楚后告知宾客。案例中张先生要小赵增加茶几时，小赵直接拒绝宾客，而没有向宾客表现出愿意服务的态度。正确的服务方式应是先向宾客致歉，然后向领班或部门经理反映，从其他会议室暂挪用几个。

五、徒弟记忆

根据所学内容，归纳出会议服务礼仪的主要注意要点。

会议服务礼仪	注意要点
服务人员仪容、仪表、仪态礼仪	
引领服务礼仪	
会见服务礼仪	
会谈服务礼仪	
签字仪式服务礼仪	
茶水服务礼仪	
茶歇服务礼仪	
衣帽间服务礼仪	
送客礼仪	

【徒弟拓展】

技能拓展

大型会议倒水续水

（1）倒水方法：由于出席人数较多，入场也较集中，一般不采用高杯端茶的方法，而是提前将放有茶叶的高杯摆在桌上，在活动开始前，由服务员用暖瓶直接在桌前高杯中倒水。采用这种方法上水的优点是快捷、便利，但要注意防止出现漏倒空杯的情况。服务员倒过水后，要逐杯加以检查——可用手触摸一下杯子外壁，如果是热的，表明已倒过水，如果是凉的，说明漏倒水了，要及时补倒。

（2）续水：一般在会议进行 30~40 分钟后进行。如果往小茶杯中续茶水，应将一把茶壶里的茶，过滤倒入另一把茶壶，然后再续水。续水时壶口要对准杯口，不要把口提得过高，以免溅出杯外。如不小心把水洒在桌上或茶几上，要及时用小毛巾擦去。不能直接在桌上或茶几上往杯中倒水、续水，这是不符合操作规范的。

（3）杯盖翻放：在往高杯倒水、续水时，如果不便或没有把握一并将杯子和杯盖拿在左手上，可把杯盖翻放在桌上或茶几上，只是端起高杯来倒水。服务员在倒、续完水后要把杯盖盖上。切不可把杯盖扣放在桌面或茶几上，既不卫生，也不礼貌。如发现宾客将杯子放在桌面或茶几上，服务员要立即斟换，用托盘托上，将杯盖盖好。

（4）倒水方向：倒水、续水都应注意按礼宾顺序和顺时针方向为宾客服务。

阅读拓展

1. 会议分类

（1）按会议性质分。

① 法定性会议。法定性会议是各级党政领导机关、人民团体、各企事业单位按照法规召开的具有法律效力的会议，如人代会、政协会、团代会、职代会等会议。这类会议的与会者都是按照法定程序产生的代表，是法律、规章赋予的职权和任务。这类会议具有规格高、会期长、人员多、规模大的特点。

②决策性会议。决策性会议是各级党政机关、各部门、各单位领导人，发挥集体的领导作用，对重要工作集体讨论做出决策。如党的或行政的领导成员办公会。

③联席会议。联席会议是由几个部门负责人或代表参加，共同就做好某项工作进行研究，是一种协调性的会议。一般情况下布置成圆形会议桌的会场。

④布置、总结性会议。布置、总结性会议是各部门、各单位为布置或总结工作而召开的会议。这类会议通常一季、半年、一年或一定时间召开一次。一般情况下，这类会议人数多，时间短。

（2）按会议内容分类。

①工作会议。机关单位为研究一个时期或一个方面而召开的会议，如城镇化工作会议、全国经济工作会议、××省年中工作会议，这类会议议题单一，会期不长。

②综合性会议。综合性会议是全面研究某地区、某部门涉及诸方面问题的会议，如中美战略研讨会、城市规划会。这类会议有议题多、规模大、议论多、分会场多等特点。

③专业会议。专业会议，如某项科研成果的鉴定会、钢材订货会等。这类会议人员多、规模相对较大。

④纪念性会议。纪念性会议是为了纪念某一重要事件或人而举行的会议。这类会议人员相对较少，会议时间很短。

⑤动员会、誓师会。动员会、誓师会是为完成某项工作、开展某项重要活动而召开的组织动员宣传、扩大影响、制造声势的会议。这类会议人数多、规模大、会期短。

⑥激励性会议。表彰会、群英会属激励性会议。这类会议规模大，参会人员多，会期不长。

⑦竞技表演性会议。竞技表演会是指各类文艺比赛和表演性的集会，如艺术表演会等。这类会议参加的人有多有少。会期不长。

（3）按会议规模分类。

①大型会议。大型会议是指上千人，多到几千人、上万人参加的会议。

②中型会议。中型会议是有百人左右或几百人参加的会议。

③小型会议。小型会议是有 3 人以上或几十人参加的会议。

2. 会前准备服务礼仪

会前准备工作是会议接待中的重要环节，有利于让会议接待人员提前进入状态，做好会议接待的物质和精神准备。

（1）了解会议内容。

饭店服务人员在接到会议通知后，应了解会议的基本内容，即 When、Where、Who、What、Others。When 指会议开始的时间及结束的时间。饭店应根据酒店会议接待时间表提前安排好会议接待人员，提前做好会议准备工作。Where 指会议召开的地点。饭店会议接待人员应根据会议的类型、规模、费用，提前安排适合的场地，并做好会场布置工作。Who 指会议的参会人员。会议接待服务员应事先了解参会人员的名单，掌握会务组负责人的联系方式，并事先与会务组负责人联系。What 指会议的议题，就是要讨论哪些问题。饭店会议接待员应事先了解会议的议题及内容，以便安排相应的物品及场地。Others 指会议物品的准备。饭店会议接待员应根据会议的类型、目的准备相应的物品，如纸、笔、笔记本、投影仪等，并做好准备工作。

（2）会议环境布置。

为打造舒适的会议环境，会议接待人员应保证会议室的干净、整洁，提前做好会场的布置工作。

①美观实用，总体协调。根据会议的规模、内容、与会人数、参会人员的习惯，布置合适的会议场地。同时保持地面、墙面、窗户、设施设备等物品的干净、整洁，做到无污渍、无杂物，空气清新，整齐大方。②合理安排会议场所，划分功能区间，做好会议场所的隔音工作，使会议室无噪声、无杂音，保证会议的正常进行。③装饰得当，画龙点睛。会议室采用一定的装饰物品，如绿色植物、鲜花等，打造庄重、柔和的会议环境。④色调和谐，室温适宜。根据会议的类型，打造相对应的会场氛围，通过改变会场的色调，达到与会议类型相对应的目的。一般庄重的会议适用冷色调，活泼欢快的会议适用暖色调。会议前应调整室内温度，一般保持在 20~22℃，保证会议室通风良好。

（3）会标布置。

会标即体现会议主要议题的文字性标志，一般以条幅的形式展现在会议场地或者采取 PPT 形式投放幻灯片。横幅多使用红色，以不超过 13 个字为宜。

①会议会标要醒目端正，一览无遗。会议接待人员应事先将会标放置在醒目位置，挂放端正，保证与会人员能够清楚地看到。②会标的内容应言简意赅，字迹工整，突出会议的主题。

案例：团结协作制条幅

某市人代会如期在酒店召开，为了配合做好此次接待工作，工程部做了大量的准备工作。周六下班后突然接到通知单，人代会需要制作五条条幅于下周一上午布置到位，为了保质保量地完成这项任务，部门特意安排刻字工周日加班，管理人员带领部门在岗工作之余的空闲人员全力合作，终于在下班前完成了 5 条条幅的制作。就在大家准备下班的时候，突然又接到制作6条会议条幅的任务通知，而且也是要在周一上午布置到位的。接到任务，准备下班的员工立即放弃下班时间，帮助刻字工一起投入到制作条幅的工作中去，通过协作在21点将所有条幅制作到位。周一上午8:10前，工程部将所有制作好的条幅按客人的要求布置到位。

案例评析：

宾客的需要就是酒店的任务，本案例中部门员工在管理人员的带领下发扬团队协作的精神，共同将条幅工作做好。虽然条幅的制作有专门的人员负责，但在工作量较大的时候，需要部门员工帮助刻字工共同完成工作任务，组成团队保质保量地完成工作任务。

（4）会议台形布置。

会议接待人员应事先了解会议的种类与规模，根据会议的种类与规模进行有针对性的会场布置。要求桌椅摆放规范，间距一致，桌布、椅靠及装饰物干净、整洁，色彩协调。

①会谈会场布置。会谈是正式访问或专业访问中，双方或多方就某些比较重大的政治、经济、文化和军事等共同关心的问题交换意见，或就具体业务进行谈判的活动。

一般双边会谈多采用长条桌，常见的座位安排有横桌式（见图4–4–3）和竖桌式（见图4–4–4）两种。横桌式座位安排时，宾主相对而坐。遵循面门为上、居中为上、以右为尊的原则。面门为上，安排宾客面向正门，主方背门而坐；居中为上，安排双方主谈人居中，译员坐在主谈人的右侧或身后。以右为尊，分别将双方人员安排在主谈人左右。竖桌式座位安排时，宾主相对而坐。遵循以右为尊、居中为上的原则。以右为尊，以进门的方向为参考，安排宾客在右侧，主方居左侧；居中为上，安排双方主谈人居中，译员坐在主谈人的右侧或身后。以右为尊，分别将双方人员安排在主谈人左右。

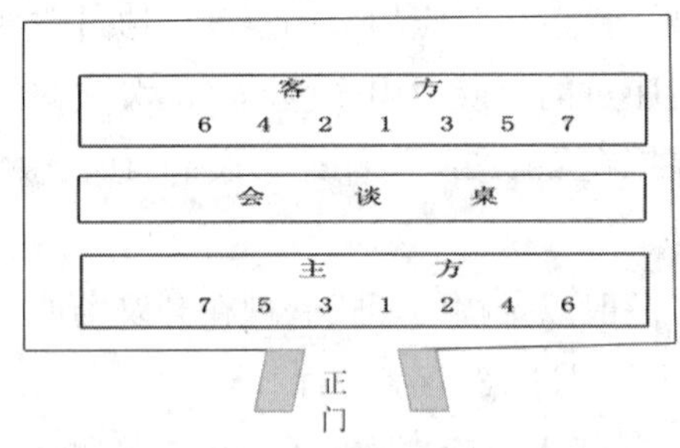

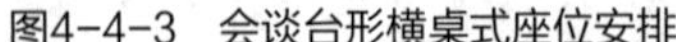
图4–4–3 会谈台形横桌式座位安排

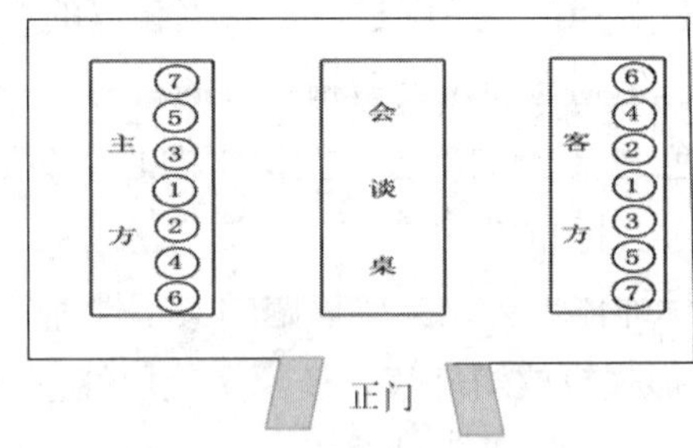

图4–4–4 会谈台形竖桌式座位安排

布置台形时，注意将桌子的中线与正门的中轴线对齐，在桌子的纵中轴线上摆放插好鲜花的花瓶或花坛，桌子两侧的扶手椅对称摆放，主宾和主人的座位居中摆放，座位两侧的空隙应比其他两侧的宽些。

将记事便笺放在每个座位前桌面的居中位置，便笺下端离桌面边缘约5厘米。将名卡放在便笺中间正上方，名卡的正反面都要写上名字，字迹清晰，书写规范。便笺右侧1厘米处摆放黑、红笔各一支，红笔在里侧，黑笔在外侧。笔的尾端距离桌沿1厘米或

3 厘米，笔的商标朝向宾客。便笺右上角 3 厘米处摆放茶杯垫盘，以防端放茶杯时发出声响。杯垫左边沿与内侧笔左边沿对齐，垫正面朝上，盘内垫小方巾。

杯子杯柄的朝向要一致，视觉美观大方。主宾位置处每人摆放一套烟灰缸和烟盘，其他位置在每两个座位间摆放一套。长条桌布置的台形可根据会谈人数的多少摆成横一字形或竖一字形。如果会谈桌成横一字形摆放，依据面门为上的原则，宾客应在正对向门的一侧就座。如果会谈桌成竖一字形摆放，应以进门方向为参照，将宾客安排在右侧座位，主人安排在左侧座位。同时将译员座位安排在主持会谈的主宾和主人的右侧，记录员安排在会谈桌的后侧另行布置桌椅就座。如参加会谈的人数较少，也可以安排在会谈桌前就座。

②会见台形布置。会见是国际交往中常采用的礼宾活动形式，一般多安排在办公室或会见厅。会见台形一般有正方形、长方形、凹字形等形式。常见的会见台形为 U 字形。

厅室正面挂屏风挂画作为照相背景，正中迎门处摆放四个或两个沙发，每两个沙发间摆放一张小茶几。根据实际情况，有时宾主各坐一边，有时可穿插坐在一起。一般宾客在主人的右边就座，译员和记录员坐在主人或主宾后面，其他宾客按顺序在主人或主宾的一侧就座，主方陪同人员在主人一侧就座。

③签字会场布置。签字仪式所用的厅室应根据出席签字仪式双方领导的身份、出席人数，选择在宽敞的大厅进行。会场背景一般为会标或挂画，挂画下方两侧摆设常青树并摆放签字桌。一般而言，举行签字仪式时，座次排列的具体方式主要有以下三种。

第一种如图 4-4-5 所示，摆放一张长桌为签字桌，签字旗架放在两人中间，前方悬挂签字双方的国旗。桌上铺深绿色台布，桌面摆放签字笔和吸墨器等，签字笔一律向左。座前桌面上陈列待签文本，文本距离桌沿 3 厘米。在签字桌的后面并排摆放签字人所坐椅子，主左客右。在客方签字人后面是客方助签人；主方签字人后面为主方助签人。客方助签人后面为客方其他参加签字仪式的人员；主方助签人后面是主方其他参加签字仪式的人员。

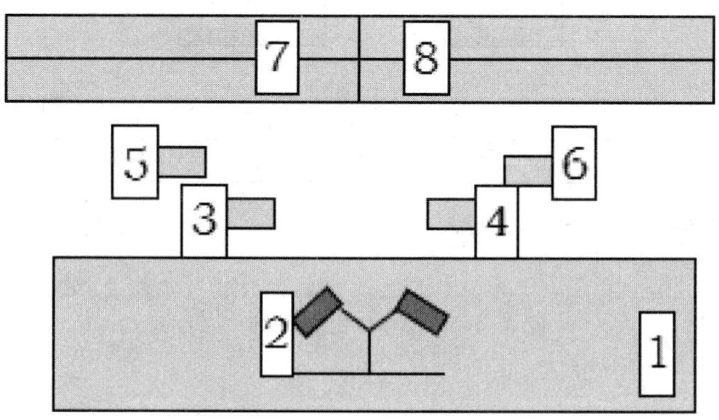

注：1. 签字桌；2. 双方国旗；3. 客方签字人；4. 主方签字人；5. 客方助签人；6. 主方助签人；7. 客方其他参加签字仪式的人员；8. 主方其他参加签字仪式的人员

图 4-4-5　签字仪式座次排列（1）

第二种如图 4–4–6 所示，摆放一张长桌为签字桌，在签字桌的后面摆放签字人所坐椅子，主左客右，客方签字人席，主方签字人席。客方签字人席后为客方国旗，主方签字人席后为主方国旗。签字桌后与客方签字人相对的为其他客方签字人员席位，与主方签字人相对的为其他主方签字人员席位。

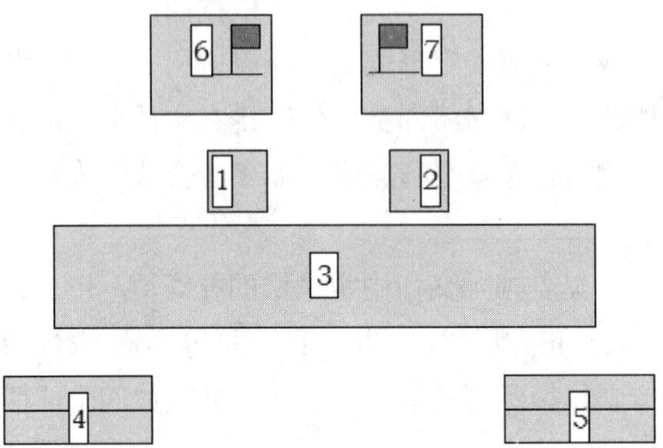

注：1. 客方签字人席；2. 主方签字人席；3. 签字桌；4. 客方其他签字人员席位；5. 主方其他签字人员席位；6. 客方国旗；7. 主方国旗

图 4–4–6　签字仪式座次排列（2）

第三种如图 4–4–7 所示，摆放两张方桌，双方签字人员各自一桌，主左客右，在签字桌的后面摆放签字人所坐的椅子。两椅相距 1.5 米。签字旗架放在各自的签字桌上。签字桌后与客方签字人相对的为其他客方签字人员席位，与主方签字人相对的为其他主方签字人员席位。

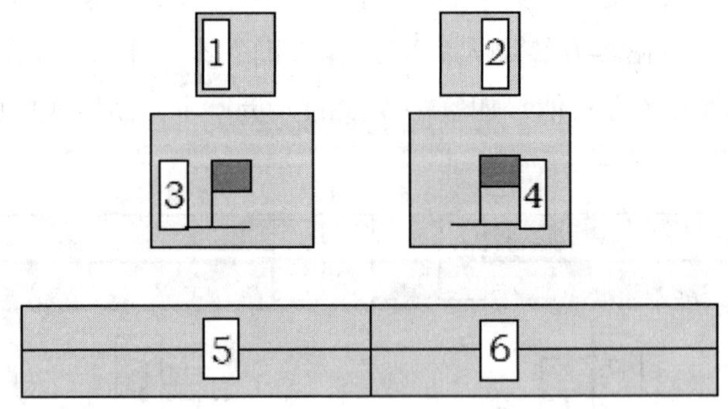

注：1. 客方签字人席；2. 主方签字人席；3. 客方国旗；4. 主方国旗；5. 参加签字仪式的其他客方签字人席位；6. 其他主方签字人席位

图 4–4–7　签字仪式座次排列（3）

（5）会议座次安排。

服务员应事先了解会议主题及类型，做好座次安排。

①主席台式。大型会议会场设主席台和群众席，主席台必须排座，群众席可排可不排。大型会议主席台，一般应面对会场主入口，与群众席面对面，每一个成员面前的桌

上，均应摆放双向桌签。

在商务活动中，如果主席台的领导人数是奇数，1 号领导在背向背景地方的正中方，2 号领导在其右边。如果主席台领导人数是偶数，1 号领导的位置为正中偏右，2 号领导在其左边。政务活动则以左为大。

主席团排座：前排高于后排，中央高于两侧，左侧高于右侧。

主持人坐席：一是居于前排正中央；二是居于前排的两侧；三是按其具体身份排座，但应就坐于前排。

发言人座席：一是主席团的正前方；二是主席台的右前方。

群众席排座，自由式择座：不进行统一安排，大家自由择席而定。按单位就座：按照单位、部门或者地区、行业就座。具体可依参加单位的汉字笔画、汉语拼音顺序，也可按平时约定俗成的序列。在同一楼层排座，通行的方式有两种：一是以面对主席台为基准，自前而后进行横排；二是以面对主席台为基准，自左而右进行竖排。楼层不同时，楼层越高，排序越低。

②长桌会议。领导一般坐在方桌的短边方向，或靠里的位置。

③圆桌会议。圆桌会议一般在参会人数较少时使用，靠里的位置为主要位置。

④环绕式会议。环绕排位不设置主席台，把座椅、沙发、茶几摆放在会场的四周，不明确座次的尊卑，与会者自由入座。

（6）会议室视听设备准备。

为保证会议的正常进行，会议接待人员应在会前检查设备是否齐全完好，根据会议性质，选择合适类型的麦克风及音响设备，事先调试。设备效果要符合会议要求，音量控制得当，保证投影仪等设备状态良好。为保持设备最优状态，应在开机后预热 3 分钟，关机后散热 2 分钟，截断电源，以免损坏灯泡。

（7）签到桌布置。

一般会议，为方便会议举办方，事先会在会场门口摆放一张签到桌。签到桌应摆放在合适的位置，会议接待人员应事先在签到台处等候。签到台应准备好笔、资料等材料，以便宾客使用。

（8）茶水、水果准备。

为保证宾客在放松的环境中参加会议，除了在环境上保持舒适安静之外，还应为宾客做好茶水、水果服务。会议接待人员应事先准备好茶具并摆放整齐，将水果洗净装盘。

案例：

某集团火电企业能源座谈会预定于 12 月 10-12 日在酒店召开，会议接待规格较高，酒店非常重视此次接待。为了保证此次会议接待的顺利进行，营销经理小周专项负责此次会议，接待方也安排了几位主任负责接待事宜。8 日下午，营销经理小周陪同接待方主任一起查看会议现场并摆放席卡，仔细检查切实无误才离开会场。但是 9 日上午 10:00，突然接到接待方主任的电话，通知营销经理小周，领导临时调整了行程安排，将提前至 13:30 在酒店召开会议。得到消息后，营销经理小周立刻与餐饮部协调沟通会场情况，却发现当天的所有会议室已经被其他单位预留。马上又打电话给宴会预订部，重新调整当天中午和晚上的所有宴请预订情况协调场地。在确认会议人员名单后，与餐饮部沟通临时将酒店多功能厅换成会议室。由于开餐期间餐饮人手紧张，小周一起动手与餐饮员工用最短，时间换台布置会场，终于在既定的会议时间提前半小时做好了会前的各项准备和检查工作。整个会议活动结束后，接待方主任在对会议行程的不停变更深表歉意的同时，对酒店能快速应变表示认可，认为酒店的服务细致、流畅、专业、热诚，对酒店所做的会议服务非常满意。

案例评析：

在以上案例的接待过程中，营销经理小周基于前期充分的会议准备，及时应变，忙而不乱，会同兄弟部门积极协调，高效地完成会场布置，井然有序地保障了会议的顺利进行，得到了主办方的一致好评。

3. 酒店会议服务标准程序

（1）领受任务。

①会议名称；②会议性质；③与会人数；④会议期限；⑤会议休息时间表；⑥会议活动范围；⑦准备内容；⑧注意事项。

（2）会前准备。

①会标；②音响；③主席台；④茶具饮品；⑤登记台；⑥签到簿；⑦休息安排；⑧服务员配备；⑨会场清洁；⑩接手纪念品、礼品发放。

（3）会前检查。

根据表格列项检查设备设施、会议物品。

（4）引领登记。

①准备大厅指示牌、引领员、电梯引领员、会场引领员、指示牌；②登记并根据请柬、门票等发放纪念品。

（5）会场服务。

①主席台香巾、饮品、果盘、会场贵宾饮品、香槟服务；②会场秩序维持服务（清理闲杂人员）；③清洁服务；④委托代办服务；⑤出会场的引领服务（先生，请问需要帮助吗？）；⑥应急情况处理（火灾疏散、禁坐电梯、失窃、当事人询问笔录、相关人询问笔录、停电、溢水、电梯停机、急症救护）。

（6）会后清理。

①撤会议物品，如桌椅、餐具；②清理与会人员遗留物并登记；③清洁会场；④撤出带入会场物品；⑤查对清理纪念品、礼品；⑥检查清理情况；⑦关闭动力电器设备；⑧服务人员撤出，锁闭会议厅。

（7）汇报总结。

①向主办方的主办人员汇报会议情况、遗留物品、剩余礼品，征求意见，说明情况；②会后总结专题会（部门经理、会议服务人员参加）。

4. 会议型酒店的特征

（1）销售形式不同于传统的酒店，它是综合性销售，不但有客房、餐饮，还有会展的设施、会议的设备，是会议相关的一些销售。

（2）服务的对象不同。除了服务中面对每一位参会个体之外，还要面对会议的组织者，和组织者的沟通是非常重要的环节。

（3）服务部门的设置不同。我们在实际中要针对专业性较强的会议实施不同的服务模式，包括配置相应的会议设备设施，以保证为会议提供圆满的服务。

（4）酒店会议功能间的配备。功能间要尽量准备得充足一些。我们经常发现一些客人不喜欢在宴会厅开会，特别是外宾。酒店应具有专门的功能间，以满足客人的特别需求。再就是宴会的配置，包括餐饮的独特性等，这是会议酒店应该具备的特点，和其他酒店要有所区分。

案例链接——所有问题都能迎刃而解

某酒业的新品发布会将在某酒店举行，发布会前期筹备了很长时间，为此付出了很多努力。此次会议共邀请了近350位客户前来品酒，整场活动的效果需要加用灯光、音响、舞台等，但是费用有限，主办方希望酒店能协助帮忙解决。营销经理小汪查看宴会厅近两日的客情，发现第二天有一场婚庆策划，便立刻联系该婚庆公司，协调相关的设备可以提前进场布置，这样婚庆公司有效缩短了进场布置时间，同时帮助主办方争取到较优惠的设备价格，此项双方都有利的工作得到了有效的协调。

会议举行的当天早上，主办方突然联系小汪，希望将部分红酒、白酒冷藏，此外，自带的横幅希望酒店能够帮忙安装。小汪接到电话后立刻与餐饮部、工程部一一协商安排到位。宴会期间由于厂家需要上菜时按照特定的流程，小汪又找到后厨和传菜生协调，一切按照主办方要求执行。晚上新品发布会正式开幕，一切活动都按部就班地进行，两个小时的发布会圆满结束。主办方非常满意，对酒店工作人员的专业性服务表示衷心的感谢，也对营销经理小汪热情为客人解决问题的工作态度和综合协调能力给予了高度认可。

案例评析：

对于酒店而言，客人提出的要求就是酒店的任务。这些任务往往涉及酒店不同部门，需要会议负责人具有应变能力、团队协作能力，积极协调酒店各部门，形成一个团队，共同完成任务，用优质服务树立酒店的良好形象。

签字礼仪

座次安排

项目五　康乐服务形象塑造

【企业标准】

表4-5-1　康乐服务礼仪评价标准

	内容	评价标准	分值	最后得分
康乐服务礼仪标准	仪表	面部清洁，服饰干净整齐，精神饱满	10分	
	仪态	手势准确适当，走姿轻盈、稳健	10分	
	语言塑造	用语规范，语言亲切，语调适中	20分	
	服务周到	主动服务，耐心周到，掌握引领服务、健身中心服务、游泳池服务、保龄球服务、网球服务、台球服务、桑拿服务、美容中心服务、歌舞厅服务、音乐茶座服务、茶艺师服务等礼仪规范	60分	
	合计		100分	

【师傅要求】

1. 仪容、仪表、仪态得体。
2. 健身中心服务礼仪规范。
3. 游泳池服务礼仪规范。
4. 保龄球服务礼仪规范。
5. 网球服务礼仪规范。
6. 台球服务礼仪规范。
7. 桑拿服务礼仪规范。
8. 美容中心服务礼仪规范。
9. 歌舞厅服务礼仪规范。
10. 音乐茶座服务礼仪规范。
11. 茶艺师服务礼仪规范。

（见图 4-5-1）

图4-5-1　健身中心服务

【师徒互动】

一、师傅讲授

康乐部指为宾客提供健身、美容、美发、娱乐等服务的综合部门。其特点是服务项目多、设施设备好、岗位分工细、人员相对分散、独立操作性强。这些特点使得该部门对员工的素质要求很高，服务人员不仅要掌握相关的专业知识，还要具备良好的服务礼仪。康乐部门服务人员展现良好的职业形象，提供优质服务，可以吸引更多的客户光临。

1. 仪容、仪表、仪态得体

康乐部门服务人员仪容端庄大方，服装规范、整洁，举止大方，站姿挺拔，走姿轻盈稳健，时刻保持热情的工作态度，微笑服务，精神饱满，随时恭候宾客光临。

2. 健身中心服务礼仪

健身中心服务礼仪要求服务员重点掌握迎接礼仪、针对性服务礼仪、饮料服务礼仪、送客服务礼仪等内容，并懂得这些礼仪的作用，做到既注重礼仪外在形象，又注重礼仪内涵。健身房除了满足客人休闲健身的需要之外，还要为客人提供更衣和卫生设备、各种饮料和小食品，有的还设有健身用品商店。对于不熟悉健身器械的客人，服务员要为其示范和指导。

（1）迎接礼仪。客人来到健身房时，应主动热情地问候，表示欢迎。

（2）登记客人姓名、房卡或会员证、到达时间，核对票券。

（3）双手将更衣柜钥匙、毛巾等用品递给宾客，为宾客指示更衣室位置。

（4）配合专业医师对客人进行体能测试，设计运动计划，建立健康档案。

（5）引领宾客前往健身场所，并根据客人要求提供讲解、示范服务。

（6）在客人健身时，保证随时提供服务。随时给宾客正确的指导，及时做好安全保护措施。耐心、细致地解答宾客问题。宾客要求指导时，服务员应立即示范，礼貌讲解。对于违反健身规范的宾客，服务员应礼貌提醒，委婉劝说。

（7）服务员根据客人的需要提供饮料和小食品，要及时提供服务。

（8）客人离开时，提醒客人带好自己的物品，主动道别，欢迎下次光临。

（9）及时做好运动器材的检查、复原、消毒工作；做好场地及客用品的清理工作。

3. 游泳池服务礼仪

酒店游泳池应该具有幽雅的环境、现代化的设备、清洁的水质、严格的管理制度、有效的安全措施和优质的服务。因此，服务员要经过严格的训练，为客人提供更衣室、淋浴室和卫生间、饮料、小食品等服务。如果宾客需要，专门的服务员要为客人讲授各种游泳技术、讲解规则以及示范。

（1）提前 10 分钟到岗，精神饱满，恭候宾客的到来。客人到来时，主动打招呼，表示欢迎。

（2）进行验票，准确记录客人姓名、房号（住店客人）、到达时间、更衣柜号码。

（3）办理押金手续后，发给客人更衣柜的钥匙及洗浴用品，方便客人游泳和泳后洗浴用。

（4）提供安全服务。对饮酒过量的客人，或患有皮肤病等传染病的客人应谢绝入内，并提醒客人若患有心脏病、眼病、高血压、中耳炎等疾病，或存在过饥过饱、激烈运动后等情况，不宜下水，否则对健康不利。

（5）要求客人进入游泳池区域前必须先冲淋，并经过浸脚消毒池。

（6）救生员应巡视水中情况，特别是深水区，如遇紧急情况，立即下水救助。关照初学者、老人、小孩，提醒带小孩儿的客人照顾好孩子，不要到深水区去。严禁泳池内嬉戏、打闹、跳水等行为。

（7）服务员根据客人的需要提供饮料和小食品，及时提供服务。禁止客人带入酒精饮料、玻璃瓶装饮料。

（8）客人离开时，提醒客人带好自己的东西，主动道别，欢迎下次光临。

4. 保龄球服务礼仪

保龄球馆更强调休闲娱乐性，它不仅为客人提供一系列包括场地、技术指导在内的服务，还为客人提供相应的酒水和饮料服务。

（1）客人到来时，主动打招呼，热情欢迎。

（2）准确记录客人的姓名、房号（住店客人）、到达时间。

（3）运用准确规范的服务语言，询问宾客是按每人一局还是按照时间租用保龄球道。根据宾客预订及人数和球道出租情况安排球道。

（4）在投球道的记分台上为宾客设定人数及局数，计算机开好自动记分。

（5）宾客玩球的过程中，提供巡视服务，观察操作设备是否准确，保证设施正常运作。巡视员及时、准确、礼貌地提醒宾客注意球场秩序。当宾客需要时，清楚明确地讲解保龄球运动的知识。

（6）保持球场秩序。及时纠正违反球场规范和妨碍他人的不良行为，迅速解决宾客纠纷。

（7）服务员主动及时询问客人是否需要提供饮料和小食品，做好记录，并迅速提供服务。

（8）客人离开时，提醒客人带好自己的东西，主动道别，欢迎再次光临。

5. 网球服务礼仪

开始对客服务前，服务员应做好场地清洁工作，检查球场设施设备，发现问题及时处理。服务员着统一服装及球场专用鞋，做好迎接客人的准备。

（1）客人到来时，主动打招呼，热情欢迎。根据情况向宾客介绍球场设施、开放时间、服务项目等。

（2）准确记录客人姓名、房号（住店客人）、到达时间、更衣柜号码。

（3）办理手续后，发给客人更衣柜钥匙及毛巾等物品。

（4）帮助宾客保管好衣物，主动为宾客当裁判记分。

（5）宾客玩球过程中，提供巡视服务，如果宾客提出修理球拍，应及时周到地提供服务。

（6）服务员主动及时地询问客人是否需要提供饮料和小食品，做好记录，并迅速提供服务。

（7）客人离开时，提醒客人带好自己的东西，主动道别，欢迎再次光临。

6. 台球服务礼仪

开始台球服务前，服务员应做好场地清洁工作，检查设施设备，发现问题及时处理，做好迎接客人的准备。

（1）客人到来时，主动打招呼，热情欢迎，语言规范。

（2）准确记录客人姓名、房号（住店客人）、运动时间、台球桌号。

（3）及时提供球杆、台球服务。

（4）若宾客已满，商请宾客排队等候或先进行其他活动。

（5）宾客玩球过程中，提供巡视服务，为初学者提供讲解示范服务，并及时周到地提供其他服务。

（6）宾客在休息时，服务员主动及时地询问客人是否需要提供饮料和小食品，做好记录，并迅速提供服务。

（7）客人离开时，提醒客人带好自己的东西，主动道别，欢迎再次光临。

7. 桑拿服务礼仪

开始对客服务前，桑拿部服务人员要事先检查桑拿室设施设备地情况，及时做好维护保养工作。对于非正常运转的设备，及时上报，并采取相应的措施。按照卫生标准做好卫生清洁工作，调节水温、室温及蒸汽密度。及时清理更衣室等场所，补齐服务用品，做好迎客工作。

（1）客人到来时，主动打招呼，热情欢迎，语言规范，询问有无预定。

（2）礼貌介绍收费标准。准确记录客人姓名、房号（住店客人）、到达时间、更衣柜号码。

（3）及时提供更衣柜钥匙、毛巾等服务用品。分配浴室。

（4）宾客开始桑拿，调好温度。

（5）宾客桑拿过程中，每十分钟提供一次巡视服务，注意宾客情况，若有呼唤，随时服务。并及时周到提供其他各项服务。为了确保宾客安全，服务员要密切注意宾客动静，每隔几分钟就要从门的玻璃窗上观望，防止发生意外。

案例：

一天，酒店桑拿中心服务员小高正在进行安全巡逻，当她来到女部三浴室，意外发现一女浴客脸色惨白，斜倚在板壁上，头耷拉在胸前，四肢不停地抽搐。职业敏感性告诉小高，这是桑拿浴室的高温缺氧所致，十分危险。小高立刻唤来服务员小白将宾客抬出浴室，平放在四周通风的安全处。小高又让其他服务员与经理联系并报告情况，并请酒店医生迅速前来抢救，同时与急救中心联系，请求派救护车送往医院。宾客在医护人员的及时抢救下逐渐恢复知觉，基本脱险。此时，饭店外响起急促的救护车铃声，急救中心大夫及时赶到。经医院诊断，宾客是因为桑拿时的高温环境心跳过快引发心脏病。

由于发现及时并有效抢救，宾客脱离了危险。

案例评析：

桑拿浴虽然有利于放松身心，但由于其高温的特点，有可能引发宾客心脏不适等情况，因此桑拿员工在宾客桑拿时，应掌握其进入浴室的时间，以免宾客泡澡时间过长，引发昏厥。同时，应加强巡逻，随时关注宾客情况，以防发生安全事故。案例中的小高遇到昏厥宾客时，能第一时间抢救，通过饭店内部医生缓和病情，为病人争取了抢救时间。

（6）宾客结束桑拿时，服务员应及时送上毛巾，主动询问客人是否需要饮品及按摩，并提供详细的价格。

（7）客人离开时，提醒客人注意是否有遗留物品，主动道别，欢迎再次光临。

8. 美容中心服务礼仪

美容中心服务人员不仅需要高超的技术、专业的技能，还需要具备良好的服务礼仪。服务员应具有美容美发专业知识，了解国际、国内美容美发的发展动向，具有创新和追求国际潮流的意识。开始对客服务前，要检查美容美发厅的设施、设备，保证设备正常运行；做好卫生清洁工作、保证服务场所的卫生，检查、补充美容用品。服饰统一、整洁，精神饱满，恭候宾客光临。

（1）宾客到来时，礼貌问候，引领宾客至美容服务区域。若宾客到达而无空位，请宾客在休息室等候，并告知宾客大致等候时间。及时提供杂志、茶水等服务。

（2）宾客入座后，根据宾客的实际情况为其推荐服务项目，介绍费用标准，宾客决定后，征询宾客是否指定某位美容师为其提供服务。

（3）严格按照操作程序提供服务，精神集中，专心细致。为缓和气氛，服务员可适当与宾客交谈，拉近与宾客的距离。交谈语气要温和，切勿给宾客留下傲慢等不良印象。

（4）每完成一个服务项目，让宾客照镜，主动征求宾客意见。服务结束后，主动征询宾客意见，询问宾客是否满意。对宾客的表扬要表示感谢；如宾客对服务不满，应及时道歉，并表示会努力改进。

（5）保证账单准确无误，请宾客确认。迅速为宾客办理结账手续。

（6）向宾客表示谢意，礼貌送别宾客，并欢迎宾客再次光临。

9. 歌舞厅服务礼仪

（1）客人到来时，面带微笑热情欢迎。

（2）尊重宾客的意见，引领宾客到座位。对不熟悉环境的宾客，引领前可以试探："您这边请，我带您过去。"如果宾客说不用，则只用手势指引。

（3）询问客人需要什么饮料、食品，迅速提供服务。

（4）祝愿宾客度过一个愉快的夜晚。

（5）客人离开时，主动道别，欢迎再次光临。

10. 音乐茶座服务礼仪

音乐茶座室内装饰讲究华丽、舒适，灯光柔和，给客人一种舒适感。音乐茶座提倡演出优美、文明、健康的节目，除现代歌曲外，还要有一些外国名曲和古曲乐曲，高水平的乐队和歌手演唱，会使客人的夜生活过得轻松、愉快，精神享受得到满足。服务员要懂得音乐茶座服务的知识和程序，掌握服务技能。音乐茶座是丰富客人夜生活的设施，是客人消遣享受的场所。服务员要了解各国客人对饮料、食品的喜好，掌握销售酒水、食品的有关知识，还要懂得一些音乐知识，了解演出乐曲及当天节目的内容，以便回答客人的询问。

（1）客人到来时，面带微笑热情欢迎。

（2）尊重宾客的意见，引领宾客到座位。

（3）征询客人需要什么饮料、食品，迅速提供服务。同时服务员要细心观察宾客动态，及时提供所需要的服务。

（4）茶座结束时，全体服务员站到门口欢送宾客，表示感谢，并欢迎再次光临。

11. 茶艺师服务礼仪

茶艺师应提供全程服务，从迎客、入室、落座、点茶、茶艺表演、闲聊、送客，茶艺师都应伴随客人左右，除非客人有自己的事（如谈商务、自娱等）。

（1）微笑服务。茶艺师的脸上永远只能有一种表情，那就是微笑。发自内心的得体的微笑，可以使茶艺师魅力倍增。

（2）礼貌语言。茶艺师用语应该是轻声细语。但对不同的客人，应主动调整语速，对善于言谈的客人，可以加快语速，或随声附和，或点头示意。对不喜欢言语的客人，可以放慢语速，增加一些身体语言，如手势、点头。

（3）得体交流。茶艺师讲茶艺不要讲得太多，应该给客人留出空间，引导客人参与进来，除了让客人品茶外，还要让客人开口说话。引出客人话题的方法很多，如赞美客人，评价客人的服饰、气色等，这样可以迅速缩短双方的距离。

（4）品茗礼仪。

嗅茶：客人坐定以后，茶艺师取出茶叶，主动介绍该品种的特点、风味，客人则依次传递嗅赏。

温壶：先将开水冲入空壶，使壶体温热然后将水倒入“茶船”——一种紫砂茶盘。

装茶：用茶匙向空壶中装入茶叶。切忌用手抓茶叶，以免混入手气或杂味。

润茶：将沸水冲入壶中，待壶满时，用竹筷刮去壶面泡沫，随即将茶水倾入“茶船”。

冲泡：至此，才可正式泡茶。要用开水，但不宜用沸水。

浇壶：盖上壶盖之后，在壶身外浇开水，使壶内、壶外温度一致。

温杯：泡茶的间隙，在茶船中利用原来温壶、润茶的水，浸洗一下小茶盅。

运壶：第一泡茶泡好后，提壶在茶船边沿巡行数周，以免壶底的水滴滴入茶盅串味。

倒茶：将小茶盅一字排开，提起茶壶来回冲注，俗称“巡河”。切忌一杯倒满后再倒第二杯，以免浓淡不均。

敬茶：双手捧上第一杯茶，敬奉在座的客人。如客人不止一位，则第一杯茶应奉给德高望重的长者。

品茶：客人捏着小茶盅，观茶色，嗅茶味，闻茶香，然后腾挪于鼻唇之间，或嗅或啜，如醉如痴。

（5）送客。送客是茶艺师留给客人“最后的恋情”，是赢得回头客的绝活。微笑直到客人离去。优秀的茶艺师在送客时微笑得更为生动，依依不舍，达到服务的最高境界。

送客出门。在引路中提醒客人注意安全，关注茶吧的环境、饰物等，给客人留下更深的印象。注意话不要多，三句足够，如“您今天还满意吧？”“希望您对我们的服务提出宝贵的意见。”“欢迎您下次再来。”

二、师傅强调

服务礼仪的“3A”原则：

根据服务礼仪的要求，服务人员欲向服务对象表达自己的尊敬之意，必须善于抓住3个重点环节，即接受对方、重视对方、赞美对方。在英文里，“接受”“重视”“赞美”3个词都以字母“A”打头，故称为“3A”原则。

1. 接受服务对象

接受服务对象主要体现为服务人员对于消费对象热情相迎，来者不拒。不应该怠慢、冷落、排斥、挑剔、为难服务对象，应当积极、热情、主动地接近对方，淡化彼此之间的戒备、抵触和对立情绪，恰到好处地向对方表示亲近友好之意。

接受服务对象应当体现在实际行动上。例如，提供服务时，切勿上上下下反复地打量对方，或者斜着、翻着眼睛注视对方。这是不礼貌、不尊重的表现。

即使自己的见解与客人相反，也要尽可能地采用委婉的语气进行表达，而不宜与对方针锋相对。绝不要用“你们这种人”“你知道吗”“你见过吗”“谁说的，我怎么不知道”“真的吗”“有这么一回事吗”“骗谁呀”这一类怀疑、排斥他人的话语去跟服务对象讲话。更不要任意指出对方的不足之处，特别是对方生理上、衣着上的某些缺陷。

2. 重视服务对象

重视服务对象主要表现为认真对待服务对象，主动关心服务对象。通过服务，使对方真切地体验到自己备受服务人员的关注、尊重，在服务人员眼中自己是非常重要的。要真正做到重视服务对象，首先应当做到目中有人，招之即来，有求必应，有问必答，想对方之所想，急对方之所急，认真满足对方的要求，努力为其提供良好的服务。

重视服务对象的具体方法：牢记服务对象的姓名、善用服务对象的尊称、倾听服务对象的要求。

3. 赞美服务对象

赞美服务对象，实质上就是服务人员对服务对象的接受与重视，也是对服务对象肯定的表现。所有人都希望得到别人的欣赏与肯定，而且多多益善。获得他人的赞美，就是对自己最大的欣赏与肯定。

要善于发现对方之所长，及时、恰到好处地对其表示欣赏、肯定、称赞与钦佩。这种做法的最大好处是可以争取服务对象的合作，使服务人员与服务对象在整个服务过程中和睦而友善地相处。赞美服务对象的原则：适可而止，实事求是，恰如其分。

三、徒弟操作

请学生分组，各小组选一位组长带领组员，选择以下任务之一进行练习，任务包括健身中心服务、游泳池服务、保龄球服务、网球服务、台球服务、桑拿服务、美容中心服务、歌舞厅服务、音乐茶座服务、茶艺师服务等。参考表 4–5–1 康乐服务礼仪标准进行相互点评并给出提升建议。

情景表演角色	点评与建议

四、师傅提示

（1）服务礼仪中的零度干扰原则，指服务人员在向服务对象提供具体服务的一系列过程之中，必须主动采取行之有效的措施，将对方所受到的一切有形或无形的干扰，积极减少到所能达到的极限，也就是要力争达到干扰为零的程度。其主旨是要求服务人员在服务过程中，为服务对象创造一个宽松、舒畅、安全、自由、随意的环境。

（2）服务对象满面哀愁、有某种生理缺陷、出了洋相感到尴尬时，服务员不许微笑。

（3）宾客在运动过程中如有不适或受伤，应及时提供服务，主动照顾宾客。

（4）康乐中心陪练员要注意顾客心理，不能争强好胜，让顾客丢面子。

案例：

新加坡的林先生是某酒店的常住贵宾。工作之余常到酒店康乐中心放松一下。他喜欢打台球，与服务员都很熟悉。在这里他不仅能与熟人聊聊天，而且台球技艺也在不断长进。每回与对手打球都不相上下，这使得他心情愉悦，体会到不相上下的竞技魅力。某日接待他的是一位刚来不久的实习生，小伙子热情地接待了林先生，并答应陪打服务。但是在短短一个小时时间里，小伙子干净利索地以大比分赢了林先生两局，让林先生觉得自己像初学者那样笨拙。他沮丧地提早买了单，并索然无味地离去了。过了一阵子，林先生没有再来打球，听说他已入住其他酒店了。

案例评析：

康乐中心陪练服务是一项把握宾客心理的服务。服务员不仅需要有扎实的专业技能，以免宾客无法尽兴，同时也要注意给顾客面子，需要具备较强的人际关系处理能力。如果让实力碾压宾客，使宾客失了面子，进而使得酒店丢失客户，这样的服务就是失败的服务了。

（5）饮料服务中的注意事项。

①饮料品种的安排。安排饮料品种时，讲究照顾客人口味。在做准备时，应该大致了解客人的口味。为了有备无患，还应该多准备一些品种。常规的做法强调一冷一热，一瓶一杯，即一瓶矿泉水，冷的；一杯茶，热的。

②注意征询方式。征询宾客选择饮料的标准方式为封闭式问题，即给出所有选择，让客人从中挑选。例如："王经理，您喝茶还是喝咖啡？"说明只有这两种饮料可以选择，客人就不会选择其他饮料，可以避免尴尬。开放式问题给客人无限选择，很难把握："您喝点什么？"客人可以凭自己的喜好回答，也许是没有准备的，或者是昂贵的饮料，所以不太合适。

③饮料器皿的选择。饮料器皿的选择首先注意卫生；其次是适用，即方便对方使用；另外还要注重整洁，不能选择破损、残缺的器皿。

④端送饮料的方式。为客人端送饮料时必须使用托盘，从客人右侧上饮料，手指接触杯子下半部，不要碰杯口或瓶口。

五、徒弟记忆

根据所学内容，归纳出康乐服务礼仪的主要注意要点。

康乐服务礼仪	注意要点
仪容、仪表、仪态礼仪	
健身中心服务礼仪	
游泳池服务礼仪	
保龄球服务礼仪	
网球服务礼仪	
台球服务礼仪	
桑拿服务礼仪	
美容中心服务礼仪	
歌舞厅服务礼仪	
音乐茶座服务礼仪	
茶艺师服务礼仪	

【徒弟拓展】

技能拓展

1. 客人不会使用健身器材怎么办?

康乐部应提供一套关于正确使用健身器材和正确健身的图片与文字。健身服务员对初来健身不熟悉设施的客人，应主动热情地讲解各种运动器具的性能、作用和使用方法，推荐适合客人需要的运动器械，并为客人进行必要的示范、操练。对以减肥为锻炼目的的客人，提示他们先称好体重，以便经过一段时间的锻炼后进行比较，从而增进对锻炼的兴趣和信心。对年老体弱的客人，要提醒他们注意休息，强度不要过大。

2. 因设备问题使客人受伤怎么办?

由于康乐健身运动专业技术性较强，因此有必要积极保护广大宾客的人身安全。但由于工作中的某些疏漏，如设备的损坏老化、设备故障等会造成客人受伤。出现这类问题，服务员应立即上报场地值班经理，并通知医务室，立即上前搀扶客人躺下或坐下来休息，对于皮表性创伤，应协助立即止血，如遇上内伤或较为严重的骨伤，服务人员不应帮助进行护理，而应由专业医师进行处理。如酒店医师无法处理时，应迅速与附近医院联系，护理客人前去就医。并上报酒店值班经理，由酒店领导出面携带水果、鲜花，前往探望，应承担客人的费用。有关人员应记下事件的详细经过并进行备案，立即报修相关器械，以杜绝下次类似事故发生。

3. 运动过程中发现客人有过度使用设备器材怎么办?

由于健身运动专业性较强，因而有必要为参与的宾客主动提供专业的服务，并保护客人的人身安全，当发现客人有过度使用器材设备时，服务人员应立即上前加以劝阻，主动、热情、耐心地讲解该器材设备的性能、作用和正确的使用方法，并做必要的示范与操练，提醒客人过度使用器材设备，不仅会引发客人自身安全问题，还会造成不必要的器材损坏，正确引导客人循序渐进使用以得到满意的锻炼效果。

4. 遇见客人溺水怎么办?

由于酒店里的游泳池并非专业场馆，大多数宾客抱着休闲、娱乐、健身的目的，因而有可能发生初学者溺水的特殊情况。发现水中有溺水者，救生员必须马上跳入水中，以最快速度游向溺水者。注意从背后靠近溺水者，避免溺水者死抱住或乱抓住救生员的身体，影响救护。然后救生员用双手或单手托举溺水者的两侧腋下，将溺水者的头部露出水面，救生员可采用仰泳姿势（腿部用踩水或蛙泳腿动作）或侧泳姿势，将溺水者运载到岸边，再将溺水者拉上岸处理。如果溺水者症状较轻，神志清醒，无须做急救处理，让其平卧，注意保暖，置于安静、空气清新的室内休息。如果溺水者呼吸停止，心搏仍然存在，或心搏停止而未确定已殆者，应立即用人工呼吸抢救，做人工呼吸之前，要清除溺水者的口腔异物并立即倒水，再施人工呼吸。

5. 美容服务不慎给客人造成伤害怎么办?

酒店美容师因不慎给客人造成伤害时，应立即向客人表示歉意，讲一些安慰与道歉的话，如“实在对不起”“请原谅”等。

视客人的伤势进行处理，严重者马上联系附近医院进行治疗。酒店美容师由主管陪同，并带上食品、水果去探望问候，报值班经理。可退还客人所付款项或视情况给予一定的赔偿。

做好事情发生的经过记录，查找事故发生的原因，吸取教训，防止类似事情发生。

6. 遇见客人利用娱乐项目进行非法活动怎么办?

营造健康积极的康乐环境，指导客人进行有益身心的活动是康乐部工作人员的工作职责之一。但是，在日常的营业当中，仍存在客人利用娱乐项目进行非法活动的现象，如利用打台球进行赌博的非法活动。遇见这种情况，服务员应上前进行劝阻，不应听之任之，根据（宾客须知）中有关条款，及时制止这种非法活动，引导客人进行正常的消费活动。若无法劝止应立即通知场地值班经理和保安部，甚至可以中止客人的消费行为。若客人提出要租用场地进行非法活动时，服务人员应婉言谢绝。

7. 健身过程中客人如有不轨行为怎么办?

健身过程当中如果不可避免地要通过身体接触，而客人出现不轨的行为时，服务人员应沉着冷静，首先以和善微笑的态度巧妙地转移事态，如提出“我帮您先去倒杯茶”“您先翻转过去，做腰部推拿”，等等。给予客人适当的台阶下，大可不必惊慌失措，不可严词厉语。若遇到自己处理不了时要及时报告场地值班经理，由其出面向客人解释，让服务人员回避即可，并委婉地告知客人由于业务忙，暂时无法继续提供服务。

阅读拓展

1. 倾听的礼仪

（1）提出问题。这是鼓励对方把话继续说下去的方法之一，表明你在仔细倾听，如“还有其他问题吗？”“您觉得怎么样？”

（2）多给对方肯定的回答。用“是的”“我理解”“我同意”等来表示对对方的赞成。称赞对方或明确肯定对方的意见，表明双方有共同语言。尽量避免使用否定或评论式的回答，如“我可不这么想”“我不同意”“我认为不该这样”等。

（3）不要轻易打断别人的发言。交谈时要让别人把话讲完。不要随意插话、打断别人的话，即使不合乎你意，也应该耐心听完，以示尊重对方。如有插话，应用商量、请求的口吻先说明。

2. 解答客人问题时的礼仪

（1）解答客人问题时应起立，和客人的距离要适中，最好能保持一步半的距离，不要太近或太远，以免客人听不见或者觉得冷淡。

（2）神态自然，精神集中。应答时，要谈吐大方、举止得体，使别人不觉得别扭，自己也坦然，不要拘谨畏缩，话未出口，就面红耳赤，要神色从容，落落大方，既庄重又自然。语气要温和，同时对客人要有耐心，双目注视对方，集中精神倾听对方讲话，以示尊重。切忌东张西望、心不在焉，也不要老是看手表或者伸懒腰、打哈欠等。

（3）不要有太多手势。手势对谈话内容有辅助作用，但说话时不要有太多手势。特别是与外国人谈话时，更应注意，不可乱用，因为不了解别人的风俗习惯与忌讳，容易产生误会，甚至酿成大错。

（4）回答问题要明确，不含糊。听不清时说："对不起，我没听清楚，请您再说一遍好吗？"不要乱回答，不该说的话不要说。做到言而有信，不懂、不知道的事不要装懂，做不到的事不要去承诺。遇到有争议的事情或者发生矛盾的时候，该表态的表态，该说的话照说，但是，语言要慎重，要留有余地，要使用礼貌语言，不能恶语伤人，损害他人人格。应答客人，不要过多纠缠，不高声辩论，避免争吵。

3. 人际距离

人际距离指人与人在正常交往过程中，彼此在空间上所形成的间隔，亦即交往对象之间彼此相距的远近。在不同的场合和不同的情况下，人际距离通常会有不同的要求。心理学实验证明，人际距离过大，容易产生疏远感。人际距离过小，又会感到压抑、不适或者被冒犯。

总之，人际距离过大或过小，都有碍于正常的人际交往。服务人员在工作岗位上需要与服务对象之间保持的人际距离，大致可分为下列 6 种。

（1）服务距离。

服务距离是服务人员与服务对象之间保持的一种最常规的距离。它主要适用于服务人员应服务对象的请求，为对方直接提供服务时的情况。一般情况下，服务距离以 0.5~1.5 米为宜，可视具体情况而定。

（2）展示距离。

展示距离是服务距离的一种较为特殊的情况，即服务人员需要在服务对象面前进行操作示范，以便使后者对于服务项目有更直观、更充分、更细致的了解。既要使服务对象看清操作示范，又要防止对方对自己有妨碍，或者遭误伤，因此，展示距离在 1~3 米为宜。

（3）引导距离。

引导距离一般是指服务人员在为服务对象带路时彼此之间的距离。根据惯例，在引导服务对象时，服务人员行进在服务对象左前方 1~1.5 米最为适当。

（4）待命距离。

待命距离是指服务人员在服务对象尚未要求提供服务时，必须与对方自觉保持的距离，正常情况下为 3~6 米。只要服务对象可以看到自己即可。目的是不影响后者对于服务项目的浏览、斟酌或选择。

（5）信任距离。

信任距离是指服务员为了表示自己对服务对象的信任，同时也是为了使对方对服务的浏览、斟酌、选择或体验更为专心致志而采用的一种距离，即离开对方，从对方的视线中消失。采取此种距离时，必须力戒两点：一是不要躲在附近，似乎在暗中监视；二是不要去而不返，令服务对象在需要服务员时找不到人。

（6）禁忌距离。

禁忌距离是指服务人员在工作岗位上与服务对象之间避免出现的距离。其特点是双方身体相距过近，甚至有可能直接发生接触，即小于 0.5 米。这种距离，多见于关系极为亲密者之间。若无特殊理由，服务人员不要主动采用。

案例链接——小刘的委屈

服务员小刘第一天上班，被分到康乐部健身中心值台。小刘工作热情积极，一上午的接待工作很顺利。但是下午接待两位客人时出现了问题。事情经过是这样的，客人一走出电梯，小刘便迎上前去，微笑着说："先生，您好！欢迎光临！这边请，请跟我来。"领他们进入休息区，马上沏了两杯茶放在茶几上，对客人说："先生，请用茶。"接着她用手示意，开始一一介绍健身房的设施设备："这是跑步机，这是椭圆机……"这时，其中一位客人打断她的话，说："知道了。"但小刘仍然继续说："那边是力量训练器材……"未等她说完，另一位客人从钱包里掏出一张面值 10 元的外币不耐烦地给她。霎时，小刘愣住了，一片好意被误解，她感到委屈又尴尬，涨红着脸对客人说："对不起，先生，我们不收小费，谢谢您！如果您没有别的需要，那我就告退了。"说完便退出回到服务台。此刻，她心里很乱，自己是按服务规程给客人介绍设施设备的，为什么会被宾客拒绝呢？

案例评析：

案例中小刘的积极服务应该充分肯定，客人给她小费本身就是对她工作的肯定。但是小刘的服务确实存在问题。首先对宾客应进行个性化服务，对初步接触健身房的宾客可以介绍设施设备的普通常识；但对于档次较高的客人就大可不必，这样让客人觉得对方认为他们没见过世面而自尊心受到挫伤，或者认为服务员是在变相索要小费而心生反感。其次，服务中要把握好分寸，客人已经显出不耐烦了，小刘还是继续唠叨，这样的服务违反了服务的零干扰原则，是不合适的。因此，要为宾客提供高质量的服务，仅仅有一腔热情是不够的，如何在服务中把握分寸、为宾客提供个性化服务值得服务员深思与探索。

风情酒吧 KTV 服务

大堂吧茶水服务

项目六　酒店商场服务形象塑造

【企业标准】

表4-6-1　酒店商场服务礼仪标准

<table>
<tr><td rowspan="7">酒店商场服务礼仪标准</td><td>内容</td><td>评价标准</td><td>分值</td><td>最后得分</td></tr>
<tr><td>仪表</td><td>面部清洁，服饰干净整齐，精神饱满</td><td>10分</td><td></td></tr>
<tr><td>仪态</td><td>手势准确适当，走姿轻盈、稳健</td><td>10分</td><td></td></tr>
<tr><td>语言塑造</td><td>用语规范，语言亲切，语调适中</td><td>20分</td><td></td></tr>
<tr><td>服务周到</td><td>主动服务，耐心周到，导购服务礼仪规范</td><td>60分</td><td></td></tr>
<tr><td colspan="2">合计</td><td>100分</td><td></td></tr>
</table>

【师傅要求】

1. 仪容、仪表、仪态得体。
2. 准备工作规范。
3. 导购服务礼仪规范。
4. 商场部礼貌用语规范。

（见图 4-6-1）

图4-6-1　酒店商场服务

【师徒互动】

一、师傅讲授

酒店商场部主要为住店宾客服务，服务人员面对面为宾客服务。因此服务人员的素质直接影响到宾客对酒店的评价。为了提高服务质量，服务员不仅要掌握相关的专业知识，还要掌握相应的服务礼仪。

1. 仪容、仪表、仪态礼仪

（1）讲究个人卫生，面部清洁，女性服务员化淡妆。发型按酒店统一规范，美观大方。

（2）着装统一规范，整洁挺括。

（3）保持良好的仪态和精神面貌。站姿挺拔，坐姿端正，走姿轻盈平稳，手势规范，举止大方。

为顾客服务时多采用“接待站姿”，女服务员两脚尖略分开，右脚在前，将右脚跟靠在左脚脚弓处，两脚尖呈“V”字形，身体重心可放在两脚上，也可放在一脚上，并通过重心的移动减轻疲劳。男服务员双脚平行分开，两脚间距离不超过肩宽。头部可以侧向自己的服务对象，面带微笑。手可以持物，也可以自然下垂，手臂下垂时，从肩部至中指当呈现一条自然的垂线。

尚无人接待，服务员在工作岗位上可以采取“等人站姿”，双脚可以适度地叉开，两脚可以交替放松，并且可以踮起一只脚的脚尖。肩部、手臂自然放松，但手部不能随意摆动。上身应当伸直，并且目视前方。头部不要晃动，下巴不要向前伸出。

2. 准备工作规范

（1）及时做好商品部的卫生工作，保持地面、墙壁、橱窗的清洁卫生。

（2）营业前，服务员应调好灯光、音响等设备，保持室内通风，营造舒适的购物环境。

（3）做好商品的陈列与摆放，为宾客提供一个整洁有序的购物环境。

（4）熟悉业务，对商场内的商品有全面的了解，以便随时回答宾客的问题。

（5）服务员应着装整洁站在商场的门中间或者柜台里，站姿规范，面带微笑，恭候顾客光临。

3. 导购服务礼仪

（1）热情迎接顾客。遇到宾客前来时主动上前迎接宾客，服务员要面带微笑，亲切迎接：“您好，欢迎光临！”

（2）大方自然地引导顾客进入商场，浏览观看商品。对常客、贵宾要能带姓称呼，照顾周到。

（3）顾客挑选商品时，服务员应站立一旁，适当与顾客保持距离，不要在顾客身后跟随，以免使顾客产生不舒服的感觉。同时要注意观察，对闲逛的顾客要给其充分的时间，不要让宾客有不受欢迎的感觉，如果店内宾客较多时，服务员应做到“接一应二照顾三”，优先服务先到达的宾客，并与其他宾客保持交流。如果在服务过程中让其他宾客等待时间过长，服务员应真诚致歉。

（4）当顾客询问有关商品的价格、质量、品牌等信息时，要立即上前有问必答。遇到不懂的问题，不能直接拒绝宾客，而应请宾客稍等，待了解后回答宾客。

（5）适时为顾客介绍商品。包括产品性能、产品特色及价格。为宾客提供意见，但切勿强行推销。顾客要求看某样商品时，服务员应动作快捷，轻拿轻放，礼貌地递给宾客。

（6）如果宾客对商品有犹豫，服务员应把握顾客心理，根据不同客户的购物能力、审美情趣等特征，对产品进行深层次的介绍，做到投其所好。

（7）如果商场内没有宾客所要的商品，服务员应礼貌致歉，并说明原因，介绍宾客其他商品。如宾客执意选用该商品，服务员应请宾客留下联系方式，及时调货，尽量满足宾客的要求。

（8）如果遇到特殊情况要随机应变，巧妙提醒、阻止。如果遇到不法分子作案，可通知保安人员，及时、妥善处理。

（9）当顾客决定购买商品时，主动表示祝贺，并及时为顾客办理结账手续。当面包装商品，双手递给顾客。

（10）无论顾客是否购买商品，都要热情送客，并欢迎再次光临。

4. 商场部礼貌用语

（1）暂时离开柜台时，应说："请您稍等一下。"

（2）重新回到柜台时，应说："真对不起，让您久等了。"

（3）自己疏忽出错时，要立即真诚道歉，应说"真抱歉"或"对不起"。

（4）为顾客提供参考意见时，应说"您看这样可以吗？……"或"您看这样合适吗？……"

（5）遇到顾客抱怨时，应仔细聆听顾客的意见并予以记录。如果问题严重，不要立即下结论，而应请主管出面向顾客解释。其用语为："是的，我明白您的意思。我会将您的意见汇报经理并尽快改善。"

（6）收银空闲，面对还在其他收银台等候结账的顾客，应说："欢迎光临，请您到这边来结账好吗？"

二、师傅强调

（1）注重微笑服务。一定要发自内心地微笑，微笑是一种愉快心情的反映，也是一种礼貌和涵养的表现。要排除烦恼，工作中脸上总是要带着真诚的微笑，要学会化解和淡化烦恼与不快，时时刻刻保持一种轻松的情绪，把欢乐传递给顾客。

（2）接待顾客应主动打招呼，友好、真诚，给顾客留下良好的第一印象。

（6）与顾客交流时要全神贯注，用心倾听。

（4）要有宽阔的胸怀。服务员要想保持愉快的情绪，心胸宽阔极其重要，接待过程中难免会遇到出言不逊、胡搅蛮缠的顾客，服务员一定要记住"忍一时风平浪静，退一步海阔天空"。

（5）要用文明语言，不讲服务忌语。称呼顾客要用"先生""女士""您"等礼貌用语，如果接待贵宾或常客，要加姓氏进行尊称。指第三者是不能说"他 / 她"，而应称"那位先生 / 那位小姐"。

（6）要真诚为顾客服务，分析顾客的需求，在顾客选购商品时，根据顾客情况提供有针对性、对顾客有利的参考意见。

三、徒弟操作

请学生分组，分别扮演酒店宾客与酒店商场服务员，情景为服务员为宾客进行导购服务。参考表 4-6-1 酒店商场服务礼仪标准进行相互点评并给出提升建议。

情景表演角色	点评与建议

四、师傅提示

（1）服务人员禁止奇异发型。指甲修剪整齐，不留长指甲，保持清洁。女服务员不要涂艳色指甲油。上班时间不得喷香水，上班前不吃葱、蒜等异味食物，不喝含酒精的饮品，保证口腔清洁。

（2）服饰规范，纽扣要扣好不应有掉扣，不能挽起衣袖。工衣内衣下摆不得露出。女服务员丝袜不应有脱线。

（3）仪态大方，不可东倒西歪，倚靠柜台、墙壁等。不得坐在工作台上、座椅扶手上，不得盘腿或跷二郎腿。与宾客相遇时注意礼让，靠边行走。不得在工作场合奔跑。

（4）举止得体，不要有不雅动作。不得当众挖耳、抠鼻、修剪指甲，不得敲打柜台、货架、商品，不得跺脚、脱鞋、伸懒腰等。

（5）语言文明。上班时间不得说笑、闲聊，不得大声说话、喊叫。不得唱歌、吹口哨等。任何情况下，不得与顾客或同事发生争吵。

（6）不得用眼神或物品为顾客指引方向。用手指示方向时，不能用一根食指指示，要用整个手掌，掌心倾斜自然向上。

（7）上班时间不得吃东西或看与工作无关的书报、手机等。

（8）各级管理人员不得在宾客面前斥责服务人员。

五、徒弟记忆

根据所学内容，归纳出导购服务礼仪的主要注意要点。

导购服务礼仪	注意要点
仪容、仪表、仪态礼仪	
准备工作规范	
导购服务礼仪规范	

【徒弟拓展】

技能拓展

1. 顾客请营业员帮忙挑选商品怎么办?

要愉快地接受顾客的请求，尽心尽力地为其做好参谋，简单了解一下顾客的要求，并根据本专柜货品情况，大胆果断地帮其挑选，不要不好意思。顾客请营业员帮忙挑选就是一种信任，应抓住这一心理，将对营业员的信任转移到商品上。

2. 顾客的同伴凝视或触摸某商品时如何做?

营业员应及时介绍该商品的一切相关信息，如面料颜色、款式、做工、价位等，并积极鼓励顾客试穿。

3. 顾客的同伴对商品不满意时如何解决?

对顾客同伴的不同意见表示理解和尊重，观察顾客对同伴意见的重视程度。如顾客有自己的主见，主推顾客中意的商品，如同伴意见分量较重，则先博得同伴好感。赞美试穿效果，并鼓励顾客同伴也试穿一下，或适当争求同伴意见。

4. 顾客用其他地方的商品与本专柜商品比较时怎么办?

坚决不可说其他地方的商品不适合或不好的话，反而应用肯定语气，夸奖其眼光，鼓励顾客信心。同时介绍本专柜商品优点，突出不同之处。如顾客在两商品之间犹豫不决时，应赞美本专柜商品，突出其优点，同时适当称赞人家商品，这样会使顾客有信任感，不是自卖自夸，而是让顾客自由选择，实在不行时不可强留或诋毁其他商品，否则易引起顾客反感。

5. 顾客试穿未表态，表示再看看时应该怎么办?

要保持态度平和，表情平静而愉快，不能脸色不好或摔扔商品。支持顾客多考虑，不要盲目购买，以免买了不如意的商品。临走时欢迎顾客如无合意的再回来。

6. 商场里一时人太多照看不过来怎么办?

工作时间应做到接一应二招呼三，不得专注为一人服务而忽视或怠慢了其他顾客，可与顾客说“对不起，现在人较多，请稍等一下”“这是您要的商品，您先试着，那边还有其他顾客，有事您叫我”。人多时营业员应尽量站在视角最宽阔的地方，照顾到各方面，多注意是否有顾客夹带商品，可请附近同事帮忙照看。

7. 某款商品只剩一件该如何介绍?

告诉顾客别错过:“这款商品我们销售得很好，其他城市也已经断货，这件您穿正合适，别错过这个机会，过几天不知还能不能进货。”

8. 如顾客只看不试怎么办?

如顾客认真挑选而不试时，应积极鼓励顾客试穿，提示顾客服装穿在身上效果会比看着好，并充分介绍商品优点。认为顾客无购买欲望，只是闲逛随意看时，不应态度怠慢，应主动欢迎顾客，但也不要过于热情，以免造成反感。

9. 如明知顾客不能穿，但顾客要求试穿怎么办？

这类顾客往往对自己缺乏了解，不能正视自身情况，不知自己适合什么，眼光不准。可以采取一定技巧推荐相对适合的，如顾客执意要试，不可拒绝，不可说“没有号”“你不能穿”这类话，要积极配合顾客试穿。但要非常小心，避免因不合适而损坏商品，必要时做适当提醒，试穿效果不满意则借机通过比较的方法，巧妙推荐其他款式，鼓励其继续试穿。

阅读拓展

1. 先介绍高价产品

商场的产品系列一般根据目标定位的不同，分高、中、低档三种。对导购人员来讲，应该是按高、中、低的“减法”介绍法。先介绍最贵的产品，即使顾客不买最贵的产品，顾客会感觉到接下来介绍的中端和低端的产品相对便宜，从而最终选择购买。而按低、中、高的“加法”介绍方法，低价的产品只能使后面介绍的产品显得非常昂贵，顾客的心理发生了微妙的变化，促使顾客放弃了购买的决定。

2. 适当热情

如果顾客一进门，紧随其后显得太热情，会给他们一种压抑感。但如果不招呼顾客或招呼晚了，则会怠慢了顾客。正确的做法是面带微笑对进店的顾客行注目礼，并在距离顾客 1 米远时向顾客问好，告诉顾客“请您放心选购，我随时为您提供满意的服务”。

3. 熟练业务知识

销售工作必须要灵活应对不同的顾客，既要能保证商品顺利销售出去，又要能让顾客满意、放心购物，所以要有扎实的业务知识。了解所导购商品的竞争力。所导购的商品在市场上销售如何、大家对这个商品反映是怎样的等，都要有充分的了解。

4. 提供力所能及的服务

顾客有什么正当要求，只要是符合规定，就要为顾客提供服务。

5. 说话要有亲和力

在与顾客进行交谈时，要让顾客既听得明白，又能使顾客听得比较舒服。

6. 适度的赞美

从人的心理本质来看，得到别人的肯定是人心理的一种本质需求。人们希望能够得到发自内心的肯定和赞美。作为一名导购员，同样需要用赞美的语言去满足顾客的心理需要，给顾客愉悦的购物体验。赞美要适度、真诚。根据不同顾客的具体情况把握好赞美的度，过犹不及。赞美的时候首先要寻找顾客可以赞美的一个优点，注意这个优点是顾客真实具备的，然后再在恰当的时候用自己的语言，真诚地说出来。

（1）赞美男性客户的常用引用词语。

很爽快，待人和气，为人直爽，很有学问，很有洞察力，思维远见，想法独特，意见独到，办事效率高，很有男人味，很有气质，让人有安全感，人才出众。

（2）赞美女性客户的常用引用词语。

保养地非常好，干练，好当家，心灵手巧，心细如发，心慈面善，通情达理，气质优雅，井井有条，容光焕发，神采奕奕，眉清目秀，女中豪杰，落落大方，举止高雅，心思细腻，善解人意，气质高贵，超凡脱俗，身材苗条，心直口快，博学多才，体态轻盈，博才多学。

（3）销售过程中一般女顾客喜欢听的赞美语。

今天您的气色非常好，这段时间看得出来您的运气非常好，和您接触我也沾喜啊。

您今天穿的衣服很合适您，感觉出您是一个很懂生活的人。

我好羡慕您的头发，很飘逸。

您的身材好棒，穿什么衣服都很合身，我真的很羡慕您。

看得出来您非常有女人味，并且非常显年轻。

和您谈话对于我来说是一种享受。

看得出来您是一位才女，和您谈话让我学到了很多。

您很有福气……

感觉出来您是一位非常有品位的女士。

看得出来您是一个非常懂得生活及懂得享受的女士。

感觉您真的眼光非常与众不同，非常独到。

您提的建议非常好，我一定向我的上级传达您的想法。

从您挑选的产品，看得出来您说话、做事非常干脆利落，想象得出您是一个做大事的人。

从您挑选的产品，看得出您很有派，应该是一位领导级人士。

看得出您是一位知识渊博、知书达理并且温柔的女士。

（4）销售过程中一般男顾客喜欢听的赞美语。

看得出来您很有才华。

感觉您的眼光真的非常与众不同。

看得出来您比较幽默，感觉出您是一位非常懂得生活的男士。

您提的建议非常好，我一定向我的上级转达您的想法。

能感觉出您是一位非常有品位的男士。

看您很年轻，并且您这个人非常不一般。

从您挑选的产品来看，您平时做事相当实在。

从我们今天的谈话感觉您平时做事很有激情，并且亲和力非常强。

感觉您全身上下充满活力，您平时一定是一个非常爱运动的人。

您挑选产品看起来很有派，应该是一位领导级的人士。

看得出您是一个知识渊博、知书达理并且见多识广的人。

您今天的精神状态非常好，这段时间看得出来您的运气非常好，和您接触我也沾喜啊。

您说话真幽默，和您说话我觉得非常愉快。

从您挑选产品，看得出来您说话、做事非常干脆利落，想象得出您一定是位做大事的人。

今年您的财气会非常旺。

案例链接——优先为可疑“宾客”服务

一天下午，某酒店商场有不少宾客在选购商品。服务员小李正在为一位顾客试穿西装，这位顾客把自己的衣服放在旁边的架子上。这时小李发现有一位可疑的“宾客”正悄悄凑近那位顾客的衣服，将手伸进衣袋。小李灵机一动，大声说：“先生，那件衣服不是我们店里销售的，它是这位宾客的。您喜欢哪件衣服，要什么号码？要我帮您挑选吗？”小李的一番话，使那只行窃的手无可奈何地收了回去。同时也引起了那位试穿西装宾客的警觉，他马上把自己的衣服拿起来，并检查了一下衣服口袋。而那个可疑的“宾客”一句话也没说，灰溜溜地走了。

案例评析：

商品部物品多、人多，服务员发现可疑现象或个别不法人员进入商场时要提高警惕。服务员在遇到形迹可疑的宾客时，巧妙运用热情服务的方法，对其提供优先服务，做到寸步不离，使其无可乘之机。同时也应讲究语言艺术，避免对方难堪，巧妙地处理问题。上述案例中，服务员小李在处理偷窃事件时，机智勇敢，很好地运用了语言技巧，既维护了客人的面子，又维护了酒店的利益。

赞美的原则

委婉拒绝

推销交谈礼仪

上门推销礼仪

模块五 专业礼仪服务

项目一　为不同民族的客人提供优质服务

【企业标准】

表5-1-1　为不同民族的客人提供优质服务评价标准

为不同民族的客人提供优质服务评价标准	内容	评价标准	分值	最后得分
	仪表	面部清洁，服饰干净整齐，精神饱满	10分	
	仪态	手势准确适当，走姿轻盈、稳健	10分	
	语言塑造	用语规范，语言亲切，语调适中	20分	
	服务周到	了解宾客所属少数民族的风俗习惯、节庆、禁忌，主动服务，耐心周到	60分	
	合计		100分	

【师傅要求】

1. 了解蒙古族风俗习惯、节庆、禁忌。
2. 了解回族风俗习惯、节庆、禁忌。
3. 了解藏族风俗习惯、节庆、禁忌。
4. 了解维吾尔族风俗习惯、节庆、禁忌。
5. 了解壮族风俗习惯、节庆、禁忌。
6. 了解傣族风俗习惯、节庆、禁忌。

【师徒互动】

一、师傅讲授

我国是一个多民族的大家庭，在长期的历史发展中，各民族形成了自己的风俗习惯。在酒店工作中，当要接待来自不同民族的宾客时，首先要了解宾客所属民族的风俗习惯，尊重民族习俗，不触犯其禁忌，为宾客提供优质的服务。

1. 蒙古族

蒙古族是一个历史悠久而又富有传奇色彩的民族，主要居住在内蒙古自治区、东北三省及甘肃、青海、新疆等地，拥有人口约 480 万。蒙古族人民的生产、生活是与草原密切相关的，中国的大部分草原留下了蒙古族牧民的足迹，因而被誉为“草原骄子”。

（1）习俗。

到蒙古包牧民家做客，见到老人要问安。不在老人面前通过，不坐其上位，未经允许不要与老人并排而坐。称呼老人要称“您”，不许以“你”相称或直呼其名。见到牧民孩子不要大声斥责，更不能打孩子。不要当着家人的面说孩子生理上的缺陷。对孩子和善、亲切，被认为是对家长的尊重。

蒙古族自古以来以性情直爽、热情好客著称。对家中来客、不管常客还是陌生人，都满腔热忱。首先献上香气沁人的奶茶，端出一盘盘洁白的奶皮、奶酪。饮过奶茶，主人会敬上醇美的奶酒，盛夏时节还会请客人喝马奶酒。有些地区用手扒肉招待顺客，还有一定的规矩。例如，用一条琵琶骨肉配四条长肋骨肉进餐；牛肉则以一根脊椎骨肉配半节肋骨及一段肥肠敬客。 姑娘出嫁前或是出嫁后回娘家都以羊胸脯肉相待，羊的小腿骨、下巴颏、脖子肉都是给晚辈和孩子吃的。接待尊贵的客人或是喜庆之日则摆全羊席。

献哈达是蒙古族牧民迎送客人和日常交往中使用的礼节。献哈达时，主人张开双手捧着哈达，吟唱吉祥如意的祝词或赞词，渲染敬重的气氛，同时将哈达的折叠口向着接受哈达的顾客。顾客要站起身面向献哈达者，集中精力听祝词和接受敬酒。接受哈达时，顾客应微向前躬身，献哈达者将哈达挂于顾客颈上。顾客应双手合掌于胸前，向献哈达者表示谢意。

斟酒敬客是蒙古族待客的传统方式。他们认为美酒是食品之精华，五谷之结晶，拿出最珍贵的食品敬献，是表达草原牧人对顾客的敬重和爱戴。通常主人是将美酒斟在银碗、金杯或牛角杯中，托在长长的哈达之上，唱起动人的蒙古族传统的敬酒歌，顾客若是推让不喝酒，就会被认为是瞧不起主人，不愿以诚相待。顾客应随即接住酒，接酒后用无名指蘸酒向天、地、火炉方向点一下，以示敬奉天、地、火神。不会喝酒也不要勉强，可沾唇示意，表示接受了主人纯洁的情谊。接着穿戴民族盛装的家庭主妇端来清香扑鼻的奶酒款待顾客。

（2）节庆。

①大年。蒙古族过春节为过大年，农区与汉族相仿，牧区另有自己的特色。大年前家家户户都要置办送亲友的礼物，清扫蒙古包，制作新的蒙古袍、蒙古靴，购置奶桶、毡子、锅盆等用具，从年三十到初五是最欢乐的几天。年三十晚上，全家老小围坐在摆满香喷喷食物并供有祖先名字的矮桌旁“守岁”。午夜，开始饮酒进餐。首先，儿女们要给父母和长辈敬酒祝愿，全家要多吃多喝，剩得越多越好，象征新的一年里吃穿不愁。唯有黄油、红糖、白面混合烙出的大圆饼（新年饼）每人只吃一口，意思是全家永不分离，永久团圆，永远过着甜甜蜜蜜的幸福生活。三十晚上，蒙古包灯火辉煌，马头琴声和歌声不断，通宵达旦。蒙古族的拜年有一年拜一次，也有一年拜两次的。初一，天还未亮，男女老少都换上新的服装，晚辈给双亲和老年人叩头、献哈达、敬酒。老人们斟上满满一碗奶，祝愿子女幸福。有些还要全家到寺庙向喇嘛叩头，求活佛保佑。新春期间，男女青年跨上骏马，带上哈达、美酒等礼物，三五成群，给每位亲友拜年。拜年途中，男女青年常常利用这个机会赛马，互相追逐，气氛热烈。

②小年，即农历腊月二十三。蒙古族对火神十分崇敬，认为火神可以赐予人们幸福与财富，把 3 天叫“日火”，30 天叫“月火”，360 天叫“年火”。小年正是送火神爷的“年火”日子，因此特别热闹。这天，要在“灶神”龛前烧香，供献牛羊肉、黄油、奶皮、糖果等食物，名为“灶祭”，全家团聚欢乐。晚上，把事先准备好的草或兽粪用火点着，再从各种供品中取一点，投进火堆，全家老少对着火焰向火神爷祷告，名为送灶神。

③那达慕。每年 7、8 月（牲畜肥壮的牧闲季节）举行“那达慕”大会，这是人们为了庆祝丰收而举行的文体娱乐大会，是蒙古族历史悠久的传统节日。“那达慕”大会上有惊险动人的赛马、摔跤、射箭等，显示出草原民族独有的特色。

骑马比赛中参赛者年龄不限，有少年儿童、青壮年，也有老年人。赛程通常为 25~35 公里，终点设在会场。参赛者身着华丽彩衣，头系红绿绸飘带，马不着鞍，人不穿靴袜。比赛开始，参赛者跃马驰骋，争先恐后，沿途观众欢呼，膝盖以上任何部位着地都为失败。

摔跤比赛中报名不分民族、地区，不限年龄，不限体重。比赛时，由裁判安排对手，实行单淘汰制，一跤定胜负。摔跤手的服装上衣用牛皮制成，上边钉满银钉或铜钉，后背中间有圆形眼镜或吉祥之类的字，下身穿肥大白裤，外套绣有各种动物和花卉图案的套裤，腰间系有红、蓝、黄 3 色绸子做的围裙，脚蹬蒙古靴或马靴。比赛场地简单，只要有一片草坪或松软空地，就可进行比赛。

射箭比赛，分静射和骑射两种。弓箭的式样、重量、长度、拉力都不限，一般规定每人射 9 箭，分 3 轮射完，以中靶的多少评定名次；骑射跑道为 4 米宽、半米多深、85 米长的一条沟。靶位设 3 个，第一靶在两米高的木架上挂一个 0.3 立方米的白色布袋，第三靶是一个等边三角形的白色布袋。第一、第二靶位在射手左侧，第三靶位在右侧。射手身着紧身彩袍，背上弓箭，乘马到起跑线。当裁判员发令后，便开始起跑，抽弓射箭。当射中某环时，环把便自动脱落，观众不断喝彩助威。夜幕降临，草原上飘荡着悠扬动听的马头琴声，年轻人跳起欢快的舞蹈，老人们围坐在帐篷前，品味着香甜的奶茶，谈论着美好的生活。

④敖包祭祀。敖包是蒙古语译音，也叫“鄂博”，是堆子的意思，即人工积成的石堆、土堆，在圆坛之上堆积石头为台，台基上面分成大、中、小 3 层，重叠成圆锥体，周围涂白土，高几十米，形似烽火台，远望又如尖塔。祭敖包的时间，多在水草丰茂的季节。届时，敖包上插树枝，上挂五颜六色的布条或纸旗，旗上写经文，并请喇嘛来焚香点火、诵经念咒。官民一起围着敖包，从左向右走 3 圈，祈神降福。祭祀礼仪大致有：血祭——宰杀自己喂养的马、牛、羊，供奉在敖包之前；酒祭——将鲜奶、奶油、奶酒一滴滴洒在敖包前；火祭——在敖包前点燃干柴堆或动物粪便堆，各户走近火堆念自家姓氏，供上祭品，把“布呼勒马哈”（羊肉丸子）投进火里，火越烧越旺；玉祭——以玉为供品，现在一般用硬币或炒米等物替代玉。敖包礼仪结束后，要举行传统的骑马、摔跤、射箭、唱歌跳舞等娱乐活动。此后，参加娱乐活动的人开怀畅饮，男女青年往往借此机会相见，登高远游，互相追逐，诉说衷肠。

（3）禁忌。

忌讳任意打牧民的狗；忌讳食马、驴、骡等圆蹄动物；忌讳向火盆内吐痰，拍打火盆，跨过火盆，在火盆上烤鞋、袜、裤和脚；忌讳从衣帽、枕头、桌子、粮袋、锅台、磨盘、碾台、井口、泉上、绳子上越过；忌讳在蒙古包周围和嘛呢堆附近，及牲畜圈内大小便；忌讳将印有文字的纸，特别是印有蒙藏文的纸作手纸；忌讳坐、站门槛，从人前走过、泼水、倒垃圾。吃饭时，须等主人敬让，不能自己先动手。蒙古包内的法器、经典、佛像等不准乱摸乱动。蒙古族也有忌门习惯，若家中有人生孩子、生病等都要忌门。一般是在蒙古包门前挂一红布条，或门前放一堆烟火。远方顾客必须进屋或家人外归时，要跨过火堆方可进入。

2. 回族

回族语言逐渐习惯于以汉语作为本民族的共同语言，深受阿拉伯、波斯等传统文化的影响又吸收汉族文化是回族文化的特色。回族民间节日开斋节（也叫肉孜节）又称大开斋。每年伊斯兰历 9 月为斋月。凡回族男 12 岁、女 9 岁以上身体健康者都应封斋。中华人民共和国成立后，国务院把开斋节定为回族的法定假日。

（1）习俗。

回族是信仰伊斯兰教的民族。回族衣着与汉族基本相同，但也保留着自己的特点，男士有戴白布软帽，妇女有戴白色、绿色或黑色盖头的习俗。在饮食方面，回族人忌食猪肉、狗肉、马肉、驴肉和骡肉。不吃未经信仰伊斯兰教者宰杀和自死畜禽肉，不吃动物的血等；回族人日常喝水不用别人的杯碗，喜欢沐浴。聚居区的回族人平常洗脸、洗手一般不用脸盆而要用“汤瓶”（带嘴的水壶）。

（2）节庆。

开斋节是回族的传统节日（伊斯兰教历十月一日）。在斋月里，人们只能在每天日出前和日落后进食，整个白天不得吃饭、喝水，称守斋。此外，还要清心寡欲。斋期满之日，所有虔诚的穆斯林要沐浴更衣，身着节日盛装，走亲访友，互相祝贺，互相馈赠礼品。

古尔邦节又叫宰牲节、库尔班节、尔德节等，是信仰伊斯兰教民族的共同节日。古尔邦节的时间定在伊斯兰教历的十二月十日。过节前，家家户户都把房舍打扫得干干净净，忙着精制节日糕点。节日清晨，穆斯林要沐浴熏香，严整衣冠，到清真寺去参加会礼。在节日期间，人人身着盛装，走亲访友，互相祝贺，馈赠礼品。

圣纪节是伊斯兰教的重要节日，亦称圣忌节、冒路德节，为纪念先知穆罕默德的诞辰——伊斯兰教历的三月十二日。这一天，回族群众聚集在清真寺诵经、赞圣、礼拜，并由阿訇宣讲穆罕默德的生平简历、功绩品德，以及在传教中所受种种磨难和许多智勇、善辩、善战的生动历史故事，教育回族群众不忘至圣的教诲，做一个真正的穆斯林。

（3）禁忌。

到回族地区或进清真酒店时，忌谈猪肉。忌说“肥”字，一般用“壮”代替。不能触摸和践踏民族宗教标志。忌讳向少女赠送装饰品。不能进入产妇和病人的房间，不能在屋子里吹口哨、戴草帽。不能用筷子敲碗、打猫狗。

3. 藏族

西藏在藏语中称为“博”，居住在西藏地区的称“博巴”，居住在川西一带的称“博”“康巴”。

（1）习俗。

由于藏族人民多生活在高原地带，因此他们的生活习俗多与高寒气候有关，又因为藏族群众普遍信仰藏传佛教，故他们的生活习惯等也受到藏传佛教的影响。藏袍是藏族人民的主要服饰，基本特点是袍子长及脚面，袖子宽大并长出手指 10~20 厘米，既无口袋，也无纽扣，只在腰间束一条带子。为便于活动，常袒露右臂或双臂。

藏族喜饮酥油茶、青稞酒，并有弹酒的礼俗。主食为糌粑、牛羊肉等。糌粑是用炒熟的青稞或豌豆磨成的面粉，用酥油或茶水拌食。藏族人好客，喜用青稞酒招待客人。藏民敬酒时，一般对男客用大杯或大碗，敬女客则用小杯或小碗。藏族人民能歌善舞，勇敢淳朴。献“哈达”是藏族常见的一种礼节。“哈达”是藏族人民在迎送、馈赠、敬神及日常礼节上使用的纱巾和绸巾，多为白色。

（2）节庆。

藏历新年是藏族一年中最盛大的节日。在此期间，人们会准备过年吃、穿、用的节日用品，成千上万的农牧民涌入拉萨城，购买各种年货。此时也是拉萨一年中最为繁忙的季节。每年的五月十五日，西藏、青海等地各寺庙的喇嘛及民间艺人用酥油捏成各式各样的灯架，将五彩缤纷的花灯挂在街道上。夜幕降临，街道上花灯闪烁，宛若群星降落。花灯上有五彩油塑花卉，还有惟妙惟肖的飞禽走兽及人物。人们游于灯海之中翩翩起舞，通宵达旦。灯会上还有滑稽的木偶表演，使人们捧腹大笑。

沐浴节，藏语叫“嘎玛日吉”，意思是洗澡，又叫“洗澡节”。届时，不论城镇还是乡村，农区还是牧区，人们骑着马，赶着车，带着帐篷、糌粑、酥油茶、青稞酒以及一些奶制品，三三两两，络绎不绝地来到拉萨河畔、雅鲁藏布江边和其他江河湖泊之旁，争相下水，尽情地在水中沐浴、嬉戏、游泳。然后用双脚踩洗各家带来的衣物、床被，和着歌声，把劳动和音乐融入了这节庆中。

（3）禁忌。

接待客人时，无论是行走还是言谈，总是让客人或长者为先，并使用敬语，如在名字后面加个“啦”字，以示尊敬和亲切，忌讳直呼其名。迎送顾客，要躬腰屈膝，面带笑容。室内就座，要盘腿端坐，不能双腿伸直，脚底朝人，不能东张西望。接受礼品，要用双手去接。赠送礼品，要躬腰双手高举过头。敬茶、酒、烟时，要双手奉上，手指不能放进碗口。敬酒时，客人须先用无名指蘸一点酒弹向空中，连续三次，以示祭天、地和祖先，接着轻轻呷一口，主人会及时添满，再喝一口再添满，连喝三口，至第四口时，必须一饮而尽。吃饭时要食不满口、咬不出声、喝不出响。喝酥油茶时，主人倒茶，顾客要待主人双手捧到面前时，才能接过来喝。禁忌在别人后背吐唾沫、拍手掌。行路遇到寺院、玛尼堆、佛塔等宗教设施，必须从左往右绕行。不得跨越法器、火盆、经筒，经轮不得逆转。忌讳别人用手触摸头顶。

4. 维吾尔族

维吾尔族主要聚居在新疆维吾尔自治区天山以南的喀什、和田一带和阿克苏、库尔勒地区，其余散居在天山以北的乌鲁木齐、伊犁等地，少量居住在湖南桃源、常德以及河南开封、郑州等地。

（1）习俗。

维吾尔族人居住的房屋是方形的，开天窗，屋顶平坦，可晾晒瓜果和粮食。室内砌实心土炕，高约0.3米，供起居坐卧。墙上开壁龛，内置食物和用具，有的壁龛还精心构成各种几何图案，以石膏作装饰，喜欢在墙上挂壁毯。冬季以火墙取暖，靠墙一边是待客的上座。住房多成院落、方形，大门忌朝西开。庭院十分洁净，多栽花木、葡萄、葫芦及果树。服饰方面一般都穿棉布衣。男士穿长袍，称为“袷袢”，右衽斜领，无纽扣，用腰带式长方巾扎腰。城市妇女多穿西式短上衣和裙子，农女多穿宽袖连衣裙，外套团体色对襟背心。不论男女老少，都喜爱戴四棱小花帽，称为“尕巴”。妇女多喜欢耳环、手镯、项链等装饰品，喜欢染指甲。画眉毛多把左右两条连成一线。少女以长发为美，将头发梳成十几条长发辫。婚后一般改梳两条，头上别一新月形梳子作装饰。也有把双辫盘成发髻的。在饮食方面，面粉、玉米和大米现已成为维吾尔族人民的日常主食。他们喜欢喝奶茶、吃馕，喜食拉面和包子。最具民族风味的食品是烤羊肉串和“抓饭”。“抓饭”以羊肉、羊油、胡萝卜、葡萄干、洋葱和大米做成，是节日和待客不可缺少的食品。

（2）节庆。

肉孜节、古尔邦节和圣纪节是维吾尔族的盛大节日。每逢节日，部分男女老少尽情地跳起“赛乃姆”（一种群众性的集体舞），家家都吃着香甜的“普鲁”。

（3）禁忌。

维吾尔族具有伊斯兰教民族所共有的饮食禁忌。此外，还忌讳穿短裤在户外活动。睡觉时，忌头东脚西，接受物品或给别人敬茶时，要用双手，忌用单手，更不能用左手。

5. 壮族

壮族是我国人口最多的少数民族。有“布壮”“布土”“布侬”“布雅依”等20余种自称。中华人民共和国成立后，统称“僮族”，后来改为“壮族”，聚居于广西壮族自治区南宁、百色等地区。壮锦与南京的云锦、成都的蜀锦、苏州的宋锦并称“中国四大名锦”。壮族有本民族的语言文字。壮族信仰原始宗教，祭祀祖先，部分人信仰天主教和基督教。

（1）习俗。

壮族是个好客的民族，到壮族村寨任何一家做客的客人都被认为是全寨的客人。壮族人平时有相互做客的习惯，如一家杀猪，必定请全村各户每家来一人，供吃一餐。招待顾客的餐桌上务必备酒，方显隆重。敬酒的习俗为“喝交杯”，其实并不用杯，而是用白瓷汤匙。

客人到家，必在力所能及的情况下给客人以最好的食宿，对客人中的长者和新客尤其热情。用餐时须等最年长的老人入席后才能开饭。长辈未动的菜，晚辈不得先吃。给长辈迎客端茶、盛饭，必须双手捧给，而且不能从顾客面前递，也不能从背后递给长辈。先吃完的要逐一对长辈、顾客说“慢吃”再离席。晚辈不能落在全桌人之后吃饭。

尊老爱幼是壮族的传统美德。路遇老人要主动打招呼、让路，在老人面前不跷二郎腿，不说污言秽语，不从老人面前跨来跨去。杀鸡时，鸡头、鸡翅必须敬给老人。路遇老人，男的要称“公公”，女的则称“奶奶”或“老太太”。遇顾客或负重者，要主动让路，若遇负重的长者同行，要主动帮助并送到分手处。

（2）节庆。

春节是最隆重的民间节日之一。腊月二十三起，家家户户开始筹办过节物品。除夕这天全家欢聚，杀鸡杀鸭，煮出初一全天吃的米饭，叫“压年饭”，年三十晚上有守岁习俗。初一大清早，妇女们穿新衣新鞋，去河边、山泉、水井挑水，这是汲取新水的习俗。用新水加红糖、竹叶、葱花、生姜煮沸后全家喝，认为可使人变得聪明伶俐。春节期间习惯进行唱采茶歌、闹锣、舞龙、舞狮、跳打扁担舞、打陀螺、赛球、演戏等丰富多彩、民族特色浓郁的文体活动，整个节日热烈愉快。

中元节俗称“鬼节”，是广西各民族都过的一个较大的节日。农历七月十四这天，家家户户杀鸡宰鸭，蒸五彩糯米饭祭祀祖先古人和田公地母。是日不出门，不动土，以求全家平安。

三月三歌节又叫“歌圩”，“圩”意为集市。歌节是广西壮族自治区人民十分喜爱的传统节日。歌节一般持续3天，地点在离村不远的空地上，以未婚者为主体，其他人也来参加或旁观。

（3）禁忌。

壮族人忌讳农历正月初一这天杀牲。有的地区的青年妇女忌食牛肉和狗肉。妇女生孩子的头三天（有的是头七天）忌讳外人入内；忌讳生孩子尚未满月的妇女到家里串门。登上壮族人家的竹楼，一般都要脱鞋。壮族忌讳戴着斗笠和扛着锄头或其他农具的人进入自己家中，所以到了壮家门外要放下农具，脱掉斗笠、帽子。火塘、灶塘是壮族家庭最神圣的地方，禁止用脚踩踏火塘上的三脚架以及灶台。壮族青年结婚，忌讳怀孕妇女参加，怀孕妇女尤其不能看新娘。特别是怀孕妇女不能进入产妇家。家有产妇，要在门上悬挂柚子枝条或插一把刀，以示禁忌。不慎闯入产妇家者，必须给婴儿取一个名字，送婴儿一套衣服、一只鸡或相应的礼物，做孩子的干爹、干妈。

壮族是稻作民族，十分爱护青蛙，有些地方的壮族有专门的“敬蛙仪”，所以到壮族地区，严禁捕杀青蛙，也不要吃蛙肉。每逢水灾或其他重大灾害时，壮族都要举行安龙祭祖活动，乞求神龙赈灾。仪式结束后，于寨口立碑，谢绝外人进寨。

6. 傣族

傣族是一个历史悠久的民族，远在公元 1 世纪，汉文史籍已有关于傣族的记载。傣族主要居住在我国西南边疆的云南省，大多生活在山川秀丽、气候温和、雨量充足的亚热带地区。

（1）习俗。

傣族男士一般上穿无领对襟袖衫，下穿长管裤，以白布或蓝布包头。傣族妇女的服饰各地有较大差异，但基本上以束发、筒裙和短衫为共同特征。筒裙长到脚面，衣衫紧而短，下摆仅及腰际，袖子却又长又窄。

傣族以大米为食，最具特色的是竹筒饭。制作方法是将米装进新鲜的竹筒后加水，放在火上烧烤，吃起来清香可口。

（2）节庆。

傣族普遍信仰小乘佛教，不少节日与佛教活动有关。在每年傣历六月（公历 4 月中旬）举行的泼水节是最盛大的节日，这一节日傣语称“桑勘比迈”。“泼水节”是傣族人民送旧迎新的传统节日，节日期间的主要活动是祭祀拜祖先、堆沙、泼水、丢沙包、赛龙舟、放火花及歌舞狂欢等节目。

（3）禁忌。

忌讳外人骑马、赶牛、挑担和蓬乱着头发进寨子。进入傣家竹楼，要把鞋脱在门外，而且在屋内走路要轻，不能坐在火塘上方或跨过火塘，不能进入主人内室，不能坐门槛，不能移动火塘上的三脚架，也不能用脚踏火。忌讳在家里吹口哨、剪指甲。不准用衣服当枕头或坐枕头。晒衣服时，上衣要晒在高处，裤子和裙子要晒在低处。进佛寺要脱鞋，忌讳摸小和尚的头、佛像、戈矛、旗幡等一系列佛家圣物。不能随使大声喧哗。

二、师傅强调

（1）讲究仪表与服饰整洁。发型大方、清洁，不能出现头油和头皮屑。面部清洁，女服务员化淡妆。指甲经常修剪，保持手部清洁。衣服整洁笔挺，没有褶皱。

（2）举止大方，精神饱满。站姿、坐姿、走姿、手势等符合礼仪规范。接受物品或给别人敬茶时，要用双手，忌用单手，更不能用左手。藏族人忌讳别人用手触摸头顶。

（3）接待不同民族的宾客时，要事先了解该民族的习俗，尊重宾客的风俗习惯和礼节。

案例：

有一家酒店入住了一个少数民族团体，团体中美丽的少女们都戴着漂亮的帽子，帽子很特别，都是鸡冠形状。酒店认真接待，员工们为团队提供了热情周到的服务。双方熟悉起来后，在服务过程中，一位酒店男服务员出于好奇，用手摸了一下一位少女的帽子。结果族长知道了，以为他爱上了那位少女，是在向她求婚。后来经过酒店领导出面调解，最后二人以兄妹相称。

案例评析：

案例中男服务员不懂这个少数民族的习俗，他的无心之举造成了误会。这个习俗的由来是因为历史上这个少数民族曾在一天夜里受到外族入侵，恰巧一公鸡鸣叫唤醒了人们，才免去了一次灭族之灾。为了纪念这只公鸡，族里的少女都戴着鸡冠帽，男士以触摸帽子的方式求婚。因此，在为少数民族宾客服务时，应事先了解并尊重少数民族的风俗习惯，不做他们忌讳的事，这样才能与宾客友好交际，为宾客提供优质的服务。

（4）接待不同民族的宾客就餐时一定要主动询问饮食禁忌。服务员事先要了解掌握不同民族宾客的饮食禁忌，如蒙古族宾客忌讳食马、驴、骡等圆蹄动物；回族、维吾尔族人忌食猪肉、狗肉、马肉、驴肉和骡肉，不吃未经信仰伊斯兰教者宰杀的和自死畜禽肉，不吃动物的血等；藏族人绝对禁吃驴肉、马肉和狗肉，有些地区也不吃鱼肉；壮族人十分爱护青蛙，不吃蛙肉，有的地区的青年妇女忌食牛肉和狗肉。

三、徒弟操作

请学生分组并确定组长，小组讨论并确定本组表演的主题（蒙古族、回族、藏族、维吾尔族、壮族、傣族中选择一个），编排酒店为少数民族宾客提供优质服务的小品。小组长对本组成员进行角色分工，模拟表演。参考表 5-1-1 为不同民族的客人提供优质服务评价标准，相互点评并给出提升建议。

情景表演角色	点评与建议

四、徒弟记忆

根据所学内容，归纳出蒙古族、回族、藏族、维吾尔族、壮族、傣族的主要习俗、节庆与禁忌。

民族	主要习俗、节庆与禁忌
蒙古族	
回族	
藏族	
维吾尔族	
壮族	
傣族	

【徒弟拓展】

阅读拓展

部分少数民族介绍

（1）苗族。

苗族的音乐舞蹈历史悠久，挑花、刺绣、织锦、蜡染、首饰制作等工艺美术在国际上享有盛名。苗族的先祖可追溯到原始社会时代活跃于中原地区的蚩尤部落。苗族过去信仰万物有灵，崇拜自然，祀奉祖先。节日较多，除传统年节、祭祀节日外，还有专门与吃有关的节日，苗族有很多节日在各地区叫法和过法不尽相同，传统节日以苗年最为隆重。

（2）傈僳族。

傈僳族在唐代称为“栗粟”。傈僳族最早生活在四川、云南交界的金沙江流域一带，后因战争等原因，逐步迁到滇西怒江地区定居下来。1985 年 6 月 11 日，建立云南维西傈僳族自治县。主要节日有阔时节（12 月 20 日，相当于汉族的春节）、火把节、收获节、中秋节、澡塘会、刀杆节等。每年农历二月初八举行的“刀杆节”扣人心弦，据说上刀杆是为了使傈僳人具有“刀山敢上，火海敢闯”的精神而设立的。

（3）朝鲜族。

朝鲜族主要分布在吉林、黑龙江和辽宁省。延边朝鲜族自治州是主要聚居区。朝鲜族的先民，是从朝鲜半岛迁入中国东北的朝鲜族人。朝鲜族民间有五大节日，至今仍然隆重欢度。这五大节日是：元日（春节）、上元（元宵节）、寒食（清明）、端午、秋夕。朝鲜族敬重老人的传统很悠久，早在李氏朝鲜（1392—1910）时期，每年九月九日便被确定为老人安慰日。

（4）高山族。

高山族是台湾省境内少数民族的统称，包括十多个族群。“高山族”这个名称是1945年抗日战争胜利后，中国对台湾省民族的总称。高山族地区森林覆盖面积大，素有“森林宝库”的美誉。高山族的节日很多。他们的传统节日大都具有浓厚的宗教色彩。“丰年祭”又称“丰收节”“丰收祭”“收获节”等，相当于汉族的春节，是高山族最盛大的节日。

（5）纳西族。

原游牧在青海省黄河、湟水谷地的古羌人，辗转南迁至川西南、滇西北一带，并分化成不同的民族，其中就包括纳西族。“纳”有大或尊贵之意，“西”意为人。丽江纳西族的摩梭人信奉神灵，崇拜大自然，相信天地万物皆由神灵主宰。每年农历七月二十五的“转山节”祀狮子山，就是人们敬拜自然实体的公共祭祀庆典。

（6）布朗族。

布朗族是古代濮人的后代。唐时称“朴子蛮”，元、明、清时称“蒲蛮”，由于居住的地区各异，昔日的布朗人有不同的自称。中华人民共和国成立后，根据本民族意愿，统称为布朗族。布朗族过去崇拜多神，普遍信仰小乘佛教，许多传统节日大都与宗教活动有关。其中最具特色的节祭日有：年节、祭寨神、洗牛脚等。山康节是布朗族最盛大的节日，每年傣历六月中旬举行，一般为3天。

（7）阿昌族。

阿昌族大部分聚居在云南，是中国云南境内最早的世居民族之一。因居住地的不同，还有“蒙撒”“蒙撒禅”“对撒”“汉撒”等自称。中华人民共和国成立后统称为阿昌族。会街，是阿昌族人民的传统集会，多在每年农历九月中旬举行。阿昌族信仰小乘佛教，会街原属宗教集会。主要宗教节日有进洼（关门）、出洼（开门）、烧白柴、泼水节等。除宗教节日外，还有许多本民族特有的传统节日。如火把节、窝罗节、浇花节和春节。

（8）怒族。

怒族是云南的古老民族之一，主要分布在云南省，怒族自称“怒苏”“阿怒”“阿龙”。与傈僳族、独龙族、藏族、白族、汉族、纳西族等民族交错杂居。怒族传统节日有过年、鲜花节和祭谷神、祭山林节，其中以过年的节日气氛最浓，既隆重又古朴。仙女节是云南省贡山一带怒族人民的民间传统节日。当地又称鲜花节，于每年农历三月十五举行。

（9）鄂温克族。

鄂温克族人主要分布在中国东北黑龙江省和内蒙古自治区。鄂温克是民族自称，意思是“住在大山林里的人们”。在北纬 52° 的大兴安岭原始森林里，至今仍有鄂温克人的脚印与炊烟，其定居点便是有“北极村”之称的敖鲁古雅鄂温克猎人村。敖包节是鄂温克族的宗教节日，但也举行一些文娱体育活动，因而具有广泛的群众性。除春节等节日与邻近其他民族的节日一样外，鄂温克族还要在农历五月下旬择日举行“米阔勤”节。

（10）鄂伦春族。

“鄂伦春”是民族自称，其含义有两种解释，一是“住在山岭上的人们”，二是“使用驯鹿的人们”。清朝以前，人们一般把鄂伦春族称为“索伦部”“打牲部”“使鹿部”。中华人民共和国成立后，统称为鄂伦春族。每年的 6 月 18 日是鄂伦春民族传统的节日——篝火节。这一天，鄂伦春人都要点燃篝火，欢歌舞蹈，欢庆自己民族的节日。腊月二十三也有送火神上天的习俗。鄂伦春的先人们和火结下了不解之缘，对火有着特殊的感情，对篝火无比亲近。

（11）赫哲族。

赫哲族的先民自古在黑龙江、松花江和乌苏里江流域繁衍生息。历史上曾有“黑斤”“黑真”“赫真”“奇楞”“赫哲”等不同名称。中华人民共和国成立后，统一族名为赫哲，意为居住在“东方”及江“下游”的人们。河灯节是赫哲族的民间传统节日，世世代代靠捕鱼为生的赫哲人，年年都在农历的七月十五放河灯、祭河神，以此来祈祷、祝福族人平安、捕鱼丰收。

（12）门巴族。

据藏文史籍记载，门巴族的先民很早就在西藏南部的喜马拉雅山区繁衍生息。门巴族主要聚居在西藏墨脱、林芝、错那等县。“门巴”意为居住在门隅的人。门巴族沿用藏历，节日也与藏族相同。节日期间要杀牛宰羊，置办丰盛的酒菜，宴请宾客。相传藏传佛教的佛祖释迦牟尼诞生和圆寂的日子是藏历四月十五日，为了纪念这一天，门巴族地区的所有寺庙念经祈祷，举行各种宗教活动。

（13）白族。

主要聚居在云南省大理白族自治州，其余分布于云南各地、贵州省毕节地区及四川凉山州。白族自称“白伙”“白尼”“白子”等，汉语意为“白人”。1956 年，根据本民族人民的意愿正式定名为白族。白族的传统节日很多，已有上千年历史的“三月街”是白族一年一度最盛大的节日，现被定名为“三月街民族节”。另外还有“火把节”（又称星回节）等民族节日。

（14）保安族。

保安族因信仰伊斯兰教且风俗习惯与当地回族略同，又被称为“保安回”。1950 年根据本民族人民意愿，定名保安族。保安族主要分布在中国西北甘肃省一带。保安族通用汉文，多信仰伊斯兰教。著名的保安腰刀的生产已有 100 多年的历史，尤为藏族人民所喜爱。保安族的节日同许多信奉伊斯兰教的民族相同，如开斋节、古尔邦节、圣祀日等，家家都要炸馓子、油馃、蜜圈圈和油香。

（15）布依族。

布依族是中国西南部一个较大的少数民族。中华人民共和国成立前，布依人被称为“仲家”“水户”“夷族”“土边”“本地”“绕家”等。1953 年，贵州省各地的布依族代表经过协商，正式统一用“布依”作为本民族的名称。布依族崇拜祖先，主要信仰多神和自然崇拜，传统节日除春节、端午节、中秋节外，还有“二月二”“三月三”“四月八”“牛王节”等，最隆重的节日是农历“六月六”。

（16）达斡尔族。

达斡尔族主要聚居在内蒙古自治区和黑龙江省，少数居住在新疆塔城市。“达斡尔”意即“开拓者”。族源契丹。17 世纪中叶，这个民族为维护祖国统一，打响了武装抗击沙俄入侵的第一枪。达斡尔族称春节为“阿涅”，也把春节当作一年之中最盛大的节日。正月十六为“黑灰日”，在黑灰日这一天，人们之间互相往对方的脸上抹黑，认为抹得越黑，新一年越吉利。

（17）德昂族。

德昂族原名“崩龙族”。1985 年 9 月 17 日，经国务院批准正式改名为德昂族。“崩龙”是他称，德昂族各支系中三分之二以上的人自称“德昂”，意思是“石岩”。德昂族是西南边疆现有居民中最古老的民族之一，远在公元前 2 世纪就居住在怒江西岸。德昂族民间传统节日主要有泼水节、关门节、开门节、烧白柴等，大都与佛教活动有关。德昂族还有祭家堂、寨神、地神、龙、谷娘等祭祀习俗，其中以祭龙最富情趣。

（18）东乡族。

东乡族是 14 世纪后半叶由聚居在东乡的许多不同民族融合而成的，其中主要为信仰伊斯兰教的回族人和蒙古族人，聚居在甘肃省境内，其中半数以上居住在甘肃东乡族自治县。东乡族开斋节又称“尔德节”，是东乡族民间的传统节日。按伊斯兰教的规定：伊斯兰教历每年九月是斋戒月份，这一月的开始和最后一天，均以见新月为准，斋期满的次日，即为节日。因此，它既是民族节日，也是宗教节日。

（19）侗族。

侗族来源于秦汉时期的“骆越”。魏晋以后，这些部落被泛称为“僚”，侗族即“僚”的一部分。现主要分布在贵州、湖南等地。信仰多神，崇拜自然物。侗族传统节日各地日期不一，节日饮食常和宴客活动联系在一起，主要节日有新婚节、架桥节、祭牛节、吃新节、花炮节等。侗族喜欢斗牛，每个村寨都饲养有专供比赛用的“水牛王”。

（20）独龙族。

独龙族曾被称为“俅人”“曲人”等。中华人民共和国成立后，正名为独龙族，现主要聚居在云南省贡山独龙河谷。21 世纪中叶，独龙族还处于原始公社的解体阶段，妇女还崇尚文面的习俗。独龙族过去的宗教信仰尚处在较原始的自然崇拜或万物有灵阶段，即使是唯一的年节（独龙语：卡雀哇）也是和宗教联系在一起的。卡雀哇于每年冬腊月的某一天举行（各地时间不一），节期的长短常常以食物准备的多寡而定。

案例链接——为接待好新疆客人　酒店请来阿訇坐镇

2007年11月，新疆歌剧院的五幕民族音乐剧《冰山上的来客》在湖北省黄石市黄石大剧院演出时，剧组成员下榻聚宾大酒店。剧组共116人，其中少数民族成员有105人。聚宾大酒店为了接待好这个剧组，事先认真了解他们的风俗习惯，尤其是他们的各种禁忌，还特地从黄石清真寺请来了一位阿訇，专门指导接待工作。接待过程中，酒店准备了200多种新疆风味的菜肴，从11月5日到11日，每天变换各种花样，让客人们吃好。每天的菜单都要经过阿訇审核，然后再给剧组负责人过目，根据对方的意见提供饮食。剧组宾客对酒店的接待工作感到很满意。

案例评析：

少数民族有自己的风俗习惯，如维吾尔族人睡觉时，忌头东脚西，接受物品或给别人敬茶时，要用双手，忌用单手，更不能用左手。在新疆，许多人信仰伊斯兰教，忌食猪肉、狗肉、马肉、驴肉和骡肉，不吃未经信仰伊斯兰教者宰杀的和自死畜禽肉，不吃动物的血等。在这次成功的接待服务中，酒店给予了充分的重视，不仅事先了解宾客的风俗习惯及各种禁忌，还请来一位阿訇进行指导，为宾客提供的优质服务获得了宾客的认可。

为不同民族的客人提供优质服务

项目二　为不同宗教信仰的客人提供优质服务

【企业标准】

表5-2-1　为不同宗教信仰的客人提供优质服务评价标准

为不同宗教信仰的客人提供优质服务评价标准	内容	评价标准	分值	最后得分
	仪表	面部清洁，服饰干净整齐，精神饱满	10分	
	仪态	手势准确适当，走姿轻盈、稳健	10分	
	语言塑造	用语规范，语言亲切，语调适中	20分	
	服务周到	了解宾客所信仰宗教（如佛教、基督教、伊斯兰教、道教）的礼仪与忌讳要点，主动服务，耐心周到	60分	
	合计		100分	

【师傅要求】

1. 了解佛教的礼仪与忌讳要点。
2. 了解基督教的礼仪与忌讳要点。
3. 了解伊斯兰教的礼仪与忌讳要点。
4. 了解道教的礼仪与忌讳要点。

【师徒互动】

一、师傅讲授

酒店工作中，酒店服务人员与宾客之间的话题选择需慎重，要避免谈论比较敏感的宗教话题。但是，不谈论宗教话题并不表示服务员可以不对宾客的宗教进行了解。如果因为不了解宗教常识而触犯了宾客的宗教禁忌，则会引起宾客的不满，甚至导致宾客投诉。

当今世界，信仰宗教的教徒人数占世界人口的 60% 以上。影响最大的是基督教、伊斯兰教和佛教。我国各民族的宗教信仰除世界三大宗教外，还有在中国土生土长的道教。各种宗教都有独特的教义、礼仪与禁忌，其中有许多已经变成民间礼仪习俗。因此，酒店在接待信仰不同宗教的宾客时，要事先了解相关宗教的常识，尊重宾客的信仰，避免触犯宾客的忌讳，才能提供让宾客感到宾至如归的优质服务。

1. 佛教

公元 2 世纪，佛数开始由古印度向境外传播，向北传播形成北传佛教，向南传播形成南传佛教。北传佛教以大乘教派为主，主要流传于印度、中国、日本、朝鲜、越南等国。我国汉族大部分地区信奉大乘教派，故又称汉地佛教。传入西藏、内蒙古等地区的称喇嘛教。南传佛教以小乘教派为主，主要流传于斯里兰卡、缅甸、泰国、柬埔寨、老挝、马来西亚等国。

（1）常用的礼仪。

①合掌。这是佛教徒的普通常用礼节。亦称合十。左右合掌，十指并拢，置于胸前，以表由衷的敬意。

②绕佛。围绕佛右转，即顺时针方向行走，一圈、三圈或百圈、千圈，表示对佛的尊敬。

③五体投地。也称五轮投地。“五体”（或称五轮）指两肘、两膝和头。五体都着地，为佛教最高礼节。先正立合掌，然后右手撩衣，接着膝着地，接着两肘着地，接着头着地，最后两手掌翻上承尊者之足。礼毕，起顶头，收两肘，收两膝，起立。藏传佛教的五体投地则幅度很大。

（2）佛教的忌讳。

在信奉佛教的东南亚国家，至今仍保留着浓厚的佛教习俗。

在缅甸、泰国，家长常将男孩子送入庙里出家几年，一方面表示对佛的虔诚，另一方面孩子可以在僧人那里学习文化。在某些国家，如泰国，几乎每个男孩子都要经过这个阶段。信奉佛教的人在家里举办丧事时要请和尚来念经，行举哀之礼仪。

佛教也有不少戒规，佛教主张不杀生，因此佛教徒不吃荤腥。荤食和腥食在佛门中是两个不同的概念，荤专指葱、蒜、辣椒等气味浓烈、刺激性强的东西，吃了这些东西不利于修行，所以为佛门所禁食。腥则指鱼、肉类食品。我国大乘佛教的经典中有反对食肉的条文，所以汉族大部分僧人不吃肉。在蒙藏地区，由于气候和地理因素，缺乏蔬菜，所以一般也食肉。但无论食肉与否，大小乘教派都禁忌荤食。佛教徒都不饮酒，因为酒会乱性，不利于修行。

信佛的人，也规定在一定的时间吃斋。遇上此日，屠宰场停止屠宰，市场上也不出售肉食。

非佛教徒进入寺庙衣冠要整洁，不能高声喧哗。严禁将一切荤腥及其制品带入寺院。对僧尼可称为法师或师太。不要主动与僧尼握手，这不符合他们的礼节，僧尼往往以“合十”为礼。佛教还有许多忌讳，如不要随便抚摩小孩的头顶，坐着时不要跷二郎腿等。

2. 基督教

公元1世纪由巴勒斯坦拿撒勒人耶稣创立基督教。相传耶稣奉圣父的命令，下降人世，拯救世人。后来由于叛徒的出卖，被罗马总督钉死在十字架上。后人把十字架作为信仰基督教的标记。基督教最初是犹太教的一支，于135年从犹太教中分裂出来。313年罗马皇帝君士坦丁大帝颁发《米兰敕令》，承认基督教的合法地位。392年，罗马皇帝狄奥多西世正式承认基督教为罗马国国教。随着欧洲人开辟新航路和向外拓展殖民地，基督教势力逐渐遍布全世界。基督教于635年由波斯传入中国。天主教于1502年由耶稣会传教士利马窦传入中国。鸦片战争后，新教各派陆续传入中国。

（1）常用的礼仪。

①洗礼。洗礼是基督教的入教仪式。经过洗礼后，就意味着教徒的所有罪过都获得了赦免。洗礼的方式有点水礼和浸水礼两种。天主教多施点水礼，由主礼者（牧师或神父）将一小杯水蘸洒在受洗者额头上，或用手蘸水在受礼者额头上画十字。东正教通常施浸水礼，由主礼者口诵规定的经文，引领受洗者全身浸入水中片刻。

②礼拜。礼拜是信徒们在教堂中进行的一项包括唱诗、读经、祈祷、讲道和祝福的宗教活动，通常在每周日举行，即“主日礼拜”。据《圣经·新约》中记载，耶稣是在这天复活的。少数教派是规定星期六（安息日）做礼拜，称为“安息礼拜”。除每周1次的常规礼拜外，还有每月1次纪念耶稣受难的圣餐礼拜，为纪念亡故者而举行的追思礼拜、结婚礼拜、安葬礼拜、感恩礼拜等。

③祈祷。祈祷亦称祷告，指向上帝和基督耶稣求告，内容可以是认罪、感谢、祈求和赞美等。祈祷有口祷和默祷两种形式。个人单独进行的为私祷；在礼拜、聚会时由神职人员主颂的为公祷。祈祷完毕，颂称“阿门”，意为“真认”表示“唯愿如此，允获所求”。

④唱诗。现唱诗即领唱或合唱赞颂、祈求、感谢上帝的赞美诗。这些赞美上帝的诗歌，大多有高音乐、中音、次中音、低音四部，以供合唱之用。

⑤告解。告解即忏悔，是信徒向神职人员告知自己的过错或罪恶，神职人员听后要对其劝导，并对忏悔的内容予以保密。

（2）基督教的忌讳。

基督教徒唯一崇拜的神是上帝，忌拜别的神，忌造别的偶像，因此在与基督教徒的交往中不能以上帝起誓，更不可拿上帝和耶稣开玩笑。在耶稣受难节，不要请基督教徒参加私人喜庆活动。

进教堂应衣冠整洁，进去后应脱帽，与人谈话应压低声音。不得妨碍对方正常的宗教活动。当教徒祈祷或唱诗时，旁观的非教徒不可出声，当全体起立时应随其他人一起起立，若有人分饼和面包给自己，应谢绝。

基督教徒在饭前往往要进行祈祷，如果和基督教徒一起用餐，要待教徒祈祷完毕后，再拿起餐具。根据基督教教规，教徒每周五及圣诞节前夕（12 月 24 日）只吃素菜和鱼类，不食其他肉类。

向基督教徒赠送礼品，要避免上面有其他宗教的神像或其他民族所崇拜的图腾。

另外，他们讨厌“13”和“星期五”。在基督教徒眼中，“13”和“星期五”是不祥的。比如，高层建筑没有 13 层，房间没有 13 号；与此同时，耶稣受难的日子正好是星期五，因此，如果哪个月的 13 号和星期五重合，就被称为黑色星期五，是个非常不吉利的日子，基督教徒往往会闭门不出。在此期间，如果没有特殊事情，最好不要打扰基督教徒。

3. 伊斯兰教

伊斯兰意为“顺从”，指顺服唯一的神安拉的旨意，创始人为穆罕默德。610 年前后，穆罕默德宣布自己是“先知”，得到了部落主神“安拉”的启示，正式创立了伊斯兰教。在中国，伊斯兰教又称清真教，主要分布于我国西北部的甘肃、宁夏、新疆、青海等省、自治区。

（1）伊斯兰教礼仪。

①五功伊斯兰教规定，任何人只要念诵清真言和遵守“五功”就可以成为穆斯林。“五功”就是伊斯兰教规定必须履行的基本功修。五功分别为念功，即念“清真言”，心念或口念“万物非主，唯有真主，穆罕默德是真主的使者”；礼功，即一日五次礼拜。每天在晨、响、晡、昏、宵五个时辰面向麦加方向做礼拜五次；斋功，即斋戒，每年伊历九月斋戒一个月，每天从日出到日落穆斯林们不进食，禁止娱乐活动；课功，即施

舍，穆斯林要根据自己的收入、财产缴纳定量课税，以救助穷人，我国穆斯林均为自愿捐奉；朝功，即朝拜，穆斯林凡身体健康、有经济能力者，一生中至少应去麦加朝拜一次。“大朝”（正朝）的朝觐时间为伊斯兰教历十二月八日至十二日。“大朝”之日为伊斯兰教的主要节日宰牲节，我国称“古尔邦”节（十二月十日）。朝觐过的穆斯林被尊称为“哈吉”。除朝勤季节外，任何时候个人都可单独去麦加朝觐，称为“小朝”或“副朝”。

②大、小净。进礼拜殿前须做大、小净和脱鞋。一般性的礼拜可做小净，即洗净脸和手脚等。大净则是从头到脚依次洗遍全身。在沙漠地带，也可用沙土代替水洗，称为土净或代净。

（2）伊斯兰教的忌讳。

伊斯兰教有严格的禁忌，在与之交往中应注意。伊斯兰教徒忌偶像崇拜，只信安拉。在进入清真寺时，不能袒胸露背，不能穿短裙和短裤，不经阿訇等寺内宗教职业人士批准，非穆斯林不准进入礼拜大殿，不准拍照。在穆斯林做礼拜时，无论何人何事，都不能喊叫拜者，也不能在礼拜者面前走动，更不能唉声叹气、呻吟。伊斯兰教认为，男子从肚脐到膝盖、妇女从头到脚甚至头发都是羞体。在公开场合，男女穆斯林必须穿着不露羞体的衣服，女性必须戴面纱和盖头。穆斯林的男子多戴无檐小帽，又名“礼拜帽”。到穆斯林家做客时，一般不要主动与妇女或少女握手、注目。交谈时，不要用穆斯林禁忌的字词，如“猪”“杀”“死”，等等。

禁用左手待客，敬茶、端饭、握手均用右手，用左手被视为不礼貌。与穆斯林握手或递送礼物不能用左手，更不能用单手。

禁模制、塑造、绘制任何生物的图像，包括人的形象。也不能将雕塑、画像之类的物品相赠。给信奉伊斯兰教的人送礼，忌送带有动物形象的东西，他们认为带有动物形象的东西会给他们带来厄运。

伊斯兰教对穆斯林的饮食做了严格规定，如禁食无鳞鱼（如鳗鱼、鳝鱼、鲇鱼、甲鱼等），禁食动物血液，禁食猪肉，禁食被击死、勒死或跌死的动物肉，禁食虎、豹、蛇、鹰、马、骡、驴、狗等禽兽。穆斯林禁酒喜茶，在接待穆斯林宾客饮茶时要用清真茶具。

4. 道教

道教创立于东汉末年，是中国本土宗教。创始人为张陵（又称张道陵），属多神教。东汉顺帝时（125—144 年），四川的张陵自称太上老君授以义道法，命其为天师。他造作道书，创立了“五斗米道”，也叫“天师道”，尊老子为教主。魏晋南北朝时期，北魏的寇谦之（365—448 年）、南朝的陆静修（406—477 年）等道士，对道教做了多方面的改造以适应上层统治阶级的需要。东晋的道教学者葛洪（283—363 年）撰《抱朴子》，丰富了道教神仙思想内容。陆静修的再传弟子陶弘景（456—536 年）整理构造了一个整齐有序的神仙世界，并且主张佛、道、儒三教合流，对后世道教的发展影响极大。隋唐北宋时期，由于皇室扶持，道教发展达到隆盛的顶峰。这一时期，高道辈出，像隋唐时的王知远、孙思邈、吕洞宾，北宋的陈持、张紫阳、陈景元等，都是道教史上有影响的人物。金元时期，北方兴起了全真教派，道教分为全真、正一两大派系，一直延续至今。明代中叶以后，道教逐渐转衰。清代皇帝重佛抑道，使得道教的社会地位更趋衰落。

（1）主要礼仪。

斋戒是道教中较为常见的祭祷仪式，意思是供斋神，祈祷神灵消灾赐福。大致程序是先设坛摆供，而后焚香、化符、念咒、诵经、赞颂。仪式进行中还有烛灯、音乐相配合。

建醮即做道场。每年清明、农历七月十五和十月初一要做道场，为羽化的（即死去的）道士超度亡灵。寻常信徒、百姓为了祈福禳灾或追荐亡灵，也可以出资请道士做道场。

道士不论在与同道或与外客的接触中，习惯以拱手作揖为礼，向对方问好致敬，这是道教传统的礼仪。后辈道徒遇到前辈道长，一般可行跪拜礼或鞠躬礼。非宗教人员遇到道士，过去行拱手礼，现在也可以随俗，用握手问好。

颂经是道教的主要宗教活动。道士每天要颂经两次，称早、晚功课。早颂清净经，晚颂救苦经。

（2）道教的忌讳。

我国的道教庙观和佛教寺院，大多地处名胜古迹，所以朝拜者和旅游者比较多。进入庙观，一般应注意以下方面：

行须缓步，语要低声。尊重庙观内的各项宗教设施活动。非经允许，不宜在宗教仪式的坛场内走动。不要随便询问道士特别是全真派道士的年龄、身世和家庭情况。在道观内，如需摄影则应在规定的区域内进行，不可到处乱拍，非经允许，不要正面对着道士摄影，更不可随便到殿堂里拍摄神像。

二、师傅强调

熟记宾客所信仰的宗教的禁忌或者习惯，只有这样，才能在遇到这类客人时不会手忙脚乱，可以使用自己已经掌握的知识来帮助提供优质服务。

1. 佛教的忌讳

佛教僧尼以素食为本。信佛的人，也规定在一定的时间吃斋。在餐饮服务中要注意主动征询宾客的饮食忌讳。佛教徒不吃荤腥。荤食和腥食在佛门中是两个不同的概念，荤专指葱、蒜、辣椒等气味浓烈、刺激性强的东西，吃了这些东西不利于修行，所以为佛门所禁食。腥则指鱼、肉类食品。我国大乘佛教的经典中有反对食肉的条文，所以汉族大部分僧人不吃肉。在蒙藏地区，由于气候和地理因素，缺乏蔬菜，所以一般也食肉。但无论食肉与否，大小乘教派都禁忌荤食。佛教徒都不饮酒，因为酒会乱性，不利于修行。

门童在为宾客开车门时不要为宾客护顶服务，也不能抚摩宾客小孩的头顶；不要主动与僧尼握手，这不符合他们的礼节，僧尼往往以“合十”为礼；当着宾客坐着时不要跷二郎腿。

2. 基督教的忌讳

与信仰基督教的宾客交往中不能以上帝起誓，更不可拿上帝和耶稣开玩笑。在耶稣受难节，不要请宾客参加私人喜庆活动。注意在基督教徒眼中“13”和“星期五”是不祥的。

根据基督教教规，教徒每周五及圣诞节前夕（12 月 24 日）只吃素菜和鱼类，不食其他肉类。

向宾客赠送礼品时，要避免上面有其他宗教的神像或其他民族所崇拜的图腾。

3. 伊斯兰教的忌讳

伊斯兰教徒忌偶像崇拜，只信安拉。尊重宾客信仰，不要随意评论。

当穆斯林宾客在做礼拜时，无论何人何事，都不能喊叫拜者，也不能在礼拜者面前走动，更不能唉声叹气、呻吟。

因为伊斯兰教的忌讳禁模制、塑造、绘制任何生物的图像，包括人的形象，所有给信奉伊斯兰教的宾客送礼，不能将雕塑、画像之类的物品相赠。忌送带有动物形象的东西，他们认为带有动物形象的东西会给他们带来厄运。

待客敬茶、端饭、握手均用右手，禁用左手，更不能用单手。

穆斯林的饮食禁饮酒，禁食无鳞鱼，禁食猪肉，禁食被击死、勒死或跌死的动物肉，禁食虎、豹、蛇、鹰、马、骡、驴、狗等禽兽。穆斯林禁酒喜茶，在接待穆斯林宾客时，最好用罐装饮料，如宾客饮茶，要用清真茶具。

与宾客交谈时，不要用穆斯林禁忌的字词，如“猪”“杀”“死”等。伊斯兰教认为，男子从肚脐到膝盖、妇女从头到脚甚至头发都是羞体。在公开场合，男女穆斯林必须穿着不露羞体的衣服，女性必须戴面纱和盖头。

案例：

20 世纪 80 年代，中国女排获得三连冠的好成绩。一家对外的画报用女排姑娘的照片作封面，照片上的女排姑娘都穿着运动短裤。阿拉伯文版也用了，结果有些阿拉伯国家不许进口这样的画报。

案例评析：

这些国家不许进口这些画报，主要原因是女排姑娘们的着装为伊斯兰教所忌讳。伊斯兰教认为，妇女从头到脚甚至头发都是羞体，不能在公开场合露羞体。至今一些伊斯兰国家（如沙特阿拉伯、伊朗等），女穆斯林必须穿着不露羞体的衣服，同时还必须戴面纱和盖头。

4. 道教的忌讳

尊重宾客信仰，不要随意评论。不要随便询问道士，特别是全真派道士的年龄、身世和家庭情况。餐饮服务中，主动征询客人饮食忌讳。

三、徒弟操作

请学生分组并确定组长，小组讨论并确定本组表演的主题，编排酒店为特定宗教信仰（佛教、基督教、伊斯兰教、道教中选择一个）的宾客提供优质服务的小品。小组长对本组成员进行角色分工，模拟表演。参考表 5–2–1 为不同信仰的客人提供优质服务评价标准，相互点评并给出提升建议。

情景表演角色	点评与建议

四、徒弟记忆

根据所学内容，归纳出佛教、基督教、伊斯兰教、道教的礼仪与忌讳要点。

不同信仰	礼仪与忌讳要点
佛教	
基督教	
伊斯兰教	
道教	

【徒弟拓展】

阅读拓展

1. 世界三大宗教

基督教，分为东正教（1054 年与天主教分裂），天主教（罗马公教），新教（16 世纪由路德等人发起的宗教改革后形成），信仰上帝、耶稣基督、圣母。主要在欧美、非洲部分地区流行。

伊斯兰教主要有逊尼派、什叶派，信仰真主的独一。但不是所有人都信奉先知，瓦哈比派强调除真主外，别无他信。主要在西亚、北非、东非、南亚次大陆流行。

佛教，第三大宗教，也有禅佛教、大乘佛教、小乘佛教、藏传佛教等派别。认为万事皆空及生命轮回。主要在东南亚等地流行。

2. 印度教的禁忌

信仰印度教（如印度、尼泊尔等国）的教徒奉牛为神，认为牛的乳汁哺育了幼小的生命，牛耕地种出的粮食养育了人类，牛就像人类的母亲一样。他们不吃牛肉，而且也忌讳用牛皮制成的皮鞋、皮带。

案例：

在一次印度官方代表团前来我国某城市进行友好访问时，为了表示我方的诚意，有关方面做了积极的准备，就连印度代表团下榻的饭店里也专门换上了舒适的牛皮沙发。可是，在我方的外事官员事先进行例行检查时，这些崭新的牛皮沙发却被责令立即撤换掉。原来印度大多数人信仰印度教，而印度教是敬牛、爱牛、奉牛为神的。因此，无论如何都不应当请印度人坐牛皮沙发。

案例评析：

酒店服务人员在为印度宾客提供服务时，要事先掌握印度大多数人信仰的印度教的禁忌。避免触犯宾客的禁忌，才能顺利完成对客服务。

3. 犹太教的禁忌

犹太教认为唯一可以食用的哺乳动物是反刍并有分蹄的动物，如牛肉，而不允许吃猪肉和马肉。大多数饲养禽类（如鸡、鸭、鹅等）是被允许的，但禁食鸵鸟和鹂鹊，食用的鱼类必须有鳃和鳞，禁食软体动物和甲壳类动物。犹太教认为血是“生命的液体”而严禁食用。此外，乳品和肉品必须分开食用。

4. 圣诞节的来源

不少孩子以为圣诞节是圣诞老爷爷诞生的日子。其实圣诞节是来自基督教习俗，是庆祝荣耀尊贵的上帝为了爱世人，便将他的独生子来到世间，成为人的样式，与人一同承担苦难、救赎世人。圣诞节就是庆祝圣子耶稣基督的诞辰。

而在西方庆祝圣诞节不是只有圣诞节前夜以及圣诞节当天，早在圣诞节前的四个星期日，便已经开始每周日庆祝耶稣诞生的习俗，这一段时间称为“将临期”。 在将临节期，教会的布置全以蓝紫色为主。圣坛的桌巾、讲台的台帷、牧师袍的肩带都是紫色。并且圣坛中央通常会放置一个用常青树的叶子做的花环，中间有五支紫色的长烛，每个星期日，便多点上一支蜡烛。到最后的圣诞夜里的“普世同庆”点上中间的最后一支蜡烛。烛光象征着在许多年前的圣婴孩耶稣其第一声啼哭里，为这世上带来了光明。

而圣诞老人其实是公元三世纪的尼可莱斯主教。他曾冒死解救被处刑的政治犯、也揭发过贪婪官吏屯粮，使百姓度过饥荒。在宗教被迫害时，被捕入狱，身上满是鞭痕、钳伤与烙印，仍坚持其信仰。而后半生留在米拉，设立孤儿院，照顾病患、贫民。尼可莱斯生平事迹中，最脍炙人口的是他慷慨助人的行为和对孩童的爱心，这些事迹后来被儿童文学家予以丰富的想象而成为我们现在所知的圣诞老人的故事。

案例链接——粗心触犯了宾客禁忌

某酒店中餐宴会厅里，酒店总经理正在宴请一位佛教高僧。酒店的餐前服务工作做得很顺利，菜点是预订好的，按照程序依次上菜，餐中服务在紧张有序地进行着。但是在为宾客上主食的环节出了问题。服务员端上三鲜水饺，酒店总经理热情地请高僧品尝。高僧用筷子夹起一个水饺放入口中，很快吐了出来，面色仍然温和地问："这是什么馅儿的？"服务员一听，马上意识到问题的严重性：事先忘了确认是否是素食，三鲜水饺虽然是清真，但仍然有虾仁等原料，高僧是不能食用的。忙向高僧道歉："实在对不起，是我们工作的失误。马上给您换一盘素食水饺。"部门经理也赶来道歉。高僧说："没关系，不知者不为怪。"这次失误虽然很严重，由于高僧的宽宏大度，得以顺利解决。但留给服务员的是一个深刻的教训。

案例评析：

信仰佛教的僧侣，是严格的素食主义者。素食以豆制品、蔬菜、植物油为主要原料，忌荤腥，而清真食品以牛羊肉和蔬菜为主要原料，二者是有很大区别的。案例中服务员粗心地忽略了"素食"与"清真"的不同，为高僧上了有荤腥的食品，触犯了宾客的禁忌，是严重的失礼。因此，在接待不同信仰的宾客时，一定要准确掌握宾客禁忌，避免触犯宾客的禁忌才能顺利完成对客服务。

为不同宗教信仰的客人提供优质服务

项目三　为来自不同国家的客人提供优质服务

【企业标准】

表5-3-1　为来自不同国家的客人提供优质服务评价标准

为来自不同国家的客人提供优质服务评价标准	内容	评价标准	分值	最后得分
	仪表	面部清洁，服饰干净整齐，精神饱满	10分	
	仪态	手势准确适当，走姿轻盈、稳健	10分	
	语言塑造	用语规范，语言亲切，语调适中	20分	
	服务周到	了解宾客所属国家的交际习俗、饮食习惯、主要禁忌，主动服务，耐心周到	60分	
	合计		100分	

【师傅要求】

1. 了解亚洲国家如日本、韩国、泰国、新加坡、马来西亚、印度、菲律宾、越南等国家的交际习俗、饮食习惯、主要禁忌。

2. 了解美洲国家如美国、加拿大、巴西、阿根廷、墨西哥等国家的交际习俗、饮食习惯、主要禁忌。

3. 了解欧洲国家如俄罗斯、英国、法国、德国、荷兰、意大利、瑞典、西班牙等国家的交际习俗、饮食习惯、主要禁忌。

4. 了解大洋洲国家如澳大利亚、新西兰等国家的交际习俗、饮食习惯、主要禁忌。

5. 了解非洲国家如埃及、南非等国家的交际习俗、饮食习惯、主要禁忌。

【师徒互动】

一、师傅讲授

不同国家由于不同的文化背景、礼仪传统和行为习惯，形成的礼仪风俗存在很大差异。因此，酒店在为不同国家宾客提供服务时，必须了解宾客礼仪风俗以避免触犯宾客的禁忌，进而为宾客提供宾至如归的优质服务。

本项目重点选择亚洲地区的日本、韩国、泰国、新加坡、马来西亚、印度、菲律宾、越南，美洲的美国、加拿大、巴西、阿根廷、墨西哥，欧洲的俄罗斯、英国、法国、德国、荷兰、意大利、瑞典、西班牙，大洋洲的澳大利亚、新西兰，非洲的埃及、南非等国家进行学习。

亚洲地区国家的礼仪习俗

1. 日本

日本古称大和，后来正式定名为日本国，具有“日出之国”的意思。日本人酷爱樱花，以其象征民族精神。樱花看起来平凡，可是汇集起来却很有气势，每年3月末、4月初，樱花盛开，日本人便会像过节一样，饮酒赏花，摄影留念，日本在世界上享有“樱花之国”的美称。日本人多信仰神道和佛教。

（1）交际习俗。

日本是以注重礼节而文明的国家，讲究言谈举止的礼貌。日本人见面时，要互相问候致意，鞠躬礼是日本最普遍的施礼致意方式，一般初次见面时的鞠躬礼是30°，告别时是45°，而遇到长辈和重要交际对象时是90°，以示尊敬。妻子送丈夫、晚辈送长辈外出时，弯腰行礼至看不见其背影后才直起身。在较正式的场合，递物和接物都用双手。在国际交往时，一般行握手礼。

日本人在谈话时，常使用自谦语，贬己抬人。与人交谈时总是面带微笑，尤其是妇女。

日本人与他人初次见面时，通常会互换名片，否则即被理解为是不愿与对方交往。在一般情况下，日本人外出时身上往往会带上自己的好几种印有不同头衔的名片，以便在交换名片时可以因人而异。

日本人见面时除了行问候礼之外，还要问好致意，见面时多用“您早”“您好”“请多关照”，分手时则以“再见”“请休息”“晚安”“对不起”等话语。

称呼日本人时，可称之为“先生”“小姐”“夫人”。也可在其姓氏之后加上一个“君”字，将其尊称为“某某君”。

日本经济发达与日本人努力勤奋的工作精神分不开，日本的工作节奏非常快，而且讲究礼节。他们工作时严格按日程执行计划，麻利地处理一切事务；对公众对象“唯命是从”，开展微笑服务；公私分明；对待上司与同事十分谦虚，并善于克制忍耐；下班后对公司的事不妄加评论。

（2）衣食特点。

在商务、政务活动中，日本人要穿西式服装；在民间交往中，有时也会穿自己的国服——和服。与日本人交往时穿着不宜过分随意，因为他们认为衣着不整是没有教养的表现。

“日本料理”的特点是以鱼、虾、贝等海鲜为烹调原料，可热吃、冷吃、生吃或熟吃，主食为大米，逢年节和生日喜欢吃红豆饭，喜欢吃酱和喝大酱汤。餐前餐后一杯清茶。方便食品有“便当”（盒饭）和“寿司”等。

在日本，人们普遍喜欢喝茶，久而久之，形成了“和、敬、清、寂”四规的茶道，茶道具有参禅的意味，重在陶冶人们的情趣。它不仅要求幽雅自然的环境，还有一整套的点心、泡茶、献茶、饮茶的具体方法。

（3）主要禁忌。

日本人忌紫色和绿色，认为是悲伤和不祥之色。

日本人忌讳“4”和“9”，因为它们分别与“死”和“苦”发音相似。日本人不喜欢偶数，喜欢奇数，尤其对数字“3”“5”“7”特别喜欢。

日本人对狐狸和獾的图案很反感，认为狐狸是贪婪的象征，獾则代表狡诈。日本人喜欢仙鹤和乌龟，认为它们是长寿的象征。

在日本，送人的礼品不宜用菊花或带有菊花图案，因为这一图案是皇族的象征。到日本人家里做客，携带的菊花只能有15片花瓣，因为只有皇室徽章上才有16瓣的菊花。中国人讲究送烟送酒，而日本人却送酒不送烟。日本人认为礼品的包装同礼品本身一样重要，禁忌劣质的包装，不要用颜色鲜亮的包装纸，忌讳打上蝴蝶结。鲜红颜色不适合用于包装礼品，黑白颜色则代表丧事。

日本人探望病人时，赠送鲜花需了解病人对花是否有所禁忌。例如，有人讨厌山茶花，因为它容易凋落；还有人忌讳盆栽花，因为“根系土中”与日语“卧床不起”谐音。尤其在探望病人时不要送双数的东西，更不能是4的倍数。

在日本，使用筷子有许多禁忌，如忌将筷子直插饭中，不能用一双筷子依次给每个人夹、拨菜肴。还有忌用半途筷、游动筷等。

日本人有三人不合影的习俗，因为他们认为在中间被左右两人夹着是不祥的预兆，很不吉利。日本的酒店不会给客人准备木梳，因为这个物品的发音，跟“苦死”相近，日本人认为很不吉利。

2. 韩国

韩国也称大韩民国，古称高丽，具有璀璨的文化遗产和美丽的风光。这里夏季多雨，气候湿润，经济发达。韩国的主要宗教是佛教，除此之外，一些韩国人也信奉儒教、天主教或天道教。

（1）交际习俗。

男士见面时习惯微微鞠躬后握手，并彼此问候。当晚辈、下属与长辈、上级握手时，后者伸出手来后，前者须以右手握手，随后再将自己的左手轻置于后者的右手之上。韩国人的这种做法，是为了表示自己对对方的特殊尊重。

韩国妇女一般情况下不与男士握手。女士之间习惯鞠躬问候，社交时则握手。韩国人与外国人交往时，可能会问及些私人的问题，对此不必介意。韩国人有敬老的习惯，任何场合都应先向长者问候。

一般情况下，韩国人在称呼他人时爱用尊称和敬语，但很少会直接叫出对方的名字。要是交往对象拥有能够反映其社会地位的头衔，那么韩国人在称呼时一定会屡用不止。

在社交场合，韩国人，特别是年轻一代的韩国人，大部分会讲英语，并且将此视为有教养、受过良好教育的标志之一。

（2）饮食特点。

韩国人的饮食，在一般情况下以辣和酸为主要特点。韩国人以大米为主食，主要是米饭和冷面。“韩国烧烤”很有特色。他们喜欢中国的川菜，爱吃牛肉、瘦猪肉、海味、狗肉和卷心菜等。

韩国人的饮料品种很多。韩国男士通常酒量都不错，对烧酒、清酒、啤酒往往来者不拒，而韩国妇女多不饮酒。韩国人喜欢喝茶和咖啡，但是韩国人不喜欢喝稀粥和清汤，他们认为穷人才会如此。

韩国人在用餐时会用筷子。近年来，出于环保的考虑，韩国的餐馆里往往只向用餐者提供铁筷子。关于筷子，韩国人的讲究是，与长辈同桌就餐时不许先动筷子，不可用筷子对别人指指点点，在用餐完毕后要将筷子整齐地放在餐桌的桌面上。

在宴会上，韩国人一般不把菜夹到顾客盘里，而由女服务员替顾客夹菜，各道菜陆续端上后，客人每道菜都须尝一尝才会使主人高兴。

（3）主要禁忌。

韩国人大都珍爱白色，对熊和虎十分崇拜。

在韩国，人们以木槿花为国花，以松树为国树，以喜鹊为国鸟，以老虎为国兽，对此，外国人一般不要妄加评论。

韩国人对“4”字有忌讳，其发音与“死”相同，把“4”视为预示厄运的数字。而对 9、7、5、3 等奇数和 108 等数颇为青睐，对“9”及“9”的倍数尤其偏爱。受西方习俗的影响，不少韩国人也不喜欢“13”。韩国人忌将“李”姓解释为“十八子李”。在对其国家进行称呼时，不要将其称为“南朝鲜”“南韩”或“朝鲜人”，而宜称“韩国”“韩国人”。

3. 泰国

泰国正式名称是泰王国，自称孟泰。泰语中“ 孟”是国家的意思，“泰”是自由的意思，“泰国”即自由之国。佛教是泰国的国教，全国人口的 90% 以上信奉佛教。在社会各方面，佛教都对泰国人发挥着重要作用和影响。泰国的历法采用的是佛历。泰国男士年满 20 岁后，都要出家一次，当 3 个月的僧侣，即使国王也不例外。几乎所有泰国人的脖子上都佩有佛饰，用来趋吉避邪。

（1）交际习俗。

由于信奉佛教，泰国人在一般交际应酬时不喜欢握手，而是带有佛门色彩行合十礼。行合十礼时，需站好立正，低眉欠身，双手十指相互并拢，并且同时问候对方“您好”，合十的双手举得越高越表示对对方的尊重。行合十礼时，晚辈要先向长辈行礼，身份、地位低的先向身份、地位高的行礼，对方随后还之以合礼，否则是失礼的。

泰国人很有涵养，总喜欢面带微笑，所以泰国也有“微笑之国”的美称。在交谈时，泰国人总是细声低语。在其看来，跟旁人打交道时面无表情、愁眉苦脸，或是高声喧哗、大喊大叫，是不礼貌的。与泰国人交往不要信口开河，非议佛教，或是对佛门弟子有失敬意，特别是不要对佛祖释迦牟尼表示不恭。

（2）饮食特点。

泰国人不爱吃过甜或过咸的食物，也不吃红烧的菜肴。泰国人喜食辛辣、新鲜之食物，最爱吃的是体现其民族特色的“咖喱饭”。

泰国人是不喝热茶的，他们的做法是在茶里加上冰块，令其成为冻茶。他们不喜喝开水，而习惯直接饮用冷水。在喝果汁时要加少许盐末。

（3）主要禁忌。

泰国宪法规定，国王是神圣不可侵犯的，对泰国国王和王室成员，绝不允许任意评说。在泰国，睡莲是国花，桂树是国树，白象是国兽，对于这些事物，千万不要表示轻蔑，或是予以非议。

泰国有“重头轻脚”的讲究。泰国人认为头是智慧所在，神圣不可侵犯，不能用手去触摸佛像的头部，这将被视为极大的侮辱，若打了小孩的头部，会被认为触犯了藏在小孩头中的精灵，孩子会生病的。别人坐着的时候，切勿让物品超越其头顶。见面时，若有长者在座，晚辈应坐下或蹲跪以免高于长者的头部，否则就是对长者的不恭。所以，在泰国，当人们走过或坐或站着的人的面前时，都需要躬身而行，表示不得已而为之。所谓“轻脚”，则是不准用脚指示方向，不准脚尖朝着别人，不准用脚踏门，或是踩踏门槛。

递物时要用右手，人们认为用左手拿东西给别人是鄙视对方的行为，所以给人递东西都用右手，切忌用左手。

在泰国民间，狗的图案是被禁止的。泰国人的家里大都不种茉莉花，因为在泰语里它与“伤心”发音相似。

举行官方活动时，参加者通常为双数；举行私人活动时，被邀请的人数则常为单数。民间活动中以请 9 个人参加为最佳，因为“9”在泰语里像一头吉祥化身的大象，而且“9”的发音与“兴旺”“发达”相似。

泰国人喜红色和黄色，并且对蓝色颇有好感，蓝色象征着“永恒”与“安定”。泰国人比较忌讳褐色，忌讳用红笔签字，视之为死人所受的待遇。

4. 新加坡

新加坡全称为新加坡共和国。“新加”在梵文中是“狮子”的意思，“坡”在梵文中是“城”，因此新加坡称“狮城”。由于新加坡是一个岛国，面积极小，华侨普遍称其为“星洲”或“星岛”。新加坡气候宜人，环境优美，是一个城市国家，故又有“花园城市”的美誉。同时，新加坡是世界第二大港口。

（1）社交习俗。

在社交场合，新加坡人与其他人见面的礼节多为握手。其礼仪习俗呈现多元化的特点，如在社交活动中，华人往往习惯于拱手作揖，或行鞠躬礼；马来人则大多数采用本民族的“摸手礼”。所以与新加坡人打交道要遇人问俗。

新加坡人特别强调笑脸迎客，彬彬有礼。在人际交往中他们讲究礼貌、以礼待人，这不仅是每个人应具备的基本素质，而且也已经成为国家和社会对每个人所提出的一项基本行为规则。

新加坡人十分注重“礼仪”，政府专门制定了《礼貌手册》，对于人们的各种不同场合的所作所为是否符合礼仪都做出了严格的规定。因此，在新加坡，不讲礼貌会变得寸步难行。

新加坡人崇拜清爽卫生，对于蓬头垢面、衣冠不整、胡子拉碴的人，都会让人侧目而视。新加坡人非常讨厌男子留长发，对蓄胡子者也不喜欢。在一些公共场所四周，常常会竖有标语牌：“长发男子不受欢迎。”

（2）饮食特点。

中餐是新加坡人的最佳选择。粤菜、闽菜都非常受欢迎。新加坡人口味喜欢清淡，但偏好甜食，讲究营养，平时喜欢米饭和各种生猛海鲜，对于面食则不太喜欢。

新加坡人大都喜欢喝茶。他们经常在清茶中放橄榄之后饮用，并称之为元宝茶。他们认为喝这种茶可以令人财运亨通。新加坡人还喜欢喝鹿茸酒、人参酒等补酒。

（3）主要禁忌。

红、绿、蓝色很受欢迎，新加坡人喜欢红色，认为红色是庄严、热烈、喜庆、吉祥的象征，会激励人们奋发向上。紫色、黑色不受人们欢迎，因为他们认为紫色、黑色是不吉利的。黑、白、黄为禁忌色。

新加坡人不喜欢“4”和“7”这两个数字，因为华语中“4”发音和“死”相似，而“7”被认为是消极的数字。在新加坡人看来，“3”是“升”，“6”是“顺”，“8”是“发”，“9”是“久”，都是吉祥的数字。

在新加坡不能说“恭喜发财”，因为在他们看来，“发财”有“横财”之意，祝愿对方发财无疑是鼓动他去发“不义之财”，是一种损人利己的行为。

在新加坡，不文明行为如乱扔果皮、废纸、吐痰或在公共场所吸烟、嚼口香糖、过马路闯红灯等都会被罚款，罚款额之高相当于一个普通工人一个月的工资，甚至还会被起诉、被鞭打。

5. 马来西亚

马来西亚位于亚洲的东南部，介于太平洋、印度洋之间。马来西亚是个多民族的国家，各民族都保留其传统文化、习俗。马来族是东南亚的一个人数较多的重要民族，除了主要分布在马来西亚之外，还分布在印度尼西亚、泰国等地。该民族有许多独特的风俗习惯。

（1）交际习俗。

马来西亚人的姓名是名在前，姓在后。男的在姓和名之间用“宾”隔开，女的用“宾节”隔开，表示“某某的儿子（女儿）”。

马来人的民族服饰具有自身特色，男士下装大都做成纱笼，上装叫“巴汝”。遇到喜庆节日，男士上穿“巴汝”，下着西式长裤，腰部围一纱笼，头戴“宋谷”帽，足登皮鞋，是马来男士的礼服。马来女装，上衣宽如袍，下着纱笼，纱笼手工编织各式金黄色图案，美丽夺目。

马来人的婚礼十分隆重，一般要举行两到三天，实行“三礼”，即“饰发礼”“染手掌礼”“并坐礼”。

在马来西亚，不同民族的人采用不同的见面礼节。马来西亚人的常规做法是向对方轻轻点头，以示尊重。除男人之间交往以外，马来西亚人很少相互握手，男女之间尤其不会这么做。马来西亚人传统的见面礼是“摸手礼”。它的具体做法为：与他人相见时，一方将双手首先伸向对方，另一方则伸出自己的双手，轻轻摸一下对方伸过来的双手，随后将自己的双手收回胸前，稍举一下，同时身体前弯呈鞠躬状。与此同时，他们往往还会郑重其事地祝愿对方“真主保佑”或“一路平安”，被问候者要回以：“愿你也一样好。”

（2）饮食特点。

马来人多数信奉伊斯兰教，忌食猪肉、饮酒。以大米为主食，肉食主要食牛肉，喜辣味，咖喱牛肉风行全国。马来西亚人禁止喝酒，常饮咖啡和茶。马来人进餐用手抓取，一般用右手。嗜好嚼槟榔，饮椰子酒和咀嚼烟草。

受伊斯兰教教规影响，马来西亚的穆斯林不吃猪肉，不吃自死之物和血液，不使用一切猪制品。由于他们认为狗是一种会带给人们厄运和瘟疫的肮脏动物，乌龟是一种象征“色情”的不吉祥的动物，所以都不吃。平时，他们爱吃米饭，喜食牛肉，极爱吃咖喱牛肉饭，并且爱吃具有民族风味的“沙爹”烤肉串。

马来西亚人十分好客，他们认为客人在主人家里若不吃不喝，等于不尊敬主人。马来西亚人在用餐时，不用刀叉或筷子，而是直接用右手取食。餐毯上往往要放上几碗清水，以供“洗手”之用，这是一种象征性的礼节。进餐时，人们不用椅子，男士盘腿，女士屈腿，席地而坐。菜肴食物摆在地上的草席或餐毯上。

只有在十分正式的宴请中，马来西亚人才以刀、叉、匙进餐，平常他们用餐时只用右手抓食食物。由于左手被视为“不洁之手”，因此禁用其取食物或饮料。万不得已须以左手帮助右手之前，应向在场之人表示歉意。但是以左手向其他人递送食物或饮料，在任何情况下都是不许可的。在一般情况下，马来西亚的印度人也惯于抓食食物，而不使用任何餐具。

在用餐时，马来西亚人很讲究卫生。在用餐前，他们必定先用清水冲手。在餐桌上，则多备有水盂，以供人们用餐时刷洗手指。对用湿毛巾干擦手部，他们是不习惯的。

（3）主要禁忌。

有“重头轻脚”的讲究，不要触摸被其视为神圣不可侵犯的头部与肩部。不要在其面前跷腿、露出脚底，或用脚去挪动物品，因为他们认为在人体上脚的地位最为低下。

在马来西亚，不要用一手握拳，去打另一只半握的手，这一动作在马来西亚人看来是十分下流的。不要当众打哈欠，万不得已要打哈欠时，必须以手遮挡住口部，否则便是失敬于人的。与其交谈时，不要将双手贴在臀部，不然有勃然大怒之疑。不可用食指指人，若要指示方向，只能用拇指。

黄色、黑色不受人们欢迎，忌讳数字 0、4、13。

6. 印度

印度共和国，位于南亚次大陆的南部，是个多民族国家。印度首都为新德里，印地语是其国语，英语为官方需要和商业用语。83% 的居民信奉印度教。

（1）交际习俗。

印度是一个讲礼节的民族，又是一个东西方文化共存的国度。有的印度人见到外国人时，能用标准的英语问候“你好”，有的则用传统的佛教手势——双手合十。印度教徒见面和告别时多施双手合十礼，并互相问好祝安。行礼时要弯腰触摸长者的脚。印度人在双手合十时，总是把双手举到脸部前才算合十。这种招呼，显得比握手高尚、文雅，令人有一种“仙风道骨”之感。必须注意的是，切莫在双手合十的时候，也同时点头（外国人在印度常有这种动作，容易引起当地人的嗤笑），那就破坏了亲切和气的气氛，显得有点不伦不类了。

在印度，迎送贵宾时，主人献上花环，套在顾客的颈上，妻子送丈夫出远门，最高的礼节是摸脚跟和吻脚。现在，城市中男女见面已多实行握手，表示亲热时还要拥抱。在大多数地方，男人相见或分别时，握手较普遍。男人不要和印度妇女握手，应双手合十，轻轻鞠躬。男人应和女人保持距离，即使在公共场合也不要和女人单独说话，妇女很少在公共场所露面。

印度人相见应递英文名片，英语是印度的商业语言。主客见面时，都要用双手合十在胸前致意。口中念着“纳玛斯堆”（梵文：“向您点头”，现在表示问好或祝福）。晚辈在行礼的时候弯腰摸长者的脚，表示对长辈的尊敬。许多家庭妇女忌讳见陌生男士，不轻易和外人接触，但如果邀请男人参加社交活动时应请他们携夫人同来。一般关系的男女不能单独谈话。

印度人是用摇头表示赞同，用点头表示不同意。人们用手抓耳朵表示自责；召唤某人的动作是将手掌向下摆手指，但不能只用一个指头；指人时也要用整个手掌，不能用一两个指头。在印度，若以左手把东西交给对方，对方会认为你是蔑视他，或怀有恶意。交东西时，必须用右手交出，或使用双手。吃饭也只能用右手。

到印度庙宇或家庭做客时，进门必须脱鞋。迎接贵客时，主人常献上花环，套在顾客的颈上。花环的大小长度视顾客的身份而定。献给贵宾的花环既粗又长，超过膝盖，而给一般顾客的花环仅到胸前。到印度家庭做客时，可以带水果和糖果作为礼物，或给主人的孩子们送点礼物。

（2）饮食特点。

印度人素食者多，且等级越高荤食者越少，等级低者才乐于吃肉食。由于印度南部气候炙热，当地人一般味重，好辛辣食物，北部印度人的口味相对就轻多了。印度是个香料之国。印度菜的烹调也极重视对香料的运用，主要调料就有十几种，几乎做每种菜肴都离不开。印度北部人烹制羊肉和家禽最为拿手，一般的炮制方法是将鸡肉、羊肉或其他肉类切成小块，腌好后用铁扦串起来挂在天多炉内，用火烘烤至熟。印度人喝茶的方法别具一格，一般是把茶斟入盘中，用舌头舔饮。他们一般都不爱喝汤，认为任何一种汤都无法与无色无味、冰凉爽口的白开水相比。他们喜欢吃中餐，喜欢分餐制，不习惯用刀叉和筷子，一般用手抓食。印度人在饮食嗜好上有如下特点：注重喜欢分餐进食，注重菜品酥烂；口味一般不喜太咸，偏爱辣味。印度人主食以米饭为主，对面食中的饼类也颇感兴趣。他们爱吃鸡、鸭、鱼、虾和羊肉；蔬菜喜欢西红柿、洋葱、菜花等；调料喜用黑茴香、黑芥末子、黑胡椒、小豆蔻、丁香等；对炸、烤、烩、烧、煮等烹调方法制作的菜肴偏爱。与此同时，印度人还特别喜爱中国的粤菜、苏菜。

（3）主要禁忌。

印度人大多信奉印度教，一小部分人信奉伊斯兰教、基督教、锡克教、佛教等。印度耆那教徒有忌杀生、忌食肉类、忌穿皮革和丝绸的习俗。他们甚至把飞虫等都列入不能误伤的忌项，就连地里种的萝卜等蔬菜也都忌吃。印度阿萨姆邦的居民，对来访顾客不接受、品尝他们敬让的槟榔果是极为不满的，认为这样是对主人的不友好和不信任。印度的锡克教禁止吸烟。伊斯兰教徒禁食猪肉，也忌讳使用猪制品。由于印度人敬牛如神，所以他们也禁食牛肉。

印度人不爱吃蘑菇、笋、木耳、面筋、烤麸等，也不喜欢旺火爆炒的菜肴。印度教徒最忌讳众人在同一盘中取食，也不吃别人接触过的食物，甚至别人清洗过的茶杯，也要自己再洗涤一遍后才使用。

印度人忌讳白色，认为白色表示内心的悲哀，习惯用百合花当作悼念品。他们忌讳弯月的图案。他们把 1、3、7 视为不吉利的数字，所以总要设法避免这些数字的出现。

印度人忌讳左手传递东西或食物，只能用右手，也不愿见到有人使用双手与他们打交道。

不容许触摸头部。头部是人体中最崇高无比的部位，特别是孩子的头，被视为神明停顿的地方，所以，在任何环境之下绝不容许触摸。

7. 菲律宾

菲律宾融合了多元文化的民族风情。菲律宾人既传承了亚洲人的勤劳与朴实，又吸收了西班牙人和美国人的轻松与活泼，东西合璧，形成了其独特的气质。他们的性格随和爽朗，生活悠闲，能歌善舞，热情奔放。

（1）交际习俗。

菲律宾人通常抬眉头以示问候进行打招呼。当你遇到不幸或不顺心的事时，要是看到他们大笑，你不必生气，因为他们没有不好的意思。

菲律宾人的名字通常是教名在先，随后是母性首字，再是父姓。菲律宾人在社交场合与顾客相见时，一般都行握手礼；与好友相见时通常很随意。菲律宾伊斯兰教徒见面时，要双手紧握，表示亲如兄弟。

菲律宾有不少年轻人追求美国的生活方式，西式服装十分流行。到教堂时，一般要穿比较正统的服装，否则就是一种不虔诚的表现。

（2）饮食特点。

菲律宾人的饮食，一般以大米、玉米为主。农民煮饭前才舂米。米饭是放在瓦罐或竹筒里煮，用手抓饭进食。

菲律宾人最喜欢吃的是椰子汁煮木薯、椰子汁煮饭。同时，玉米作为食物，先是晒干，磨成粉，然后做成各种食品。城市中上层人大多吃西餐。

菲律宾的名菜有：烤乳猪，即烤小猪（Dechon）；巴鲁特（Balut），即煮熟的孵化到一半的鸡蛋；阿恰拉（Atchara），即炒番木瓜、洋葱、蔬菜片加胡椒；鲁必亚

（Lumpia），将虾肉、鸡肉、猪肉和可可混合烧煮而成；阿道包（Adobo），将蘸了醋的鸡肉或猪肉焖透，使得肉本身又滑又烂；还有烤猪腿（ CrispyPate ），香蕉心炒牛肚（Kare~Kare），等等。菜常用香醋、糖、辣椒等进行调味。

（3）主要禁忌。

菲律宾人不爱吃生姜，也不喜欢吃兽类内脏和腥味东西，对整条鱼也不感兴趣。菲律宾人不喝牛奶和烈性酒。

菲律宾人很忌讳“13”这个数字和星期五。他们认为“13”是“凶神”，是厄运和灾难的象征，所以是令人极为厌恶的数字。茶色和红色属禁忌之色，认为红色是不祥之色。忌鹤和龟以及印有这两种动物的图形。跟人打交道，你就不能“面无表情”，或是“沉默不语”。

老年人在菲律宾特别受到尊重，见面时要先向年长者问候、让座，一般情况下不能在老人面前抽烟。在菲律宾收受或者赠送礼物不要当众打开，否则顾客会有被当众羞辱的感觉。在菲律宾，忌进门时脚踏门槛，当地人认为门槛下住着神灵，不可冒犯。有些菲律宾人家，特别讲究屋内整洁、干净，他们常常习惯于客人进屋前先脱鞋。

菲律宾人忌讳别人用手摸头部和背部，认为触摸头部是对他们的不尊重，触摸背部会带来噩运。此外，还忌讳左手传递东西或抓取食物。

8. 越南

越南也是一个东南亚地区的礼仪之邦，有其公认的礼仪。越南是一个多民族国家，共有 54 个民族，京族（也称越族）为主体民族，占总人口 80% 以上。官方语言为越南语。

（1）交际习俗。

在日常生活当中，越南人的穿着打扮可以说是比较朴素、实用，便于劳动。通常，越南人中的大部分人喜欢上身穿一件素色的衬衣，下身穿一条宽松肥大的深色裤子；许多男性还习惯留分头发型，上身着净色衬衣，下身着深色西裤，让人感觉很像中国 20 世纪 80 年代初的知识青年，还有很多年轻人由于气候形成的习惯，就是 T 恤衫加肥佬裤。只有在政务或商务活动中穿成套西装、套裙、皮鞋的人较为常见。

在节日庆典之时，越南人有穿着本民族服装的偏好，往往要穿长袍，男士一般上穿黑色长衫，下着白色宽腿裤，并且头缠紫巾，女士则上穿白色圆领斜襟短衫，下穿黑裙或彩裙。

在人际交往之中，越南人普遍很讲礼貌，并且注重以礼待人的种种具体细节，路遇亲朋好友则通常要主动热情地上前向对方打一个招呼，至少也要向对方点头致意，又如男性之间发烟的动作。就初次见面的人来说，发烟的人是主动拿出整包烟递给对方，由对方亲手拿一支，而非自己拿出一支递到对方手中。在公众场合越南人对长辈则表现得尊重有加。与长辈一同出行时，他们必然会请其先行在前，万一要超过长辈走在前面时，则需先向对方打个招呼，以示尊重。与熟人相见时，越南人都会向对方致以亲切的问候。在越南，人们最常用的问候语是：“你的身体好吗？”

（2）饮食特点。

在餐饮习惯上，越南人的主食是大米。有时，他们也吃一些薯类和面食。在口味方面，他们喜欢清淡的食物，爱吃生、冷、酸、甜的东西。他们不喜欢将菜肴烧得过熟。也不太喜欢吃脂肪过多的食物。越南人一般不爱吃羊肉、豆芽、甜点和过辣的菜肴。

在烹制菜肴时，越南人大都用花生油或大豆油，有时还会往里大量加入醋和干蒜瓣。他们最常用的佐餐调料，是一种叫“鱼露”的东西，它有生、熟之别。闻起来气味很冲，就像腐鱼烂虾的气味，但深受越南人的喜爱。有不少越南人还爱吃血冻，如猪血冻、牛血冻、鹿血冻、鸭血冻等。

他们爱饮茶、咖啡以及各式酸汤。在饭桌上，酒也是他们必不可少的一种待客之物，因此这也蕴含着他们独特的一种酒文化。

在日常生活里，越南人颇爱嚼食槟榔。主要是将其切片后，与蚌壳粉等物一起入口咀嚼，但不得咽下去。这种做法，据说可以固齿、驱虫、清热、除湿。

（3）主要禁忌。

越南人忌讳三人合影。不能用一根火柴或打火机，连续给三个人点烟，认为这样不吉利。越南人不愿让人摸头顶，且席地而坐时，不能把脚对着人。南部越南人认为左手不洁，因此不要用左手行礼、进食、送物和接物。京族人不喜欢别人用手拍背或用手指着人呼喊。

他们把 4、13 视为不吉利的数字，要设法避免这些数字的出现。

越南人用餐时使用筷子，他们对将筷子直插于饭菜之中是最禁忌的。他们就餐时不用桌子，而是将饭菜一次上齐，摆在一个大炕上，然后围坐而食。在越南人家中就餐时吃得多多益善，要是剩的东西过多对主人是失敬的。在越南民间，许多民族有用动物进行祭祀之习。凡拟作祭祀之用的动物必须精心饲养，绝对不能再去出售。

越南人的饮食较清淡，以清水煮、煎炸、烧烤为主。越南的少数民族在饮食上也多有一些各自的禁忌。例如，瑶人不吃狗肉，芒人不吃麂子肉，占白尼人不吃猪肉，加菲尔人不吃牛肉，等等。

美洲国家的礼仪习俗

1. 美国

美国全称为美利坚合众国，地处北美洲中部。美国人主要信奉基督教新教、天主教。

（1）交际习俗。

美国人普遍乐观大方，天性浪漫，性格开朗，善于攀谈，喜欢社交，似乎与任何人都能交上朋友。美国人与人交往时讲究礼仪，但没有过多的客套。朋友见面，说声“Hello”就算打招呼。每个人热情开朗，不拘小节，讲究效率，不搞形式主义。

美国人在待人接物方面，具有下述四个主要特点：

第一，随和友善，容易接近。美国人为人诚挚，乐观大方，天性浪漫，好交朋友。用中国人的话来讲，美国人大概属于那种“自来熟”的类型。在交际场合，他们喜欢主动跟别人打招呼，并且乐于主动找人攀谈。在美国人看来，人缘好，善于结交朋友，是取得个人成功的基本条件之一。

第二，热情开朗，不拘小节。在日常生活中，美国人主张凡事讲究实效，不搞形式主义，反对过分拘泥于礼仪，过分矫揉造作。

美国人的见面礼节，大约是世界上最简单不过的了。在不了解对方的中国人看来，简直有怠慢他人、敷衍了事之嫌。

在一般情况下，同外人见面时，美国人往往以点头、微笑为礼，或者只是向对方“嗨”上一声作罢。若非特别正式的场合，美国人甚至连国际上最为通行的握手礼也略去不用了。若非亲朋好友，美国人一般不会主动与对方亲吻、拥抱。在商务往来中，他们尤其不会这么做。

在称呼别人时，美国人极少使用全称。他们更喜欢交往对象之间直呼其名，以示双方关系密切。若非官方的正式交往，美国人一般不喜欢称呼官衔，或是以“阁下”相称。对于能反映其成就与地位的学衔、职称，如“博士”“教授”“律师”“法官”“医生”等，他们却是乐于在人际交往中用作称呼的。在一般情况下，对于一位拥有博士学位的美国议员而言，称其为“博士”，肯定比称其为“议员”更受对方的欢迎。

第三，城府不深，喜欢幽默。普通的美国人，大都比较朴实、直率。在待人接物中，他们喜欢在符合礼仪的前提下直来直去。对于“听话听声，锣鼓听音”之类的做法，他们不仅不习惯，还往往难以接受。与美国人打交道时，表现得过于委婉、含蓄，或是有话不明讲，而代之以旁敲侧击，巧妙地暗示，效果未必能够尽如人意。

美国人的处世风格，总体上是潇洒浪漫。他们主张充分地享受生活，凡事都要尽可能去尝试一下。许多美国人所信奉的格言，就是“To try”（去尝试）。在平时，他们喜欢笑面人生，爱开玩笑。跟美国人相处时，若是不明白这一点，而一味地恪守“喜怒不形于色”的中国古训，无形之中就会使对方与自己拉开距离，甚至会让对方对自己敬而远之。

第四，自尊心强，好胜心重。美国人一般而论都有很强的好胜心。他们喜欢见异思迁，崇尚开拓，在人际交往中人都显得雄心勃勃，做起事情来也会一往无前。受这一风气影响，美国的孩子一旦长大成人，就要自立门户，自己去闯天下，与父母算清经济账。听凭父母为自己做主，处处依赖父母的美国青年人，会被人们瞧不起。

在美国，即使是父子、朋友，外出用餐时，往往也会各付各的账。在人际交往中，美国人是不喜欢向别人借钱的。他们认为，借钱应该上银行，找个人借钱就是索要的意思。

在一个美国人的一生中，不搬上几次家，不换上几回工作，往往是不可思议的。凡此种种，均与美国人的好胜心强存在着因果关系。

在人际交往中，美国人自尊心强也是出了名的。自尊、自信本是一桩好事，但是有个别美国人却在这个方面走了极端，以至于发展为傲慢自大，唯我独尊。这些人认为，世间的一切事物都是美国第一、美国最佳。对于外国的事情，他们总喜欢以美国的经验作为判断是非的准绳，指手画脚，妄加非议。他们的这种自以为是的做法，令世人颇有微词。

（2）饮食特点。

美国人的饮食习惯，一般可以说是因地区而异、因民族而异。就总体而言，其共同特征是：喜食“生”“冷”“淡”的食物，不刻意讲究形式与排场而强调营养搭配。一般情况下，美国人以食用肉类为主，牛肉是他们的最爱，鸡肉、鱼肉、火鸡肉亦受其欢迎。

美国人所不吃的食物，主要有狗肉、猫肉、蛇肉、鸽肉、淡水鱼与无鳞无鳍的鱼，动物的头、爪及其内脏，生蒜、韭菜、皮蛋等。

受快节奏的社会生活影响，美国人的饮食日趋简便与快捷，因此，快餐在美国得以大行其道。热狗、炸鸡、土豆片、三明治、汉堡包、面包圈、比萨饼、冰激凌等，在美国可谓老少皆宜，早已成为美国人平日餐桌上的主角。

美国人爱喝的饮料有冰水、矿泉水、红茶、咖啡、可乐与葡萄酒。新鲜的牛奶、果汁，也是他们天天必饮之物。在宴会上祝酒时，他们习惯于高举自己的酒杯，并不讲究非要使自己的酒杯低于他人。

在人际交往中，美国人有时会请亲朋好友上自己家里共进晚餐。美国人看重的是这一形式本身，而在实际内容上却不甚讲究。美国人请客之时只准备两三道菜，是极为正常的。

用餐的时候，美国人一般以刀叉取用。在切割菜肴时，他们习惯于先是左手执叉，右手执刀，自左至右将其切割完毕，然后，放下餐刀，将餐叉换至右手，右手执叉而食。

美国人用餐的戒条主要有以下七条：

①不允许进餐时发出声响；②不允许替他人取菜；③不允许吸烟；④不允许向他人劝酒；⑤不允许当众宽衣解带；⑥不允许议论令人作呕之事；⑦入口之物不宜再吐出来。

（3）主要禁忌。

美国人崇尚白头鹰，将其敬为国鸟。在动物中，美国人最爱狗，认为狗是人类的忠实朋友。对于那些自称爱吃狗肉的人，美国人是非常厌恶的。在美国人眼里，驴代表坚强，象代表稳重，它们分别是共和党和民主党的标志。

美国人忌“13”和“星期五”。他们不喜欢黑色，偏爱白色和黄色，喜欢蓝色和红色。

白色百合花不可作为礼物送人。不要送不值钱的项链之类的饰品，送此类东西对方会认为你看不起他。不要送带有公司标记的便宜东西，他们会认为此类东西是在为公司做广告。如果送礼者是男性，就不要给美国妇女送香水、衣服或化妆品，那会显得关系太亲近。

美国人认为个人空间不可侵犯，所以与美国人相处时要保持适当的距离，碰了别人要及时道歉，坐在他人身边应征得对方认可，谈话时不要距离对方过近。美国人大都喜欢用体态语表达情感，但忌讳盯视别人、冲别人伸舌头、用食指指点交往对象等体态语。

2. 加拿大

加拿大位于北美洲北部，除极少数印第安人和因纽特人外，国民多是英、法移民的后裔，多数信奉天主教。加拿大境内多枫树，素有“枫叶之国”的美誉。长期以来加拿大人民对枫叶有深厚的感情，加拿大国旗正中绘有三片红色枫叶，国歌也是《枫叶，万岁》。同时，加拿大有“移民之国”“粮仓”“万湖之国”等美称。

（1）交际习俗。

加拿大人讲究礼貌，但又喜欢无拘无束，不爱搞繁文缛节。加拿大人性格开朗热情，对人朴实友好，容易接近。人们相遇时，都会主动打招呼、问好，握手是其见面礼，拥抱、接吻等见面礼只适用于亲友、熟人、恋人和夫妻之间。

加拿大人在人际交往中的自由与随和，是举世知名的。他们对于交往对象的头衔、学位、职务，只在官方活动中才使用。在中国社交活动里普遍必备的名片，普通加拿大人不常用，只有公司高层商务活动中才使用名片。

在日常生活里，加拿大人的着装以欧式为主。在参加社交应酬时，加拿大人循例都要认真进行自我修饰，或是专门上一次美容店。在加拿大，参加社交活动时男士必须提前理发修面，妇女们则无一例外地进行适当的化妆，并佩戴首饰。不这样做会被视为对交往对象的不尊重。

（2）饮食特点。

加拿大与的饮食习惯与英美比较接近，口味比较清淡，爱吃酸、甜之物和烤制食品，不爱吃辣味菜肴。

加拿大人忌吃肥肉、动物内脏、腐乳、虾酱以及其他带腥味、怪味的食物。在一日三餐中，加拿大人最重视晚餐，他们喜欢邀请朋友到家中共进晚餐。

另一方面，加拿大人忌打破玻璃制品，忌打翻盐罐。

（3）主要禁忌。

枫叶被加拿大人视为国花，枫树定为加拿大的国树，对此要充分尊重。

在加拿大白色的百合花主要用来悼念死者，因其与死亡有关，所以绝对不可以将之作为礼物送给加拿大人。白雪在加拿大人心目中有着崇高的地位，并被视为吉祥的象征与避邪之物。在不少地方人们甚至忌讳铲除积雪。加拿大人很喜欢红色与白色，因为那是加拿大国旗的颜色。同时，加拿大人忌“13”和“星期五”。

与加拿大人交谈时，不要，打断对方的话，或是与对方强词夺理。同时，忌说“老”字，养老院称“保育院”，老人称“高龄公民”。

3. 巴西

“巴西”一词来源于葡萄牙语，意为“红木”。巴西有“宝石之国”“可可王国”“咖啡王国”“未来的世界”“ 天然橡胶”等代称，其位于南美洲东部和中部，是南美洲面积最大、人口最多的国家。巴西是世界上种族融合最广泛的国家之一，被人们称为“人种的大熔炉”。

（1）交际习俗。

从民族性格方面来讲，巴西人在待人接物上所表现出来的特点主要有以下两方面：

一方面，巴西人在人际交往中喜欢直来直去，有什么说什么。他们认为，一个人假如喜欢另外一个人，那么跟他打交道时，就应当面带喜色，并且在自己的举止言行上要表现得热情洋溢。与他人相处时，如果面无笑容，态度冷淡，那么就等于是在向对方暗示——“我一点儿也不喜欢你”，或是“我不愿意同你待在一起”。对于巴西人的这些讲究，中国人一定要加以注意，并且要在同对方进行交往时，要努力把自己对对方的好感、热情、友谊，表里如一地统一起来，恰到好处地表现出来。

另一方面，巴西人在人际交往中大都活泼好动，幽默风趣，爱开玩笑。在精力充沛、感情外露的巴西人看来，能说会道、妙语连珠、快人快语是种本领。有人曾戏言：“巴西人所讲的三句话中，必定会有一句是笑话。巴西人如果说起话来失之于幽默，那么就不称其为巴西人了。”的确，在现实生活里，要让天性乐观、能歌善舞的巴西人讲起话来，从头到尾一直严肃，是很不容易的。对巴西人乐于开玩笑的这个特点，中国人在与其交往时，心理上要有所准备。万万不可认为对方这样做，是嬉皮笑脸，不够正经，存心怠慢于人。

目前，巴西人在社交场合通常都是以拥抱或者亲吻作为见面礼节。只有在十分正式的活动中，他们才相互握手为礼。

（2）饮食特点。

巴西人平常主要吃欧式西餐，喜食牛肉、羊肉、猪肉。因为其畜牧业发达，巴西人所吃的食物之中肉类所占的比重较大。在巴西，人们最爱吃牛肉，尤其是爱吃烤牛肉。在巴西，人们认为不同部位的牛肉，烤制之后味道大不相同。巴西人普遍爱吃切开之后带血丝的牛肉，认为它鲜美无比。

巴西人喜饮咖啡、红茶和葡萄酒。巴西人与咖啡有着不解之缘。长期以来，巴西咖啡的产量与出口量均居世界首位。人们不仅自己天天离不开咖啡，还喜以之待客。在巴西，人们饮酒时提倡饮而不醉，而醉酒会被巴西人视为粗俗至极。

（3）主要禁忌。

巴西人对于蝴蝶十分偏爱。他们认为，蝴蝶不仅美丽，还是吉祥之物。

出于宗教方面的原因，巴西人忌讳“13”“666”等数字。在巴西，紫色表示悲伤，黄色表示绝望，棕黄色代表凶丧，深咖啡色被认为会招来不幸。

巴西人非常爱孩子，可以在谈话中表扬他们的孩子。他们爱聊足球，爱讲笑话，爱听趣闻，但闭口不谈国内政治、经济、民族等问题。

在人际往来中，巴西人极为重视亲笔签名。不论是写便条、发传真，还是送礼物，他们都会签下自己的姓名，否则就是不重视交往对象。对使用图章落款的做法，巴西人是不习惯的。

4. 阿根廷

“阿根廷”出自拉丁语“白银”一词，因此，阿根廷有“白银之国”之称。其实，阿根廷并不产银，在阿根廷，银可泛指财富。由于阿根廷是世界上主要的谷物、肉类生产国与出口国之一，人们习惯称之为“世界粮仓和肉库”。

（1）交际习俗。

阿根廷人在日常交往中所采用的礼仪与其他欧美国家大体上是一致的，并以受西班牙的影响为最，后来，随着意大利移民的增多，意大利的礼仪逐渐对阿根廷人的待人接物产生了不少的影响。另外，因为阿根廷人大多信奉天主教，所以一些宗教礼仪也经常出现在阿根廷人的日常生活之中。

在交际应酬之中，阿根廷人所采用的见面礼节一般是握手礼。当亲朋好友相见时，男性之间通常会互相拥抱，而女性之间则大多双手紧握着对方的两手，同时与对方互吻面颊。

在与交往对象相见时，阿根廷人的一个特殊的讲究，是与对方握手的次数多多益善。他们认为，不断地与对方握手，非但不是多余之事，反而是表示亲热、友好的必行之法。因此，与阿根廷人打交道时，首先要对对方不断握手的做法表示理解。跟外人打交道时，阿根廷人认为双方靠近一些，可表示亲近之意。在阿根廷，人们用手指轻轻敲脑袋表示“我在动脑子”。而吻自己指尖则表示：“哇，好漂亮！”

告别之际，阿根廷人惯于与交往对象互致祝福。此时此刻，一定要注意与对方“有来有往”，因为“来而不往，非礼也”。阿根廷人最常用的祝福语，有“祝您走运”和“祝您幸福”。

在交际场合，对阿根廷人一般均可以“先生”“小姐”或“夫人”相称。对未婚的阿根廷青年男士，亦可称之为“少爷”。在许多场合，可将上述尊称与交往对象的学衔、职衔连在一起使用，如称之为“校长先生”“工程师小姐”“博士先生”等，往往更受对方欢迎。

在阿根廷，除占人口绝大多数的白人外，还有少量的当地土著居民。在与对方进行接触时，务必尊重他们在称呼方面的特殊讲究。一般而言，阿根廷当地土著居民的自尊心极强，他们一向认为自己才是阿根廷的主人，并且一直生于斯，长于斯。因此，他们对所谓“印第安人”这一带有明显的外来移民色彩的称呼十分反感。

阿根廷土著居民普遍习惯于“隐姓埋名”。在他们看来，人的姓名是人体的组成部分之一。听任他人对自己指名道姓，必然会给自己带来不幸。所以，一般情况下，阿根廷土著居民很少会将本人的真名实姓告诉陌生人。有意思的是，阿根廷土著居民向初次交往者自我介绍时，几乎总是会以别人的姓名代替自己的姓名。有的时候，他们则会临时给自己起上一个新的名字。他们在这样做的时候，并不认为自己是在说谎，或是对交往对象不够诚实。

（2）饮食特点。

阿根廷人普遍喜欢吃欧式西餐，并以牛肉、羊肉、猪肉为主。在所有肉类中，阿根廷人最喜欢吃牛肉，在吃牛肉时，他们讲究颇多，不仅将其按不同部位分为几十个等级，而且可以以之烹调出多道菜肴。在阿根廷所有的牛肉菜肴之中，人们最爱吃的是“阿萨多”。其实它就是烤牛肉。在阿根廷，“阿萨多”有着“国菜”之名。在款待来宾时，它往往是菜单上不可或缺的主角。除此之外，其他品种的烧烤菜，也大受阿根廷人的欢迎。

为了出口创汇，阿根廷政府曾规定每个星期五为“禁肉日”。在这一天，市场上不得出售牛肉，餐馆中也不准供应牛肉。

有不少阿根廷人喜食鱼虾。但是，他们通常是不吃海参与鳝鱼的。

在阿根廷，人们喜欢的饮料有红茶、咖啡与葡萄酒。有一种名为“马黛茶”的饮料，最具有阿根廷的特色。所谓“马黛茶”，准确地讲，是以瓜瓢作为杯子，冲泡巴拉圭冬青而成的。在喝“马黛茶”时，标准的方法是要以特制的银吸管吸饮。在待客时，“马黛茶”往往是非上不可的。喝完它之后，顾客应当咂巴咂巴嘴，以示大饱口福。

（3）主要禁忌。

与阿根廷人交谈时，最受其欢迎的话题有：足球及其他体育运动、烹饪技巧、家庭陈设、对孩子的称道，等等。阿根廷人所忌讳的话题包括军人政权、马岛战争、白人与土著居民的关系、对宗教的否定等。

阿根廷人普遍开朗、奔放，他们对于在人际交往中沉默寡言的人，是非常不喜欢的。

拜访阿根廷人时，可赠送一些小礼品。但是，送其菊花、手帕、领带、衬衫等都是不适当的。另外，也不宜赠送贴身所用之物。

5. 墨西哥

“墨西哥”出自当地土著居民所崇拜的太阳神的别名“墨西特里”。在当地土著居民的语言里，“墨西哥”意即“战神指定的地方”。在世界上，墨西哥被誉为“白银王国”“玉米之乡”“仙人掌之国”“硫黄之乡”“陆上桥梁”“美洲陆桥”“温和的高原之国”“拉丁美洲的旅游之花”等。

（1）交际习俗。

在人际交往中，墨西哥人总是表现得既热情、活泼，又不失文雅、礼貌。不管与什么样的人打交道，墨西哥人总能对对方笑脸相迎，并且总是表现得积极、主动而友好。因此，有人曾经评论说：“墨西哥人是最容易与之相处的，而且也是最容易与之交上朋友的。”

在墨西哥，熟人相见之时所采用的见面礼节，主要是拥抱礼与亲吻礼。在上流社会，男士们往往还会温文尔雅地向女士们行吻手礼。不过，跟陌生人初次相见时，墨西哥人不会这么做。一般情况下，尤其是与不熟悉的人打交道时，墨西哥人所采用的见面礼节，不是与对方握手，就是代之以微笑。

墨西哥的土著居民与亲友告别时，有些时候还会施“赠弓礼”，即向亲友赠送一张弓、一支箭和几张剪纸，以示对对方的敬意与祝福。在他们看来，弓箭象征着征服大自然的力量，象征着食物与房子，而剪纸则象征着神灵和上帝的保佑。

需要称呼别人时，墨西哥人的做法是比较保守的。在正式场合，他们从不主张直接去称呼交往对象的名字。只有彼此之间十分熟悉的人，才会有例外。通常，他们最惯于使用的称呼方式与欧洲人的正统做法相仿，即在交往对象的姓氏之前加上“先生”“小姐”或“夫人”之类的尊称。

对于某些可以体现出交往对象具有一定的社会地位的头衔，诸如“博士”“教授”“医生”“法官”“律师”“议员”“工程师”之类，墨西哥人则极爱使用。

在同朋友们相处的时候，性格爽朗、能歌善舞的墨西哥人是很会玩、很爱玩的。墨西哥人爱好斗牛，因此斗牛士备受尊重。他们为人非常爽快，喜怒哀乐往往溢于言表。只有在谈生意时，墨西哥人才会显得一本正经，不再说说笑笑。

热情好客的墨西哥人，一般都很喜欢邀请亲朋好友上门做客。不过，要是打算前去拜访墨西哥人的话，最好事先进行预约，否则是不会受到对方欢迎的。

前去赴的时候，墨西哥人一般都不习惯于准点到达约会地点。通常情况下，他们的露面总要比双方事先约定的时间晚到一刻钟至半小时。 在他们看来，这也是一种待人的礼貌。鉴于此，在接待墨西哥来宾时，要保持足够的耐心，留出充裕的“提前量”，并且切勿对对方的姗姗来迟加以责怪。

（2）饮食特点。

墨西哥人的饮食，是在当地土著居民传统风格的基础上，吸收了欧洲，特别是西班牙的烹饪技艺之后，逐渐发展起来的。在世界上，墨西哥菜不但颇有名气，而且的确自成一体。

从总体上讲，墨西哥人的传统食物主要是玉米、菜豆和辣椒。它们被称为墨西哥人餐桌上必备的“三大件”。

墨西哥乃是玉米之乡。墨西哥人不仅爱吃玉米，还可以用它制作各式各样的风味食品。其中最有特色的是玉米面饼、玉米面糊、玉米饺子、玉米粽子等，有鉴于此，所以有人将玉米称作“墨西哥人的面包”。

墨西哥菜的特色，是以辣为主。有人甚至在吃水果时，也非要加入一些辣椒粉不可。除了爱以菜豆做菜之外，墨西哥人还有吃仙人掌的嗜好。在他们看来，仙人掌与香蕉、菠萝、西瓜一样，可以当水果吃，以之入菜，在墨西哥人的家中是极其常见的。除此之外，仙人掌还被墨西哥人用来制作饮料。

在墨西哥，许多人有以昆虫做菜的爱好。蚂蚱、蚂蚁、蟋蟀等，都可以成为墨西哥人享用的美味佳肴。

一般来讲，墨西哥人颇为好酒。客人登门以后，他们往往首先以酒款待。在墨西哥，人们最看重的酒，是一种用龙舌兰酿成的名为“台基拉”的酒，有人甚至将其称为墨西哥的国酒。

在墨西哥人所举办的迎宾宴会上，主人通常会首先向来宾敬酒，并且大都会主动提议宾主采用手臂交叉的“伊达尔戈式”的方式饮酒。在一般情况下，墨西哥人是不劝酒的。墨西哥人也大都不吃过分油腻的菜肴。用牛油烹制的菜肴和用鸡油制作的糕点，他们一般是不吃的。

（3）主要禁忌。

墨西哥人忌讳将黄色的花或红色的花送人。他们认为，前者意味着死亡，后者则会带给他人晦气。

在墨西哥，蝙蝠及其图案为人们所忌讳。在墨西哥人眼里，蝙蝠凶恶、残暴，是一种吸血鬼。在该国，人们不仅不惧怕骷髅，反而认为它象征着公正，喜欢以其图案进行装饰。

墨西哥人喜爱白色，但却对紫色深为忌讳。墨西哥人所讨厌的数字是“13”“666”以及“星期五”。

接到墨西哥人用西班牙语所写来的信件，切勿采用其他语言复信，不然就会被墨西哥人视为失礼。

欧洲国家的礼仪习俗

1. 俄罗斯

“俄罗斯”是通过蒙古语转译过来的。最先，它是出自“罗斯”一词。关于“罗斯”这一词的本义，主要有两种解释：一种是说它来自其民族名称，指的是来自瑞典东海岸罗斯拉根地区的瓦兰吉亚人。另外一种说法，则是认为它带有“划船者”之意。

（1）交际习俗。

在人际交往中，俄罗斯人素来以热情、豪放、勇敢、耿直而著称于世。在交际场合，俄罗斯人习惯于和初次会面的人行握手礼。但对于熟悉的人，尤其是在久别重逢之时，他们则大多与对方热情拥抱。有时还会与对方互吻双颊。

在迎接贵宾之时，俄罗斯人通常会向对方献上“面包和盐”。这是给予对方的一种极高的礼遇，来宾必须对其欣然笑纳。

俄罗斯人有讲礼貌的好习惯。与他人相见时，他们通常都会主动问候“早安”“午安”“晚安”或者“日安”。

在称呼方面，过去，俄罗斯人习惯以“同志”称呼他人。而今，随着社会制度的变更，这一称呼除与老年人打交道外，已不再流行。目前，在正式场合，他们也采用“先生”“小姐”“夫人”之类的称呼。在俄罗斯，人们非常看重人的社会地位。因此，对有职务、学衔、军衔的人，最好以其职务、学衔、军衔相称。

在俄罗斯民间，对于长辈可称之为“老爹爹”“老妈妈”或者“大叔”“大婶”。这里要强调的是，在俄语里“您”这个称呼多用以称呼女士、长辈、师长、上司或贵宾，以表示尊重与客气。对于亲朋好友，最好还是以“你”相称。这既是为了向对方表示亲热，也是为了让对方不必拘束，随便一些。

（2）饮食特点。

在饮食习惯上，俄罗斯人讲究量大实惠，油大味厚。他们喜欢酸、辣、咸味，偏爱炸、煎、烤、炒的食物，尤其爱吃冷菜。总地讲起来，他们的食物在制作上较为粗糙一些。一般而论，俄罗斯人以面食为主，他们爱吃用黑麦烤制的黑面包。除黑面包外，俄罗斯人大名远扬的特色食品还有鱼子酱、红菜汤、酸黄瓜、酸牛奶等。吃水果时，他们大多不削皮。

在饮料方面，俄罗斯人很能喝冷饮。平时，他们十分爱吃冰激凌。在一般情况下，他们都很能喝烈性酒。具有该国特色的烈酒伏特加，是他们最爱喝的酒。他们酒量很大，在饮酒时，可以不吃菜，往往一醉方休。 此外，他们还喜欢喝一种叫“格瓦斯”的饮料。

通常，俄罗斯人是不吃海参、海蜇、乌贼、黄花和木耳的。还有不少人不吃鸡蛋和虾。此外，鞑靼人不吃猪肉、驴肉、骡肉，犹太人也不吃猪肉，并且不吃无鳞无鳍的鱼。

用餐时，俄罗斯人多用刀叉。他们忌讳用餐发出声响，并且不能用匙直接饮茶，或让其立于杯中。通常，他们吃饭时只用盘子，而不用碗。忌打翻盐罐，认为打翻盐罐是不幸的预兆。

（3）主要禁忌。

俄罗斯人普遍偏爱红色，并视其为美丽的化身。他们最讨厌黑色，因为它仅能用于丧葬活动。同时，俄罗斯人忌讳黄色，认为黄色是不吉利的颜色，送礼时一般忌讳送黄色的东西，衣服也忌讳纯黄色的。

拜访俄罗斯人时，赠以鲜花最佳，但送给女士的鲜花宜为单数。忌送黄色和三色以上混杂的花。忌送野花、忌送活猫、忌送空钱包、忌赠送刀叉等有利刃或齿状物品、忌送手帕、忌讳送蜡烛。俄罗斯人通常把蜡烛认为是能带来死亡的不祥之物，因而送此物等于诅咒对方早日死去。

在数字方面，俄罗斯人最偏爱“7”，认为它是成功、美满的预兆。十分忌讳“13”“666”以及“星期五”。

俄罗斯人对兔子的印象不好，并且十分厌恶黑猫。他们非常崇拜盐和马，认为盐具有祛灾避邪的力量，马则会给人们带来好运。在俄罗斯，打碎镜子和打翻盐罐，都被认为是极为不吉利的预兆。俄罗斯人忌讳学猫头鹰叫，这预示着人将受到死亡的威胁。

俄罗斯人主张“左主凶，右主吉”，因此，他们也不允许以左手接触别人，或以之递送物品。

在俄罗斯，蹲在地上，卷起裤腿，撩起裙子，都是严重的失礼行为。

俄罗斯人讲究“女士优先”，在公共场所里，男士们往往自觉地充当“护花使者”。不尊重妇女，到处都会遭白眼。

俄罗斯人忌讳的话题包括政治矛盾、寡头政治、经济难题、宗教矛盾、民族纠纷、车臣问题、苏联解体、阿富汗战争以及大国地位问题。

2. 英国

英国的正式名称是大不列颠及北爱尔兰联合王国，有时它也被称为“联合王国”“不列颠帝国”“英伦三岛”等。“英国”是中国人对其的称呼，出自“英格兰”一词，其本义是“盎格鲁人的土地”，而“盎格鲁”的含义则为“角落”。英国的主要宗教是基督教。英国的国教是英国国教会，也称圣公会。

（1）交际习俗。

不喜欢被统称为“英国人”，而喜欢被称为“不列颠人”。习惯握手礼，女士一般施屈膝礼。男士如戴礼帽，遇见朋友时微微揭起以示礼貌。英国人注重实际，不喜空谈，他们社交场合衣着整洁，彬彬有礼，体现“绅士风度”。妇女穿着较正式的服装时，通常要配一顶帽子。

在社交场合，英国人极其强调绅士风度，坚持“女士第一”的原则，对女士尊重和照顾。他们十分重视个人教养，认为教养体现出细节，礼节展现出教养。他们待人十分客气，“请”“谢谢”“对不起”“你好”“再见”一类礼貌用语。即使是家人、夫妻、至交之间，英国人也常常会使用这些礼貌用语，

在交际活动中，握手礼是英国人使用最多的见面礼节。在一般情况下，与他人见面时，英国人既不会像美国人那样随随便便地“嗨”上一声作罢，也不会像法国人那样非要跟对方热烈地拥抱、亲吻不可。英国人认为那样做都有失风度。

（2）饮食特点。

英国人通常一日四餐，即早餐、午餐、下午茶和晚餐，晚餐为正餐。不喜欢上餐馆，喜欢亲自烹调。平时以英法菜为主。“烤牛肉加约克郡布丁”被誉为国菜。英国人进餐前习惯先喝啤酒或威士忌，讲究喝早茶与下午茶。

（3）主要禁忌。

英国人忌四人交叉握手，忌“13”和“星期五”，忌用一次火点三支烟。认为星期三是黄道吉日。不能手背朝外，用手指表示“二”，这种“V”形手势，是蔑视别人的一种敌意做法。

不喜欢大象及其图案，讨厌墨绿色，忌黑猫和百合花，忌碰洒食盐和打碎玻璃。喜欢养狗，认为白马象征好运，马蹄铁会带来好运。而孔雀、猫头鹰和黑猫被视为不祥之物。

在英国人看来，夸夸其谈、自吹自擂，说话时指手画脚都是缺乏教养的表现，所以与英国人刚刚认识就与他们滔滔不绝地交谈会被认为是失态之举。和英国人交谈要小心选择话题，不要以政治或宗教倾向作为话题。另外不要去打听英国人不愿讲的事情，千万不要说某个英国人缺乏幽默感，这很伤他们的自尊心，他（她）会感到受侮辱。因为英国人历来以谈吐幽默、高雅脱俗为荣。

3. 法国

法国的正式名称为法兰西共和国。“法兰西”源于古代法兰克王国的国名。在日耳曼语里，“法兰西”一词的本义是“自由”或是“自由人”。世人给予法国的美称有“艺术之邦”“时装王国”“葡萄之国”“名酒之园”“美食之国”等。法国首都巴黎更是鼎鼎大名的“艺术宫殿”“浪漫之都”“时装之都”“花都”。法国的主要宗教是天主教，近80% 的人是天主教教徒，其余的人信奉基督教新教、犹太教或伊斯兰教。

（1）交际习俗。

法国人非常善于交际，即使是萍水相逢，他们也会主动与之交往，而且表现得亲切友善，一见如故。

法国人天性浪漫，在人际交往中，他们爽朗热情、善于雄辩、高谈阔论、爱开玩笑、幽默风趣，即便不爱讲话的人，对愁眉苦脸者也难以接受。

他们崇尚自由，不大喜欢集体行动，约会也可能姗姗来迟。法国人有极强的民族自尊心和民族自豪感。例如，法国人懂英语的不少，但通常不会直接用英语与外国人交谈。他们认为法语是世间最美的语言，与法国人交谈时能讲几句法语，一定会使对方热情有加。

法国人注重服饰的华丽和式样的更新。妇女视化妆和美容为生活之必需。在社会交往中奉行“女士第一”的原则。法国人习惯行握手礼，有一定社会身份的人施吻手礼，少女常施屈膝礼。男女之间、女士之间及男士之间，还有亲吻面颊的习惯。社交中，法国人不愿他人过问个人私事。

（2）饮食特点。

法国人会吃，也讲究吃。法国菜风靡世界，被称为“法国大餐”。法国人喜欢吃蜗牛和青蛙腿，最名贵的菜是鹅肝。法国人喜欢喝酒，几乎餐餐必饮，白兰地、香槟和红白葡萄酒都是他们喜欢喝的。法国菜的特点是鲜嫩。法国人也非常喜欢中国菜。法国人不爱吃无鳞鱼，不爱过辣菜肴。

（3）主要禁忌。

法国人忌“13”和“星期五”。他们大都喜爱蓝色、白色与红色，不喜欢黄色、墨绿色、黑色。仙鹤、孔雀、大象都是法国人反感的动物。

向法国人赠送礼品时，宜选具有艺术品位和纪念意义的物品，不宜送刀、剑、剪、餐具，或是带有明显的广告标志的物品作为礼品。男士不宜向一般关系的女士赠送香水。

法国人视菊花、杜鹃花与核桃为不祥之物。送花时，法国人忌送菊花、杜鹃花、红蔷薇和红玫瑰，枝数和花朵数不能是 13 或双数，鲜花不用纸包扎。黄色的花，象征夫妻间的不忠贞，千万别送。另外也忌摆菊花、牡丹花及纸花。康乃馨被视为不祥的花朵，在法语里与“扣眼”同音，被称为“魔鬼之眼”。送礼时法国人忌用孔雀、仙鹤、菊花、蝙蝠、核桃、杜鹃的图案。

与别人交谈时，法国人往往喜欢选择一些足以显示其身份、品位的话题，如历史，艺术等。

4. 德国

德国的正式名称是德意志联邦共和国，“德意志”在古代高德语里的含义为“人民的国家”或“人民的土地”。世人给予德国的美称有“经济巨人”“欧洲的心脏”“出口大国”“啤酒之国”“香肠之国”等。德国的主要宗教是基督教新教和天主教。

（1）交际礼仪。

德国人之间初次见面，如果需要第三者的介绍，作为介绍人要注意介绍礼仪，一般的习惯是从老者和女士开始。向老年人引见年轻人，向女士引见男士，向地位高的人引见地位低的人。

双方握手时，应友好地注视对方，以表示尊重对方，如果这时把眼光移向别处，东张西望，是很不礼貌的行为。初次相识的双方在自报姓名时，要注意倾听和记住对方的姓名，以免发生忘记和叫错名字的尴尬局面。在许多人相互介绍时，要做到尽量简洁，避免拖泥带水。

由于德语语言自身的特点，在与德国人交往中还会遇到一个是用尊称还是用友称的问题。一般与陌生人、长者以及关系一般的人交往，通常用尊称“您”，而对私交较深、关系密切者，如同窗好友、共事多年关系不错的同事，往往用友称“你”来称呼对方，交换称谓的主动权通常在女士和长者手中。称谓的变换，标志着两者之间关系的远近亲疏。对此必须熟练掌握和运用，这样才能得心应手地与德国人交往。

德国人十分遵约守时。德语中有一句话“准时就是帝王的礼貌”。

德国人如遇正式邀请，往往会提前出门，如果到达时间早，便在附近等一等，到时再进主人家。

德国人不习惯送重礼，所送礼物多为价钱不贵但有纪念意义的物品，以此来表示慰问、致贺或感谢之情，去友人家赴宴，可带上点儿小礼物，一束鲜花、一盒巧克力糖果或一瓶酒足矣。当然，去德国朋友家做客的中国人如能送给女主人一件富有民族风格的小纪念品，那定会受到主人由衷的赞赏。如果只是顺便看望，那就不必带什么礼物了，最多给小孩子带点儿小玩意儿。如果是业务聚会，双方往来都是公事，要按时应邀出席，不必另有表示。

（2）衣食特点。

德国人穿着打扮的总体风格是庄重、朴素、整洁。他们不大容易接受过分前卫的服装，不喜欢穿着过分鲜艳花哨的服装，并且对衣冠不整、服装不洁者表示难以忍受。德国人在正式场合露面时，必须穿戴整齐，衣着一般为深色。在商务交往中，讲究男士穿三件套西装，女士穿裙式服装。德国人对于发型较为重视，在德国，男士不宜剃光头。德国少女的发式多为短发或披肩发，烫发的妇女多为已婚者。

德国人讲究饮食，最爱吃猪肉，其次才是牛肉。以猪肉做成的各种香肠，令德国人百吃不厌。德国人一般胃口较大，喜食油腻之物，在口味方面，德国人爱吃冷菜和偏甜、偏酸的菜肴，对于辣或过咸的菜肴则不太欣赏。德国人最喜欢饮啤酒，当然他们对于咖啡、红茶、矿泉水也很喜欢。

（3）主要禁忌。

德国人喜欢黑色、灰色，而对于红色以及掺有红色或红黑相间之色，则不感兴趣。德国人包装礼品时不用白色、黑色或棕色的纸。

德国人十分讨厌数字“13”与日期“星期五”。他们比较反感四个人交叉握手，或是在交际场合进行交叉谈话，因为他们认为这是不礼貌的。

忌讳用刀、剪和餐刀、餐叉等西餐餐具送人，有“断交”之嫌。送男女用香水都不合适，因为那会显得关系太亲近。不宜送玫瑰或蔷薇，玫瑰代表爱情，而蔷薇专用于悼亡。

按德国的习俗，生日不得提前祝贺，这是霉运的表现。

遇到别人生病，除伤风感冒或外伤等常见的病外，不要问及病因及病情，否则会招来好窥视别人秘密之嫌。

与德国人交谈时，不宜涉及纳粹、宗教与党派之争。在公共场合窃窃私语或是大声讲话，德国人认为都是十分无礼的。

5. 荷兰

荷兰这个名字来自日耳曼语“霍特兰”。“霍特兰”原来为荷兰的一个省，字面上的含义为“森林之国”。在正式场合，荷兰亦称“尼德兰”。“尼德兰”的本义是“低地之国”。“堤坝之国”“风车之国”“花卉之国”“西欧花园”等，都是世人给予荷兰的十分形象的美称。

（1）交际习俗。

在人际交往中，荷兰人的所作所为大体上有以下三个方面的特点：

第一，爱整洁，守秩序。荷兰人喜爱清洁，任何微小的细节都会安排得井然有序、有条不紊。平时，他们喜欢按照精确的日程表，有计划地工作和生活，不大愿意临时去做某件事情。

第二，性子直，办事快。荷兰人性格刚毅、为人爽快、办事果断、自信心甚强。平时，他们待人礼貌，而且非常善于体谅他人。与朋友相处时，他们乐于开诚布公、直言不讳。

第三，重节约，讲正统。荷兰人大都善于理财和赚钱，不仅如此，他们还十分节约，在商务谈判中，往往因此显得“斤斤计较”。或许是荷兰的历史至今仍然令荷兰人引以为荣，或许是因为荷兰是一个君主制国家，所以荷兰人平时处事保守，人人都讲正统，无论做什么事情都比较严肃。

在交际场合，对待不同的对象，荷兰人采取的见面礼节往往有所不同。工作时，或是与因公相识者见面时，荷兰人大都会行握手礼。但是，他们即使是在握手时，也十分介意自己能否保持风度，神态是否庄重，所以他们的握手在有些人看来，似乎不够热情，有点儿像是“例行公事”。在日常生活中与他人见面，或是会见亲朋好友时，荷兰人大都会同对方以拥抱为礼。他们对于关系亲密者，经常还会行吻面礼。荷兰人在行吻面礼时，一般要在对方的双颊上各吻一次。在某些地区，人们还讲究要在交往对象的双颊上交替轻吻三下。

与荷兰人打交道时，务必要对其采用适当的称呼，他们对这点特别在意，并且认为礼貌而得体的称呼，可以促进人与人之间的感情交流。称呼一般关系的荷兰人，可称之为“先生”“小姐”或“夫人”。对熟人相称，可以直接使用其本名。对于关系密切者，则可使用其爱称。连姓带名一起称呼，往往多见于十分正式的场合。称呼国王或王室成员时，切勿随意而为。对女王，要用“陛下”或“女王陛下”。对王室成员，则通常宜以“殿下”相称。

与荷兰人进行交往时，务必要注意对妇女表示尊重。这既是因为荷兰人讲究“女士优先”，更是因为他们目前在位的国王就是一位女性。

风车是“荷兰四宝”（风车、木鞋、奶酪、郁金香）之一，过去在荷兰人的生活里，风车既是一种用于排水、磨面、锯木加工的工具，又被视为一种可用以来传递信号或情感的媒介。在荷兰，风车若被摆成十字形，表示的是它正在恭候顾客上门。若是出殡的队伍经过风车附近时，必须使其停止转动，以示哀悼。每年 5 月的第二个星期六，还被荷兰人定为全国性的“风车日”。等到那天，荷兰全国所有的风车都要启动旋转，供人们观赏。

（2）饮食特点。

荷兰人平时爱吃面食，但也不拒绝米饭。什锦炒饭和奶油炒饭，都是他们很爱吃的。在肉食方面，他们忌讳较少，牛肉、羊肉、猪肉、鸡肉都能吃。他们的口味较淡，爱吃偏甜、偏酸的那些菜肴，经常会吃冷菜。有趣的是，他们对中餐十分欢迎，在荷兰，中餐馆几乎到处可见。

在人际交往中，热情好客的荷兰人大都喜欢宴请自己的客人。由于荷兰人以晚餐为正餐，所以他们通常会将正式的宴请安排在晚上。与众不同的是，为了显示正规，荷兰人经常会将宴请安排在营业性餐馆之中举行。

请客吃饭的时候，注重礼仪的荷兰人讲究上菜必须依照其传统顺序依次而行，即第一道菜上鲜汤，第二道菜上蔬菜，第三道菜上肉菜，第四道菜上奶酪制品，第五道菜上点心与甜品。这一既定次序稍有错乱，即被认作失礼。

荷兰人在设宴款待顾客时，通常会上一道由土豆、洋葱、胡萝卜混合烹调而成的菜肴。顾客不仅一定要吃这道菜，而且届时务必要郑重其事，吃得津津有味。千万不要弃之不食，或加以抱怨。因为，它属于荷兰人的国菜。据说 1574 年荷兰与西班牙交战时，这道菜曾救过一时无以为食的荷兰人的命，所以他们对其怀有深深的敬意。每年 10 月 3 日，他们一定会吃此菜来“忆苦思甜”。

在宴请时，作为“荷兰四宝”之一的奶酪，是肯定会上的。不仅如此，平时他们也爱吃此物，甚至每餐必备。

由于盛产牛奶，所以久而久之它便成了荷兰人日常生活里的一种常规饮料。荷兰人天天都要喝牛奶，就如同中国人爱喝茶一样。不过，对于饮茶，他们兴致却不高。在待客时荷兰人有时会上咖啡，与中国人“茶满欺客”的禁忌相仿，他们的讲究是不可将咖啡斟满杯子，而以三分之二杯左右为宜，否则即为失敬于人。

荷兰人在宴请顾客时，进食之慢是有名的，他们的习惯，是要边吃边聊，连吃带喝。因此跟他们一起吃一顿饭下来常常需要花上两三个小时。

（3）主要禁忌。

拜访荷兰人时，以送鲜花最好。但是要送单数，并以 5 枝或 7 枝最合适。在荷兰，给关系一般的女士送双数的鲜花，乃是失礼的行为。

荷兰人对于黄色十分喜爱，他们忌讳的数字与日期主要是“13”“666”和“星期五”，在举止行为上，荷兰人有不少讲究。在赞扬他人有头脑时，他们常以手指敲太阳穴来表示。在外人面前就座时，他们忌讳跷腿或抖腿。男士与女士一同上楼梯时，他们的讲究是男士在前，女士随后，在众人面前用牙签或手指剔牙，被他们看作最没有教养的表现。荷兰人不喜欢被人称为“海上马车夫”。由于在荷兰天主教教徒与新教教徒的数量不相上下，所以与其交谈时不宜涉及宗教信仰，尤其是这两个教派之间的差异与对立。金钱、物价、纳粹占领、美国问题以及荷兰与日本的历史纠葛等，也不宜与荷兰人谈及。

6. 意大利

意大利这一名称译自英语。在意大利语里，它应为“意大利亚”。“意大利”一词，则出自古时人们对意大利的称呼“维大利亚”。“维大利亚”的本义是“小牛生长的乐园”。另外还有一种讲法，认为意大利这一名称来自该国一个古代部落首领的名字。也有人说，其含义为“牧羊场”。在世界上，意大利有着“欧洲花园”“旅游之国”“航海之国”“欧洲炼油厂”等美称。

（1）交际习俗。

意大利人具有极强的民族自尊心。在言谈话语里，他们往往会对本民族悠久的历史津津乐道，并且为自己的国家昔日曾经是整个世界的“主人和老师”而无比骄傲。不仅如此，大多数意大利人，特别是意大利商人，都不会讲通行于世界的英语，他们并不认为这有什么不好。

意大利人的宗教观念极强。作为国教，天主教在意大利的影响极其巨大，各种天主教机构遍布于全国。仅在首都罗马，就有 300 多座教堂和 7 所教会大学。而全世界天主教的中心教皇及其教廷，就位于罗马老城西北角的梵蒂冈。在意大利，大多数人不仅虔诚地信奉天主教，严格地恪守教规，而且真心实意地认为教会拥有至高无上的精神力量。

意大利人的时间观念极为奇特。在外人眼里，他们似乎来去匆匆，却又不很守时，至少在社交活动中是这样的。一般来说，与别人进行约会时，许多意大利人会晚到几分钟。据说，意大利人认为，这既是一种礼节，也是种风度。

或许是长期受到艺术熏陶的缘故，意大利人重视友谊，善于交际。且得到了他们的信任，双方关系就会迅速升温。平时，意大利人举止潇洒，天真烂漫，心直口快，喜欢开诚布公，但又情绪波动较大。同德国人比，他们少了分刻板；同法国人比，他们则又多了一些热情。

在交往应酬中，意大利人对自己“古已有之”的礼节非常重视，并且极力主动以本民族优秀的传统来净化社会风气。与他人初次见面时，他们礼数周全，极其客气，在一般情况下，他们大都会以握手礼作为见面礼节，并且会向对方问好。在熟人之间，举手礼、拥抱礼、亲吻礼也比较常用。

意大利的格瑟兹诺人碰上熟人、朋友时，往往会向对方行“压帽礼”，即以手将帽子拉低，这是重视对方的一种表示。其做法与欧美常见的“脱帽礼”有着明显的不同。

与意大利人交往时，我国国内所常用的下列称呼不宜使用。其一，“爱人”。在意大利，其含义为“情人”，即“第三者”。其二，“老人家”。意大利人讳“老”，这一称呼在他们听来具有明显的贬义。其三，“小鬼”。 在中国，将小孩称为“小鬼”，是一种爱称。但在意大利人看来，其含义是“小妖怪”，对孩子既不尊重，又带有诅咒之意。

在人际交往中，意大利人不但表情丰富，而且有着很多独特的形体语言，他们尤其喜欢运用不同的手势来表达自己的思想感情。例如，竖起食指来回摆动，表示的是“不”“不行”；用食指顶住面颊来回转动，表示的是“好吃”；以食指按在腮帮上转动两下，表示的是赞美某位女士“真漂亮”；五指并拢后，用食指的侧面敲击额头，表示的是“你真笨”；一边伸出手掌，一边撇嘴，表示的是“不清楚”，或“无可奉告”；五指并拢，掌心向下，对着腹部来回转动，表示的是“我饿了”“我想吃一点儿东西”；伸出双手，手掌向上，并且耸动肩膀，表示的则是“我不知道此事”。

（2）饮食特点。

意大利人很爱吃面食，如通心粉、比萨饼等面食，都是他们发明创造的。除了面包、蛋糕之外，意大利人不把面食当主食吃，而只是当作一道菜来享用。在他们的餐桌上，通常第一道菜就要上面食，而且大都讲究要把它做成半生不熟。另外，意大利人还爱吃混入菜肴的炒米饭。不过，他们也是将其当作一道菜来吃的，并且讲究每次用餐之时，在面食、炒饭二者之中，只能选择一种。

通心粉，又叫意大利面条，或者根据其音译可叫作“帕斯塔”。它是意大利人平时最爱吃的一种面食。吃它的时候，不可以用餐刀切成小段，或以汤匙取用。正确的做法，是将它缠绕在餐叉上，然后送入口中，必要时可以用匙帮忙，但吃时不得出声。

意式菜肴在口味上接近法式菜肴。它注重浓、香、烂，偏爱酸、甜、辣。在烹饪方法上，多采用焖、烩、煎、炸，而不喜欢烧、烤。

对于肉食与蔬菜、水果，意大利人都非常喜欢，在这一方面，他们的禁忌较少。

意大利人大都嗜酒，他们之中不少人鼻子红红的，据说就与饮酒过量有关。在饮酒时，他们注重与菜肴的搭配。在所有的酒类之中，他们最爱喝葡萄酒。目前，意大利是世界上最大的葡萄酒生产国。除饮酒之外，意大利人还爱喝咖啡和酸奶。

在一般情况下，意大利人以午餐为主餐。他们认为，拒绝其赴宴的邀请，是很不礼貌的。意大利人请客，大多爱在餐馆进行，他们的一顿宴请，一般要延续两三个小时。在席间，他们主张莫谈公事，以便专心致志地品尝美味佳肴。

（3）主要禁忌。

与其他欧美国家的人基本相似，意大利人忌讳交叉握手。意大利人最忌讳的数字与日期分别是“13”“666”和“星期五”。除此之外，他们对于“3”“17”也不太有好感。

意大利人最喜爱的色彩是绿色、灰色，对于蓝色和黄色，他们也给予种种好评。而对于紫色，他们则是较为忌讳的。在动物方面，意大利人最喜欢猫和狗。对于其他生活在自然界的动物，尤其是各种鸟类，他们也十分喜爱。在图案方面，意大利有不少讲究，动物与鸟类的图案最受其欢迎，而仕女图案、十字花图案则为其所忌。

在人际交往中，意大利人有着送礼之习。精美典雅的物品，诸如鲜花、名著、书画、工艺品、葡萄酒与巧克力，都是深受欢迎的。不过要记住，切勿将手帕、丝织品和亚麻织品送给意大利人。意大利人认为，手帕主要是擦眼泪的，因此属于令人悲情之物，故不宜送人。上门拜访意大利人时，他们一般讲究礼品要面呈女主人。送给意大利女士的鲜花，通常以单数为宜。不宜送给意大利人玫瑰或菊花，玫瑰一般用以示爱，菊花则专门用于丧葬之事。

意大利人极爱聊天，在聊天的时候，他们具有下列三个特点：其一，话题多变，几乎无所不包；其二，搞“一言堂”。跟他们聊天，往往会变成聆听对方的“长篇演说”；其三，偏爱争辩。意大利人反对人云亦云，主张直言不讳，因此往往与别人发生争论。不过争辩一过，他们立刻会显得“风平浪静”，不会记仇。不喜欢谈论政治、宗教、纳税、美式橄榄球。不要提起“黑手党”、贪污腐败、政治暗杀、小偷遍地、各地区经济发展不平衡，以及第二次世界大战时意大利曾追随德国法西斯的那段历史，会令意大利人极为不快。

7. 瑞典

瑞典这一国家名称，从古时在该国建立的斯维亚国的名称演化而来。在古高德语里，“斯维亚”词的意思是“亲属”。在世界上，瑞典是闻名遐迩的“森林之国”“千湖之国”和“福利国家”。

（1）交际习俗。

瑞典人由于其所处的特殊的地理环境所决定，在性格上既乐观爽快，又沉默寡言；既乐于交际，又略显孤僻。具体来说，在人际交往中，瑞典人大抵有着下述四个方面的基本特点：

第一，瑞典人在待人接物方面，大都表现得内向、平静。他们善于控制自己的情绪，并将此视为一种美德。在任何情况下，瑞典人都不会表现得气急败坏、忘乎所以或痛不欲生。在他们看来，情绪易于激动，动辄疾言厉色，是没有涵养的表现。

第二，瑞典人怯于社交应酬，喜欢独处。在人际交往中，瑞典人往往表现得稳重温顺，含蓄持重。他们善于独善其身，但却不善于主动与人进行交际活动。

第三，瑞典人很看重自己的面子。在人际交往中，他们既注意使自己举止有方，以礼待人，又十分介意他人是否重视自己，能否给予自己以符合身份的礼遇。

第四，瑞典人是世界上最为守时的人。他们在交往应酬中，绝对不会误时失约，而且也难以容忍误时失约之人。

在社交场合，瑞典人所用最多的见面礼节是握手礼。与外国人打交道时，他们尤其习惯与对方互相握手。与亲朋好友见面时，瑞典人往往会与对方拥抱、贴面，或是向对方脱帽、举手、点头致意。前者表示双方关系非同寻常，后者则意味着双方因经常见面而较为随意，却又不失礼貌。

与他人分手告别时，瑞典人习惯与大家首先握手道别，然后再各自去取自己的外衣、手套，并且离开。在他们看来，这顺序天经地义，不这么做，即为失礼。瑞典人的这种做法，在世界上并不多见。

（2）饮食特点。

瑞典人的主食一般以面食为主。在菜肴方面，瑞典人有三个主要特点：

第一，他们爱吃生冷之物。瑞典人爱吃鲜嫩的菜肴，因此他们上桌享用的菜肴往往半生不熟，而且大都又冰又凉。

第二，他们不大吃蔬菜与水果。这主要是因为瑞典地处寒温带，蔬菜、水果难以生长，并且价格昂贵。

第三，他们爱吃鱼肉。由于瑞典海岸线漫长，鱼类繁多，所以鱼肉在瑞典人的菜肴之中充当主角。

瑞典人在饮料的选择上也有两大特点：一是他们酷爱咖啡。咖啡被定义为瑞典人的国饮，用他们自己的话讲，“每天可以不吃面包，但是咖啡却不能不喝”，“不喝咖啡，就会睡不着觉”；二是他们一般不饮酒。这是因为该国乃是“禁酒之国”。不论是外出就餐，还是家中就餐，饮酒、售酒都有多种严格的限制，违者必受处罚。

在宴请顾客时，瑞典人也有多种讲究。在排列座次时，瑞典人习惯请主宾坐在主人左侧。在祝酒时，客人必须在主人这样做过之后，才可以回敬对方。

（3）主要禁忌。

在色彩方面，瑞典人忌讳滥用黄色与蓝色。瑞典人忌讳的数字与日期，主要是“13”“666”“星期五”。

瑞典人普遍爱护动物和环境。他们对于伤害鸟类、猫、狗，或者当众吸烟、乱丢废弃物的行为，都十分反感。

与他人交谈时，瑞典人讲究既要正视对方，又不宜与对方相距过远或过近。在瑞典人看来，交谈者之间相距 1 米左右，才是最为恰当的。

同瑞典人聊天时，不宜涉及王室、宗教问题，不宜询问对方的政治倾向。对瑞典的“性开放”津津乐道，对瑞典古时的海盗之风再三提及，或是对其福利政策妄加评论，都会令瑞典人不满。

8. 西班牙

西班牙这一国家名称的出处有多种说法，有人认为它出自迦太基语，意为“野兔国”，有人认为它源自巴斯克语，含义为“边疆”或“海洋”；还有人认为它来自腓尼基语，本义为“埋葬”，转意则为“埋葬着财富、矿产”。在世界上，西班牙被人们誉为“海上强国”“世界桥梁”“地中海陆地”“永不沉没的航空母舰”“欧洲果园”“橄榄王国”“欧洲菜场”“旅游王国”“无雨之国”。

（1）交际习俗。

受到拉丁文化的影响，西班牙人在待人接物方面大都显得性格开朗，热情奔放，诚实爽快，淳朴豁达。与西班牙人相处时，任何人都会为对方鲜明的性格所感动。

与此同时，西班牙人又以自尊心和荣誉感强而著称于世。他们很讲面子，对任何可能冒犯其自尊的事情都十分敏感。有许多时候，为了维护自尊与荣誉，他们宁肯遭受某种程度上的损失，也绝不愿意公开承认自己的过失。对于维护其自尊与荣誉的人，西班牙人往往会知恩图报。

与法国人相似，西班牙人普遍认为，本国的语言是世界上最优美、最重要的语言。因此，与西班牙人进行交往应酬时，会讲西班牙语的人定会受对方的欢迎，而且往往还会得到对方的特殊关照。

在政务或商务活动中，西班牙人讲究要互换名片。假如对方递上了自己的名片，而不回敬他一张，是极其失礼的。需要注意的是，用于同西班牙人交换的名片，应当尽可能用西班牙语印制，这意味着对对方的一种尊重。

在人际交往中，热情奔放的西班牙人十分健谈，因此聊天成了西班牙人与朋友相处时的主要活动方式和休息方式。不论是在自家的客厅里，还是在酒吧、咖啡屋，只要有两三个西班牙人聚在一起，便会一起聊天，而且往往一开头就没个完。

西班牙人的聊天，可谓是一种地地道道的“信天游”。从他们喜爱的斗牛、足球，直到时事政治、文学艺术、家庭琐事，往往会无所不包。当西班牙人找你聊天时，应当尽可能地予以回应。不理不睬，三缄其口，定然会让对方十分难堪。

在外人看来，西班牙人在为人处世上略微显得有些粗狂急躁。另外，他们的时间观念也不太强。平日，他们的生活十分清闲。他们每天的工作时间甚短，休闲、娱乐的时间却甚多。有位外国作家曾就此议论说：“西班牙人只有在观看斗牛比赛时，才会准时到场。”

西班牙人采用的见面礼节非常热烈。男士之间，通常要相互搂抱对方的肩膀。妇女之间则不仅要相互拥抱，还要互吻对方的双颊。只有在官方活动中，西班牙人才会采用握手礼。

西班牙人在各种节日都有相互送礼的习惯，在赠送礼物的时候非常注重对礼物的外包装，在收到他们赠送礼品的时候要直接当着他们的面打开，并对对方表示感谢和礼品的赞赏。

（2）饮食特点。

西班牙人觉得不懂得吃喝，做人就会失去乐趣，他们对于吃喝极其讲究。平时，他们不仅自己想方设法大饱口福，还习惯于请客吃饭。拒绝西班牙人赴宴的邀请，对于吃喝毫不讲究，往往会被看作不近人情。

在世界各国之中，西班牙的节日之多是出了名的。西班牙人差不多每个月都有好几个节日，而且几乎所有的节日都与大饱口福有关。在西班牙人看来，所谓过节，主要就是要饱享美味佳肴。所以西班牙有一句人人皆知的民谚，叫作“饱口福，过节日”。

有趣的是，在西班牙，竟然还有口福节、烹调节、螃蟹节、苹果节、草莓节、葡萄酒节等直截了当地以食物或吃喝命名的节日。每逢此类节日来临，西班牙人自然而然地会名正言顺地大吃特吃一通。

西班牙人的日常饮食以面食为主，并且爱吃鱼肉、羊肉、牛肉、猪肉以及虾、蟹，对于猪的内脏，他们亦能接受。西班牙人不爱吃油腻、过咸的菜肴，又酸、又辣、比较鲜嫩的菜肴则大受其欢迎。

西班牙的名菜不胜枚举，其中比较著名的有烤乳猪、烤羊肉、熏香肠、鳗鱼馅饼以及红色的“巴戈五饭”等。

饮料方面，西班牙人爱喝矿泉水、咖啡、啤酒和葡萄酒。西班牙的葡萄种植面积世界第一，因此西班牙人十分爱喝葡萄酒。他们喝汤时一定要喝冷汤，不像中国人那样爱喝热汤。

西班牙人通常以午餐作为正餐，而早餐与晚餐则大多较为简单。吃午餐时，西班牙人往往要全家人聚在一起，因此西班牙的大部分机关、单位每天下午 1 点半至 4 点半要停止办公或营业，专供人们回家去聚餐。

根据民俗，西班牙人在除夕之夜人人都要喝蒜瓣汤，并且要在新年钟声敲响时每人吃上 12 粒葡萄。前一种做法，是为了给自己祈求来年遂心如愿。后者，则是为了预祝自己在新一年的 12 个月里，月月诸事顺利。

（3）主要禁忌。

在西班牙，鲜花乃是人际交往中送礼的佳品。被其他欧美国家人士视为“爱情之花”的红玫瑰，除了被西班牙人送给演员和女朋友之外，也可以送给其他女性。不适合送给西班牙人的鲜花主要有菊花与大丽花两种，因为二者在西班牙均被看作死亡的化身。送花时也不该送 13 支，因为“13”这个数字在西班牙人心中很不吉利。

西班牙人在日常生活里对花卉、石榴百看不厌，但是对于山水、亭台和楼阁，他们却很不喜欢。

在色彩方面，西班牙人最欣赏的，是象征吉祥的红色、象征高贵的黄色和象征庄严的黑色。

在数字和日期方面，西班牙人非常忌讳“13”“66”和“星期五”。他们认为，碰上这类数字或日期，往往会使灾难或厄运临头。人们习惯上认为星期二是“吉日”。

在西班牙，雄鹰和狮子都深受人们的宠爱。充满了“刀光剑影”的斗牛活动，不仅是一项融力量、胆识、技巧于一体的竞技活动，也是西班牙人机智勇敢、尚武好斗精神的直接写照。在西班牙，斗牛活动已被其视为“国粹”，几乎每个西班牙人都乐此不疲。在西班牙人眼里，著名的斗牛士自然是自己的偶像。

与西班牙人交谈，不宜对天主教和斗牛活动予以非议，不宜将西班牙政治与外国政治进行比较，不宜对其国内的政治纠纷、恐怖主义活动或民族问题予以涉及。出于尊重交往对象的考虑，西班牙人一般不对别人说“不”字。

西班牙人提醒别人“当心”或“注意”时，时常会用其左手的食指先是放在下眼睑上，然后往外一抽。

大洋洲国家的礼仪习俗

1. 澳大利亚

澳大利亚这一国家名称来自于拉丁文，它的含义是“南方之地”。由于澳大利亚犹如一座大岛，故有“岛大陆”之称。因为它建国不久，有人又称之为“古老大陆上的年轻国家”。此外，它因为畜牧业发达、矿产丰富而有“牧羊之国”“骑在羊背上的国家”“淘金圣地”“坐在矿车上的国家”之名。

（1）交际习俗。

澳大利亚人在人际交往中呈现出的第一个基本特点是“亦英亦美”，以“英”为主。澳大利亚人在待人接物方面的习惯做法，依旧英国味道十足。在正式的官方交往与商务应酬中，就更是如此。有人曾经说过：“同澳大利亚人打交道，与同英国人打交道没有多大的差别。”由此可知，澳大利亚的社交礼仪在主流方面，深受英国的影响。

澳大利亚人在人际交往中呈现出的第二个基本特点是兼收并蓄，多姿多彩。这一特点，在澳大利亚人的交往应酬中表现得十分明显。以见面礼节而论，他们所行的既有拥抱礼、亲吻礼，也有合十礼、鞠躬礼、握手礼、拱手礼、点头礼，可谓无奇不有。当地土著居民在见面时所行的钩手礼极具特色。它的做法是，相见的双方各自伸出手指来，令双方的手指紧紧钩住，然后再轻轻地往自己身边一拉，以示相亲、相爱。

作为一个独立国家的人民，澳大利亚人在待人接物方面也有自己的总体特征，那就是他们人情味很浓，待人朴实无华。或许是因为澳大利亚地广人稀，澳大利亚人普遍乐于同他人进行交往，并且表现得质朴、开朗、热情。过分地客套或者做作，均会令其不快，在讲英语的国家中，澳大利亚人可能是最无拘无束、轻松自在、爱交朋友的了。在公共场合，他们爱跟陌生人打招呼、聊天，并且爱请别人到自己家里做客。澳大利亚人的这种自由，不但与英国人难以同日而语，而且连美国人也往往自叹不如。

同澳大利亚人打交道时，还有下列四点事项需要特别注意：

第一，澳大利亚人不喜欢将本国与英国处处联系在一起。虽然不少人私下里会对自己与英国存在某种关系而津津乐道，但在正式场合，他们却反感将两国混为一谈。

第二，澳大利亚人不喜欢听“外国”或“外国人”这一称呼。他们认为，这类称呼抹杀个性。是哪一个国家，是哪个国家的人，理当具体而论，过于笼统地称呼是失敬的做法。

第三，澳大利亚人对公共场合的噪声极其厌恶。在公共场所大声喧哗者，尤其是门外高声喊人的人，是他们最看不起的。

第四，澳大利亚的基督徒有“周日做礼拜”的习惯。他们的这种做法“雷打不动”，想在这天与他们约会，往往“难于上青天”。

（2）饮食特点。

澳大利亚人的饮食习惯可谓多种多样。就主流社会而言，人们一般喜欢英式西餐。其特点是口味清淡，不喜油腻，忌食辣味。有不少的澳大利亚人还不吃味道酸的东西。具体而言，澳大利亚人都爱吃牛羊肉，对于鸡肉、鱼肉、禽蛋也比较爱吃。他们的主食是面包，爱喝的饮料则有牛奶、咖啡、啤酒与矿泉水等。一般来讲，澳大利亚人不吃狗肉、猫肉、蛇肉，不吃动物的内脏与头、爪。对于加了味精的食物，他们十分厌恶。

在用餐时，澳大利亚人是使用刀、叉的。在有些地方，如加尔文市，人们外出用餐时必须衣冠楚楚，否则将被禁止入内。平时，澳大利亚人还很爱外出野餐，并以烧烤为主。

澳大利亚土著居民目前大多数尚不会耕种粮食，不会饲养家畜。他们靠渔猎为生，并且经常采食野果。一般来说，他们的食物品种甚多，制作方法往往也各具特色。在进食的时候，他们经常生食，并且惯于用手抓食。

（3）主要禁忌。

澳大利亚人最喜爱的动物除国鸟琴鸟外，还有袋鼠。它被澳大利亚人视作澳洲大陆最早的主人。在澳大利亚人眼里，兔子是一种不吉利的动物。他们认为，碰到了兔子，可能是厄运将临的预兆。

在数字与日期方面，受基督教的影响，澳大利亚人对于“13”“666”“星期五”普遍反感至极。

在人际交往中，喜好娱乐的澳大利亚人往往有邀请友人一同外出游玩的习惯，他们认为这是密切双边关系的捷径之一。对此类邀请予以拒绝，会被他们理解成不给面子。澳大利亚人崇尚人道主义和博爱精神。在社会生活中，他们乐于保护弱者。

2. 新西兰

新西兰这一国家名称来自荷兰语“新泽兰”，意即“新的海中陆地”。“新西兰”则是对“新泽兰”一词的英语译法。由于新西兰距离其他大洲路途遥远，并且环境十分优美，故有“世界边缘的国家”“绿色花园之国”“白云之乡”的称号。新西兰的畜牧业极为发达，国民经济以其为主，因此又有“畜牧之国”“牧羊之国”之称。

（1）交际习俗。

与外人相见时，新西兰人所行的见面礼主要有下列三种。

第一，握手礼。这是新西兰人所用最多的见面礼节。不过与新西兰妇女握手时，必须男士先伸出手来。

第二，鞠躬礼。新西兰人在向尊长行礼时，有时会采用此礼。他们行鞠躬礼的做法十分独特，与中国人鞠躬时低头弯腰所不同的是，新西兰人鞠躬时是抬着头、挺着胸的。

第三，注目礼。路遇他人，包括不相识者时，新西兰人往往会向对方行注目礼。即面带微笑目视对方，同时问候对方："你好！"

新西兰人在人际交往中奉行"平等主义"。他们认为，所有人都是生而平等的。在普通的交际场合，新西兰人非常反对讲身份、摆架子。在新西兰，各行各业的人都会对自己的职业引以为荣，并且在彼此之间绝对不分三六九等。称呼新西兰人时，特别要注意，直呼其名常受欢迎，称呼官衔却往往令人侧目。

（2）饮食特点。

在新西兰，欧洲移民的后裔通常习惯于吃英式的西餐。他们的口味都比较清淡，对动物蛋白和乳制品的需求量很大。牛肉、羊肉、鸡肉、鱼肉都是他们所爱吃的。在用餐时，他们以刀叉取食，但是忌讳吃饭时频频与人交谈。

除了爱吃瘦肉之外，欧洲移民的后裔们还爱喝浓汤，并且对红茶一日不可或缺。受英国习俗的影响，他们也养成了"一日六饮"的习惯，即每天要喝六次茶。他们分别被称作早茶、早餐茶、午餐茶、下午茶、晚餐茶和晚茶。每逢循例饮茶时，他们都会按部就班，一丝不苟。

新西兰人中爱喝酒的不少。不管是威士忌之类的烈性酒，还是啤酒或葡萄酒，新西兰人都非常喜欢。可是，饮酒在新西兰又受到了极为严格的限制。新西兰法律规定：在特许售酒的餐馆里，只准出售葡萄酒。在极少数准许销售烈性酒的餐馆里，顾客唯有购买了一份正餐以后，才有机会买到一杯烈性酒。

（3）主要禁忌。

新西兰人最爱吃的一种水果是几维果，即中国人所说的猕猴桃，并且是其待客和出口的主要果品。在新西兰人眼里，它是当仁不让的"国果"。

新西兰人喜爱动物。在所有动物之中，最让他们看重的，除了国鸟几维鸟外，还有狗。狗被新西兰人当成了人类的朋友。尤其是忠诚、勇敢的牧羊犬，更给以畜牧业为主的新西兰人帮了大忙，成为其不可缺少的助手。因此，在新西兰民间，一向有"勤奋的牧羊犬创造了新西兰"的说法。若是对新西兰人谈论狗肉如何好吃、如何大补，定然会触怒对方。

受基督教新教和天主教的影响，新西兰人讨厌"13""6666""星期五"。

新西兰虽然大都讲英语，但是他们却不喜欢像英国人那样用"V"字手势去表示胜利。

由于自然条件优越，生活富足的新西兰人大都喜爱户外运动。他们最喜爱的运动项目是赛马和橄榄球，并且常以此作为交谈的话题。

非洲国家的礼仪习俗

1. 埃及

埃及之名译自英语。在阿拉伯语里，它叫作“米斯尔”，其含义是“辽阔的国家”。此外还有一种说法，认为它来自古代腓尼基语“岛”这个词的发音。在世界上，埃及有“文明古国”和“棉花之国”等美称。

（1）交际习俗。

在人际交往中，埃及人所采用的见面礼节，主要是握手礼。与跟其他伊斯兰教国家的人士打交道时的禁忌相同，同埃及人握手时，切忌用左手。

除握手礼外，埃及人在某些场合还会使用拥抱礼或亲吻礼。埃及人所采用的亲吻礼，往往会因为交往对象的不同，而采用亲吻不同部位的具体方式。其中最常见的形式有三种。一是吻面礼，它一般用于亲友之间，尤其是女性之间。 二是吻手礼，它是向尊长表示敬意或是向恩人致谢。三是飞吻礼，它则多见于情侣之间。

埃及人在社交活动中，根据交往对象行过见面礼节后，往往要双方互致问候。“祝你平安”“真主保佑你”“早上好”“晚上好”等，都是他们常用的问候语。在打招呼或问候时，埃及人讲究年轻者要首先问候年长者，位低者要首先问候位高者，步行者要首先问候骑乘者，一个人要首先问候多数人。

为了表示亲密或尊敬，埃及人在人际交往中所使用的称呼也有自己的特色。老年人将年轻人叫作“儿子”“女儿”，学生管老师叫“爸爸”“妈妈”，穆斯林之间互称“兄弟”。这一类做法，往往并不表示二者具有血缘关系，而只是表示尊敬或亲切。

与埃及人打交道时，除了可以采用国际上通行的称呼外，倘若能够酌情使用一些阿拉伯语的尊称，通常会令埃及人更加开心。

（2）饮食特点。

在餐饮方面，埃及人对礼仪极为讲究。在通常情况下，他们以一种称为“耶素”的不用酵母的平圆形面包为主食，并且喜欢将它同“富尔”“克布奈”“摩酪赫亚”一起食用。“富尔”即煮豆，“克布奈”即“白奶酪”，“摩酪赫亚”则为汤类。

埃及人很爱吃羊肉、鸡肉、鸭肉、土豆、豌豆、南瓜、洋葱、茄子和胡萝卜。他们的口味较清淡，不喜油腻，爱吃又甜又香的东西。冷菜、带馅的菜以及用奶油烧制的菜，特别是被他们看作象征着“春天”与勃勃生机的生菜，均受其欢迎。埃及人尤其爱吃甜点。

在饮料方面，埃及人酷爱酸奶、茶和咖啡。在许多大城市里、街头巷尾的咖啡摊随处可见。平时，埃及人有在街头的咖啡摊上用午餐的习惯，在那里，他们买上一杯咖啡，再加几块甜点，也就算作一顿便饭了。饮茶聊天是埃及人一大乐趣。

埃及人在用餐时，有两点禁忌。其一，忌用左手取食。其二，忌在午餐时与别人交谈。他们认为那样会浪费粮食，是对真主的不敬。

（3）主要禁忌。

埃及人很喜欢美丽华贵的仙鹤，认为它代表着喜庆与长寿。他们讨厌猪，也反感他们认为外形与猪相近的大熊猫。埃及禁穿有星星图案的衣服，除衣服外，有星星图案的包装纸也不受欢迎。

埃及人最喜爱被其称为“吉祥之色”的绿色与“快乐之色”的白色两种颜色。他们讨厌黑色和蓝色，两者在埃及人看来均是不祥之色。在表示美好的一天时，称“白色的一天”，而不幸的一天，则叫作“黑色或蓝色的一天”。

在数字方面，“5”与“7”深得埃及人的青睐。在他们看来，“5”会带来吉祥，“7”则意味着完美。对信奉基督教的科普特人而言，“13”则是最令人晦气的数字。

与埃及人交谈时，应注意下述问题：一是男士不要主动找妇女攀谈；二是切勿夸奖埃及妇女身材窈窕，因为埃及人以体态丰腴为美；三是不要称道埃及人家中的物品，在埃及这种做法会被人理解为索要此物；四是不要与埃及人谈论宗教纠纷、政党政治、中东政局以及男女关系。

2. 南非

南非这一国家名称来源于它所处的地理位置，即位于非洲大陆的南部，当地人称其为“阿扎尼亚”。“阿扎尼亚”来源于阿拉伯语，意为“黑人的土地”，由于盛产钻石，它是举世闻名的“钻石之国”，绕经南非海域的好望角航线，是沟通东西方的海上要道。

（1）交际习俗。

南非社交礼仪的主要特点，可以概括为“黑白分明”与“英式为主”，在较为正式的官方活动与商务交往中，这些特点表现得比较突出。

南非的社交礼仪“黑白分明”，南非的黑人与白人所遵从的社交礼仪，往往差别较大。这一特点，可以说遍及待人接物的方方面面。例如，在人际交往中，南非的黑人往往会情感外露，形体语言十分丰富，而南非的白人则大多显得较为矜持，他们往往是喜怒不形于色。

南非的社交礼仪“英式为主”，因为在过去很长的一段历史时期内，白人掌握南非的政权，并且长期推行种族歧视政策，对黑人倍加压制，久而久之，白人的社交礼仪，特别是英国式的社交礼仪，便渐渐广泛地流行于南非社会。

以目前而论，在社交场合，南非人所采用的见面礼节主要是握手礼，他们对交往对象的称呼则主要是“先生”“小姐”或“夫人”。西方人所讲究的绅士风度、女士优先、守时践约等基本礼仪，南非人不仅耳熟能详，而且早已身体力行。

要对南非黑人真正表示尊敬，一个重要的做法，就是要对他们特殊的社交礼仪表示认同，而万万不可大惊小怪，讥笑非议。

南非黑人的姓名尽管大多已经西方化了，“乔治”“威尔逊”“海伦”“爱丽丝”都是他们常用的姓名，然而，在一般情况下，他们还是更喜欢在具体称呼上保留自己的传统，即在进行称呼时在姓氏之后加上相应的辈分，以表明双方关系异常亲密。比如，称南方黑人为“乔治爷爷”“海伦大婶”，往往会令其喜笑颜开。

（2）饮食习惯。

在饮食习惯上南非人同样是“黑白分明”的。当地的白人平日以吃西餐为主，他们经常吃牛肉、鸡肉、鸡蛋和面包，并且爱喝咖啡与红茶。

一般情况下，南非黑人的主食是玉米、薯类、豆类。在肉食方面，他们喜欢吃牛肉和羊肉，一般不吃猪肉，也不吃鱼。与其他许多国家的黑人不同的是，南非的黑人不喜欢生食，爱吃熟食。

与南非的印度人打交道时，务必要注意，信仰印度教者不吃牛肉，信仰伊斯兰教者不吃猪肉。

（3）主要禁忌。

与南非人打交道时，首先需要了解交往对象的宗教信仰，并且认真地对其予以尊重。

信仰基督教的南非人，最忌讳“13”这个数字。对于“星期五”，特别是与“13 日”同为一天的“星期五”，他们更是忌讳，并且尽量避免在当日外出。

跟南非黑人交谈时，有四个方面的话题切莫涉及。其一，不要为白人评功摆好；其二，不要评论不同黑人部族或派别之间的关系及其矛盾；其三，不要非议黑人的古老习俗；其四，不要为对方生了男孩而表示祝贺，在许多部族中，这件事并不令人欣喜。

Negro 和 Black 是禁语。在美国的黑人对 Black 一词并没有抗拒心理。可是，一听到有人呼他 Negro(黑人之意，尤其指原籍非洲，被贩卖到美国做奴隶的黑人及其子孙)就勃然大怒。而非洲人对 Negro、Black 二词不但有抗拒心理，而且不承认它的含意。强调肤色不同，在非洲是最大的禁忌。称非洲黑人为“African”是严重的错误。在非洲，“African”指特定的一群人，那就是南非共和国荷裔白人。如果非洲土著被称为 African 会露骨地表示厌恶。非洲人的国家意识比较强，最好照他们的国籍来称呼。

二、师傅强调

1. 涉外活动中的言行禁忌

（1）举止忌。严忌姿势歪斜，手舞足蹈，以手指人，拉拉扯扯，相距过近，左顾右盼，目视远处，频频看表，舒伸懒腰，玩弄东西，抓耳挠腮。

（2）谈话忌。严忌荒唐淫秽。严忌涉及他人履历，女子私事，工资收入，私人财产，衣饰价值。严忌批评尊长，非议宗教，嘲弄异俗。

（3）语气忌。严忌大声辩论，高谈阔论，恶言恶语，寻根问底，争吵辱骂，出言不逊。

（4）礼遇忌。严忌冷落他人，独谈到底，轻易表态，打断异议，纠缠不止，随意插话，随意辞别。

2. 涉外活动中的卫生禁忌

（1）个人卫生。忌蓬头垢面，忌衣装鞋袜或领口、袖口不洁。在正式场合，忌讳挖眼屎、擤鼻涕、抠鼻孔、挖耳秽、剔牙齿、剪指甲等不卫生的动作。患有传染病的人严忌参加外事活动。

（2）环境卫生。切忌随地吐痰，乱弹烟灰，乱丢果皮纸屑或其他不洁之物。忌讳把雨具，鞋下的泥水、泥巴等带入室内。忌讳把痰盂等不洁器具放在室内醒目的地方。

3. 西方人的饮食禁忌

（1）肉类禁忌。西方人动物保护意识很强，不会吃狗肉、青蛙等。外国人常吃刺少的海鱼，不习惯吃带小刺的河鱼。

（2）美国人饮食禁忌。美国人不喜欢吃麻辣味，也不喜欢吃清蒸和红烧的菜肴。他们一般情况下忌食肥肉和各种动物的内脏。不喜欢吃像蒜、韭菜这种气味大的食物。当异物残留在牙缝时，他们通常用牙线剔牙，很少使用牙签。

（3）英国人饮食禁忌。英国人只吃动物的肉，不吃动物的内脏、头、蹄、血等部分。在口味方面，他们喜清淡、酥香，不爱辣味，较少吃海鲜。

（4）德国人饮食禁忌。德国人喜欢肉食，尤其是香肠，但他们不吃猪蹄等。他们讲究食物的新鲜营养，不吃有化学成分的食物。不吃咀嚼后需要再吐出来的东西，如螃蟹、河鱼等。

（5）法国人饮食禁忌。法国人不吃肝脏之外的动物内脏、无鳞鱼和带细刺的鱼，不吃味精，也不爱吃辣味的菜肴。

4. 西方人的日常禁忌

（1）数字禁忌。忌讳 13，甚至星期五和每月的 13 日也被忌讳，认为这些数字包含着凶险。相反，西方人却对 3 和 7 很喜欢，认为这两个数字包含着吉利。

（2）询问禁忌。忌讳询问别人的年龄、工资、家事以及其他私事。在老人面前，忌说“老”字。

（3）床位禁忌。忌讳把床对着门摆放。

（4）碎镜禁忌。严禁打碎镜子，认为碎镜能使人背运。若犯此忌，则可趁月圆之时，暗自将衣袋内的硬币反过来，进行解救。

（5）花色禁忌。许多欧洲人忌讳黄色花，并认为菊花、杜鹃花包含着不吉利。

（6）颜色禁忌。欧洲人多忌黑色，认为黑色是丧礼之用。

（7）礼节禁忌。一切礼节均应先女后男，女士优先，切忌相反。

（8）衣物禁忌。西方人对自己的衣物及行装有随意乱放的习惯，但忌讳别人乱动。

（9）折柳禁忌。切忌折断漂来的柳枝，认为此忌可以防止失恋之苦。

（10）婚服禁忌。姑娘在结婚之前忌讳试穿婚礼服，据说此忌可防未来婚事的破裂。

（11）婚期禁忌。除英国人外，多数西方人严忌星期六结婚，认为此日绝非黄道吉日。

（12）扶老禁忌。欧美的老人多忌讳有别人来搀扶。他们认为这有损于体面，是受轻视的表现。

（13）拉手禁忌。在许多拉美国家的街道上，男女之间可以相挽拉手而行。但在同性之间，忌讳携肩挽手，他们认为公然搭肩携手的同性者，必然是同性恋者。

（14）握手禁忌。对长者、女子或生人，忌主动而随便地握手。

（15）行走禁忌。忌在行进中醉步摇斜、随地吐痰或乱扔废物。

（16）路谈禁忌。路上遇到熟人时，忌在路中央交谈或在路旁久谈。与女子路谈，应边走边谈，忌在路边立谈。

三、徒弟操作

请学生分组并确定组长，小组讨论并确定本组表演的主题（亚洲的日本、韩国、泰国、新加坡、马来西亚、印度、菲律宾、越南，美洲的美国、加拿大、巴西、阿根廷、墨西哥，欧洲的俄罗斯、英国、法国、德国、荷兰、意大利、瑞典、西班牙，大洋洲的澳大利亚、新西兰，非洲的埃及、南非等国家中选择一个），编排酒店为外宾提供优质服务的小品。小组长对本组成员进行角色分工，模拟表演。参考表 5-3-1 为不同国家的客人提供优质服务评价标准，相互点评并给出提升建议。

情景表演角色	点评与建议

四、徒弟记忆

根据所学内容，归纳出亚洲的日本、韩国、泰国、新加坡、马来西亚、印度、菲律宾、越南，美洲的美国、加拿大、巴西、阿根廷、墨西哥，欧洲的俄罗斯、英国、法国、德国、荷兰、意大利、瑞典、西班牙，大洋洲的澳大利亚、新西兰，非洲的埃及、南非等国家的交际习俗、饮食习惯、主要禁忌。

不同国家	交际习俗	饮食习惯	主要禁忌
日本			
韩国			
泰国			
新加坡			

续表

不同国家	交际习俗	饮食习惯	主要禁忌
马来西亚			
印度			
菲律宾			
越南			
美国			
加拿大			
巴西			
阿根廷			
墨西哥			
俄罗斯			
英国			
法国			
德国			
荷兰			
意大利			
瑞典			
西班牙			
澳大利亚			
新西兰			
埃及			
南非			

【徒弟拓展】

阅读拓展

1. 世界各国的各种见面礼仪

（1）拱手礼仪。

在中国，拱手礼又叫作揖礼，《礼记》中记载："遭先生于道，趋而进，正立拱手。"拱手礼是用于见面、答谢、迎接、祝贺、问询等场合，表示对对方的尊重。在当今的社会交往中，拱手礼主要用于佳节团拜活动，元旦、春节以及宴会、晚会等的问候。

（2）鞠躬礼仪。

鞠躬意思是弯身行礼，是表示对他人敬重的一种礼节。三鞠躬称为最敬礼。在我国，鞠躬常用于下级对上级、学生对老师、晚辈对长辈，亦常用于服务人员向宾客致意，演员向观众掌声致谢。东南亚国家，如朝鲜、韩国，尤其是日本，人们使用鞠躬礼表示对对方的尊重。

（3）拥抱礼仪。

这是在欧美、中东及南美洲常见的礼节，一般用于熟人和朋友之间，有时伴随着接吻礼，是比较亲密的一种见面礼仪。这种礼仪一般用于同性或者亲密的异性之间。拥抱礼行礼方法：两人相对而立，右臂向上，左臂向下；右手挟对方左后肩，左手挟对方右后腰。掌握各自方位，双方头部及上身均向左相互拥抱，然后再向右拥抱，最后再次向左拥抱，礼毕。

（4）吻手礼仪。

吻手礼流行于欧美上层社会，是男士在较为正式的场合以亲吻贵族已婚女士手背或手指的方式表示尊重的一种隆重的见面礼，起源于古代维京人用手向其日耳曼君主递礼物的风俗，一般在室内举行。吻手礼的吻只是一种象征，故要求干净利索，不发声响，不留“遗迹”，否则就显得无礼。在波兰、法国和拉美的一些国家，向已婚女士行吻手礼是男士有修养的一种标志。在一般情况下，中国女士遇到外国男士在社交场合向自己行吻手礼，是可以接受的。

（5）亲吻礼仪。

接吻礼仪主要见于西方、东欧、阿拉伯国家，是亲人以及亲密的朋友间用以表示亲昵、慰问、爱抚的一种礼节，通常是亲吻在受礼者脸上或额上。亲吻方式为父母与子女之间亲脸、亲额头；兄弟姐妹、平辈亲友是贴面颊；亲人、熟人之间是拥抱、亲脸、贴面颊；在公共场合，关系亲近的妇女之间是亲脸，男女之间是贴面颊，长辈对晚辈一般是亲额头，只有情人或夫妻之间才吻嘴。

（6）合掌礼仪。

合十礼又称合掌礼，就是双手十指相合为礼。流行于南亚和东南亚信奉佛教的国家。其行礼方法是：两个手掌在胸前对合，掌尖和鼻尖基本持平，手掌向外倾斜，头略低，面带微笑。行礼时，为了表示对对方的尊重，会把手举得高一些，但不高于头顶。

（7）跪拜礼仪。

跪拜之礼，广泛应用于中国古代社会，周时就有稽首、顿首、空首三大跪拜礼仪规定，行礼者必须双手叠加膝前，叩首到地且停留多时。

（8）吻脚礼仪。

吻脚礼源于东方传入，表示一种臣服的态度，往往是被征服者或者臣民对统治者所行的大礼。《旧约》和《新约》中都有关于吻脚的记载，表现一种宗教臣服。在非洲某些地区，现在还保留着这种古老的礼节。

（9）举手注目礼。

举手注目礼是专属于军人的礼节，军人行军礼时举右手，手指并拢，指尖触帽檐，两眼注视对方，直到对方答礼才可放下手。遇到长者或者长官时，军人必须行军礼。

（10）点头礼仪。

点头礼也叫颔首礼，具体的做法是头部向下轻轻一点，同时面带笑容。点头礼一般用于平辈和同级别的人之间，属于比较快、比较生疏的礼节。一般两人在路上行走相遇可以在行进中继续施行点头礼，长官对部下、长者对晚辈答礼也可以用点头礼。

（11）碰鼻礼仪。

碰鼻礼是新西兰的原著居民毛利人独特的见面问候方式。如果有客人来访，毛利人必定要为来宾组织专门的欢迎仪式，安排丰盛的宴席。并且男女老幼，倾巢出动，一边引吭高歌，一边兴致勃勃地拉着客人手舞足蹈，之后一定要举行毛利人传统的最高敬礼——“碰鼻礼”。主人与客人必须鼻尖对鼻尖连碰两三次或更多次数。碰鼻的次数与时间往往标志着礼遇规格的高低；相碰次数越多，时间越长，说明礼遇越高，反之，礼遇就低。

（12）贴面礼。

在阿拉伯国家，两个老朋友相见不仅仅会握手和拥抱，还会行贴面礼。行礼时，用右手扶着对方的左肩，左手搂住对方的腰，左一右一左贴面三次。如果两人关系亲密，还会在贴面的同时发出亲吻的声音。

2. 世界各国的姓名问题

姓名是一个人重要的社会标识。美国成人教育大师卡耐基曾经说过：“一个人的姓名是他最熟悉、最甜美、最妙不可言的一种声音。”姓名是称呼的主要组成部分，但是由于世界各国的文化历史不同、风俗习惯各异，姓名的组成和顺序也有所区别。世界各国的组成大致有以下两种情况：

（1）前姓后名。

许多亚洲国家的姓名组合方式为姓在前，名在后，如中国、日本、韩国、越南、柬埔寨、新加坡等，欧洲的匈牙利人的姓名也是如此。

在我国港、澳、台地区，女性结婚后，其姓往往是双份的。如华玉婷小姐嫁给刘国强先生后，她的姓名即为刘华玉婷，这时，应当称她为刘太太。

日本人的姓名排序方式是姓在前，名在后。日本人的姓大多与一定地区、地理环境有关，如岗村、田中、山口等。对日本人一般可只称姓，熟人间也可只称名，对男士表示尊重，可在姓后加上“君”，如“田中君”。

（2）前名后姓。

在一些英语国家，如英国、美国、澳大利亚等，姓名一般也是由名和姓组成，但通常是名在前姓在后，如 William Kennedy。女性通常都是婚前自己的姓名，婚后在自己的名前加上丈夫的姓。口头称呼英美人，一般只称姓，亲密的朋友间可只称名。

法国人的姓名一般由两节或三节组成，前一、二节为名字，最后一节为姓；西班牙人的姓名常由三、四节组成，前一、二节为本人的名字，第三节为父姓，最后一节为母姓；俄罗斯人的姓名一般由三个字节组成。姓名的排列顺序通常是本人名字、父亲的名字、家族的姓，如弗拉吉米尔·伊里奇·列宁。未婚女性用父姓，已婚女性用夫姓，父亲和本人的名字不变，口头称呼一般可只称姓或只称名。

案例链接——国别习俗差异给旅行社的教训

国内某家酒店在接待一个意大利游客团队时精心准备，打算送每人一件小礼品。酒店负责人事先订购了一批真丝手帕，由杭州名厂进行设计制作，每张手帕上绣着美丽的花草图案。手帕装在特制的纸盒内，盒上印着酒店的LOGO，包装精美。中国丝织品闻名于世，料想会受到客人的喜欢。酒店接待人员带着盒装的纯丝手帕，到机场迎接来自意大利的游客。他礼貌地将客人引领上车入座后，热情、得体地致欢迎词，现场氛围十分友好。然而，当他代表酒店赠送给每位游客两盒包装精美的手帕，游客看到礼物后，车上气氛马上变了，一片哗然，议论纷纷，游客显出很不高兴的样子。特别是其中一位夫人，大声叫喊，表情极为愤怒，还有些伤感。酒店接待人员心慌了，好心好意送礼物，不但得不到感谢，还出现这般景象，到底是哪里出错了呢？

案例评析：

在这次接待中出现的错误主要有两点：第一，送手帕的时间选择不当。根据意大利的习俗，亲朋好友相聚一段时间后，告别时才送手帕，取意为“擦掉惜别的眼泪”。而本案例中，意大利游客刚兴冲冲地踏上盼望已久的中国大地，准备开始愉快的旅行，酒店接待人员就让他们“擦掉离别的眼泪”，他们当然不高兴了。第二，手帕上的图案选择不当。那位大声叫喊而又十分气愤的夫人，是因为她所得到的手帕上面绣着菊花图案。菊花在中国文化中是高雅的花卉，但在意大利文化中则是不吉利的，是用来祭奠亡灵的，她怎么能不愤怒呢？因此，酒店在接待外宾的工作中，首先要了解宾客的风俗习惯，以免触犯文化禁忌让宾客产生不愉快，否则无论酒店提供多么热情的服务，宾客都不会感到满意。

为来自不同国家的宾客提供优质服务

主要参考文献

[1] 金正昆 . 服务礼仪教程 [M]. 北京：中国人民大学出版社，2005.

[2] 吕艳芝，朱玉华 . 饭店服务礼仪标准培训 [M]. 北京：中国纺织出版社，2014.

[3] 何瑛，张丽娟 . 职业形象塑造 [M]. 北京：科学出版社，2013.

[4] 黄漫宇 . 沟通与礼仪 [M]. 北京：北京大学出版社，2014.

[5] 王旭 . 酒店服务礼仪 [M]. 北京：中国传媒大学出版社，2010.

[6] 董乃群，刘庆军 . 社交礼仪实训教程 [M]. 北京：北京交通大学出版社，2012.

[7] 余铋珍 . 普通话水平测试教程 (第 2 版)[M]. 广州：暨南大学出版社，2015.

[8] 文通 . 新编现代酒店礼仪礼貌星级服务标准 [M]. 北京：中国纺织出版社，2008.

[9] 胡爱娟，陆青霞 . 商务礼仪实训（第 3 版）[M]. 北京：首都经济贸易大学出版社，2014.

[10] 姜文宏，宋华清 . 饭店服务礼仪 [M]. 北京：高等教育出版社，2015.

[11] 丁建庆，唐燕 . 饭店服务礼仪 [M]. 重庆：西南师范出版社，2014.

[12] 侯志春 . 管理沟通理论与实务 [M]. 北京：清华大学出版社，2010.

[13] 谢玉华 . 管理沟通 (第 2 版)[M]. 大连：东北财经大学出版社，2013.

[14] 张岩松 . 现代商务沟通 [M]. 北京：北京交通大学出版社，2012.

[15] 龙长权，张婷 . 沟通心理学 [M]. 重庆：西南大学出版社，2014.

[16] 徐栖玲 . 酒店服务案例心理解析 [M]. 广东：广东旅游出版社，2003.

[17] 史菲菲，祝翠华 . 酒店服务礼仪实训教程 [M]. 西安：西安交通大学出版社，2015.

[18] 陈瑜 . 现代饭店礼仪 [M]. 北京：中国物资出版社，2009.

项目策划：段向民
责任编辑：段向民　武　洋
责任印制：谢　雨
封面设计：武爱听

图书在版编目（CIP）数据

高星级酒店职业形象塑造教程 / 夏远利，孙瑜主编. -- 北京：中国旅游出版社，2020.7
全国高等职业教育“十三五”现代学徒制规划教材
ISBN 978-7-5032-6254-8

Ⅰ. ①高… Ⅱ. ①夏… ②孙… Ⅲ. ①饭店—商业服务—礼仪—高等职业教育—教材 Ⅳ. ① F719.2

中国版本图书馆 CIP 数据核字 (2019) 第 084763 号

书　　名：高星级酒店职业形象塑造教程

作　　者：夏远利　孙瑜　主编
出版发行：中国旅游出版社
（北京静安东里 6 号　邮编：100028）
http://www.cttp.net.cn　E-mail:cttp@mct.gov.cn
营销中心电话：010-57377108，010-57377109
读者服务部电话：010-57377151
排　　版：小武工作室
经　　销：全国各地新华书店
印　　刷：三河市灵山芝兰印刷有限公司
版　　次：2020 年 7 月第 1 版　2020 年 7 月第 1 次印刷
开　　本：787 毫米 × 1092 毫米　1/16
印　　张：22.5
字　　数：483 千
定　　价：49.80 元
ISBN　978-7-5032-6254-8